Elogios para TOMMY MOTTOLA y EL CREADOR DE ÉXITOS

"Tommy es un hombre inteligente, creativo y tiene el ingenio que se adquiere con la determinación de triunfar en la vida ¡y él lo logró! Es una de esas clásicas historias de éxito de Estados Unidos que surgen de un barrio como el Bronx, es algo que él simplemente hace, lo logra, hasta convertirse en el CEO de Sony. Siempre me sentí orgulloso de él".

—ROBERT DE NIRO

"Tommy sabe lo que es sentir hambre. Es un animal del rock and roll y una persona de la calle. Tenía ese fuego en sus entrañas. Nadie puede impedir que alguien como él triunfe. Encuentra su fuerza en la adversidad".

—BILLY JOEL

"Tommy se convirtió en una parte muy importante de mi vida y mi carrera. Es un gurú. Sabe lo que hace. Nadie tuvo jamás tanto que ver con el éxito del negocio de la música como Tommy. Ha creado más super estrellas que cualquier otro. Todos estos sorprendentes artistas con catálogos tan excelentes, Tommy tuvo que ver con todo eso".

—JENNIFER LOPEZ

"Lanzar la carrera de un artista, crear esa sensación de que alguien especial está a punto de salir al escenario y luego irlo llevando a cada nivel individual donde no sólo se convierte en una estrella nacional sino en una estrella internacional con características únicas y con una obra especial. Tommy supo cómo hacer eso extremadamente bien".

—CLIVE DAVIS

"Tommy Mottola tiene agallas y bolas de hierro. Cuando todos rechazaron la pista musical de Chicago, Tommy dijo sí. El álbum ganó un Grammy y vendió cuatro y medio millones de copias. Hasta ahí llegaron los que se empeñaban en decir que no".

—HARVEY WEINSTEIN

continúa...

"He conocido unas cuantas leyendas en mi vida, y Tommy Mottola es una de ellas. En mi opinión, lo que hizo Tommy fue cambiar el panorama musical y el negocio de la música. Hizo que el negocio de la música fuera más divertido, menos corporativo, más aventurero... Fue un catalizador al lograr que cambiara mi forma de pensar acerca de muchas cosas y cambió el curso de mi vida. Él entiende el poder de una estrella, conoce cómo crear super estrellas y sabe de globalización".

—SIMON COWELL

EL CREADOR

EL CREADOR
DE ÉXITOS

DE ÉXITOS

El hombre y su música

TOMMY MOTTOLA

con

CAL FUSSMAN

A CELEBRA BOOK

CELEBRA
Published by the Penguin Group
Penguin Group (USA) LLC, 375 Hudson Street,
New York, New York 10014

USA | Canada | UK | Ireland | Australia | New Zealand | India | South Africa | China
penguin.com
A Penguin Random House Company

Published by Celebra, an imprint of New American Library, a division of Penguin Group (USA)
LLC. This is an authorized reprint of a hardcover edition published by Grand Central Publishing.

First Celebra Printing, August 2014

CELEBRA SPANISH-LANGUAGE TRADE PAPERBACK ISBN: 978-0-451-24105-4

LIBRARY OF CONGRESS CATALOGING-IN-PUBLICATION DATA:
Motolla, Tommy.
Hitmaker: the man and his music/Tommy Mottola with Cal Fussman
p. cm.
Includes index.
ISBN 978-0-446-58518-7
1. Mottola, Tommy 2. Sound recording executives and producers—United States—Biography.
I. Fussman, Cal. II. Title.
ML429. M787A3 2012
781.64092—dc23   2011047069
[B]

Printed in the United States of America
1 3 5 7 9 10 8 6 4 2

Set in ITC New Baskerville

Para Thalia, el ángel que cayó del cielo a mis brazos. Tu amor y compromiso eternos, y mi largo viaje hasta encontrarte, cambiaron mi vida. Te amo mucho y te amaré por siempre.

Para Sabrina, cuya hermosa iridiscencia me hace creer que los sueños realmente se hacen realidad. Cuando despierto en la mañana te oigo decir: "Te quiero, Popi", y es como oír música por primera vez.

Para Matthew, cuya enorme sonrisa y entusiasmo al difundirla hacen que me detenga y cuente mis bendiciones veinte veces al día.

Para Sarah, mi preciosa princesa, quien me ha enseñado más de lo que jamás podrá comprender, y a quien amo más de lo que podrá llegar a saber.

Para Michael, que tiene el corazón más tierno y la fortaleza que viene de adentro, y quien me hace sentir orgulloso de ser padre simplemente viéndolo como hermano.

Para mamá y papá, que siempre estuvieron conmigo en cada paso del camino. Ustedes llenaron mis días de amor, música y excelente comida, y me dieron las navidades más alegres que se hayan visto jamás. Por ustedes soy todo lo que soy. Los extraño todos los días.

Para mis queridas hermanas, las mellizas Jean y Joan, y para Mary Ann, a quien le pido que me perdone por haberla aterrorizado durante los primeros años de mi vida, pero a quien también le quiero dar las gracias por darme el total sentido de familia y por esa radio que sonaba a todo volumen, día tras día en su alcoba.

Índice

Introducción

Cuando veas las canciones al comienzo de cada capítulo, estarás viendo una radiografía de la música que me inspiró y me definió como persona. Aunque no están por orden cronológico, estas canciones han sido la trama y la pista sonora de mi vida.

Son apenas *algunas* de esas canciones, melodías y letras —por simples que fueran en algunas ocasiones— las que me ayudaron a hacer lo que hice y a convertirme en quien soy.

Para cuando termines de leer este libro, habrás descubierto la discografía que influenció mi vida, desde Elvis hasta el iPod. Ha sido, sin duda, la época más dorada de la música en la historia, y las voces al final de varios de los capítulos ofrecerán otras imágenes de lo que estaba ocurriendo durante esos años.

Quizás tengas curiosidad de saber acerca de mi relación con Mariah y Michael y Bruce y Billy Joel y tantos otros grandes artistas de este período que nunca podrá duplicarse. Ya llegaremos a todo eso.

Tal vez te interese conocer cómo era el proceso de desarrollo de las estrellas antes de que éste consistiera en subir una canción y distribuirla viralmente por YouTube. O cómo se inició la explosión latina. O cómo fueron las cosas cuando apareció Napster y la música fue arrancada de las manos de los artistas y de las compañías disqueras que la producían. Yo comprendí que estaba a punto de producirse un terremoto. Teníamos muchos planes que reestructurar en ese entonces, incluyendo el de intentar un trabajo en tándem entre Sony y Apple que estuviera a la vanguardia de la era digital; y tal vez te interese saber por qué eso nunca se dio. También hablaré de todo ello.

Se vendieron ocho mil millones de unidades de CDs y casetes durante mis quince años como presidente de Sony Music. Será necesaria una larga explicación para cubrir las estrategias que se llevaron a cabo durante esos años para llegar a sesenta y cinco mil millones de dólares en ventas.

Pero nada de lo que diga podrá verse en perspectiva a menos de que vengas a caminar conmigo al lugar donde escuché música por primera vez: el Bronx. Así que comenzaremos en la intersección de la Calle 187 con Arthur Avenue.

EL CREADOR
DE ÉXITOS

Only You (And You Alone) • *The Platters*

(We're Gonna) Rock around the Clock • *Bill Haley and His Comets*

Sincerely • *The McGuire Sisters*

Cherry Pink and Apple Blossom White • *Pérez Prado*

Maybellene • *Chuck Berry*

Bo Diddley • *Bo Diddley*

Tutti Frutti • *Little Richard*

Earth Angel (Will You Be Mine) • *The Penguins*

Folsom Prison Blues • *Johnny Cash*

Hound Dog • *Elvis Presley*

"Don't Be Cruel" • *Elvis Presley*

Heartbreak Hotel • *Elvis Presley*

Love Me Tender • *Elvis Presley*

The Great Pretender • *The Platters*

Memories Are Made of This • *Dean Martin*

Why Do Fools Fall in Love • *Frankie Lymon and the Teenagers*

Blueberry Hill • *Fats Domino*

My Prayer • *The Platters*

I Walk the Line • *Johnny Cash*

Please, Please, Please • *James Brown and the Famous Flames*

In the Still of the Night • *The Five Satins*

I'm Not a Juvenile Delinquent • *Frankie Lymon and the Teenagers*

Oh, What a Night • *The Dells*

To Be Loved • *Jackie Wilson*

Blue Christmas • *Elvis Presley*

All Shook Up • *Elvis Presley*

Jailhouse Rock • *Elvis Presley*

You Send Me • *Sam Cooke*

Wake Up Little Susie • *The Everly Brothers*

Bye Bye Love • *Everly Brothers*

Diana • *Paul Anka*

All the Way • *Frank Sinatra*

Whole Lot of Shakin'Goin'On • *Jerry Lee Lewis*

Great Balls of Fire • *Jerry Lee Lewis*

Searchin' • *The Coasters*

Peggy Sue • *Buddy Holly*

Silhouettes • *The Rays*

Come Go With Me • *The Dell-Vikings*

I'm Walkin' • *Fats Domino*

Rock & Roll Music • *Chuck Berry*

That'll Be the Day • *Buddy Holly and the Crickets*

I Wonder Why • *Dion and the Belmonts*

Johnny B. Goode • *Chuck Berry*

At the Hop • *Danny & the Juniors*

Get a Job • *The Silhouettes*

Sweet Little Sixteen • *Chuck Berry*

A Lover's Question • *Clyde McPhatter*

Rockin' Robin • *Bobby Day*

Tears on My Pillow • *Little Anthony and the Imperials*

Tequila • *The Champs*

It's Only Make Believe • *Conway Twitty*

All I Have to Do Is Dream • *The Everly Brothers*

Twilight Time • *The Platters*

One Night • *Elvis Presley*

You Are My Destiny • *Paul Anka*

Yakety Yak • *The Coasters*

Splish Splash • *Bobby Darin*

Fever • *Peggy Lee*

Little Star • *The Elegants*

Lonely Teardrops • *Jackie Wilson*

Good Golly Miss Molly • *Little Richard*

16 Candles • *The Crests*

One Summer Night • *The Danleers*

Stagger Lee • *Lloyd Price*

Smoke Gets in Your Eyes • *The Platters*

Mack the Knife • *Bobby Darin*

Maybe Baby • *Buddy Holly and the Crickets*

Witchcraft • *Frank Sinatra*

Wear My Ring around Your Neck • *Elvis Presley*

Put Your Head on My Shoulder • *Paul Anka*

It's Just a Matter of Time • *Brook Benton*

What'd I Say • *Ray Charles*

Charlie Brown • *The Coasters*

Poison Ivy • *The Coasters*

Dream Lover • *Bobby Darin*

A Teenager in Love • *Dion and the Belmonts*

There Goes My Baby • *The Drifters*

Sorry (I Ran All the Way Home) • *The Impalas*

Personality • *Lloyd Price*

Don't You Know? • *Della Reese*

Since I Don't Have You • *The Skyliners*

Lavender Blue • *Sammy Turner*

What a Diff'rence a Day Makes! • *Dinah Washington*

I'm Sorry • *Brenda Lee*

It's Now or Never • *Elvis Presley*

The Twist • *Chubby Checker*

Only the Lonely (Know the Way I Feel) • *Roy Orbison*

Where or When • *Dion and the Belmonts*

Walk—Don't Run • *The Ventures*

Chain Gang • *Sam Cooke*

Let It Be Me • *The Everly Brothers*

Beyond the Sea • *Bobby Darin*

Please Help Me, I'm Falling • *Hank Locklin*

Harbor Lights • *The Platters*

Let the Little Girl Dance • *Billy Bland*

Georgia on My Mind • *Ray Charles*

Step by Step • *The Crests*

Doggin' Around • *Jackie Wilson*

Money (That's What I Want) • *Barrett Strong*

Short Fat Fannie • *Larry Williams*

So Fine • *The Fiestas*

Will You Love Me Tomorrow • *The Shirelles*

Save the Last Dance for Me • *The Drifters*

Shop Around • *The Miracles*

At Last • *Etta James*

He Will Break Your Heart • *Jerry Butler*

Stay • *Maurice Williams & the Zodiacs*

Finger Poppin' Time • *Hank Ballard and the Midnighters*

This Magic Moment • *The Drifters*

Are You Lonesome Tonight • *Elvis Presley*

A Fool in Love • *Ike and Tina Turner*

Angel Baby • *Rosie and the Originals*

Tonight's the Night • *The Shirelles*

Bye Bye Baby • *Mary Wells*

Lonely Teenager • *Dion*

Alley Oop • *The Hollywood Argyles*

Stand by Me • *Ben E. King*

Crazy • *Patsy Cline*

The Wanderer • *Dion*

Runaround Sue • *Dion*

Crying • *Roy Orbison*

Hit the Road Jack • *Ray Charles*

Quarter to Three • *Gary U. S. Bonds*

Running Scared • *Roy Orbison*

Please Mr. Postman • *The Marvelettes*

Can't Help Falling in Love • *Elvis Presley*

Blue Moon • *The Marcels*

Duke of Earl • *Gene Chandler*

Mother-in-Law • *Ernie K-Doe*

Unchain My Heart • *Ray Charles*

1

El barrio

Lo mejor de ir a Arthur Avenue es que es una calle que siempre te recibe con los brazos abiertos y te lleva al pasado, incluso si nunca la has visitado.

Ya no hay adolescentes cantando *doo-wop* en las esquinas y ahora hay televisores plasmas en todos los restaurantes y bares. Pero, por lo demás, Arthur Avenue no ha cambiado mucho desde que yo era niño.

La carnicería. La pescadería. La panadería. La tienda donde venden pasta. Los estantes de frutas en los enormes mercados cubiertos. La vieja máquina de café espresso de la pastelería DeLillo's. No hay en los Estados Unidos muchos otros lugares donde se vea un letrero sobre la puerta de un restaurante que diga: "Cinco Generaciones". Ey, ¿quieres unas almejas? Pues aquí mismo en la calle las podemos comer frescas: están allí sobre hielo frente a Cosenza's. Compremos una docena. Mira... pruébalas con un poquito de salsa de cóctel, con rábano picante, un toque de vinagre, unas gotitas de limón y una gota de Tabasco. ¿No te dije? ¡Para lamerse los dedos!

Podemos comprar mozzarella fresca en la Casa della Mozzarella. Y el pan de cebolla en Madonia Brothers —pero recuerda,

1

sólo lo hacen los sábados. Mira, allí está la Full Moon Pizzeria: cuando era niño, siempre parábamos allí luego de los funerales. En este barrio hay una pizzería en casi todas las cuadras. Pero cada una prepara la pizza de forma un poco diferente, dándonos una razón particular para que entremos. Es como la música.

Arthur Avenue fue uno de los primeros lugares que educó mi paladar. Me enseñó lo que era bueno.

Íbamos todos a la Iglesia de Nuestra Señora del Monte Carmelo. Quienes se casaron allí cuando yo era niño jamás se divorciaron.

Mis padres estuvieron casados durante setenta años. Es importante saberlo porque mi familia fue el marco de mi juventud. La música me ha llevado por todo el mundo, y tuve la fortuna de conocer y trabajar con algunas de las estrellas más grandes y con las personas más influyentes de este negocio. Pero mis éxitos estuvieron acompañados de errores personales, algunos de dominio público. He dedicado gran parte de mi vida a intentar, de muchas formas, convertirme en el hombre que fue mi padre.

Mi padre, Thomas Mottola Sr., era un hombre tranquilo, cuya única misión en la vida era cuidar de su familia. No podría imaginar un mejor padre. La razón por la cual se dedicó por completo a sus hijos, y en especial a mí, nunca fue un secreto. Mi padre no conoció jamás a *su* padre. La única imagen que tenía de él era una foto suya, enmarcada, en la que lucía un uniforme del ejército italiano. Creo que mi padre jamás supo cómo murió su padre. Mi padre nació en Bleecker Street, en Manhattan, cuando el país entero luchaba en tiempos de dificultad económica. Una bondadosa mujer, dueña de una granja en el Bronx, se hizo cargo de su hermano y de su hermana, dado que podía cuidarlos mejor. Así se hacían las cosas en ese entonces.

Durante su adolescencia, mi padre asistió a la Escuela Secundaria Roosevelt High en Fordham Road. Allí estudiaba de noche, y de día trabajaba como mensajero para una firma de corredores de aduana. Llevaba los formularios de ingreso aduanero para aprobación, lo que permitía la nacionalización de los productos de los importadores. Cuando logró reunir 750 dólares, dejó su trabajo asalariado y montó su propio negocio. Lo llamó Atlas Shipping. Su oficina era la definición de papeleo y rutina. Cada caja de licor importada por Seagrams y cada caja de madera con muebles fabricados en la India tenían que ser meticulosamente documentadas. Aunque no era un trabajo apasionante, le permitía sostener a su familia, y muy bien. Veía a mi padre salir de casa cada mañana, como un reloj, y con frecuencia iba con mi madre a la estación del tren a recibirlo. Con el tiempo nos mudamos del pequeño apartamento a sólo unas calles de Arthur Avenue a una casa ubicada a pocas millas de Pelham Parkway, que compartía pared con la casa vecina. Y luego, ocho años más tarde, nos pasamos a una cómoda casa suburbana a unos treinta minutos al norte de New Rochelle, que podría haber sido lo que para *su* padre significaba el Sueño Americano.

Mi padre no perdió tiempo cuando se trató de formar una familia. Conoció a mi madre —Lena Bonetti, a quien todos llamaban Peggy— en el barrio Fordham del Bronx cuando ella tenía quince años. Mi madre siempre había querido ser cantante. Pero su padre era muy estricto y tradicionalista. No consideraba que fuera digno de una mujer joven entrar al mundo de la farándula. Cuando ella le contó cuáles eran sus sueños profesionales, él le respondió con una cachetada.

Recuerdo que a mi madre le fascinaba cantar, pero sólo pudo hacerlo en la iglesia, cuando niña, o en nuestra casa, en compañía de familiares y amigos. Mi padre tocaba el piano y el ukulele, y mis tíos lo acompañaban tocando guitarra. Los fines de semana, la sala de mi casa se llenaba de comida, invitados, comida, música, comida, risas y más comida. Las bases del matrimonio de mis padres no podían haber sido más sólidas y transparentes. Tenían un ancestro común: la familia de mi madre provenía de Nápoles y de Bari, y la familia de mi padre provenía de Nápoles y de Avellino. Tenían su iglesia y sus tradiciones religiosas. Compartían una inamovible dedicación a sus hijos. Y, además de todo eso y de su química personal, a Thomas y Peggy Mottola los unía su amor por comer en familia y su amor por la música.

Mis padres tuvieron a sus tres hijas mucho antes de que yo naciera: Jean y Joan, las mellizas, y Mary Ann. Pero siempre habían querido tener un hijo, y por eso cuando llegué me convertí en el niño Dios. El padrino que eligieron para mí se parecía muy poco a Marlon Brando o a Al Pacino. Su nombre era Victor Campione y, desde muy temprano en su vida, había trabajado para el FBI. Ahora, basta de estereotipos.

Después de jubilarse de su trabajo como oficial de policía, mi abuelo decidió entrar a la política local y evolucionó hasta convertirse eventualmente en líder distrital demócrata del Bronx. El tío Vic era una de esas personas que ejercían un tremendo poder tras bastidores en la época de Tammany Hall, un asesor político que ayudó a personas como Abe Beame a ser elegido alcalde de la ciudad de Nueva York. Era rígido y directo, y teníamos que prestar atención a cada una de sus palabras. Me bastaba con mirar a tío Vic para saber que era mi deber en la vida convertirme en un profesional prominente y hacer que mis padres se sintieran orgullosos de mí.

Para cuando cumplí cinco años, mis tres hermanas mayores ya habían crecido y habían dejado la casa paterna. Eso hizo que mis padres me dieran el mil por ciento de su tiempo. Mi madre me llevaba al colegio, me recogía por la tarde y me ayudaba a hacer las tareas. Me frotaba con alcohol cuando tenía fiebre. También era una persona muy disciplinaria. Tenía que serlo. Yo no podía hacer nada que no fuera correcto a los ojos de mi padre. En una ocasión, cuando era muy pequeño, tendría tal vez tres o cuatro años, estaba en el sótano jugando con un martillo y golpeé a una de mis hermanas mayores en la cabeza. Cuando se quejó, mi padre preguntó: "¿Quién dejó el martillo fuera de su sitio?".

Yo rebosaba de una interminable energía que hoy podrían diagnosticar, muy probablemente, como Trastorno de Déficit de Atención. Fue algo que me sirvió mucho, más tarde, cuando llegué a ser presidente de Sony Music porque ese tipo de energía y de personalidad se adaptaba perfectamente a las exigencias constantes de mi cargo. Sin embargo, esto me trajo algunos problemas de joven porque, aunque no era un chico malo, sí era sumamente inquieto; no dejaba de indagar cosas nuevas. Mi amigo más antiguo, Ronny Parlato, recuerda un día que prendí el buldócer con la llave que mi padre había dejado en el arranque y lo conduje por todo el lote baldío que había detrás de mi casa, en Pelham Parkway. Él asegura que en ese entonces yo no tenía más de tres años. Mi inagotable energía solía llevarme adonde no debía ir y rara vez encontraba un muro que no quisiera derribar.

Los Hermanos Cristianos de Irlanda en la Escuela Primaria Iona Grammar, New Rochelle, siempre tenían formas de manejar a los muchachos que no se adaptaban a sus rígidas expectativas. Los hermanos solían caminar por todas partes con unas correas que tenían terminaciones punzantes, como de garras de gato, y las escondían entre las mangas de sus hábitos; si cruzábamos la raya, nos golpeaban. En una oportunidad le saqué la lengua al director y otro niño me acusó. El director me llevó a su oficina y me golpeó fuertemente. Esa noche, cuando estaba por entrar a la bañera, mi madre notó los moretones y las vetas rojas en mi trasero. De inmediato se lo contó a mi padre. Mi padre era la persona más dulce y amable del mundo, pero era mejor no amenazar ni hacer daño a sus hijos porque ese hombre dulce se convertía en una fiera terrible que sería mejor no imaginar. No dijo ni una palabra: sólo se puso su abrigo y se fue de casa directamente a ver al director. Nunca supe qué le dijo ni qué ocurrió. Pero lo que sí puedo decirte es que los Hermanos Cristianos de Irlanda jamás me volvieron a tocar.

Ven, vamos a Dominick's a comer algo.

Mierda, sólo vamos en la página seis y ya estoy en problemas. Ya imagino lo difícil que me harán la vida mis amigos, los dueños de Roberto's y de otros pocos restaurantes, por no haber elegido sus negocios. Oye, antes de morir debes ir a Roberto's a comer cavatelli con salchichón y brócoli salteado en ajo y aceite porque es algo del otro mundo. Pero ésa comida será para otro día.

A propósito, en Dominick's no hay menús. Las alternativas son: o tú dices lo que deseas y eso es lo que te sirven, o ellos te dicen qué quieres y eso es lo que te sirven. Las mesas son largas. Todo el mundo se sienta junto, uno al lado del otro, y si hay un lugar idóneo para ir a comer con tu mejor amigo, es Dominick's.

Y ahora mismo quiero hablar de mi mejor y más antiguo amigo. Mi relación con Ronny Parlato explicará algunas cosas que tal vez te sorprendan. Por ejemplo, estoy seguro de que no sabes que una vez me convertí al judaísmo. Es una larga historia y llegaremos a ella a su debido tiempo. Pero todo comienza con Ronny y con el barrio en el que crecí.

El barrio de Pelham Parkway, donde comencé a pasar tiempo con Ronny, estaba habitado por una mezcla de familias judías e italianas, y el mismo Ronny era una muestra de ello. Su madre era judía y su padre italiano.

Mi mamá y la mamá de Ronny, Libby, eran como hermanas. O no: eran *más* que hermanas, eran como almas gemelas. Tan pronto como nos mudamos del Bronx a New Rochelle, la madre y el padre de Ronny se mudaron del Bronx a New Rochelle. Peggy y Libby salían juntas todos los días.

Cuando Ronny y su familia celebraban Chanukah, siempre tenían un regalo para mí en el momento de encender las velas de la menorá. Mis padres me enviaron a un campamento exclusivo para judíos durante un par de veranos, que incluía los servicios de la noche del viernes. Por consiguiente, sabía cómo se usaba la marmulla, cómo se encendías las velas, seguía las oraciones en hebrero y bebía vino Manischewitz. Me parecía divertido decir *baruch*. Siempre me gustó el sonido *khhhhhhhh*.

De la misma forma, en el árbol de Navidad de mi familia siempre había un regalo para Ronny. Todos los años mi madre preparaba cerca de treinta platos diferentes de mariscos y frutos de mar para celebrar las fiestas y, a través de los años, Ronny probablemente probó cada uno de ellos. No puedo recordar haber pasado mejores momentos que durante las Navidades de mi niñez. Pero desde muy temprano me sentí a gusto con cualquier tipo de festividad. Para mí la religión parecía no tener diferencias. Los únicos muros que no tuve que derribar en mi vida fueron los muros religiosos y culturales. Para mí simplemente no existen. Ese fue un regalo de las calles del Bronx.

Pronto me estaba poniendo una toalla sobre los hombros para imitar los movimientos de danza de James Brown mientras cantaba *Please, Please, Please*. Cuando tenía unos catorce años, mis padres me dejaban ir con mis amigos en tren a Harlem para ver a Stevie Wonder, Wilson Pickett y Joe Tex en el Teatro Apollo. Cuando conocí a Gloria y a Emilio Estefan, casi veinticinco años después, se convirtieron prácticamente de inmediato en un par de miembros más de mi familia porque su cultura cubana me hacía sentir como si estuviera de vuelta en el Bronx. Esta apertura a todas las culturas se convirtió en una verdadera fortaleza cuando asumí el cargo de director de una corporación multinacional, y también se reflejó en mi vida personal. Mi primera esposa era judía; la segunda era parte irlandesa, parte negra y parte venezolana; y Thalia, la preciosa mujer que veo al despertarme cada mañana, nació y creció en la Ciudad de México. Por eso es que, años más tarde, cuando Michael Jackson organizó una conferencia de prensa para decir que yo era un racista y un demonio, queda claro que su comentario no tiene nada que ver con el racismo ni con el cielo o el infierno, sino con la incapacidad de un artista, al que le estaba dejando de ir bien, de adaptarse a las ventas cada vez más bajas de sus discos. Michael estaba reaccionando ante la autoridad y simplemente buscaba una forma de salirse de su contrato con Sony.

El ataque fue triste y patético. Como director de la compañía me mantuve al margen del conflicto y, naturalmente, me abstuve de hacer cualquier comentario al respecto. Ahora que Michael ha muerto nada gano con revivir este incidente. Pero, si me conoces, sabes que no soy un hombre que evita el conflicto. Ésta es la historia de mi vida y es importante dejar las cosas claras para el futuro. Por lo tanto, te contaré lo que realmente ocurrió. Sólo tendrás que ser paciente. Falta poco.

¿Qué tal una copa de vino?

Una de las cosas acerca de escribir un libro de memorias es que nos obliga a remontarnos a esos momentos que nos ayudaron a convertirnos en lo que ahora somos.

Para mí, la época en la que crecí y el haberlo hecho en el Bronx fueron elementos clave. El día que nací tenía dos hermanas mellizas de quince años y una de trece. Desde el primer día desperté en el pequeño apartamento que era nuestro hogar. A mis oídos llegaban los más recientes éxitos de canciones pop que sonaban a todo volumen desde la radio que tenían ellas en su cuarto. Tan pronto como pude caminar, me detenía cuando oía distintos sonidos que me llamaban la atención; mi madre siempre estuvo muy consciente de esa reacción. Ella me llevaba de la mano mientras íbamos hasta Alexander's, una tienda por departamentos en Gran Concourse con Fordham Road. Ahí yo me detenía, permanecía inmóvil y escuchaba los sonidos de música que salían de muchas de las tiendas a lo largo de la calle. Cuando eso ocurría, ella no me obligaba a seguir adelante; se detenía e incluso me cantaba la melodía.

Eran tan diversos los sonidos que salían de esas tiendas: *doo-wop*, salsa, rock, Sinatra… O si salíamos de compras tarde en la noche un jueves, podía escucharse la banda de Tito Puente en la calle Concourse. De nuevo en casa, oía a mi madre cantar y a mis hermanas armonizar todos los días. Los fines de semana veíamos a mi padre tocar el ukelele mientras mi tío Ray tocaba la guitarra. Estaba rodeado de música desde la mañana hasta la noche. Desde que cumplí dos años, me subía al banco del piano de la familia y golpeaba con fuerza las teclas.

Pero cuando tenía ocho años hubo un momento definitivo que me sacudió de arriba a abajo como una descarga eléctrica: fue la primera vez que oí *Don't Be Cruel* sonando a todo volumen en la radio AM de mis hermanas. El compás y el ritmo de esa canción me dejaron marcado para siempre, y fue lo que me motivó y me inspiró a convertirme en lo que soy. Elvis Presley, el Rey.

Le rogué a mi madre para que me llevara a la tienda de discos en Fordham Road y con las dos manos agarré mi primer álbum. Ese primer álbum fue el primer álbum de Elvis. El álbum me encantaba. Me gustaba la fotografía de Elvis en acción, en la carátula, con la boca muy abierta y los ojos cerrados y con la guitarra en sus manos. *Elvis* estaba escrito en sentido vertical en letras rosadas al lado izquierdo de la carátula y *Presley* estaba escrito en sentido horizontal en la parte de abajo, en letras verdes. Me fascinaba el sello de la RCA en la esquina superior derecha con el perro escuchando el gramófono. Me encantó quitarle el forro de plástico templado. Me fascinó el olor del vinilo cuando saqué el disco de su funda de papel. Y me encantó ponerlo en el tornamesa graduando el equipo a 33⅓, tomar el brazo del aparato y bajar suavemente la aguja hasta la ranura del disco. En ese entonces, en mi mente y mis oídos, los clics y pops del vinilo mejoraban notablemente el sonido de la música.

Al comienzo no estaba realmente consciente de la sexualidad latente en las grabaciones de Elvis, ni de la controversia originada por sus movimientos al bailar. En mi hogar nadie pensaba nada malo de Elvis. Tanto mi padre como mi madre pensaban que era fenomenal. No era consciente de que los líderes de la iglesia estaban enviando cartas a J. Edgar Hoover para que le advirtiera al FBI que Elvis era una amenaza para la moralidad y un peligro para la seguridad nacional. Tampoco sabía que a los blancos del Sur segregado no les gustaba lo que ellos mismos llamaban la "música atrevida" que salía de la boca de Elvis y que estaban destrozando sus discos en público. Para mí, a los ocho años, se trataba simplemente de lo bien que podía hacerme sentir la música.

Cuando llegaba a casa de la escuela católica, me cambiaba el uniforme por mis pantalones chinos negros y una chamarra de cuero, tomaba el lápiz delineador de cejas de mi hermana y me pintaba patillas a lado y lado de la cara, me alborotaba el mechón de pelo estilo *pompadour* y me ponía gafas oscuras para pasear por el barrio. Pero había algo que nunca pude entender: ¿Cómo hacía Elvis para lograr ese tono azulado en su pelo negro? Hasta el día de hoy, eso sigue siendo un misterio para mí.

En ese entonces sólo había tres cadenas de televisión importantes: CBS, ABC y NBC. Así, eran limitadas nuestras oportunidades de ver a Elvis y eso hacía que cada una fuera aún más especial. Cuando Elvis aparecía, los programas de televisión no eran simples programas de televisión. Eran eventos que esperábamos durante semanas. En 1956, sesenta millones de personas se aglomeraban alrededor de los televisores en blanco y negro con antenas para ver a Elvis en *The Ed Sullivan Show*. Eso es el triple del número de personas que ahora ven *American Idol* en una época en la que el país contaba con cerca de la mitad de la población actual.

Desde el comienzo, Elvis inculcó en mí una lección aunque en ese momento no la haya entendido como tal. La vi como una serie de éxitos: *Heartbreak Hotel, Blue Suede Shoes, Houng Dog, Don't Be Cruel, Love Me Tender*. Todo en el mismo año. Uno tras otro. Años después, como director de Sony, intentaría duplicar esa hazaña en cada oportunidad que tenía. La verdad es que mi intento por implementar esa misma estrategia creó fricciones entre Mariah Carey y yo, pero a eso me referiré más adelante.

Puede parecer extraño que comenzara a tocar la trompeta aproximadamente en la época en la que Elvis se convirtió en un verdadero ídolo en toda América. Pero, cuando te diga por qué, lo entenderás. Mi hermana Mary Ann se casó con Joe Valentino, ,que de inmediato se convirtió en algo así como mi tutor. A veces pasaba los fines de semana con Mary Ann y Joe. Yo intentaba imitar a mi cuñado de muchas formas. Él tocaba la trompeta y me hablaba de Harry James, por lo que me pareció que era lo que debía hacer. Antes de que tuviera la oportunidad de pensar en tocar la guitarra, apareció la trompeta y la apreté contra mis labios. Aprendí a tocarla muy bien y me quedé con ella. Me convertí, así, en el primer trompetista de la orquesta de la escuela; tocaba todos los solos y me dieron una beca de música para Iona Grammar School. Resulta que el director, que nunca dejó de alabarme y respetarme desde aquella visita de mi padre, también era trompetista y eso hizo que se fijara en mí.

No me costó trabajo aprender a tocar la trompeta, aunque eventualmente llegué a considerarlo como una tortura. Comencé a estudiar el *Método de conservatorio completo para trompeta* de Arban, que se ha publicado desde 1864 y que, para un muchacho, es la definición de la exigencia. Tuve que aprender a leer todas las notas y los símbolos de los compases, y también teoría de la música. Eso me ayudó a progresar mucho en el campo musical aunque, a medida que iba creciendo, me fui dando cuenta de que los trompetistas no tenían mucho éxito con las chicas. Los cantantes, los guitarristas y los actores… esos sí tenían éxito. Y no hablar de si uno podía hacer las tres cosas como lo hacía Elvis…

El término *cool* se fue haciendo más claro cuando Dion and the Belmonts grabaron canciones como *I Wonder Why* y *Teenager in Love*. El nombre de la banda hizo que la Avenida Belmont del Bronx se convirtiera en un monumento *doo-wop*. Todos nuestros amigos adoraban a Dion y parecían conocerlo personalmente o conocer a alguien cercano al grupo. Como dijo Bruce Springteen en una ocasión: Dion era, definitivamente, el eslabón entre Frank Sinatra y el rock and roll. Elvis era de todos pero Dion era *nuestro*.

Seguí tocando la trompeta durante toda la primaria. Sin embargo, comencé a apresurarme a llegar a casa cada tarde para ver a Dick Clark y *American Bandstand*. Estaba obsesionado con el programa. Lo más increíble de *American Bandstand* era que Dick Clark lo programaba como si fuera una emisora de radio. Iba enumerando los éxitos como un DJ, sólo que lo hacía por televisión. El programa se trasmitía desde Filadelfia pero tenía en el escenario un enorme mapa de cartón de los Estados Unidos al que la cámara se acercaba para mostrar ciudades y promover el envío de cartas de los televidentes. Dick podía leer una carta de una muchacha en Akron y decir que ella escuchaba la WAKR. Era lo que podría llamarse televisión interactiva —mucho tiempo antes de que la palabra *interactiva* se hiciera famosa— y hacía que todo adolescente que estuviera viendo el programa se sintiera conectado con algo más grande. Cuando cantaba Buddy Holly uno sabía que estaba recibiendo un trozo de Lubbock, Texas, y cuando aparecía Smokey Robinson en la pantalla uno sabía que estaba en Detroit.

Recuerdo perfectamente las estrellas que vi en ese show: el Big Bopper que utilizaba un teléfono como una parte de la escenografía para interpretar "Chantilly Lace". Jerry Lee Lewis golpeando las teclas de "Great Balls of Fire". Chubby Checker interpretando "The Twist". Fast Domino, Frankie Lymon and the Teenagers, Chuck Berry, Sam Cooke, Bobby Darin, Jackie Wilson, los Temptations, los Marcels, los Duprees, los Coasters, los Drifters, los Shirelles (*sha-la-la-la-la-la-la*) y, naturalmente, James Brown and the Fabulous Flames. Ésta es apenas una corta lista de los primeros nombres que me vienen a la mente y no corresponde a la magnitud del mundo que ese programa abrió para mí.

Había también unos buenos programas semanales, como *Shindig*. Pero *American Bandstand* estaba muy adelantado a su época. Yo estudiaba con atención el vestuario de los bailarines adolescentes. Podía detectar a cada muchacho y muchacha que bailaba, y podía diferenciar los unos de los otros. *American Bandstand* fue en realidad un modelo para programas como *Dancing with the Stars*. La música de *American Bandstand* no sólo abrió una puerta en mi mente sino que me mostró por primera vez mis sueños y me señaló el rumbo que seguiría más adelante. Además, Motown, la música que estaba a punto de cambiar el mundo, aún no había florecido. A veces, al terminar el programa, salía con mi madre para ir a recoger a mi padre a la estación del tren cuando volvía del trabajo. Verlo llegar a casa a la misma hora, día tras día tras día, me llevó a preguntarme si alguna vez querría trabajar como él. Y ya había otra cosa que tenía muy clara: no quería seguir tocando la trompeta en la orquesta del colegio.

Cuando terminé la primaria, mi cuñado comenzó a tomar lecciones de guitarra e, imitándolo, cuando tenía unos once años comencé también a tocar guitarra. Empecé con una barata —creo que era una Harmony— que se podía comprar en Sears por unos treinta dólares. A medida que fui mejorando, pedí a mis padres que me compraran una Fender, una marca de guitarras eléctricas sólidas que se estaba poniendo de moda. Tuve una Telecaster, una Stratocaster y luego una Jazzmaster. Me obsesioné. Sabía todo acerca de estas guitarras. Las guitarras Fender estaban diseñadas para ser producidas en serie y sabía cómo desarmarlas y volverlas a armar. Pero ahora quisiera haber sabido cómo conservarlas porque las mismas Fender Stratocaster y Telecaster que yo tocaba, desarmaba y armaba valen ahora unos cincuenta mil dólares cada una.

Comencé a tocar en dos o tres bandas diferentes en las casas de otros muchachos, y a medida que fui conociendo músicos más experimentados, se fue difundiendo el rumor de que yo era bastante bueno. De pronto, sin saber por qué, recibí una llamada de alguien que preguntaba si me gustaría ir a una audición para entrar a The Exotics.

¡The Exotics! ¡Puta madre! ¡The Exotics! La más popular de las bandas de New Rochelle. Solían interpretar los éxitos de los álbumes más recientes en los bailes escolares y en los clubes campestres durante el verano. Uno no podía ser adolescente en New Rochelle a comienzos de los sesenta sin saber quiénes eran The Exotics. Cuando uno de los miembros dejó el grupo, la audición me cayó encima de forma inesperada.

Entré nervioso, ansioso, seguro de mí mismo y confiado —si es que es posible tener todos estos sentimientos a la vez—. Era por lo menos cuatro años menor que los demás miembros de la banda. Pero cuando empecé a tocar con ellos, me di cuenta de que se miraban unos a otros, como diciendo: "Oye, qué bueno es".

Cuando terminamos de tocar, el director dijo de una vez:

—¿Quieres entrar al grupo?

—Sí —respondí.

—Entraste.

Estaba tan emocionado que fui a casa a contárselo a mis padres. Ellos también se emocionaron. No tenían la menor idea de que yo crecería cuatro años de la noche a la mañana. Al menos así les pareció.

Mi primera salida con The Exotics fue al sastre, para que me confeccionara la chaqueta de mi nuevo grupo. Para ser un Exotic, había que saber vestirse como un Exotic. Aunque los demás miembros de la banda tenían apenas dieciocho años, parecían profesionales experimentados y eran muy exigentes en cuanto a su apariencia: "Que le quede *así...*". Me hicieron tres chaquetas deportivas sin cuello, de tres colores distintos, que se usaban sobre camisas blancas; una corbata delgada; unos pantalones negros y ajustados; y unos zapatos Flagg Bros con mucha punta. Lo que más recuerdo es la chaqueta azul rey. Apenas me la puse, me sentí miembro oficial del grupo.

The Exotics comenzaron a tratarme como si fueran mis hermanos mayores, pero no los hermanos mayores que a mis padres les habría gustado. Eran muchachos a los que les gustaba la calle; ellos vivían en apartamentos al otro lado del ferrocarril. Cuando se presentaron a mi casa para recogerme, la diferencia fue evidente para mis padres. Los muchachos se quedaron atónitos al ver que yo vivía en una casa hermosa.

A mis padres no les desagradaba ningún miembro de la banda en particular. Lo que no les gustaba era la energía que los rodeaba. Simplemente no les gustaba el ambiente al que me estaban llevando. Yo estaba siendo educado para hacerme cargo del negocio de mi padre, o para ser médico o abogado. A sus ojos, The Exotics parecían estarme atrayendo hacia el bajo mundo del que ellos se habían esforzado tanto por salir.

Los muchachos de The Exotics no tenían horario para llegar a casa. Sus padres los dejaban hacer lo que quisieran. "Están tocando música, eso está bien", les decían. "¡Vayan y hagan algo de dinero!". Muy pronto estaba ganando doscientos dólares por presentación, los viernes por la noche. Para mí, salir con estos muchachos, adonde fuera, ya fuera que estuvieran tocando música o no, era algo divertido y emocionante. Cada vez que mis padres salían de casa, yo salía en el Cadillac de mi padre y me iba al College Diner para estar allí con mis amigos de New Rochelle High. Eran mucho más divertidos que los muchachos con los que iba al colegio en Iona Prep. Además, cuando mis padres salían, traía a mi novia a casa y nos manteníamos ocupados en el sofá de la sala. Es gracioso pensar en las cosas que recordamos. Justo cuando las cosas se empezaban a poner un poco calientes, siempre nos deslizábamos del sofá porque tenía un forro plástico, y se nos iba la inspiración.

Poco tiempo después comencé a pedir a mis padres que me dejaran salir del estricto colegio Iona Prep para poder estar con mis nuevos amigos en New Rochelle High. Los ensayos y las salidas con The Exotics eran ahora cada vez más frecuentes y llegaba a casa cada vez más tarde, hacia la medianoche. Mis padres me fijaron una hora de llegada y cuando empecé a incumplirla, ellos comenzaron a preocuparse: pensaban que me estaba adentrando en un mundo de peligro, drogas, o quién sabe qué se imaginaban. Hoy día entiendo su preocupación. Yo tenía apenas catorce años.

Trataron de traerme de nuevo a casa pero me rebelé. Durante más de un año, el conflicto fue aumentando y llegó a su cima durante una fiesta en la secundaria.

Esa noche estábamos presentando el mejor show que jamás habíamos hecho. Mientras tocaba y cantaba, podía ver el impacto que causaba en las expresiones de algunos de los muchachos que estaban bailando. Unas pocas niñas tenían la cabeza recostada contra el hombro de sus parejas, pero sus ojos estaban fijos en mí. Fue una sensación increíble. Me hacía acordar de lo que veía cuando salía Elvis en la televisión: la manera como lo miraban las muchachas, lo que, como es natural, en un adolescente como lo era yo en ese momento, era todo lo que deseaba en la vida.

Mis padres llegaron a recogerme temprano esa noche y desde el lado del escenario donde se encontraban podían ver el magnetismo que se estaba apoderando de la multitud. Me sentí feliz. Pensé que por fin entendían qué era lo que yo estaba haciendo y hacia dónde quería orientar mi vida. Terminó la presentación y unas pocas niñas se acercaron a la plataforma donde estaba la banda. Querían saber cómo me llamaba y buscaban una forma para lograr que yo les diera mi número de teléfono. Mi madre se abrió camino entre ellas.

—¡Sube al auto! —me gritó.

—¿Qué dices? —le pregunté.

—¡Ahora!

—¡Pero yo quiero quedarme un poco más!

—Ya basta, Tommy. *¡Nos vamos!*

Mi madre prácticamente me arrastró para sacarme de allí, tomándome de la chaqueta azul delante de todas esas niñas y de los demás miembros de la banda. No podía estar más sorprendido y avergonzado. Me hizo entrar directamente al asiento de atrás del automóvil, mientras mi padre esperaba sentado en silencio tras el volante. Ella se sentó a su lado, cerró la puerta de un golpe, se dio la vuelta y dijo:

—Ya basta. Se acabó. No vas a seguir saliendo con esos vagos. Y no tocarás más la guitarra.

Mi padre nos llevó a casa. A la mañana siguiente, al despertar, no podía creerlo: todas mis guitarras habían desaparecido.

La pérdida de mis guitarras me llevó a hacer mi primer negocio. Pensándolo bien, fue uno de los negocios más difíciles que jamás haya hecho. Podría decirse que, después de ese negocio, todos los que vinieron después fueron más fáciles.

Busqué en cada closet de la casa, busqué en el desván y en el sótano, pero no pude encontrar esas guitarras.

Una y otra vez pregunté a mis padres cuándo me las podrían devolver.

La única respuesta que obtuve fue: "Ya veremos".

Entonces, un día, hacia finales del verano, la casa estaba muy tranquila. Sospechosamente tranquila. Casi todos se habían ido y yo estaba solo con mi padre.

—Quisiera hablar contigo —me dijo.

Tenía un aire solemne y sus ojos estaban llenos de lágrimas. Supe que algo estaba a punto de pasar. Fuera lo que fuera, no sería fácil para él.

Fuimos a la sala. Se sentó en su silla especial, la enorme reclinomática, y yo me senté en el sofá. Él no se recostó. Yo no me resbalé del plástico.

Mi padre comenzó a hablar. Su tono era muy firme, pero suave y calmado. No recuerdo sus palabras exactas. Pero empezó diciendo algo como: "Esto me dolerá más a mí que a ti". Él sabía que me iba a doler muchísimo.

¿Has visto cuando hay una escena en las películas que ves desde el punto de vista del actor, y luego algo ocurre de modo que el actor aún puede verlo todo pero de pronto se va el sonido? Bueno, pues eso fue exactamente lo que sentí: como si toda la sangre se me saliera en un momento.

Mis padres me habían matriculado en un internado militar en Nueva Jersey.

Cuando volvió el sonido, yo estaba gritando:

—¡No, no, no! ¡No iré!

Pero mi padre estaba preparado para esto. Fue algo así como una intervención. Todo estaba previsto de antemano.

Díselo.

Haz su equipaje.

Luego llévalo a la institución.

Subí corriendo a mi cuarto. Estaba iracundo. No. Algo más que iracundo. Estaba apopléjico. Esa es la palabra. ¡Apopléjico! Gran parte de ese día se ha borrado de mi memoria, pero sí recuerdo que llamé a mi hermana Mary Ann y a su marido Joe para que me ayudaran. No tenía escapatoria. Ellos apoyaban a mis padres.

—Eso te dará algunos límites —dijo Joe—, y el aspecto académico será de gran ayuda para ti.

Ahora, al mirar atrás, puedo entender lo que estaban pensando mis padres. Yo era un muchacho de catorce años pero parecía que estuviera a punto de cumplir veinte; pasaba mi tiempo con malas compañías. Todas las grandes aspiraciones que mis padres tenían para mí se estaban desvaneciendo ante sus ojos. Yo parecía determinado en ir en otra dirección—incluso intentando salirme de la Iona Prep, mi escuela privada, para entrar a New Rochelle High, porque era el colegio al que iban mis amigos—. A sus ojos, yo iba en camino de convertirme en una especie de vago de la farándula.

Por lo tanto, habían hecho averiguaciones y se habían cerciorado de que la disciplina de la Admiral Farragut Academy me llevara otra vez al camino correcto. Al poco tiempo me estaban arrastrando a la parte trasera del Cadillac de mi padre. Ese mismo Cadillac en el que, de camino al College Diner, mis amigos y yo habíamos reído tanto, se había convertido ahora en una carroza fúnebre.

Mi padre me llevó a Toms River, en Nueva Jersey, pasando las rejas de lo que parecía ser un campo militar en miniatura.

Si alguna vez quisiste ser astronauta para ir a la luna como Alan Shepard, éste era un lugar excelente en donde estar. Pero para un muchacho como yo, Farragut Academy era Marte con rejas de prisión.

Apenas entré al campus fui despojado de todo lo que me importaba. No hay palabras con las que pueda hacerte sentir en el estómago lo que sentí en el mío en el momento en el que entré a la barbería del campus con algunos de los otros recién llegados. A lo más que puedo llegar es a una escena de la película *Fiebre de sábado en la noche*. Acuérdate cuando John Travolta está cenando con su familia y su padre está furioso y le lanza un puño desde el otro lado de la mesa. Travolta dice algo como "¡No golpees mi pelo!", algo así tipo: "Puedes golpearme en la cara pero *no me toques el pelo*". En ese entonces, tu pelo era tu firma —aún más que la firma, era todo lo te definía como persona en el mundo—. Ésta probablemente fue la razón por la cual la Farragut Academy quiso quitarme el pelo primero. Oí el zumbido, miré hacia el piso y vi mis mechones negros a los que les había echado crema Bryl hasta la perfección durante veinte minutos cada día; los ví allí, tirados en gruesos montones sobre el piso. Fue como si me hubieran sacado el corazón y el alma de una sola vez.

Cada momento que pasaba en ese campus me recordaba algo más que había perdido. Cuando conocí a mis tres nuevos compañeros de habitación pude saber lo lejos que estaba de mis amigos y de mi novia. Y, justo cuando pensé que ya no podría pasar nada peor... pasó. Recuerdo haber ido por primera vez al comedor. Las comidas caseras preparadas por mi madre fueron reemplazadas por una especie de pan con algún tipo de jamón frito y crema encima, que los cadetes llamaban SOS: *shit on a shingle* (mierda con teja). Como recluta, uno ni siquiera podía empezar a comer hasta que se lo ordenaran. Teníamos que sentarnos en la cafetería con los brazos cruzados —hombros alineados con los codos, luego los brazos doblados sobre el pecho uno sobre el otro—. Y luego los brazos debían estar supuestamente a seis pulgadas de distancia, para hacerlo más difícil. No podíamos comer hasta cuando nos doliera. Y luego cuando ya podíamos comer, la comida era SOS.

Las veladas de música hasta altas horas de la noche fueron reemplazadas por toques de queda a las nueve de la noche. Y a las cinco de la mañana esa desgraciada trompeta empezaba a sonar fuera de la puerta:

Tu, tu, tururú

Tu, tu, tururú...

Esas notas nos hacían saltar de la cama; una cama que tenía que quedar bien hecha, tan templada que, al hacer rebotar una moneda de veinticinco centavos de dólar, ésta debía saltar y caer al piso. Si esto no ocurría, el oficial inspector destendía la cama, tiraba todo al piso y tenías que volver a tenderla desde el principio, hasta que quedara perfecta.

Por si los rituales habituales de la escuela militar no fueran lo suficientemente insoportables, había un estudiante de un grado superior, de Staten Island, que gozaba buscando constantemente nuevas formas de hacerme la vida imposible:

—¡Saca pecho!... ¡Mete el estómago!

Por más derecho que estuviera, por más rígida que fuera mi posición, siempre tenía el ceño fruncido o algún comentario que hacer. La peor parte era que yo siempre parecía darle pie para hacerlo. En esas primeras semanas nunca pude saber cómo brillar mis zapatos con un escupitajo para lograr un alto grado de brillo.

—¡Brilla de nuevo esos zapatos!

No más diversión y papas fritas después del colegio en el restaurante. Ahora eran horas de entrenamiento de marcha.

Sólo tenía unos pocos y veloces minutos de consuelo en Farragut Academy: una clase de música en la que aprendí a tocar el bajo; ver mi nombre en los sobres marcados a mano por mi novia, y leer y releer las dolorosas cartas de amor que contenían; también el sonido de las gaviotas a través del pequeño radio transistor que ocultaba bajo mi almohada por las noches, diciéndome que los Tymes estaban a punto de cantar *So Much in Love*, una de las canciones de amor más maravillosas de todos los tiempos... Pero aún más que eso, el sonido de esas gaviotas significaba libertad. Sin importar en qué lugar de la tierra me encontrara, esa canción tenía la magia de ponernos a mi novia y a mí descalzos en la playa. Cuando se desvanecían las últimas notas, tenía lágrimas en los ojos y enfrentaba la fría realidad. Me encontraba a millas de mi novia y apenas unas horas después estaría marchando.

Pasado apenas un mes desde mi llegada a Farragut, ya no lo resistí más. "Me voy de aquí", le dije a otro estudiante. "¿Quieres venir conmigo?". Y me respondió que sí. No era que el campus estuviera rodeado de alambre de púas, pero el escape adquirió proporciones muy grandes. Me sentí como en *The Shawshank Redemption*. Salimos con las luces apagadas. Pero el otro tipo se asustó a mitad de camino y se devolvió. "Nos vemos, hombre", le dije, y seguí corriendo millas y millas, hasta que llegué a la ciudad.

Fui a la Estación de Greyhound y tomé un autobús hasta la ciudad de Nueva York; luego llamé a Mary Ann y tomé un tren a Westchester. Ella y Joe me recogieron, duraron horas convenciéndome de que volviera y luego me llevaron a la Academia a media noche. Llegué a las seis de la mañana. No recuerdo que me hayan descubierto ni de haber tenido ningún tipo de problema. Eso no importaba porque, cuando sonó la corneta esa mañana, mi superior de Staten Island me despertó con una sonrisa diciendo que el sol brillaba de nuevo y que empezaba otro día en el que me reventarían las bolas.

Algunos de los alumnos más experimentados me enseñaron

el secreto para brillar mis zapatos y dejarlos como si fueran de charol, así que después de un tiempo el superior ya no pudo quejarse de eso. No importó. Cuando no tenía una razón para torturarme, se inventaba otra.

Un día ordenó a todos los subalternos en mi mesa de la cafetería que cruzaran los brazos a seis pulgadas de distancia. Después de un tiempo, dijo: "Bajen todos los brazos, excepto Mottola".

Los mantuve levantados por unos cinco minutos más y luego uno de los dos se me bajó apenas un poco. Ese hijo de su madre tomó una cuchara y la hizo resortar sobre mi codo justo en el hueso de la risa. El golpe me atravesó como una descarga eléctrica y yo simplemente me enfurecí. Salté de mi asiento, me paré a su espalda y lo agarré por el cuello: tiré tan duro hacia atrás que su asiento se deslizó y volteó mientras él caía al piso. Le salté encima y no dejé de golpearlo; lo golpeé hasta el cansancio, hasta que los otros cadetes vinieron y me separaron de él.

Apostaría a que nadie en la historia de Farragut Academy ha hecho horas enteras de entrenamientos de marchas adicionales. El castigo valió la pena. Ese tipo nunca dejó de odiarme y de sentir resentimiento hacia mí, pero nunca me volvió a molestar.

Había llegado la hora de salir de allí como fuera. Me volví a escapar a principios de diciembre. Llegué a la casa de Mary Ann y mis padres vinieron allí.

—No me importa lo que hagan —les dije—. Jamás volveré a ese lugar. *No* volveré allí.

Fue así como aprendí a hacer un trato. Básicamente, sólo dije no. Cuando uno puede decir que no, siempre controlará la negociación.

—Está bien —dijeron mis padres—, podrás volver a casa. Pero debes terminar la secundaria en Iona Prep.

No se habló más de volver a New Rochelle High.

Me sentí como si acabara de separar las aguas en dos.

—Muy bien —respondí—, sólo llévenme de vuelta a casa.

No obtuve todo lo que quería, pero fue un buen negocio. Me enseñó que ambas partes tienen que salir sintiendo que han ganado algo.

Llegué a casa para otra maravillosa Navidad. Poco después, mis padres me devolvieron mis guitarras.

VOCES

RONNY PARLATO
Viejo amigo y constructor

Ahí estaba yo, a los cinco años de edad, quizá a los cinco y medio. Y Tommy tenía tres, quizá tres y medio. Y me pidió que brincara la cerca porque me iba a mostrar cómo encender el buldócer.

Fuimos hacia allá y él sabía dónde estaban las llaves y todo lo demás. Lo encendió y comenzó a manejar. Me asusté, salté y corrí a casa. Ese fue el inicio de nuestra relación: el más joven a cargo del más viejo.

Tommy sabe cómo atraer a la gente. Sabe a quién contratar. Sabe cómo delegar lo que quiere que hagan los demás. Y esa fue su dinámica maestra en Sony, la que convirtió una compañía que había sido comprada por dos mil millones de dólares en una compañía que, en un cierto punto, valía catorce mil millones.

JOE PESCI

En el caso de Tommy, e incluso en el de alguien como yo, crecer en el barrio te hace un buen conocedor del código callejero y aprendes a manipular. Sabes cómo hablarle a la gente. Y sabes cuáles son sus intenciones cuando están hablando contigo. Sabes lo que está en la mente del tipo inmediatamente. Sabes a dónde ir, cómo aproximarte a la gente, cosas así.

Tommy sabe muy bien cómo tratar a la gente. Quiero decir, se mudó a un área completamente hispanohablante. ¿Cómo lo explicas? Tienes que ser un poco un lisonjero y un manipulador para meterte ahí.

He's So Fine • *The Chiffons*

Fingertips, Part 2 •
Little Stevie Wonder

My Boyfriend's Back • *The Angels*

Walk Like a Man • *The 4 Seasons*

Our Day Will Come • *Ruby and
the Romantics*

Louie Louie • *The Kingsmen*

Be My Baby • *The Ronettes*

Ruby Baby • *Dion*

Da Doo Ron Ron (When He Walked
Me Home) • *The Crystals*

South Street • *The Orlons*

(You're the) Devil in Disguise •
Elvis Presley

Since I Fell For You • *Lenny Welch*

Heat Wave • *Martha and
the Vandellas*

Cry Baby • *Garnet Mimms and
the Enchanters*

It's All Right • *The Impressions*

Foolish Little Girl • *The Shirelles*

Tell Him • *The Exciters*

Busted • *Ray Charles*

Memphis • *Lonnie Mack*

Baby Workout • *Jackie Wilson*

One Fine Day • *The Chiffons*

Donna the Prima Donna • *Dion*

Wonderful! Wonderful! •
The Tymes

Ring of Fire • *Johnny Cash*

Please Please Me • *The Beatles*

I Want to Hold Your Hand •
The Beatles

In My Room • *The Beach Boys*

Blue Bayou • *Roy Orbison*

Only in America •
Jay & the Americans

If You Need Me • *Solomon Burke*

The Price • *Solomon Burke*

Christmas (Baby, Please Come
Home) • *Darlene Love*

(Today I Met) The Boy I'm Gonna
Marry • *Darlene Love*

She Loves You • *The Beatles*

Pretty Woman • *Roy Orbison*

I Get Around • *The Beach Boys*

Everybody Loves Somebody •
Dean Martin

My Guy • *Mary Wells*

Where Did Our Love Go •
The Supremes

People • *Barbra Streisand*

A Hard Day's Night • *The Beatles*

Do Wah Diddy Diddy •
Manfred Mann

Dancing in the Street •
Martha and the Vandellas

Under the Boardwalk • *The Drifters*

Chapel of Love • *The Dixie Cups*

Suspicion • *Terry Stafford*

Glad All Over • *The Dave Clark Five*

Rag Doll • *The 4 Seasons*

Dawn (Go Away) • *The 4 Seasons*

Come a Little Bit Closer •
Jay & the Americans

Baby Love • *The Supremes*

Let It Be Me • *Betty Everett
y Jerry Butler*

Walk On By • *Dionne Warwick*

The House of the Rising Sun •
The Animals

The Shoop Shoop Song (It's in
His Kiss) • *Betty Everett*

Bits and Pieces •
The Dave Clark Five

Can't Buy Me Love • *The Beatles*

Remember (Walking in the Sand) •
The Shangri-Las

Keep On Pushing •
The Impressions

Baby, I Need Your Loving •
The Four Tops

Leader of the Pack •
The Shangri-Las

The Way You Do the Things You Do
• *The Temptations*

Anyone Who Had a Heart • *Dionne
Warwick*

It's Over • *Roy Orbison*

Ronnie • *The 4 Seasons*

I'm So Proud • *The Impressions*

Money • *The Kingsmen*

Cotton Candy • *Al Hirt*

I Saw Her Standing There •
The Beatles

Needles and Pins • *The Searchers*

Fun, Fun, Fun • *The Beach Boys*

No Particular Place to Go •
Chuck Berry

You're a Wonderful One •
Marvin Gaye

Goin' Out of My Head •
Little Anthony and the Imperials

I Only Want to Be With You •
Dusty Springfield

Come See About Me •
The Supremes

I Walk the Line • *Johnny Cash*

Wooly Bully • *Sam the Sham
& the Pharaohs*

I Can't Help Myself • *The Four Tops*

(I Can't Get No) Satisfaction •
The Rolling Stones

You've Lost That Lovin'Feelin' •
The Righteous Brothers

Help! • *The Beatles*

Crying in the Chapel • *Elvis Presley*

My Girl • *The Temptations*

Help Me, Rhonda • *The Beach Boys*

Shotgun • *Jr. Walker and
the All Stars*

I Got You Babe • *Sonny and Cher*

Stop! In the Name of Love •
The Supremes

Unchained Melody •
The Righteous Brothers

What's New Pussycat? • *Tom Jones*

Ticket to Ride • *The Beatles*

Papa's Got a Brand New Bag •
*James Brown and
the Famous Flames*

Back in My Arms Again •
The Supremes

Baby, I'm Yours • *Barbara Lewis*

Like a Rolling Stone • *Bob Dylan*

Goldfinger • *Shirley Bassey*

Eight Days a Week • *The Beatles*

I'll Be Doggone • *Marvin Gaye*

Tired of Waiting For You •
The Kinks

What the World Needs Now
Is Love • *Jackie DeShannon*

It's Not Unusual • *Tom Jones*

Nowhere to Run • *Martha and
the Vandellas*

Tell Her No • *The Zombies*

The Tracks of My Tears •
The Miracles

It's the Same Old Song •
The Four Tops

Hold What You've Got • *Joe Tex*

We Gotta Get Out of This Place •
The Animals

The Last Time • *The Rolling Stones*

Ooo Baby Baby • *The Miracles*

How Sweet It Is (To Be Loved
by You) • *Marvin Gaye*

Turn! Turn! Turn! (To Everything
There Is a Season) • *The Byrds*

Get Off of My Cloud •
The Rolling Stones

Hang On Sloopy • *The McCoys*

Tonight's the Night •
Solomon Burke

Positively 4th Street • *Bob Dylan*

(You're My) Soul and Inspiration •
The Righteous Brothers

Reach Out I'll Be There •
The Four Tops

Monday, Monday • *The Mamas
& The Papas*

You Can't Hurry Love •
The Supremes

Summer in the City •
The Lovin' Spoonful

2

El sueño

A nadie le gusta ver cicatrices. Yo tengo una que, durante años, no me atrevía a mirar. Pero cuando la veo ahora, me doy cuenta de que cambió mi vida.

Un día, cuando estaba cursando mi último año de preparatoria, me dio un dolor de estómago. Tal vez mi vida habría sido muy diferente si no me hubiera dado ese dolor. Así son las cosas: un día pasa algo y puede ser que eso cambie la dinámica de todos los días que seguirán de ese en adelante.

Si no hubiera sido por ese dolor, mi carrera no habría comenzado sino hasta unos años después. De haber sido distinto el orden de los acontecimientos, tal vez nunca habría estado en una oficina de Chappell Music unos años más tarde, cuando Daryl Hall y John Oates entraron ahí por primera vez. Siempre quise triunfar, así que tal vez habría terminado como presidente de Sony de todas maneras. Nunca lo sabremos. Sólo sé lo que sí sucedió.

Aquel dolor de estómago fue uno de esos momentos decisivos que llevó a otros momentos decisivos. Ocurrió en 1966, cuando mi vida familiar era armoniosa y bella. Me ponía saco y corbata en la mañana para ir a la escuela, Iona Prep, y era buen estudiante. Planeaba ir a la Universidad Hofstra en Long Island. Mis padres estaban felices y yo ya no tenía que usar su Cadillac a hurtadillas. Cuando cumplí dieciséis años me compraron un GTO color azul turquesa, con un motor de 389 centímetros cúbicos, carburador triple y transmisión de cuatro velocidades marca Hurst. Era algo que parecía salido de la película *American Graffiti*. Lo único que ese coche no tenía era aire acondicionado. Lo pedí de esa manera porque el aire acondicionado hace que el motor se recaliente más rápido y yo quería que el motor sólo generara calor para que el coche anduviera a toda velocidad. Por más que conducía el GTO todo el tiempo, siempre mantenía su interior blanco, como recién salido de la sala de exhibición.

Tan pronto terminaba mi día escolar en Iona, iba directo a casa, me quitaba mi saco y corbata, me ponía pantalones de mezclilla, me sentaba al volante de aquel GTO y conducía tan rápido hacia el College Diner que dejaba marcas en el pavimento. Siempre me sentaba en una mesa junto a la ventana. Acostumbraba ubicarme en la que quedaba más cerca de la rocola miniatura montada en la pared. Siempre. Ese era mi lugar, sin duda. Yo controlaba aquella rocola. Mis amigos se amontonaban en la mesa, ordenábamos papas fritas y Coca-Colas con jarabe de cereza y mirábamos hacia el estacionamiento admirando los fabulosos carros que iban llegando y las chicas que salían de ellos. Tenía toda una estrategia para cambiar el ambiente del restaurante tocando la canción perfecta en la rocola. Deslizaba las manos por el catálogo de metal y escogía la más apropiada. Tal vez *Under the Boardwalk*, de los Drifters. O *Stand By Me*, en la versión de Ben E. King. Y si quería llamar la atención de alguna chica en particular, siempre podía contar con *You Belong To Me*, de los Duprees. A veces mis amigos y yo cantábamos *Hold On, I'm Coming*, como si fuéramos Sam & Dave. Aquella rocola nos encantaba y la alegría que nos causaba era contagiosa. Los chicos de las mesas vecinas entraban en el jolgorio y pronto medio restaurante estaba cantando a todo pulmón y desde el fondo del alma *When A Man Loves A Woman*. Percy Sledge era increíble. Eran días felices.

Las noches eran aún mejores. Algunas veces mis amigos y yo comenzábamos en el Riviera Lounge de Yonkers donde íbamos a oír a Larry Chance y los Earls cantando *I Believe* y *Remember Then*. Luego conducíamos hasta Mamaroneck, donde tocaba uno de los mejores guitarristas de todos los tiempos en el Canada Lounge. Se llamaba Linc Chamberland y era el líder de una orquesta de vientos que tocaba música R&B (*Rhythm and Blues*) llamada The Orchids. Cuando, tiempo después, *Rolling Stone* dedicó su portada a los 100 mejores guitarristas de la historia, no mencionó a Linc. Créeme: en 1966 nadie había escuchado nada mejor que Linc Chamberland.

Linc no era muy conocido más allá del área noreste de los Estados Unidos. The Orchids sólo grabaron un álbum titulado *Twistin' at The Round Table with The Orchids*, bajo un sello pequeño llamado Roulette Records. Pero si llegabas al Canada Lounge un viernes o un sábado en la noche, no cabía duda de que eran algo único.

Linc era el único que podía tocar una guitarra Fender Telecaster como él debido a la manera en que la había modificado. Lo sé porque tomé clases de guitarra con él e intenté emularlo lo más que pude. Una de sus técnicas consistía en remplazar la primera cuerda, el Mi alto, con una cuerda de banjo (una cuerda La), la cual doblaba casi hasta el cuello de su guitarra Telecaster. Es imposible doblar una cuerda de guitarra normal de esa manera porque le pondría demasiada tensión. Pero la cuerda de banjo es tan delgada que Linc podía doblarla y crear así su propio estilo de *Rhythm and Blues*. Para que el sonido fuera aún más insólito, conectaba la guitarra a un amplificador para bajo y, para mayor efecto, usaba un amplificador doble marca Fender Bassman. Escuchar a Linc tocar R&B por primera vez era como ordenar tu platillo favorito pero preparado con una especia fabulosa que nunca antes habías probado. Nadie, nadie, *nadie* en este mundo sonaba como Linc Chamberland.

El Canada Lounge tenía capacidad para cerca de 150 personas. Pero los viernes por la noche, 250 admiradores que sabían exactamente lo que allí ocurría atiborraban el lugar. Linc no se paraba al frente del escenario. Su lugar era detrás del vocalista principal de los Orchids. La única forma de comprender la influencia que Linc Chamberland pronto habría de tener en el trasfondo musical era si sabías quién frecuentaba aquel lugar.

Cuando oyes a Dr. John cantar *Right Place Wrong Time* y cuando oyes *Band of Gold* de Frieda Payne, escuchas la guitarra de David Spinozza. Al igual que yo, David iba al Canada Lounge a escuchar y a estudiar a Linc. Cuando oyes *Walking Man* de James Taylor, la batería la toca Rick Marotta. Cuando oyes *You're Still The One*, ahí está Jerry, el hermano de Rick, tocando la batería. Si escuchas el álbum *Double Fantasy* de John Lennon y Yoko Ono, Andy Newmark toca la batería. Todos llegábamos a este pequeño semillero musical de Mamaroneck para ver a Linc y los Orchids. Si tenías la buena suerte de pertenecer a esta cofradía, quedabas conectado a su música, una música, que te influenciaría el resto de tu vida.

Qué cuadro aquel. Me sentía como Sal Mineo en *Rebelde sin causa* mientras ordenaba empalagosos cócteles de ginebra de endrinas que venían decorados con sombrillitas de colores. Hoy en día, si me tomara uno de esos cócteles, probablemente vomitaría. Pero en ese entonces era todo parte de la experiencia religiosa. En ese entonces, la edad legal para beber alcohol en el estado de Nueva York era 18 años, y siempre ha estado de moda parecer de edad suficiente para beber, especialmente cuando no la tienes.

Linc se vestía con trajes elegantes y de cuello abierto, y su orquesta tenía una sección rítmica excelente al igual que una gran sección de vientos que lo acompañaba. A los Orchids les importaba más la maestría musical que el baileteo desenfrenado. Linc sentía gran orgullo como verdadero maestro de su oficio y, cuando él empezaba a tocar, yo me concentraba intensamente en cada fraseo de su guitarra. Sé que parezco obsesionado, pero me es difícil describir el poder que su música ejercía en mí y, al igual que Elvis, cuánta influencia tuvo en mí. Cuando Linc Chambers tocaba, ni me daba cuenta de las mujeres que había a mi alrededor.

Y si puedes creerlo, a veces las cosas se ponían aún mejor. A veces iba en mi GTO al McDonald's que quedaba en Boston Post Road, en Mamaroneck, cuyo estacionamiento parecía un *drive-thru* para carreras de arrancones y no para comprar hamburguesas. Sólo bastaba que alguien retara a alguien más y todos terminábamos en ese tramo de un cuarto de milla en la avenida Mamaroneck. Un chico conducía hasta la meta para poder declarar al ganador y otro se paraba entre los dos coches competidores con los brazos arriba para dar la señal de partida. Cuando bajaba los brazos, las llantas chillaban.

Había un tipo llamado Supermán y era invencible. Tenía un Chevelle 396 rojo con carburador de cuatro bocas. Nadie lo podía vencer. Así que fui adonde un mecánico que realizaba trabajos ilegales para que le hiciera modificaciones y le aumentara el poder a mi motor, terminando con la instalación de un árbol de levas marca Crane. Le instalé colectores para que los gases de escape circularan mejor y le puse neumáticos lisos para carreras de autos pero con bandas de rodadura mínimas que los hacían legales en las vías urbanas. Me tomó dos semanas completar esta labor, pero cuando por fin terminé, fui a aquel McDonald's en busca de Supermán.

Cuando llegué, Supermán sonreía con una enorme confianza en sí mismo. Ya sabes, me miraba con ese gesto que parece decir: "¿Cuántas lecciones debo enseñarles?". Sin embargo, todos los que estaban en el estacionamiento vinieron a ver la carrera en la avenida Mamaroneck. Antes de que empezáramos la carrera, vi que Supermán escuchaba el sonido de mi motor y le noté una expresión diferente en la cara. Esta vez parecía decir: "Aquí pasa algo raro".

El chico bajó los brazos. Hundí el embrague, mis neumáticos agarraron el pavimento y el motor tenía tanta potencia que las llantas delanteras se desprendieron del suelo unos cuantos centímetros, haciendo el truco llamado *wheelie*. Supermán tomó la delantera cuando metí segunda pero cuando metí tercera me adelanté como unos treinta metros; al cambiar a cuarta lo había dejado muy atrás.

Supermán salió de su carro:

—¡Oye, tú! ¿Qué es lo que tienes ahí? ¿Qué tienes ahí adentro?

Me hice como si nada.

—Sólo le puse neumáticos lisos, nada más.

—A mí nadie me gana. ¡Nadie!

El rumor se desperdigó con más rapidez que mi GTO. "¡Mottola dejó lejos a Supermán!". Todos querían ver mi GTO; venían tan sólo para escuchar su motor y tratar de adivinar qué era lo que yo le había hecho. Después de un buen rato, les dije a todos lo que había hecho… pero fue un rato bastante largo.

Qué días hermosos fueron aquéllos. El futuro parecía como un cielo azul despejado. A veces salía yo en aquel coche y me paseaba por los vecindarios más exclusivos de Westchester mientras soñaba. Había una hermosa mansión de ladrillo en una pequeña ciudad llamada Rye, en los predios del Country Club de Westchester. La mansión me encantaba y regresaba a verla una y otra vez. En una ocasión me hice una promesa: "Un día esa casa será mía". Era sólo un sueño, pero para mí era tan real como lo era mi sitio de privilegio junto a la rocola del College Diner, lo que quería decir que esta promesa tampoco estaba en duda.

Cuando el mundo parece ser más dulce que un cóctel de ginebra de endrinas, es mejor irse con cuidado. Un golpe inesperado te puede dar duro cuando menos lo esperas. Aquel extraño dolor en el estómago me tomó completamente por sorpresa una tarde durante mi último año de preparatoria.

Pensé que había comido algo que me había caído mal y no le presté atención. Pero a medida que pasaba el tiempo, no podía seguir haciendo caso omiso. La punzada se volvía más y más intensa. A eso de las seis de la tarde, estaba doblado del dolor.

Mi padre me llevó con rapidez al hospital de New Rochelle. En un abrir y cerrar de ojos me encontraba en una camilla que se desplazaba a toda velocidad hacia la sala de rayos X. Las caras de los doctores y enfermeras me hacían sentir peor. No parecían tener la más remota idea de lo que me pasaba. De repente un médico empezó a hablarme. Sus palabras eran como estática velada por el dolor. A pesar de esto, recibí el mensaje: iban a dormirme y a abrirme para ver qué diablos me pasaba.

No sé si le contesté. Si lo hice, me imagino que dije algo así como: "Haga lo que tenga que hacer. Sólo quiero que me quite este dolor".

Lo siguiente que recuerdo es ver a mi madre parada junto a mí, con los ojos llenos de lágrimas de felicidad. Mi familia estaba junto a mi cama en la sala de recuperación. Todos estaban esperando que volviera a mí. Los médicos cirujanos me habían hecho una gran rajadura exploratoria en el vientre. Habían descubierto que mi problema era el apéndice y lo extrajeron justo antes de que reventara.

La cicatriz que me dejó ese tajo me aterraba, pero no tanto como a mis padres. No era difícil adivinar lo que pensaban. Si mi padre no me hubiera llevado al hospital a tiempo, me estarían viendo en un ataúd.

Después de la operación permanecí en el hospital unos días más y, pasado un mes, cuando los doctores ya me habían estabilizado y me sentía mejor, mis padres me llevaron al sur de la Florida para que terminara de recuperarme.

Nunca hubo remedio mejor. Nos quedamos en nuestro hotel favorito, The Castaways, que en otra época fue el lugar más popular de North Miami Beach. Había sido construido por los fondos de pensiones del sindicato de camioneros; es decir, para gente que quería algo exótico pero a quien nunca se le ocurriría ir a Tahití. Había cascadas, cabañas al estilo hawaiano y antorchas. Sólo despertarte y caminar hasta la piscina junto al mar te transportaba, tenía algo embriagador. El aire estaba impregnado de ron del bar, bronceador Coppertone y aire salado. Chicas preciosas en pescadores, tacones altos y sostenes puntudos andaban por todas partes. Salían de la piscina en bikinis que revelaban sus preciosos atributos. Había una rocola junto al bar exterior con un catálogo increíble. Pero todos escogían siempre la misma canción: *Summer Wind* de Frank Sinatra.

Recuerdo que cerré los ojos y vi a Frank cantándola en vivo unos años atrás en el Boom Boom Room del Hotel Fontaineblue; recordé el gesto que le hizo a la orquesta para que empezara a tocar.

Abrí los ojos y, a mi derecha, sentada en el bar, vi a una chica despampanante de cabellos oscuros; eso me indicó que había salido de mi trance. Era de carne y hueso. No era un diez. Era un veinte. Todos los chicos querían llamar su atención. Caminé hacia ella y la invité a cenar. Aceptó. Fue como un sueño. Durante la cena, me acerqué y le susurré al oído.

—Es una noche muy hermosa —le dije—. ¿Qué te parece si conseguimos una manta y dormimos en la playa?

Ella sonrió y asintió. A la mañana siguiente me desperté cubierto de picaduras de pulgas de mar. Todas las picaduras valieron la pena. Fue como un sueño hecho realidad, pero algo que no habría sido capaz de soñar.

Estar de vacaciones en Miami Beach era como estar de vacaciones dentro de una rocola. Al caminar por las calles te podías detener a escuchar la música que salía a caudales por las puertas de los hoteles. Al pasar por el Newport ya sabía, por ejemplo, que ahí tocaría Steve Alaimo en la noche. Algunos de los sonidos más increíbles provenían de un lugar cerca del puente de la calle 79 llamado The Barn, y eran aún mejores cuando Wayne Cochran y los C.C. Riders venían a la ciudad.

A Wayne Cochran lo llamaban el James Brown blanco. Era un tipo de Georgia, enorme y provinciano, que se peinaba su rubia melena con un *pompadour* que le agregaba más de medio metro a su estatura. No exagero. Si Madame de Pompadour, la amante de Luis XV que popularizó este peinado, hubiese visto a Wayne Cochran, se habría cagado del susto. Y eso no es todo: Wayne salía al escenario vestido con una capa y un mono que habrían hecho palidecer de la envidia a Elvis. Parecía un villano de lucha libre muy bien peinado y cantaba con un fervor como de ministro bautista. Sus zapatos de charol blanco parecían levitar del escenario cuando cantaba *Rhythm and Blues* mezclado con gospel, mientras botellas de cerveza zumbaban por los aires. Créeme cuando te digo que cuando Wayne cantaba "Goin' Back to Miami", no te cambiabas por nadie.

En ese entonces no comprendía cuánto absorbía yo en estas funciones, pero inconscientemente sí hacía conexiones. Aunque Linc Chamberland tocaba detrás de un cantante y se enfocaba en la maestría y la musicalidad, y Wayne Cochran estaba al frente y como queriendo estremecer los cimientos del establecimiento, los dos tenían algo en común. Ambos eran superestrellas a nivel local, casi dioses, pero ninguno de los dos tenía sencillos que tocaran en la radio Top 40. Ambos habían hecho sus grabaciones en sellos pequeños e independientes que no contaban con amplia distribución. Una semilla se plantó en mi mente: el conocimiento de lo que separaba a una super estrella local de una super estrella regional y de una super estrella global. Pero en ese entonces no sabía que esto se había registrado en mi mente. Sólo entendía que me estaba divirtiendo como nunca.

¿Y sabes qué hizo que ese paseo fuera aún mejor? Que finalmente mis padres entendían lo que me gustaba; me miraban con comprensión. Yo veía el cambio en sus ojos: "La vida es corta. ¿Sabes qué? No vamos a interponernos más. Dejaremos que persiga sus sueños". Nuestras conversaciones a la hora de la cena no volvieron a tratarse de lo que yo debía estudiar en la universidad: ahora se trataban de lo que me gustaría hacer en el campo de la música. Nunca sabré si mi madre pensaba en la bofetada que su padre le dio cuando quiso hablarle de la "farándula". El temor al imaginarse lo que habría podido pasar si mi apéndice hubiera explotado, bastaba.

Cuando emprendimos el camino de regreso al norte, yo estaba listo para seguirle los pasos a Dion y a Elvis. Mi cicatriz y todo lo que ella significaba habían dejado una marca indeleble en mí, una marca que nadie veía con más claridad que mis padres. Ahora ellos me apoyaban al ciento por ciento.

Seré completamente honesto: si cuando yo manejaba Sony Music alguien me hubiera pasado el demo de un chico de dieciocho años llamado Tommy Mottola, jamás lo habría contratado. Sabría de inmediato que, en una escala del uno al diez, su voz registraba apenas un cinco o un seis, aunque tuviera buena interpretación e intención.

En el fondo del alma, apuesto a que yo sí sabía que mi voz era sólo un cinco o un seis, incluso a los dieciocho. Lo sabía porque Dios me bendijo con un oído excelente. Este oído siempre ha sabido lo que es bueno; es más, me ha ayudado a descubrir el potencial en talentos desconocidos. Esa bendición, ese don, obraba también a mi desfavor porque cuando yo tocaba la guitarra entendía que mis dedos no podían hacer lo que mis oídos ansiaban escuchar.

Pero bueno, uno sólo tiene dieciocho años una vez en la vida. Yo no sólo era muy ambicioso sino que andaba por el mundo en un coche indestructible —porque también era inocente e incauto—. Desconocía lo que me faltaba por conocer del negocio de la música. Así que me sentía invulnerable ante cualquier obstáculo que se interpusiera en mi camino. Había visto a Dion dejar atrás a Belmont Avenue y a Sal Mineo triunfar en el celuloide junto a James Dean en *Rebelde sin causa*. Era entonces lo más natural del mundo que un chico del Bronx con un par de cojones como los míos pensara: "Si ellos alcanzaron la fama, ¿por qué yo no?".

Decidí que la manera más rápida de llegar al estrellato era ser cantante y actor al mismo tiempo. Mi padre me ayudó a pagar más clases de actuación en el estudio de Wynn Handman en Nueva York. Era un estudio de alto nivel. Wynn es el director artístico del American Place Theatre. Si nunca has oído hablar de Wynn, tal vez sí has oído hablar de algunos de los actores que han trabajado con él: Robert De Niro, Robert Duvall, Lee Marvin y Denzel Washington.

Mis padres no sólo me apoyaban en asuntos de dinero. También me brindaban apoyo emocional. Eso significaba que tenía acceso a todas las conexiones de mi padre. A un primo que conocía a Sinatra le pidió ayuda para encontrar un profesor de canto. Así fue como terminé en clases en Carnegie Hall con un profesor de mucho renombre llamado Carlo Menotti.

Me sentía como un hombre de mundo, un iniciado. Conducía mi GTO desde los dormitorios de Hofstra hasta Nueva York, donde tomaba las clases; comía en el Carnegie Deli y me paseaba por el lobby del Americana Hotel por las noches para ver si veía a algún famoso. Después bajaba por Broadway, más allá del edificio Brill —donde las compañías de discos más grandes tenían sus oficinas—, rogando que la magia que de allí irradiaba lloviera sobre mí. Soñador, soñador, soñador… En verdad creía que pronto sería famoso.

Obtuve un rol en *Así no se trata a una dama* (*No Way to Treat a Lady*) con Rod Steiger. No me importaba que fuera un papel muy secundario, en el que sólo tenía que pasar a Rod en la calle. No me importaba ser un extra con un salario de setenta y cinco dólares por día. Estaba actuando con Charley, de *Nido de ratas* (*On the Waterfront*). Iba a aparecer en las mismas pantallas gigantes que mostraban a Sal Mineo y a Elvis por todo el país. Trabajé como extra en ocho películas, más o menos. Como esponja absorbía cada detalle: estudiaba cada paso que daban el director, los actores y los técnicos de iluminación. No había mejor estudiante en aquellos sets. Estaba donde quería estar. Dejé mis estudios en Hofstra con la bendición de mis padres.

Mi padre tenía un amigo de infancia en el Bronx que conocía gente del circuito de clubes nocturnos. Este amigo me presentó a Pete Bennett. Éste fue un momento enorme: mi siguiente paso hacia el estrellato. Pete Bennett era el mejor promotor de radio del país. Si uno quería que una canción sonara en la radio, no existía nadie más poderoso que él en 1968. Pete Bennett tenía más conexiones que la empresa de energía eléctrica de Nueva York. En una época fue a la vez promotor de los Beatles, los Rolling Stones, Bob Dylan y Sinatra. Puede que yo fuera un desconocido, pero se decía que Pete "transformaba a los desconocidos en estrellas, y a las estrellas en super estrellas". Y lo decía *Billboard*.

Pete era un tipo bajo de estatura, regordete y con cara de querubín, pero hablaba y se comportaba como si tuviera conexión con la mafia. Aunque sonaba un poco como caricatura de italiano ignorante, era muy astuto. Te podía sacar el dinero del bolsillo sin que te dieras cuenta y despedirse sonriendo. Pero también podía dar la impresión de que te pegaría un balazo si lo consideraba necesario. Nadie se mete con un matón con carita de ángel. La moraleja de mi cuento con Pete Bennett es que si él entraba con un disco a las oficinas de la WMCA en Nueva York, ellos lo tocaban y punto. Colorín colorado. Y la WMCA era la estación de radio que tocaba las canciones que se convertían en éxitos meteóricos.

Pete escuchó las maquetas que yo había grabado con mi amigo David Spinozza y después habló con mi padre. No sé qué tipo de trato hicieron, pero pronto yo estaba entrando a las oficinas de Epic Records detrás de Pete. Apenas tenía diecinueve años y ya estaba conociendo al vicepresidente. El vicepresidente se llamaba David Kapralik, un hombre con buen oído; acababa de contratar a Sly & the Family Stone.

—Este chico —dijo Pete en su voz de mafioso y señalándome con un movimiento de cabeza—, es mi nuevo ahijado.

—Está bien —dijo Kapralik—. No hay problema.

Sí, así era la Escuela de Negocios del Bronx. No tuve que firmar nada. Cuando Pete Bennett decía: "Éste es mi nuevo ahijado", la firma venía mucho más tarde.

Primero que todo, necesitábamos un productor. Kapralik levantó el auricular y en minutos Ted Cooper apareció en la oficina. Cooper había sido el guía principal de los éxitos de Bobby Goldsboro y B.J. Thomas. ¡Qué extremos tan opuestos! Cooper había producido discos que habían vendido millones de copias. Yo no había grabado ni una canción original en mi vida.

"Vas a producir el disco sencillo de este chico", dijo Kapralik. No dijo: "¿Quieres hacerlo?", ni le preguntó: "¿Qué te parece?". Sólo dijo: "Vas a producir el disco de este chico".

Cooper entendía las reglas del juego. El nuevo ahijado de Pete necesitaba un par de canciones para grabar, así que Ted fue en busca de un par de canciones para grabar.

Escogió un par de canciones que eran del género de country

y blues: *Women Without Love* (*Mujeres sin amor*) y *Evil Woman* (*Mujer malvada*). Al principio no me gustó su selección ya que, en ese entonces, no me gustaba mucho la música country. Pero como yo no escribía mis propias canciones, no tenía material a la mano. No tenía derecho a protestar. Acuérdate de que estaba en Epic Records. Estaba en la cima.

La estrategia que Cooper adoptó conmigo era muy común en esa época: tomas una canción vieja y le inyectas nueva vida pasándola de un género discográfico a otro. Se las dio a un arreglista para que las volviera contemporáneas. Pero no contrató a cualquier arreglista. Contrató al arreglista más cotizado del mercado: Charlie Calello. Charlie había trabajado brevemente con el grupo 4 Seasons pero su verdadero talento yacía en saber cómo arreglar un paquete musical completo. Hacía arreglos para Sinatra, Ray Charles, Barry Manilow, Neil Diamond y, gracias a Pete Bennett, para un chico llamado Tommy Mottola.

De un momento a otro, me encontré en la sala de la casa de Charlie que quedaba en Riverdale. Estaba sentado junto a él, fingiendo un aire de frescura, pero me imagino que estuve con la boca abierta todo el tiempo. ¡El tipo que había hecho los arreglos de "Sweet Caroline" para Neil Diamond le estaba haciendo el arreglo a *mis canciones*!

Charlie era un tipo italiano muy pequeño de estatura, con gruesos anteojos que parecían culos de botella de Coca-Cola y que le cubrían casi toda la cara. Su dedicación al trabajo era total y tenía plena confianza en sí mismo. Tocaba el piano y escuchaba las notas, escribía las partes para los vientos, las cuerdas y el ritmo, y lo combinaba todo en una pieza musical cohesiva. Era increíble. *Inconcebible*. Yo le hacía preguntas y él me explicaba cada paso. Me sentía como un residente viendo una cirugía de corazón abierto por primera vez. No tengo palabras para describir la felicidad, inspiración y valiosa experiencia que obtuve al oírlo y verlo trabajar. Nunca hubo mejor estudiante que yo. Charlie hizo que yo amara cada nota de aquellas canciones. Estaba listo para hacerlas mías.

Fuimos al estudio de grabación el día de San Valentín. Epic era parte de CBS Records. Todos los artistas de renombre grababan en los estudios de CBS. Era posible que Bob Dylan hubiera cantado usando el mismo micrófono que yo. Siempre he tenido cojones de elefante y aquel día sí que los necesitaba. Ahí estaba yo frente a ese micrófono, delante de veinticinco músicos, sección rítmica, bajo, batería, vientos, cuerdas y coristas con el mejor arreglista del país dirigiendo. ¡Olvídate! Cuando empezamos a grabar era como estar en la película que siempre había soñado protagonizar. De esto podría hablar por días, pero qué más da: no existen palabras suficientes para describirlo.

Estaba tan feliz que no me importó cuando Cooper me dijo:

—¿Sabes, Mottola…? El nombre Mottola no te queda bien.

—¿Por qué?

—Suena demasiado italiano, demasiado extranjero. ¿Cuáles son tus iniciales?

—T.D.

—Está bien. T.D… T.D… T.D… —lo pensó un buen rato—. Mira, chico. Hoy es el día de San Valentín, así que serás T.D. Valentine. Sí: T.D. Valentine. Así te llamarás.

Estaba tan ansioso de triunfar que no se me ocurrió ni pensar: "¡Oye! ¡Espera un minuto!". Sólo le dije: "¡Qué bien! Si tú lo dices…".

Poco después fui a las oficinas de Epic Records y me dieron mi disco de 45. Éste es otro sentimiento que no se puede describir. Miras el disco. Inhalas su aroma de vinilo fresco. Lo amas tan profundamente que quieres hacerle el amor. Eso es lo que sientes cuando tienes tu primer disco en las manos. Intentas conseguir tantas copias como puedas para dárselas a tu familia y amigos.

Las cosas parecían seguir mejorando. Pete Bennett me llamó para decirme que debía sintonizar la emisora WMCA esa tarde a las 3:09 PM. Reuní a toda mi familia alrededor del aparato de radio... Y entonces sonó mi canción. Oí mi voz al aire, como si fuera Dion y los Belmonts.

Cuando terminó, todos se enloquecieron.

—Acaban de escuchar *Women Without Love*, interpretada por T.D. Valentine —dijo el locutor.

Me acuerdo de haber visto a mi familia mirándome de reojo y bromeando:

—¡T.D., T.D! ¿Ése eres tú?

—Oigan, es que querían algo que sonara más atractivo —dije.

Empecé a presentarme como T.D. Valentine.

Gracias a Dios que ya nadie me llama T.D. Valentine. No resulta difícil ver para dónde va esta historia. Si vas a contratar a alguien para que te cave un hoyo, más te vale que sepas cavarlo tú también.

Años después, mis experiencias tempranas me separaron del pelotón. La mayoría de los otros ejecutivos de las casas disqueras venían del departamento legal o de otro departamento corporativo. Muchos ni siquiera sabían tocar un instrumento. Cuando hablé por primera vez con Daryl Hall y John Oates, o después con Billy Joel, ellos sabían que mi experiencia era diferente de la de otros ejecutivos que sólo cumplían una función. Y sabían que yo provenía de un ámbito creativo y flexible —ámbito que ellos conocían muy bien— y que podían confiar en mí a nivel musical.

Tal vez mi voz sólo era un cinco en una escala de diez, pero por lo menos tuve la oportunidad de pararme a cantar delante de una orquesta en los estudios de grabación de CBS como Frank, Tony y Bob.

Todos tenemos derecho a soñar, ¿no es cierto? Hay muchos cantantes que han triunfado a pesar de tener voces que apenas alcanzan un cinco. Todos sabemos quiénes son. Ellos lo saben también. Sólo hace falta tener a alguien con una sonrisa perfecta de pie sobre una tabla de surf en el momento en que llega la ola perfecta. Pete Bennett lo sabía. Por eso estaba dispuesto a darme una oportunidad… mientras mi padre fuera generoso.

Poco después del lanzamiento de mi disco solía ir con Pete a las estaciones de radio. Charlábamos con el director de programación y después me entrevistaban al aire. Luego llegaba el momento en el que yo salía y Pete hacía su trato. Yo no podía hacer parte de aquello; ni siquiera sabía muy bien lo que pasaba. Sólo sabía que cuando Pete emergía de su junta, los encargados agregaban mi disco a la rotación de canciones de la estación.

La promoción de los discos era una serie de palmaditas en la espalda. Cuando las emisoras radiales tocaban tu disco, luego pedían favores. Le pedían a Pete que me mandara a ciertos bailes patrocinados. Las estaciones de radio patrocinaban bailes promocionales en parques de atracciones como Palisades Park, Rye Playland o Coney Island. La estación colgaba su logotipo en un escenario y usaba a los cantantes o grupos musicales cuyos éxitos tocaban como atracción principal. A los artistas no se les pagaba por esta aparición, pero nadie rechazaba la invitación. Hoy en día, artistas de la talla de Lady Gaga o Beyoncé aparecen en shows como el Jingle Ball de la emisora Z100. La única diferencia es que en estos días no hay garantía de que la estación toque la canción debido a la cantidad de reglas y restricciones. Pero se sabe que son amigos de la familia.

Aunque no había regulaciones cuando yo era cantante, las reglas eran muy claras. Si una estación de radio no tocaba la canción que Pete Bennett quería que tocaran, Pete les hacía una visita e inmediatamente ese disco se incorporaba a la rotación.

Y los artistas que no se presentaban en los bailes patrocinados destruían su carrera.

Los bailes patrocinados eran lugares encantados para un desconocido como yo. Era como si te otorgaran un título de caballero. Disc jockeys como Cousin Brucie, Murray the K y Dandy Dan Daniel eran la realeza local. Y cuando uno de ellos te ensalzaba al aire —"¡Aquí viene un éxito tremendo de un chico que es la nueva sensación, T.D. Valentine!"—, eras imparable. Desde el momento en que aparecías en el escenario, los adolescentes admiradores del disc jockey eran todos tuyos. Yo salía con una chaqueta y una camisa de cuello alto muy bien almidonada, daba la venia y movía los labios, dando la impresión de que cantaba mis dos canciones que sonaban en los parlantes. Quienquiera que prestara atención tenía que darse cuenta de que yo no cantaba de verdad, pero a nadie parecía importarle. Cuando el DJ te anunciaba en Rye Playland como una sensación, en ese momento, y en tu mente, lo eras. Aprendí a hacer contacto visual con una sola persona en la multitud y a cantarle sólo a ella, y a fijar luego mi mirada de rayo láser en otra para terminar así abarcando a todos los presentes. Aprendí que si te movías como no tocaba, la gente no reaccionaba. Pero si lo hacías bien, te lo dejaban saber. Sentí una fracción de la alegría y adulación que una estrella recibe. ¡Y qué maravilloso es! Cuando bajaba del escenario, me esperaba una fila larga de muchachas que querían mi autógrafo. Créeme cuando te digo que esa euforia se te sube a la cabeza con mucha rapidez. La única esperanza es tener a alguien cerca, recordándote: "Oye, chico, ándate con cuidado y no te dejes embaucar".

Había que visitar tiendas de discos. Abrí la revista del *Sunday News* y vi mi foto en la sección *Strictly Youthville*, dónde aparecían los jóvenes de la farándula, y me sentí como embriagado. Apenas puedes llegar a imaginarte lo que se siente cuando el mundo entero te atiborra con esa especie de combustible de cohete.

Pronto sientes que podrías salir disparado hacia la luna. Pero si un día se agota… Hay evidencia contundente de que el golpe te puede matar. Estas fueron experiencias invaluables que me han servido durante toda mi carrera.

Iba a las oficinas de Epic Records los lunes después de cumplir con las actuaciones, listo para insistir en que hubiera más promoción. "A la gente le encanta", le decía yo a los de publicidad. Ése fue el instante en que el azúcar me supo amargo por primera vez. Y es que el polvo mágico que Pete Bennett rociaba en los discos no duraba para siempre. "Sí, es fantástica", me decían los de publicidad. Al principio fueron tan bondadosos como les fue posible. "El problema es que cuando la tocamos en la radio, nadie llama por teléfono".

Los teléfonos. Los teléfonos. Los teléfonos. Para cualquier compañía disquera, todo se medía en términos de cuántas llamadas telefónicas entraban. Mientras más llamaban, más tocaban el disco. Mientras más ponían el disco, más copias se vendían en las tiendas. Cada estación de radio tenía cinco o diez cuentas clave en tiendas de discos locales que revisaban a diario para monitorear el mercado. "Ésta vendió treinta unidades, parece que va a ser un éxito". La ponían un poco más y vendía ochenta unidades. "Oigan, parece que esta sí va a ser". La ponían cinco o seis veces al día y empezaba a vender trescientas unidades. Pronto, la incluían una media docena de veces en la lista diaria. La radio era el medio que creaba a los artistas. La radio era causa y efecto. La radio lo era todo. Pero los teléfonos en la estación de radio eran los que hablaban la verdad.

Esto quería decir que si los teléfonos no sonaban, tenías un problema en las manos. Pete Bennett podía conseguir que pusieran el disco. Y podía asegurarse de que hubiera un séquito de chicas adolescentes esperándote con libros de autógrafos en mano. Podía coordinar con una firma de publicidad para que tu cara sonriente apareciera en el periódico. Pero Pete Bennett no podía hacer que los teléfonos sonaran. Cuando mi disco sonaba en la radio, los teléfonos no sonaban.

Yo no dejaba que eso me amedrentara de ninguna manera. Yo seguía tratando de hacer que las cosas funcionaran, apareciéndome por las tiendas de discos, cantando en los parques de diversiones, paseándome por el corredor de promociones de Epic Records para discutir nuevas ideas. Yo era un verdadero dolor de cabeza, pero era un dolor simpático y bien educado. Además, era el ahijado de Pete Bennett, así que tenía un poco de palanca. Empecé a pedirles a todos en Epic Records que me dieran una segunda oportunidad con un sonido más contemporáneo.

Cuando Kapralik, el VP, accedió, pedí trabajar con un productor llamado Sandy Linzer. No sé si fue Charlie Callelo quien me presentó a Sandy pero no me sorprendería en lo mínimo porque Charlie y Sandy eran muy buenos amigos. Sandy había colaborado en la composición de *Dawn* (*Go Away*) y de *Working My Way Back to You* para los 4 Seasons, y Charlie había hecho los arreglos. Pensé que me iría mucho mejor en mi segundo intento si tenía el apoyo de ambos.

Sandy Linzer era un tipo simpático de Nueva Jersey, sólo unos cuantos años mayor que yo, muy relajado, y nos llevamos muy bien desde el principio. Sandy y Charlie sabían que yo no era un gran cantante pero que tenía pasión y buen estilo, y les caía bien. Su misión era: "Ayudémosle a salir al otro lado".

Sandy era el productor y director, y él escogió una canción llamada "Love Trap", escrita por un tipo llamado Al Kooper, uno de los miembros originales de Blood, Sweat & Tears. Luego escribió una canción para mí llamada "Allison Took Me Away". Eso fue estupendo. Fue increíble cantar la primera versión de una canción original. Sandy se dedicó a ayudarme; incluso me cantaba las letras y me ayudaba con el fraseo. Me sentí mucho más seguro de mí mismo trabajando en mi segundo disco, lo cual era bueno porque la presión era enorme.

Como todos los demás artistas de aquella época, sólo tenía un día para que la canción me saliera bien. No importaba si la voz estaba bien o si se sentía cascada. Los músicos estaban contratados. El estudio estaba reservado. Todo tenía que salir bien. Además, tenía el presentimiento de que si este disco no era un éxito, hasta ahí llegaba yo como cantante. No sabía a ciencia cierta lo que esto significaba, pero esa sensación entró conmigo a los estudios de CBS.

Sandy estaba en la sala de control. Charlie dirigía la orquesta. Una vez más me acerqué al micrófono y le puse el alma a las canciones. Sabía que me había ido mucho mejor que la primera vez, pero mi oído me decía que *Allison* había salido mucho mejor que *Love Trap*. *Love Trap* tenía unas notas muy altas a las que me era difícil llegar. Sandy y Charlie me felicitaron al final pero una reacción visceral me decía que no estaban muy contentos con los resultados. Estaban satisfechos, sí, pero yo sabía lo que pensaban para su adentros: "Esto es lo mejor que vamos a sacar de este muchacho. Terminemos y arreglémoslo en la mezcla de grabación".

El disco de 45 salió al mercado y de nuevo T.D. Valentine pasó por otra ronda de promoción a la velocidad del rayo. De nuevo, los teléfonos no sonaron. Empecé a notar un cambio cuando caminaba por los pasillos hasta las oficinas de promoción de Epic. Las puertas empezaban a cerrarse poco antes de que yo pasara.

Esta experiencia me enseñó mucho. Aprendí que es posible hundir el acelerador demasiado. El departamento de promociones era como la transmisión de mi GTO: había exigido demasiado de ese motor hasta que terminó quemándose.

Había quedado claro que Epic no parecía estar dispuesto a

producir un tercer disco, pero yo no me quería dar por vencido. Eso me dejaba con el Plan B: salir de gira y cantar en clubes. Pensé que podría ser una buena alternativa a grabar discos en el estudio y depender solamente de la radio. La idea era que la gira me ayudara a desarrollar más mi voz y mi presencia en el escenario. Tenía lógica. Pero esto era solamente lo que yo me decía a mí mismo.

No sé qué pensaba mi padre realmente de mi Plan B. Yo era el sol, la luna y las estrellas para él, y me imagino que me quería dar todas las ventajas necesarias para el éxito. Pero él era realista y veía que lo de ser cantante no me estaba saliendo muy bien, ni tampoco lo de la actuación. Podía conseguir roles sin diálogo, como extra. Pero nunca había logrado conseguir un papel hablado y carecía de la paciencia necesaria para esperar a que llegara. Así que mi padre hizo algo que iba a decidir mi futuro de una vez por todas: me apoyó un ciento por ciento en el Plan B. Decidió respaldar plenamente mi plan de cantar en clubes. Si no salían bien las cosas, no habría de qué arrepentirse.

Así que fui a un sastre para que me hicieran un esmoquin a la medida y contratamos a Bobby Kroll para que me escribiera un pequeño guión de club nocturno. Bobby Kroll era bastante conocido en esa época porque hacía arreglos de canciones perennes y las conectaba con una serie de pequeños monólogos.

Me gustaba el número que escribió para mí. Lo practiqué y me fui de gira. Fui al norte del estado de Nueva York, a Nueva Jersey, a Pensilvania, a Massachusetts. Ciudades pequeñas con nombres olvidables. Clubes que pasarías de largo si manejaras de prisa porque lo único que los delataría como tales era un letrero de neón titilando, con la mitad de las luces fundidas. Adentro había olores asquerosos, una mezcla de colillas de cigarrillos y cerveza rancia. Si entraras a uno de estos antros de día, saldrías corriendo despavorido a darte una ducha. La noche sólo te daba guarida temporal: escenarios con micrófonos que chillaban, parroquianos que te obligaban a cantar por encima de los zumbidos de sus conversaciones y del estruendo de platos y cubiertos… Ésas eran las noches en las que me iba bien.

Hubo una noche que jamás olvidaré, aunque lo haya intentado incontables veces. Salí de mi carro con el esmoquin al hombro, en su bolsa protectora, como si fuera a cantar en el Copacabana, sólo que iba a tocar en un club medio derruido en un área remota del estado de Nueva York. Me llevaron a un camerino sucio y pequeño que más parecía una celda, y adentro estaba una gorda *stripteasera* con cara de alguien que estaba cumpliendo una larga condena.

No la quería mirar, pero mis ojos se fueron hacia ella. Tuve que embutirme detrás de una cortina en ese mismo cuartucho para ponerme el esmoquin. Cuando terminé de vestirme, me di cuenta de que tenía unas puntitas blancas entre los dedos de los pies.

—¿Qué es eso?—le pregunté.

—Ah, yo me pongo dientes de ajo entre los dedos de los pies —me dijo—. Te ayuda a no enfermarte.

Ahí estaba yo, vestido en mi esmoquin hecho a la medida, tratando de lucir como Frank Sinatra, en un camerino que quedaba en la mierda, en algún lugar ignoto del norte del estado de Nueva York, en medio de una tormenta de nieve, con una *stripteasera* medio desnuda que parecía un barrilito y que llevaba dientes de ajo metidos entre los dedos de los pies. Pero eso no era lo peor. Lo peor era que yo sería su telonero, el que prepararabría al público para recibir *a esta maravilla*.

¡Santo cielo! Si se ha visto una escena más atroz en el mundo de la música, no quiero ni saberlo.

Bridge over Troubled Water • *Simon & Garfunkel*

American Woman • *The Guess Who*

Raindrops Keep Fallin' on my Head • *B. J. Thomas*

War • *Edwin Starr*

Ain't No Mountain High Enough • *Diana Ross*

I'll Be There • *The Jackson 5*

Get Ready • *Rare Earth*

Let It Be • *The Beatles*

Band of Gold • *Freda Payne*

Mama Told Me (Not to Come) • *Three Dog Night*

Everything Is Beautiful • *Ray Stevens*

Make It With You • *Bread*

ABC • *The Jackson 5*

The Love You Save • *The Jackson 5*

Candida • *Dawn*

Everybody Is a Star • *Sly & the Family Stone*

Spill the Wine • *Eric Burdon and War*

O-o-h Child • *The Five Stairsteps*

Lay Down (Candles in the Rain) • *Melanie con The Edwin Hawkins Singers*

Ball of Confusion (That's What the World Is Today) • *The Temptations*

Love on a Two-Way Street • *The Moments*

All Right Now • *Free*

I Want You Back • *The Jackson 5*

Signed, Sealed, Delivered I'm Yours • *Stevie Wonder*

Venus • *The Shocking Blue*

Instant Karma! (We All Shine On) • *John Ono Lennon*

Patches • *Clarence Carter*

Lookin' Out My Back Door • *Creedence Clearwater Revival*

Rainy Night in Georgia • *Brook Benton*

Give Me Just a Little More Time • *Chairmen of the Board*

The Long and Winding Road • *The Beatles*

Hey There Lonely Girl • *Eddie Holman*

The Rapper • *The Jaggerz*

He Ain't Heavy, He's My Brother • *The Hollies*

Tighter, Tighter • *Alive and Kicking*

Cecelia • *Simon & Garfunkel*

Turn Back the Hands of Time • *Tyrone Davis*

Ziggy Stardust • *David Bowie*

Lola • *The Kinks*

Express Yourself • *Charlie Wright and the Watts 103rd Street Rhythm Band*

Still Water (Love) • *The Four Tops*

25 or 6 to 4 • *Chicago*

Fire and Rain • *James Taylor*

Evil Ways • *Santana*

Didn't I (Blow Your Mind This Time) • *The Delfonics*

(If You Let Me Make Love to You Then) Why Can't I Touch You • *Ronnie Dyson*

I Just Can't Help Believing • *B. J. Thomas*

Who'll Stop the Rain • *Creedence Clearwater Revival*

Without Love (There Is Nothing) • *Tom Jones*

Thank You (Falettinme Be Mice Elf Agin) • *Sly & the Family Stone*

Walk on the Wild Side • *Lou Reed*

Whole Lotta Love • *Led Zeppelin*

Joy to the World • *Three Dog Night*

Maggie May / Reason to Believe • *Rod Stewart*

It's Too Late / I Feel the Earth Move • *Carole King*

How Can You Mend a Broken Heart • *The Bee Gees*

Just My Imagination (Running Away with Me) • *The Temptations*

Knock Three Times • *Dawn*

Me and Bobby McGee • *Janis Joplin*

Tired of Being Alone • *Al Green*

Want Ads • *The Honey Cone*

You've Got a Friend • *James Taylor*

Mr. Big Stuff • *Jean Knight*

Brown Sugar • *The Rolling Stones*

Do You Know What I Mean • *Lee Michaels*

What's Going On • *Marvin Gaye*

Ain't No Sunshine • *Bill Withers*

She's a Lady • *Tom Jones*

Temptation Eyes • *The Grass Roots*

My Sweet Lord • *George Harrison*

If You Could Read My Mind • *Gordon Lightfoot*

Gypsys, Tramps & Thieves • *Cher*

Never Can Say Goodbye • *The Jackson 5*

Mr. Bojangles • *Nitty Gritty Dirt Band*

That's the Way I've Always Heard It Should Be • *Carly Simon*

If You Really Love Me • *Stevie Wonder*

Spanish Harlem • *Aretha Franklin*

Draggin' the Line • *Tommy James*

Proud Mary • *Ike & Tina Turner*

Mercy Mercy Me (The Ecology) • *Marvin Gaye*

I Just Want to Celebrate • *Rare Earth*

Wild World • *Cat Stevens*

Funky Nassau • *The Beginning of the End*

I Hear You Knocking • *Dave Edmunds*

Lonely Days • *The Bee Gees*

Won't Get Fooled Again • *The Who*

Theme from 'Shaft' • *Lsaac Hayes*

If I Were Your Woman • *Gladys Knight and the Pips*

I Am... I Said • *Neil Diamond*

Love Her Madly • *The Doors*

Here Comes the Sun • *Richie Havens*

Right on the Tip of My Tongue • *Brenda and the Tabulations*

Riders on the Storm • *The Doors*

Stairway to Heaven • *Led Zeppelin*

The First Time Ever I Saw Your Face • *Roberta Flack*

American Pie • *Don McLean*

Without You • *Nilsson*

Lean on Me • *Bill Withers*

Let's Stay Together • *Al Green*

Brandy (You're a Fine Girl) • *Looking Glass*

Oh Girl • *The Chi-Lites*

(If Loving You Is Wrong) I Don't Want to Be Right • *Luther Ingram*

I'll Take You There • *Staple Singers*

Ben • *Michael Jackson*

The Lion Sleeps Tonight • *Robert John*

Slippin' into Darkness • *War*

Everybody Plays the Fool • *The Main Ingredient*

Nights in White Satin • *The Moody Blues*

Too Late to Turn Back Now • *The Cornelius Brothers and Sister Rose*

Back Stabbers • *The O'Jays*

Starting All Over Again • *Mel and Tim*

Day After Day • *Badfinger*

Rocket Man • *Elton John*

I Can See Clearly Now • *Johnny Nash*

Burning Love • *Elvis Presley*

Clean Up Woman • *Betty Wright*

Mother and Child Reunion • *Paul Simon*

Where Is the Love • *Roberta Flack & Donny Hathaway*

3

Na, Na, Hey, Hey: El comienzo

Todo parecía estar explotando como a un metro de donde me encontraba. Iba a gran velocidad en mi GTO en un tramo de carretera de Long Island creada por Dios para carreras de arrancones, y todo por impresionar a una chica con la que había estado saliendo en Hofstra. Por algún motivo, pensé que los autos veloces impresionaban a las muchachas y, por algún motivo aún más estúpido, las muchachas parecían quedar impresionadas por la velocidad. Pero esta vez fui demasiado lejos y empecé a oír crujidos y chisporroteos como de una trituradora de madera destrozando metal; mi auto fue perdiendo fuerza hasta quedar muerto en la carretera. Telón. Rompí la biela del motor y destruí la transmisión como por quinta vez. Tuvieron que remolcar el GTO hasta mi casa, pero esta vez mi padre se negó a arreglarlo. "¿Quieres un auto?", dijo, "pues ponte a trabajar y cómprate uno".

Me impactaron sus palabras; supongo que ésa era su intención. Nunca dejó de darme su apoyo y siguió ayudándome profesionalmente. Pero, por lo demás, el dinero dejó de llegar. Ya era hora. Él quería que yo viera la realidad de la vida, lo que me esperaba como telonero de una artista como "Pies de ajo". Me enseñó una lección, sin duda, pero también recuerdo haber sentido mucha desilusión. Mi padre estaba a punto de vender su negocio. Nunca había tenido un mejor momento para ayudarme y además había demostrado mucha generosidad con mis hermanas; hasta les compró casa. Imagínate que una casa muy buena costaba en esa época veinte mil dólares. Cada día, cuando abría la puerta de mi casa, veía mi GTO allí estacionado como un enfermo que agoniza. Por fin decidí venderlo.

Empecé a trabajar estacionando autos en los clubes de playa. Trabajé de mesero. Fui taxista de la empresa Blue Bird Taxi de New Rochelle, empresa que existe todavía. Cuando paso por esa zona y veo esos taxis, un escalofrío me recorre todo el cuerpo —y no es un escalofrío de felicidad—. Pero era un trabajo y al final de la semana me llevaba un fajo de billetes en el bolsillo, lo que me permitía ir a los clubes a oír música.

Poco a poco ahorré hasta ajustar 1.200 dólares y me compré un Impala convertible 1962. Era un cacharro destartalado con una abolladura en el maletero y me daba vergüenza llegar en él al estacionamiento del College Diner. Desde un comienzo me di cuenta del poder que encierra la imagen. Llegar al estacionamiento en ese Impala desvencijado era como si hubiera entrado gritando: "¿Cómo perdió todos sus poderes el tipo que se cargó a Supermán?". Entonces llamaba a mi amigo Ronny y le pedía que me recogiera para que llegáramos a la cafetería en su auto.

Una noche, Ronny y yo salimos y terminamos en el otro lado de la ciudad, en el Eastchester Diner. Yo había comido allí un par de veces pero no era mi barrio. Todo el mundo sabía que era el lugar donde paraban las muchachas judías de buena familia que vivían en Scarsdale. Las mesas tenían rocolas también pero nunca nadie cantaba las canciones que yo seleccionaba en el Eastchester Diner. Allí yo era un parroquiano más.

Me senté en una mesa con Ronny y de inmediato vi a una muchacha preciosa con cabello negro y lustroso que estaba sentada en la mesa de al lado frente a un tipo guapo que yo conocía. Me había llamado la atención, más allá de su belleza física. Todo en ella era llamativo. Vestía con elegancia meticulosa y hasta el broche de su bolso marca Louis Vuitton brillaba. Siempre me vestía bien pero la ropa de ella era de otro nivel.

Seguí mirándola y ella debió sentir la energía que yo emanaba porque Ronny observó que ella también me miraba.

—Ah, ella es Lisa Clark —dijo Ronny.

—¿Quién es Lisa Clark?

—Fui a la escuela con ella. Su padre es Sam Clark, el que maneja ABC.

—¿Qué dices?

—*ABC*.

—¿Qué quieres decir con eso de que *maneja ABC*?

—Pues que es el que dirige la música, la televisión, las películas. Todo eso.

Es difícil para mí calcular los porcentajes de los dos pensamientos que corrían por mi mente en ese preciso momento. Uno: esa chica está guapísima. Y dos: su papá trabaja en la farándula.

—Ronny, amigo, me la tienes que presentar.

Ronny fue hasta su mesa y le dijo: "¿Por qué no vienes a nuestra mesa un momentito? Quiero que conozcas a mi primo Tommy".

Lisa se puso de pie y vino hacia nuestra mesa mientras el tipo guapo se quedaba allí sentado sin saber qué hacer.

Todo empezó con un simple: "Hola. ¿Cómo estás?". Ella era muy amable, sincera, de fácil conversación.

—¿Y tú qué haces? —me preguntó.

—Soy cantante. Y actor.

—Ah, ¿de veras? —dijo—. Mi papá trabaja en el mundo artístico.

—¿En qué?

—Él fundó ABC Records. Ahora está encargado de las películas y de los teatros de ABC.

Nos contó cómo su padre había firmado contratos con Ray Charles y Paul Anka. Mi participación en la conversación se convirtió en un "Vaya, qué increíble", y terminó cuando ella me dijo: "Bien, estupendo. Aquí tienes mi número de teléfono. Dame el tuyo y veámonos".

Luego volvió a su mesa. Unos veinte minutos después, los cuatro nos pusimos de pie para salir casi al mismo tiempo. En el estacionamiento, la vi dirigirse hacia un Thunderbird convertible azul media noche con capota blanca.

Entonces me di vuelta y miré a Ronny.

Llamé a Lisa unos dos días después de nuestro encuentro en la cafetería y empezamos a salir. No íbamos al Canada Lounge a escuchar a Linc Chamberland y los Orchids. Ella quería ir a restaurantes elegantes. Lisa era una muchacha muy diferente a las chicas con las que yo acostumbraba salir. Había lozanía y originalidad en ella, algo que me hacía sentir como si estuviera viajando por primera vez. Yo era italiano pero ella conocía las calles de Roma. Lisa amaba Italia. Había estado allá muchas veces con sus padres.

Lisa era refinada, no el tipo de chica a la que tratas de impresionar acelerando al máximo todos los caballos de fuerza de tu automóvil. También era formal, y su seriedad me obligaba a elevarme en el trato. Era alguien muy especial y pronto nos hicimos más que amigos. Después de un mes ya éramos novios. Fue entonces cuando me invitó a conocer a sus padres.

Estaba algo nervioso cuando llegué a la casa de los Clark en mi Chevy Impala destartalado y lo estacioné cerca del Thunderbird de Lisa. Sam Clark manejaba un Mercedes cuando ninguno de mis conocidos manejaba un Mercedes. Una simple ojeada a los tres coches brindaba una imagen casi cinematográfica de lo que se veía venir.

Yo quería dar una buena impresión, establecer algún tipo de conexión. Después de todo, estaba a punto de conocer al padre de mi novia. Había traído conmigo uno de mis discos de 45. No sólo me estaba presentando como la persona que era en ese momento sino como todo lo que quería llegar a ser. Tal vez *Love Trap* no había vendido muchos discos pero estaba orgulloso de mi canción y aún tenía mucha fe en mí mismo. Quería demostrarle a Sam Clark que yo valía algo.

Sam estaba sentado en su acostumbrada silla del estudio —una poltrona reclinable— mirando las noticias en la tele. Siempre estaba perfectamente vestido. Todos los días iba de traje y corbata al trabajo, por supuesto, pero aun en casa usaba pantalones hechos a la medida, camisas deportivas finas y mocasines marca Gucci. No se levantó de su silla para saludarme. Entonces yo fui hacia él para darle la mano.

Nunca sabré lo que cruzó por su mente en ese momento. Estoy seguro de que sabía que yo era el novio de Lisa. Pero tal vez imaginaba que yo sería una ilusión pasajera y que, si no lo era, tendría que enfrentar la situación cuando fuera necesario. Sam Clark y su esposa habían criado a sus hijas para que se mantuvieran dentro de la fe judía. Eso quería decir que tendrían que buscar esposos judíos. No era por cuestión religiosa; los Clark no eran ultra ortodoxos. Era algo cultural. No se suponía que la agencia de castings mandara a un muchacho italiano del

Bronx a la casa de Sam Clark en Scarsdale para hacer audición como futuro yerno.

Sam Clark había llegado a la cima por sus propios medios. En su juventud había trabajado en Boston repartiendo discos en las tiendas hasta llegar a convertirse en el principal distribuidor de la ciudad. Eso le dio mucho poder. Había muchos componentes en el negocio de la música en los años cincuenta y sesenta: los artistas, las canciones, los productores, las compañías discográficas, la radio. Pero si se mira la mezcla de poder en lo que correspondía al éxito de una estrella de la música, la distribución representaba el cincuenta por ciento del pastel. La distribución era la espina dorsal del negocio.

Sam se hizo notar por dos de los grandes jefes de ABC. Uno de ellos era Leonard Goldenson, quien lo contrató para iniciar una división musical en 1955. ABC no tenía marca discográfica cuando Sam Clark llegó. Fue él quien creó ABC-Paramount Records y, al hacerlo, se convirtió en uno de los pioneros de la industria musical. Pero también era amigo de Alan Freed, el disc jockey que rompió todas las barreras y acuñó el término *rock 'n' roll*, además de ser muy sagaz para los negocios. Habría tenido éxito también como distribuidor de ropa en tiendas de moda. Habría tenido éxito prácticamente en cualquier negocio que hubiera escogido porque era muy dinámico e inteligente. No se requería un gran oído musical para saber que Ray Charles era buen cantante. Pero fue Sam Clark quien firmó contrato con Ray Charles cuando este dejó a Ahmet Ertegun y Atlantic Records. Sam tuvo éxitos enormes con Ray como *Hit the Road Jack*, *Georgia on My Mind* y *I Can't Stop Loving You*. La película *Ray*, protagonizada por Jamie Foxx, presenta en su historia a Sam Clark.

Sam siguió construyendo el negocio. Adquirió Dunhill Records con Jay Lasker, otro gran discógrafo, elevando esa división hasta convertirla en una de las disqueras más importantes de su época. Le había ido tan bien que, para cuando yo lo conocí, lo habían puesto a cargo de las divisiones de cine y teatro de ABC. Cuando nos saludamos ese día por primera vez, el hombre que estaba frente a mí era un ejecutivo con todas las de la ley, tenía un trabajo enorme. Sam Clark se me quedó mirando, como tratando de entender qué hacía su hija con T.D. Valentine.

Nunca sabré si Sam Clark pensó que yo estaba utilizando a su hija sólo para llegar a él. Aún si no pensaba que así fuera, Lisa se encontraba en una posición difícil. Cuando Sam aparecía ante Lisa, era como si Dios mismo se le hubiera aparecido de repente. Pero ella había traído a casa el fruto prohibido y lo sabía tan bien como él. Los padres de Lisa le habían presentado hijos de familias judías adineradas y miembros de su mismo club con la esperanza de que alguno de ellos lograra apasionarla. Echando una mirada hacia atrás, hoy en día realmente puedo entender que Sam Clark supiera lo que, a la larga, era mejor para su hija. Pero en ese momento yo tenía diecinueve años y no podía ver las cosas desde su punto de vista. Tampoco Lisa. Lo único que yo sabía en ese momento era que me gustaba mucho la hija de Sam Clark y quería que éste me respetara.

—¿Cómo está? —dijo. Tenía un acento muy formal, típico del área de Brookline, en el estado de Massachusetts. Al decir la palabra "Scarsdale", sonaba como pronunciada por uno de los Kennedy: *Scaaaaaaaahhhhhhhsdale.*

—¿A qué se dedica? —preguntó.

—Pues, soy cantante.

Lisa interrumpió de inmediato.

—¡Ay, papi, él es cantante y trajo su disco! ¿Quieres escucharlo para ver qué te parece?

Con renuencia, Sam se levantó de su sillón, atravesó el vestíbulo y siguió hasta el salón donde se encontraba el estéreo. Era un mueble grande con tocadiscos, radio y un estante lleno de LPs. Sam puso mi 45 en el tornamesa, usando el adaptador para poder tocar mi pequeño disco; luego el brazo se encontró sobre el disco y la aguja bajó. Sam escuchó el comienzo, pero puedo asegurar que muy pronto su mente estuvo en otra parte.

No sé si se dio cuenta de que mi voz era un cinco en una escala de diez. Charlie Calello y Sandy Linzer la habían subido hasta un siete en el estudio y, aunque no había producido nada en los Estados Unidos, el disco se convirtió en un hit en Inglaterra, entre los aficionados de las piezas de culto. De cualquier manera, Sam Clark levantó la aguja del disco antes de que terminara la canción.

—Está muy bien, muy bien —dijo. Trataba de ser cortés pero, por su tono de voz, me daba la impresión de que se sentía muy incómodo de tener mi Chevy Impala estacionado en la entrada de su casa. Me preguntó quién había hecho los arreglos, todo de buena manera. Pero luego me dijo algo que no puedo recordar exactamente porque fue como si me hubiera asestado un golpe entre ceja y ceja con un martillo de demolición:

—Buena suerte. Pero si quieres seguir viniendo a esta casa, mejor deja de cantar.

Ahora que pienso en lo que dijo, me doy cuenta de que tal vez sólo me ofrecía un consejo sensato aunque descarnado. Pero su otro mensaje entre líneas no podía haber sido más claro: "Oye, muchacho, tú no eres judío, entonces olvídate".

Cuatro palabras se formaron dentro de mí cuando pasé por el Mercedes y el Thunderbird para meterme en mi Chevy y salir de regreso a casa. Cuatro palabras que nunca me permitirían pedirle a Sam que me diera un empleo ni aceptarlo, en caso tal de que algún día me lo ofreciera:

"¡Ya vas a ver!".

Seguramente les dije algo a mis padres acerca del comentario de Sam Clark porque ellos vieron una oportunidad. Al poco tiempo mi padre vino a decirme: "Tu tío Vic quiere hablar contigo".

Esto me hizo frenar en seco. De cierta forma, ir a ver a mi padrino era algo fuera de lo común. Tío Vic era un hombre muy importante, entonces era algo para sentirse contento. El tío Vic me está prestando atención a *mí*. Al mismo tiempo, la reunión me puso bastante nervioso. Tal vez quería verme para darme un regaño al estilo de los padrinos de la mafia. Tal vez mis padres se imaginaban que el tío Vic era la única persona que me inspiraba un poco de miedo y el miedo dura más que el amor. Esa frase viene directamente de la película *A Bronx Tale* (*Una historia del Bronx* o *Una luz en el infierno*), escrita por mi amigo Chazz Palminteri, pero me la voy a robar porque es excelente y porque sé que a él no le va a importar.

Fui al Democratic Social Club, que quedaba en Fordham Road y el Grand Concourse, donde el tío Vic tenía una oficina; ahí se reunían todos los peces gordos. Había un gran salón en ese club donde los políticos hablaban ante multitudes. Pero no había nadie el día que yo fui a ver al tío Vic.

Todo en la oficina del tío Vic era sólido y hecho de madera. Una puerta de madera con un pedazo de vidrio en la mitad. Un escritorio de madera. Paredes todas revestidas de madera.

Me saludó con un abrazo. Pero luego dijo: "Siéntate". No más. "Siéntate".

El tío Vic era un tipo alto y fornido; medía 1,82 metros y era ancho y más bien robusto. Su estatura era sólo uno de los factores de su enorme presencia. Le sobraban el autoritarismo y las opiniones fuertes, pero carecía de paciencia. No estaba para hablar de tonterías. Era astuto como una zorra.

—Mira —me dijo—, tienes que dejar esto de querer cantar. No vas a salir con nada. Podrías seguir intentando e intentando pero sería una pérdida de tiempo. Te lo digo yo: ése no es el negocio para ti. Conozco mucha de esa gente. Los he visto a todos. Y los he visto entrar y salir. Es un negocio para ratas.

Dijo esta última frase de tal manera que vi en mi mente el hocico y los bigotes de una rata frente a mi nariz. Sus palabras me quedaron grabadas para siempre.

—Tú lo que quieres es ser un profesional —continuó—. Entrar en el negocio de tu padre. Eso lo haría muy feliz. Él podría enseñarte lo que sabe. Mira cómo le ha servido a él: ha podido mantener muy bien a su familia. Y tú podrías hacerlo crecer diez veces más.

"Y si no quieres eso —agregó—, entonces hazte médico o abogado. Pero tienes que dejar lo del canto ya mismo. Ésta es una oportunidad magnífica para ti, y tus padres te apoyan.

No era un diálogo y no tenía como fin ser una reunión prolongada.

—Muy bien, gracias, tío Vic —dije, poniéndome de pie—. Muchas gracias.

—¿Entiendes? —dijo. Era su manera de despedirse—. ¿Me *entiendes*?

Asentí con la cabeza y salí de su oficina con la cabeza que me daba vueltas. "Tienes que hacer esto. Tienes que hacer aquello".

Pero mi mente, mi cuerpo y mi alma no querían hacer "esto" o "aquello". Mi mente, mi cuerpo y mi alma querían hacer música.

De la nada, la voz del tío Vic retumbó de nuevo.

"¿Me entiendes?".

Las ideas se agolpaban en mi mente. Miraba a mi alrededor y veía a mis amigos, que se iniciaban en el negocio de sus padres: la construcción, las ventas al menudeo, las confecciones y los mercados financieros. Veía cómo mis amigos de la adolescencia se hacían hombres. Y empecé a pensar: "Tal vez debería escuchar al tío Vic. Tal vez debería abandonar el canto como me lo dijo Sam Clark". Esto no quería decir que tuviera que abandonar el mundo de la farándula. Cuanto más tiempo pasaba con Lisa, más tiempo empecé a pasar con los Clark y sus amigos famosos. No era raro que Sidney Poitier viniera a cenar. En cuestión de unos meses, había pasado de ser el telonero de la "Pies de Ajo" a codearme con Sophia Loren.

Pero sentía también una cierta incomodidad. Sam Clark había erigido un muro invisible entre los dos. No sólo era invisible sino que tenía varias dimensiones. Era horizontal: "No vengas por aquí". Pero también era vertical: "Nuestro Mercedes está aquí arriba y tu Chevy Impala está allá abajo". Es por eso que nunca me sentía en mi elemento cuando llegaba a casa de Lisa. Tenía que empezar a ganar dinero. Necesitaba una carrera de verdad. Si no podía llegar en un Mercedes, entonces por lo menos tenía que estar trabajando en algo que *llegara a tener* éxito. Porque el éxito lo era todo ante los ojos de la familia Clark. Era el único tema de conversación de los padres de Lisa: el éxito, la gente de éxito y los beneficios del éxito.

Esto me trajo de vuelta a mi padre. Su sueño siempre había sido dejarme su negocio. Me había llevado muchas veces a su oficina en la punta sur de Manhattan cuando yo era aún muy joven, y trataba de que el día fuera ameno e interesante para que en el futuro yo quisiera encargarme del negocio. Pero nunca mordí el anzuelo. Ahora acababa de vender la empresa pero, como parte del trato, tenía que quedarse a supervisar el negocio. Era demasiado tarde para hacerme cargo de la empresa pero su idea era enseñarme el negocio para que yo pudiera establecer mi propia compañía. Mi única motivación para aceptar el empleo era lograr ganarme el aprecio de Lisa.

Entonces tomaba el tren con mi padre todas las mañanas hacia el centro de la ciudad. Ése fue el primer golpe para mí.

Era el final de los años sesenta. No existían los iPods. A Sony le faltaban más de diez años para inventar el Walkman. Nadie escuchaba la radio en el trayecto a la oficina desde Westchester hasta Grand Central Station a las siete de la mañana. Me encontraba todas las mañanas sentado lado a lado con ejecutivos silenciosos que leían el *New York Times*. El viaje era una sucesión de anuncios del conductor del tren: "¡Siguiente: Mount Vernon!... ¡Calle 125!... ¡Última parada: Grand Central!". Luego venía el crujir frenético y los frenazos metálicos del subterráneo al llegar a la estación de Bowling Green, en el centro financiero de la ciudad.

Trabajaba junto a mi padre en un escritorio situado en un salón espacioso y abierto. No había cubículos pero sí muchas personas, todas divididas en secciones y cada cual haciendo lo suyo. Era una firma de corretaje. O sea que, a menos de que fueras el jefe, todo el trabajo consistía en rellenar formularios de ingreso de los importadores que había que enviar al despacho de aduanas. Era un negocio sencillo. Pero era aburrido. Era sólo procesar papeles y papeles. El dominio de ese proceso sencillo era lo que había financiado todas esas vacaciones en Miami Beach durante mi infancia. Pero yo no oía "Summer Wind" tocando en un bar exótico mientras aprendía este oficio.

Trabajé unos seis meses procesando las minucias de cientos de formularios tediosos. Durante la monotonía de mi jornada laboral llegó un momento bastante inesperado. Debió de ocurrir durante un fin de semana, ya que nunca me tomaba ni un día de asueto. Lisa y yo caminábamos por la Quinta Avenida. Era un día húmedo y frío y, cuando empezó a llover, buscamos resguardo bajo un alero. Miré a Lisa y vi cómo le corrían lágrimas por las mejillas.

—¿Qué te pasa? —le pregunté.

—Creo que no podré seguir viéndote —me contestó.

—*¿Qué dices?*

No lo vi venir. Las cosas iban a las mil maravillas entre nosotros y por eso precisamente ella estaba llorando.

—¿Qué pasa, Lisa? ¿Ya no te gusto?

—Claro que me gustas. No es eso. Es porque… porque no eres judío.

—¿No soy judío? Claro que no soy judío, pero tú ya lo sabías.

—Tú no entiendes, Tommy. Mis padres nunca te van a aceptar. Nunca aceptarán que yo esté con un muchacho que no sea judío. No hay remedio.

Una tormenta de sentimientos encontrados se agolpó dentro de mí hasta hacerme perder el equilibrio. Sin pensarlo dos veces, y con todas las fuerzas de mi alma y de mi corazón, le grité en un instante:

—Entonces me convierto.

Sentí que había aprovechado el momento. Pero cómo iba yo a saber que esas palabras me mantendrían desequilibrado por casi treinta años. Y he aquí el quid del asunto: No fue difícil para mí decir esas tres palabras. Fue fácil pronunciarlas. Después de todo, mi mejor amigo había sido criado en la fe judía por un padre italiano católico y una madre judía. Su padre italiano iba al templo con él, se ponía un talit y entonaba las oraciones con los labios cerrados. Su madre, que era judía, había aprendido a cocinar rigatoni. Yo celebré su bar mitzvah con él y él venía a la misa de Navidad conmigo. Ronny Parlato era un ejemplo de cómo podían funcionar bien las cosas cuando dos personas se amaban de verdad. Y, te lo digo con la mano en el corazón, yo estaba enamorado. Por lo menos creía estarlo. Tenía diecinueve años de edad; apenas era un muchacho. ¿Qué diablos podía yo saber del amor?

Pero había más en mi respuesta que sólo amor. Era la oportunidad de derrumbar, por fin, el muro que Sam Clark había erigido entre nosotros. Yo no lograba entender todas las razones por las cuales él había puesto esa barrera. Lo que los ancestros de Sam Clark le habían transmitido a partir de esa regla única, a través de más de cinco mil años de historia, era el instinto de conservación. Cuando Sam Clark me lanzó esa regla a la cara, yo la tomé como un prejuicio. Entonces, de una manera extraña, declarar que iba a convertirme al judaísmo era como decirle: "Oye, pues este puerco italiano te está mandando a la mierda".

Como ya dije, esto ocurrió en menos de lo que canta un gallo. No lo pensé detenidamente. Si Sam Clark estuviera entre nosotros y parado frente a mí en este mismo momento, le diría que él tenía razón: no estábamos destinados para que las cosas duraran para siempre. Me siento muy mal por el dolor que la decisión de ese momento le causó a Lisa con el tiempo. Pero no me arrepiento de lo que hice. No me arrepiento porque dos hijos maravillosos, que significan todo para mí, llegaron al mundo por lo que dije en ese momento. Entonces, si tuviera que volver a vivir ese momento, tomaría la misma decisión. Sólo me arrepiento y pido perdón a Sarah y a Michael por el ambiente de conflicto en el que crecieron; les afirmo que tenía las mejores intenciones cuando dije esas palabras. Mis padres estuvieron casados setenta años y, cuando dije que iba convertirme al judaísmo, así era como creía que iban a ser las cosas entre Lisa y yo.

—¿Lo harías por mí? —preguntó. Era como si un rayo de sol acabara de irrumpir por entre la lluvia.

Ahora puedo entender la profundidad de ese momento para ella. Fue algo poderoso para los dos. De cierta manera, en ese momento me volví un hombre de verdad. Y un hombre nunca se siente con más poder que cuando hace algo por alguien más.

El poder que me dio ese momento me permitió contraer un matrimonio que se anunciaría en el *New York Times* y que culminaría en un divorcio que apareció publicado en todos los periódicos. Y me abriría las puertas para caer en una boda como de cuento de hada con Mariah Carey que no tuvo final feliz.

Me tomaría treinta años encontrar el equilibrio de nuevo. Cuando recuerdo ese momento, lo veo como la primera parada en el largo camino hacia Thalia.

El destino le dio vuelo a mis alas. En un par de semanas llegó a mi escritorio una oportunidad nunca vista. Se había presentado un problema con un cargamento de vino que uno de nuestros importadores acababa de traer al país. No recuerdo los detalles; tal vez un par de cajas se habían contaminado por culpa de unos corchos de mala calidad. La cosa era que casi todo el vino estaba en buenas condiciones pero, debido a que un par de cajas se habían echado a perder, el importador quería tomar más precauciones de lo necesario. No quería que ese lote saliera para distribución y poner en peligro su buen nombre. Entonces me hizo una sugerencia:

—Mira, te vendo el vino por un dólar la caja. Haz lo que quieras con él. Quédatelo o simplemente deshazte de él.

Entonces abrí una botella y me serví una copa. En mi opinión tenía buen gusto pero yo no sabía nada de vinos en esa época. A mis diecinueve años, la marca Gallo también me parecía buena. Lo que sí sabía era que este vino *no estaba picado*.

¿Qué tenía para perder? Alquilé un camión, llamé a cuatro amigos y lo cargamos con cientos de cajas de vino. Visité a toda mi familia y a mis amigos; todos lo cataron y a todos les gustó. Entonces los obligué a que lo compraran.

Fui a las licorerías; pedía hablar con el gerente o con el dueño y les decía lo siguiente: "Mire, tengo un vino excelente y se lo puedo vender a muy buen precio. ¿Por qué no lo prueba y ve si le gusta? Si es así, le vendo una caja por veinte dólares".

La mitad de la gente debía pensar que estaba loco. Pero las clases de actuación que había tomado me vinieron muy bien. Me dieron confianza y seguridad en mí mismo; me ayudaron a presentarme y a conducirme con facilidad entre desconocidos. Todas esas veladas desastrosas que había pasado en el circuito de clubes nocturnos también me ayudaron a convertirme en un excelente vendedor.

La mayoría de los dueños de las licorerías se imaginaban que era vino robado. Pero en ese entonces la gente no pensaba como se piensa ahora. Si podían hacer un buen negocio y ganarse un dinerito, a nadie le importaba mucho y no querían saber mucho. Entonces así quedaban las cosas. Además, nadie lo habría comprado si no tuviera buen sabor.

Vendí hasta la última caja de ese vino y me gané como treinta mil dólares. En esa época, esa cantidad era suficiente para comprarse una casa. Pero yo necesitaba hasta el último céntimo, además de todo lo que tenía ahorrado, para poder comprar el anillo de diamante más grande que fuera posible y así sellar nuestro compromiso. Yo sabía cuán importantes eran los símbolos del estatus social para los padres de Lisa. Lo único que yo oía en su casa eran palabras como "Gucci", "Bulgari" y "Saks". Mi ofrecimiento de convertirme al judaísmo había derribado el muro horizontal de Sam Clark. Me imaginaba que un diamante de gran tamaño me ayudaría a echar abajo el muro vertical.

Yo ignoraba todo acerca de los diamantes. Pero sabiendo que estaba a punto de convertirme, pensé que sería buena idea ir al distrito de los diamantes de la calle 47 y comprar un anillo de uno de los joyeros jasídicos, como lo hacían los otros jóvenes judíos. Miré en todos los escaparates tratando de encontrar el diamante más grande y brillante que pudiera comprar con el dinero que tenía.

Había un diamante de tres quilates, plano y alargado, en corte marquesa. No tenía mucha profundidad pero se veía *enorme*. Uno de los vendedores, que llevaba sombrero negro y tenía barba y *peyes* tradicionales, empezó a hablarme de las maravillas de la piedra. "¡Mire usted la calidad de este brillante!", decía. Si me estaba timando, en realidad me valía. Salí de la joyería con una piedra grande y brillante que impresionaría a mi futura familia política.

Lo envolví en el papel de un caramelo y lo llevé conmigo a casa de los Clark. Estaba sentado en la cocina tomando té con Lisa y su mamá, y simplemente le dije: "Abre la bolsa. Te traje unos caramelos". Lisa abrió la envoltura y se quedó boquiabierta. Su madre también se quedó como alelada, apenas pudiendo llevarse una mano a la boca para cubrir su sorpresa. Si no tuvieras más datos que su expresión en ese momento, no habrías podido determinar si estaba feliz con la noticia o si alguien se había muerto. "¿Este italiano de veras va a casarse con mi princesa judía?".

De inmediato, Lisa fue corriendo a mostrarle el anillo a su papá, que estaba sentado en su estudio fumando un cigarrillo y viendo televisión. Tomó el anillo, se puso de pie y lo miró antes de regresárselo. Luego se encaminó hacia las escaleras y, a mitad de camino, dio media vuelta y dijo: "Ojalá tengan pensado fugarse".

Si mi cerebro hubiera tenido resortes, habría sido como si lo estuvieran estirando cada día hasta el punto de reventarse mientras yo seguía procesando formularios en la oficina de mi padre. "No sirvo para esto. ¡No quiero trabajar en esto!".

Todos a mi alrededor podían ver mi desilusión con este trabajo rutinario. Ciertamente no era ningún secreto para mi padre. Por eso fue comprensivo cuando decidí abandonarlo. Dio su consentimiento para que yo volviera a trabajar en lo que quería. Salí a buscar trabajo por todas partes hasta que Joel Diamond me ofreció un empleo en MRC Music, el sello discográfico de Mercury Records.

Cuando pienso en todas las conexiones poderosas que habría podido hacer a través de Sam Clark, me resulta irónico saber cómo terminaron las cosas. Joel Diamond había sido un vendedor de seguros de vida cuyo *hobby* era componer y vender canciones. Por pura casualidad conoció un día a un ejecutivo que pronto reconoció su talento y entusiasmo y lo puso al mando de MRC Music, por encima de muchos candidatos con mucha más experiencia. Si alguien entendía bien el concepto de darle una oportunidad a un extraño, esa persona era Joel Diamond. Me contrató por 125 dólares a la semana. Era un empleo de principiante novato en el negocio de la música. Pero para mí, ese cheque era como recibir una insignia, una placa que me daba autoridad. Me sentía como un policía haciendo su primera ronda en las calles. Estaba muy lejos de llegar a ser detective, capitán o jefe de la policía, pero había ingresado al negocio; era oficialmente parte del negocio de la música.

El solo hecho de acercarme a esa oficina situada en el número 110 West de la calle 57 me producía una alegría apenas comparable con la que había sentido al salir al escenario con los Exotics. La felicidad me brotaba por los poros cuando abría la puerta y saludaba al guardia de seguridad con sus dos metros de estatura y su cara de bulldog. Todo el mundo lo llamaba Tiny (diminuto, en inglés). Tiny saludaba con voz suave y melodiosa, como de florista, que, entre otras cosas, era su oficio en sus ratos libres. Pero si lo hacías enojar, era capaz de sacarte el hígado para comérselo en el almuerzo.

El título de mi cargo era "gerente profesional", que era el término formal de la industria para referirse a un "vendedor de canciones" (*song plugger*). Esta profesión ha ido desapareciendo en nuestros días pero básicamente era un híbrido entre Simon Cowell y Dale Carnegie. La mitad del trabajo consistía en tener buen oído y buen gusto, y la otra mitad radicaba en ser capaz de comunicar ese conocimiento para convencer a la gente.

Salía de mi oficina vistiendo pantalones de mezclilla y suéter, y caminaba unos tres metros hasta las salas de compositores. Estas salas eran todas iguales; no había en ellas más que un piano y una banca, pero algunas se veían diferentes porque los compositores las habían decorado con un toque personal. No todos los compositores eran permanentes. Algunos venían los martes o los jueves. Pero los permanentes colgaban cuadros en las paredes para sentirse un poco como en casa. Es importante entender que todos estaban completamente dedicados a su trabajo. Algunos de los compositores pasaban la noche en su sala para empezar a escribir tan pronto se despertaran.

Fue en esas salas donde me encontré a mí mismo y donde encontré el camino que seguiría por el resto de mi vida. Tener a un grupo de compositores prestando atención a mis ideas y sugerencias fue una experiencia nueva y sorprendente para mí. Fueron momentos en los que se cambiaron los papeles y mi trayectoria dio un gran giro. Ahora los músicos seguían *mis* consejos.

¿Y por qué lo hacían? Porque todo lo que les decía se basaba en lo que había aprendido caminando por la calle 187, escuchando a Dion y a los Belmonts con su música estrepitosa, que salía por las ventanas abiertas y se oía en las tiendas, y luego, unas cuantas cuadras más adelante, empapándome de la música de Tito Puente y de todos los sonidos y ritmos latinos. Todo lo que salía de mis labios era lo que había aprendido de Linc Chamberland y Charlie Calello. Esas salas de composición fueron el primer foro donde expresé toda mi experiencia musical, desde aquel primer momento, cuando tenía ocho años, que cimbró en mí ese relámpago que era Elvis.

Entraba a las salas, me sentaba con el compositor frente al piano, escuchaba la canción que componía en ese momento y analizábamos si la música y la letra estaban bien. Incluso hasta les ayudaba a reconstruir una canción o hablábamos de cómo la letra podía ser mejor para un cantante diferente. Algunas veces escuchaba una canción ya terminada y sabía que podría tener más éxito con un cantante que con otro. Otras veces pensaba que estaba perfecta y no necesitaba nada más. Si éste era el caso, entonces mi trabajo consistía en saber dónde venderla. Eso significaba que tenía que estar enterado de qué artistas estaban en el proceso de grabar un álbum y cuál era el tema y estilo del mismo. Empatar los dos lados requería talento y creatividad. Aun cuando el trabajo se llama técnicamente edición musical, era realmente una labor de creación musical.

Había encontrado mi lugar en el mundo. Mi don, más que nada, consistía en ser capaz de oír y encontrar de manera muy singular canciones, compositores, artistas y productores, y ayudar a todos a crear música popular, similar a la música con la que había crecido y que había amado en mi niñez.

Déjame decirte que nadie ha trabajado tanto por 125 dólares a la semana como yo en ese puesto. Cuando terminaba el día laboral casi a la hora de la cena, el tema empezaba de nuevo con un viaje al bar de la industria. Era un asadero situado en la calle 54 llamado Al & Dick's. Allí se encontraban muchas caras conocidas y otras personas que querías conocer. Después de ponerme al día con lo que había ocurrido en la jornada, me iba para los clubes para ver qué iba a ocurrir mañana.

Era cuando los clubes importaban. Max's Kansas City. The Bottom Line. The Bitter End. My Father's Place. Estos lugares rebozaban de nuevos artistas a la caza de una oportunidad. Si encontrabas a una persona con el talento que buscabas, y si ese artista no componía muchas canciones, entonces podías conectarlo con tus compositores. Si quedabas impresionado con un cantautor podías tratar de conseguir que firmara con el sello discográfico. Si encontrabas un talento joven con madera para convertirse en estrella, podías darle un contrato con la empresa editora, luego hacer un acuerdo de producción con el artista e incluso conseguirle un contrato con la compañía discográfica, en cuyo caso tú serías el dueño de la edición. El trabajo consistía en descubrir y desarrollar talento.

El talento que circulaba por ese pequeño grupo de oficinas en MRC era impresionante. Alan Bernstein escribió *This Girl Is a Woman Now*, que se convirtió en un éxito enorme para Gray Puckett and the Union Gap, y *After the Lovin'*, que Engelbert Humperdinck hizo famosa. Benny Mardones compuso *Into the Night.* Phil Cody terminaría escribiendo *Laughter in the Rain* y *Bad Blood* con Neil Sedaka. Robert Flax escribió cinco canciones que subieron a la lista de éxitos de *Billboard,* y quince años después se convertiría en vicepresidente de EMI Music. Janis Siegel llegaría a ser la vocalista principal de Manhattan Transfer y ganaría nueve premios Grammy.

Esa pequeña oficina en el 110 West de la calle 57 era un imán de talento creativo. Muhammad Alí se apareció un día en busca de una canción-tema para el lanzamiento de un producto llamado Champ-burgers. Un joven cantante y comediante llamado Joe Pesci, que tenía un número con su amigo Frank Vincent en un club nocturno, pasaba ratos allí y grabó muchas de nuestras maquetas, mucho antes de ganar el Oscar por su actuación en la película *Goodfellas.* El lugar estaba lleno de pasión; era un caldo creativo no sólo de música sino también de desarrollo comercial. Yo prestaba atención, aprendía, observaba, conocía y hacía. Uno de los compositores andaba por las oficinas diciendo constantemente que iba para la oficina de Grub man. "Tengo que llamar a Grub-man". Grub-man, Grub-man, Grub-man…". Era de lo único que hablaba, y fue así como conocí a Allen Grubman, un abogado con futuro. Esto fue mucho tiempo antes de que Allen se mudara a Park Avenue y se convirtiera en Grewb-man. Muy de lujo. Nuestras carreras se entrelazarían con el tiempo. Nunca sabré si todo lo que he logrado con los años lo habría podido realizar sin él. A medida que nuestra amistad crecía, también crecía el número de veces que hablábamos por teléfono: hasta diez veces al día.

Lo más importante de este relato es que, cuando cruzabas el umbral de esa puerta, luego de saludar a Tiny, nunca sabías a quién ibas a conocer, cómo eso podría cambiar tu vida o que pasaría en últimas.

Una tarde, ya casi al final del día, llegó Joel Diamond anunciando que había una audición general. "Oigan, muchachos, necesitamos algunos cantantes de relleno. No es necesario tener buena voz pero necesitamos unos cinco o diez coristas".

Las audiciones generales para buscar coristas eran bastante comunes y todos salimos sin ninguna idea en mente, sólo con el ánimo de ayudar con la grabación. Entramos varios muchachos al estudio de grabación y allí nos encontramos con Paul Leka, un tipo jovial que, por su barba, parecía un hombre lobo. Él era productor y trabajaba en el piso de arriba, en Mercury Records. Cuando Paul nos explicó lo que necesitaba, parecía más bien como si nos pidiera excusas por la molestia: "Oigan, muchachos, esto les va a parecer una tontería, pero escribí una canción con un coro que suena así: *Na, na, na, na… Na, na, na, na… Hey, hey, hey, goodbye*".

Todos estábamos riéndonos desde el principio porque la letra era ridícula. Cualquier persona podía cantarla, y eso era precisamente lo que Paul quería. No quería cantantes profesionales sino un coro que sonara como un grupo de muchachos pasando un buen rato. Todos nos pusimos audífonos, nos paramos frente a un solo micrófono y empezamos a cantar. Luego regresamos a nuestro trabajo como si nada hubiera pasado.

Tres meses más tarde, *Na Na Hey Hey Kiss Him Goodbye* era el éxito número uno en los Estados Unidos. Todavía se escucha todo el tiempo, cuando las bandas universitarias y las multitudes en los estadios quieren poner el dedo en la llaga del equipo contrario. Siempre que la oigo trato de identificar mi voz enterrada allí, entre el grupo de coristas.

La oficina de MRC Music era más que un lugar. Era un momento en el mundo de la música que nunca más volverá a ocurrir. Cuando la mayoría de las personas piensan en el año 1969, lo que les viene a la mente son los jóvenes de pelo largo revolcándose en el fango y haciendo el amor entre bocanadas de marihuana mientras Jimi Hendrix tocaba *The Star-Spangled Banner* en Woodstock. O imágenes de Neil Armstrong dando el salto histórico de su nave espacial al suelo lunar. De haber tenido la oportunidad de elegir entre caminar entre cráteres en un traje espacial, revolcarme en un campo infestado de garrapatas o ser vendedor de canciones para MRC Music, no hay duda de que habría escogido entrar por las puertas del número 110 West de la Calle 57 y saludar a Tiny. Yo estaba donde quería estar.

Un buen día oí un barullo estando en mi oficina. Luego recibí una llamada de Joel Diamond indicándome que fuera a su oficina. Todo el mundo estaba ahí reunido.

—Tengo muy malas noticias —dijo Joel—. Todos han sido despedidos, y eso me incluye a mí también.

El silencio fue absoluto. Y luego fue como si todo el mundo hubiera gritado al mismo tiempo: "Pero, ¿de qué demonios estás hablando?".

—Una gran empresa llamada Philips-Siemens acaba de comprar Mercury Records —dijo—, incluyendo esta editora musical. También son dueños de Chappell Music y piensan fusionar las dos compañías.

No hubo cesantía. Ciertamente no para los compositores, a quienes se les pagaba al destajo por canción escrita. Nos dijeron que teníamos que limpiar el escritorio y salir de las oficinas ese mismo día. Fue una masacre. Dado el amor que le profesábamos a ese lugar, fue un acto de gran crueldad; era como decirle a alguien que, de la noche a la mañana, se había quedado sin empleo y sin un lugar donde vivir. Ya te imaginarás la reacción: todos estábamos enfurecidos.

No recuerdo quién estaba en la oficina ese día. Y aún si lo recordara, no revelaría sus nombres. Pero muchos decidieron hacer justicia por su propia cuenta y llevarse algo tangible como pago de cesantía. Empezaron a arrancar los estéreos de las paredes y a rodar los pianos por los pasillos. "¡Consigamos camiones!", gritó alguien. Mientras unos distraían a Tiny, invitándolo a tomar café u otra tontería similar, otros sacaban estéreos y parlantes y pianos por la puerta trasera y los metían en los camiones que esperaban listos. Era una escena caótica y graciosa, bien graciosa. Si fuera una película, la música de fondo sería sin duda *Na, na, na, na... Na, na, na, na... Hey, hey, hey, goodbye.*

Ya que no he dado nombres, nunca sabrás quiénes estaban allí ese día. Pero si pudieras preguntarle a cualquiera de los que estaban ahí, te apuesto a que dirían que incluso después de cuarenta años, siempre que pasan cerca del 110 West de la Calle 57, atraviesan por el lado norte de la calle, pues aún recuerdan que Tiny los estaba buscando.

Fue la mejor masacre corporativa que sobreviví en mi vida. Es posible que hubiera perdido temporalmente mi placa y mi ronda, pero mi despido no pudo haber salido mejor. Una semana después, Joel Diamond se reunió con el vicepresidente de Chappel Music para pedirle empleo. No había nada disponible a su nivel pero el vicepresidente, Norm Weiser, le dijo que andaba en busca de un vendedor de canciones joven, alguien que conociera las calles, y Joel me recomendó a mí.

Unos días después entré a las oficinas de Chappell Music, ubicadas en el 609 de la Quinta Avenida, para entrevistarme con el vicepresidente. Fue como si me calzara un zapato de un estilo diferente al que había llevado hasta ese momento y sintiera que había encontrado el ajuste perfecto.

Chappell Music fue fundada en 1811 y era la compañía editora musical más grande del mundo cuando llegué a la oficina de Weiser. Una de las canciones de su catálogo es "Happy Birthday to You". Entre los compositores de Chappell Music se contaban artistas de la talla de Irving Berlin, Stephen Sondheim, Richard Rodgers y Oscar Hammerstein. Pero se trataba de una compañía editora chapada a la antigua que necesitaba gente joven que la preparara para los años setenta.

Supongo que Norm había hecho averiguaciones porque, cuando me senté frente a él para la entrevista, no tuve que explicarle lo que yo hacía.

—He oído que eres el nuevo joven que anda por las calles haciendo conexiones —dijo—, alguien que sabe cerrar un trato. ¿Te gustaría trabajar aquí?

—¿Está bromeando? —le dije. Inclusive casi respondo: "Lo hago hasta gratis".

Con una sonrisa, Norm me dijo: "Pues bien, te ofrezco 250 dólares a la semana para comenzar".

Era mejor que entrar al cielo sin pasar por el purgatorio. Era el doble de lo que me pagaban en MRC. Con 250 dólares a la semana podría salirme de casa de mis padres y arrendar mi propio departamento. Eso me acercaría a Lisa un poco más.

La reunión estaba a punto de llegar a su final feliz cuando Norm me dijo: "Ah, una cosa más… Se rumora que parte del equipo desapareció de las oficinas de MRC el día del cierre. Tú no hiciste parte de esa pequeña travesura, ¿o sí?".

Nunca tuve ni siquiera un pequeño papel secundario en el cine pero Wynn Handman y sus alumnos de las clases de teatro habrían estado orgullosos de mí en ese momento.

—Pues, algo he oído por ahí —dije en tono indiferente, como si en ese momento estuviera pescando en las costas del Perú—. ¿Y qué ocurrió exactamente?

—No te preocupes —dijo. Norm era un hombre maravilloso, una linda persona que llegaría a ser mi mentor con el tiempo, y tal vez no quería saber—. Sólo era por curiosidad.

Al salir de la oficina de Weiser, no solamente sentía que me habían devuelto mi placa de policía sino que milagrosamente me habían ascendido a sargento. Ya no era posible aparecerme a la oficina con un suéter y pantalones de mezclilla. Llegué a mi primer día de trabajo en Chappell de saco y corbata. Había una gran oficina con una ventana que daba hacia la Quinta Avenida y al otro lado de mi oficina había un cubículo con particiones de vidrio para mi secretaria.

Yo tenía acceso a los jefes y los jefes tenían acceso al talento. Veía a Tony Bennett y a muchos otros cantantes famosos pasar por los pasillos para entrevistarse con algunos de los compositores. Qué me iba a imaginar que veinticinco años más tarde participaría en la enorme transición de la carrera de Tony. Chappell era un lugar con muchísima historia y yo me sentía orgulloso de formar parte de esa institución. Aún mejor, era una empresa con la intención de entrar al mundo moderno y yo sentía que podía ser la fuerza que la impulsaría en esa dirección.

Me habían contratado para que anduviera por las calles y yo las andaba de palmo a palmo. Llegaba a la oficina en la mañana, conseguía las últimas canciones de los compositores y salía para las compañías discográficas y a los estudios de grabación a tocarles las canciones a los productores y al personal de A&R (artistas y repertorio). El trabajo en Chappell amplió en gran medida mi lista de contactos. Mientras iba de estudio en estudio tuve la oportunidad de escuchar y hablar de la música que se estaba grabando. Absorbía todo lo que oía hasta llegar a entender plenamente lo que ocurría en el mundo musical. Muy pocas personas habían tenido una oportunidad como ésta en sus comienzos. Era una experiencia invaluable.

La pared de mi oficina comenzó a llenarse de fotos mías posando con artistas famosos. Incluso, aunque a regañadientes, Sam Clark me empezó a respetar. Él no conocía a nadie en la minúscula MRC pero Chappell Music era otra cosa.

Yo hacía todo lo que estaba a mi alcance para demostrarle que era digno de su hija, inclusive asistir al Actors', en el 47 West de la Calle 7, para tomar clases de conversión con el rabino Schoenfeld. El proceso duró un par de meses. No había ceremonia de graduación pero sí recuerdo haber recibido un certificado que llevé a la casa de los Clark para demostrarles que mi conversión era oficial. "Hola, ya tengo mi licencia; estoy listo para conducir". Lisa y yo no nos fugamos. Con sus padres empezó a planear una boda como la que ella había soñado. Y por supuesto, se celebraría en el Hotel Plaza.

Hubo un incidente que ha debido advertirme que algo no estaba del todo bien. Sí, claro, me había convertido y me sentía bien al respecto. Parte de la razón por la cual me sentía bien con mi decisión era el apoyo que me dieron mis padres. Poco después de haber dicho a Lisa bajo la lluvia, en la Quinta Avenida, que me convertiría al judaísmo fui a hablar con ellos. Me senté en el mismo sofá de cubierta plástica donde recibí la noticia de que me habían matriculado en la Academia del Almirante Farragut. Esta vez era yo quien daba la noticia.

—Creo que me voy a casar —les dije.

—¿*Crees* que te vas a casar? —preguntó mi padre—. ¿O *te* vas a casar?

—Mira, sé que me voy a casar con Lisa Clark, pero la cuestión es que tengo que volverme judío.

Hubo un momento de conmoción parcial y de silencio total. A los dos les gustaba Lisa, pero a mí me querían.

—Tommy, si eso es lo que te hará feliz —dijo mi madre—, eso es lo que queremos para ti.

Mi padre la respaldó de inmediato.

—Estamos contigo al ciento por ciento.

Nos abrazamos y nos besamos, y eso fue todo. No hubo discusiones ni una mirada a los pros ni a los contras. La mejor amiga de mi madre lo había logrado. Habíamos vivido la experiencia con ella y su familia de la manera más natural. Y si mis padres tenían reservas en cuanto a mi conversión, para ese entonces ellos ya tenían que saber que, una vez que yo había decidido hacer algo, no había manera de pararme.

Ahora veo que parte de la razón por la cual se me hizo tan fácil convertirme fue porque nunca me detuve a pensar lo que ello significaba en realidad. Estaba corriendo a mil millas por hora y, tal como yo veía las cosas a través del filtro de mi Trastorno por Déficit de Atención, convertirme al judaísmo era simplemente la vía más rápida para llegar a Lisa y derribar el muro de Sam Clark.

Ser así me ha servido para los negocios, ya que mi intuición ha tenido más aciertos que equivocaciones y siempre me ha llevado a donde tenía que ir y por la vía más rápida. Pero a nivel personal, las cosas no han sido así. Me ha hecho daño porque mis emociones se precipitan vertiginosamente, dejando atrás a mi mente sin dejarle tiempo de pensar bien las cosas. Yo no pensé detenidamente en las ramificaciones de mi conversión. En los escasos momentos en que me veía obligado a enfrentar la realidad de lo que estaba haciendo, empezaba a sentir pequeñas punzadas que me decían: "¿Estás seguro de lo que vas a hacer?".

La primera punzada vino cuando Lisa me mostró los planos del salón donde se celebraría la boda. Habría un palio nupcial (o jupá) en la Sala Terrace del Plaza, y eso, junto con la antigua tradición de romper la copa, eran cosas que yo aceptaba con gusto. Pero caminar por el pasillo hacia la jupá… Eso me hacía sentir intranquilo.

Me lo imaginaba como en una película. El lado derecho estaría lleno de judíos ricos y de clase media alta. El lado izquierdo sería principalmente para mi familia, un grupo de ítalo-estadounidenses acostumbrados a tener sus recepciones en un salón con candelabros grandes bajo el Puente Whitestone, algo así como en la película *Goodfellas*. Tampoco me sentía bien llevando la kipá en la cabeza mientras caminaba entre los dos grupos. Es difícil explicar ese resquemor porque me había gustado ponerme la kipá cuando iba al campamento judío en mi niñez. Tal vez era por tener que pasar por entre los dos lados. Me hacía sentir que yo debía quedarme en el centro. Pero la kipá no me permitía quedarme en la mitad; era parte fundamental de ser judío. No parecía haber salida alguna. Simplemente no era posible para mí celebrar la boda sin llevar la kipá en la cabeza. Cuando le mencioné a Lisa mis reservas sobre tener que marchar por el pasillo hacia la jupá, recibí una pequeña señal de que tal vez Sam ya había empezado a echar abajo el muro que nos separaba. Un pariente de Lisa sugirió algo brillante: una boda tan formal que requiriera vestir de frac. Entonces tendría que llevar sombrero de copa. ¡Listo! ¡Perfecto! Llevaría la cabeza cubierta. Mi padre se vería flamante desfilando por el pasillo con su sombrero de copa también.

Fue digno de verse. Primero vino la recepción con cóctel en un piso del Plaza. Luego la ceremonia se celebró en otro piso, ante 350 invitados en el Salón Terrace. La cena bailable tuvo lugar en otro piso en el Gran Salón. Me sentía como el Rey del mundo y la edición dominical del *New York Times* lo afirmó. Había llegado mi momento: ALTA SOCIEDAD. LA HIJA DEL DIRECTOR DE *ABC*, SAM CLARK, CONTRAJO MATRIMONIO CON TOMMY MOTTOLA.

Pasamos la luna de miel en París, Ginebra, Londres y Roma. Era la primera vez que salía de los Estados Unidos. Tenía veintidós años y me sentía como viendo una película. Todas esas experiencias vinieron a formar parte de quien llegaría a ser más adelante en mi vida profesional. Nos quedamos en algunos de los lugares que Lisa conocía bien, como el Hotel Excelsior de Roma. Durante las comidas observaba cómo los europeos manejaban los cubiertos de manera diferente a como yo lo hacía. Me llamó la atención cuán elegante y refinado sonaba el italiano allí, en comparación con el argot que se hablaba en las calles del Bronx. Había un alto nivel de cultura y de buen gusto en la moda a mi alrededor. Tenía los ojos abiertas de par en par. Sentí que tenía mucho que aprender. No veía la hora de llegar a casa para ponerme manos a la obra...

VOCES

JANN WENNER
Editora de *Rolling Stone*

Cuando los *Rolling Stone* hicieron su debut en 1967, los jóvenes nacidos al comienzo de la explosión demográfica de la postguerra estaban cumpliendo 21 años. Ésta ha sido la generación más numerosa, con mejor nivel de educación y el más alto nivel económico en la historia del mundo.

Crecieron escuchando el nuevo estilo del *rock 'n' roll* y se entregaron a él en cuerpo y alma. El *rock 'n' roll* se convirtió en su idioma. Era su vehículo para expresar sus inquietudes, sus valores y sus angustias. Pero en ese entonces nadie veía a dónde iría a parar todo eso.

Nadie decía: "Ésta será la música más poderosa del mundo. Será el emblema de una generación e influirá hasta a los presidentes". Eso ni siquiera se me habría ocurrido. Pero John Lennon presintió algo cuando dijo: "Somos más populares que Jesucristo".

JON LANDAU
Representante de Bruce Springsteen

Los años sesenta y los comienzos de los setenta se caracterizaron por la invención. Se estaba inventando la música. Se estaba inventando la manera de presentar la música. Se estaba inventando la manera de gestionar la música.

Estábamos saliendo de un mundo donde el artista grababa discos y se presentaba en shows y nada más. No existía Internet. No había canales dedicados a los videos musicales. Si alguien hacía un video musical, no había dónde exhibirlo. Claro, si eras los Beatles, hacías una película, una película para cine que la gente podía ir a ver en un teatro. Fuera de eso, no había mucho más que hacer con un video. Si un intérprete tenía buena suerte, era invitado al *Ed Sullivan Show*. La cantidad de oportunidades para un artista —y la cantidad de cosas que se le exigían— eran mucho menores. La maquinaria no era tan compleja.

Las cosas empezaron a abrirse cuando gente como Tommy y yo empezamos a trabajar. Nadie sabía realmente cómo navegar en este nuevo territorio. Simplemente se presentó frente a nosotros. Todos nos encontrábamos en las trincheras tratando de abrirnos paso, haciendo camino al andar. Cuando una persona como Tommy resolvía un problema de cierta manera, ése pasaba a ser el modelo.

Killing Me Softly with His Song • *Roberta Flack*

Let's Get It On • *Marvin Gaye*

My Love • *Paul McCartney and Wings*

Crocodile Rock • *Elton John*

You're So Vain • *Carly Simon*

Brother Louie • *Stories*

Me and Mrs. Jones • *Billy Paul*

Frankenstein • *The Edgar Winter Group*

Drift Away • *Dobie Gray*

You Are the Sunshine of My Life • *Stevie Wonder*

That Lady • *The Isley Brothers*

We're an American Band • *Grand Funk*

Right Place Wrong Time • *Dr. John*

Superstition • *Stevie Wonder*

Love Train • *The O'Jays*

Keep On Truckin' • *Eddie Kendricks*

Dancing in the Moonlight • *King Harvest*

Neither One of Us (Wants to Be the First to Say Goodbye) • *Gladys Knight and the Pips*

Could It Be I'm Falling in Love • *The Spinners*

Daniel • *Elton John*

Midnight Train to Georgia • *Gladys Knight and the Pips*

Smoke on the Water • *Deep Purple*

Behind Closed Doors • *Charlie Rich*

The Cisco Kid • *War*

Live and Let Die • *Wings*

Higher Ground • *Stevie Wonder*

Here I Am (Come and Take Me) • *Al Green*

Dueling Banjos • *Eric Weissberg and Steve Mandell*

Superfly • *Curtis Mayfield*

Reeling in the Years • *Steely Dan*

One of a Kind (Love Affair) • *The Spinners*

Angie • *The Rolling Stones*

Money • *Pink Floyd*

Yes We Can Can • *The Pointer Sisters*

Free Ride • *The Edgar Winter Group*

Space Oddity • *David Bowie*

Papa Was a Rollin' Stone • *The Temptations*

Just You 'n' Me • *Chicago*

Smokin' in the Boy's Room • *Brownsville Station*

Ramblin' Man • *The Allman Brothers Band*

The Way We Were • *Barbra Streisand*

Doo Doo Doo Doo Doo (Heartbreaker) • *The Rolling Stones*

Saturday Night's Alright for Fighting • *Elton John*

Never, Never Gonna Give Ya Up • *Barry White*

Living for the City • *Stevie Wonder*

Knockin' on Heaven's Door • *Bob Dylan*

Dark Side of the Moon • *Pink Floyd*

Dancing Machine • *The Jackson 5*

Until You Come Back to Me (That's What I'm Gonna Do) • *Aretha Franklin*

Best Thing That Ever Happened to Me • *Gladys Knight and the Pips*

I've Got to Use My Imagination • *Gladys Knight and the Pips*

Waterloo • *ABBA*

Mockingbird • *Carly Simon and James Taylor*

Tell Me Something Good • *Rufus featuring Chaka Khan*

Please Come to Boston • *Dave Loggins*

Goodbye Yellow Brick Road • *Elton John*

Don't Let the Sun Go Down on Me • *Elton John*

Tubular Bells • *Mike Oldfield*

Hello It's Me • *Todd Rundgren*

I Honestly Love You • *Olivia Newton-John*

Time in a Bottle • *Jim Croce*

The Joker • *The Steve Miller Band*

Benny and the Jets • *Elton John*

Rock the Boat • *The Hues Corporation*

Rock Your Baby • *George McCrae*

I Shot the Sheriff • *Eric Clapton*

I Can Help • *Billy Swan*

Cat's in the Cradle • *Harry Chapin*

Philadelphia Freedom • *Elton John*

My Eyes Adored You • *Frankie Valli*

Shining Star • *Earth, Wind & Fire*

Fame • *David Bowie*

One of These Nights • *The Eagles*

Jive Talkin' • *The Bee Gees*

Best of My Love • *The Eagles*

At Seventeen • *Janis Ian*

Lady Marmalade • *Labelle*

Fire • *The Ohio Players*

Magic • *Pilot*

Mandy • *Barry Manilow*

Could It Be Magic • *Barry Manilow*

I'm Not in Love • *10cc*

You're No Good • *Linda Ronstadt*

Get Down Tonight • *KC and the Sunshine Band*

You Are So Beautiful • *Joe Cocker*

Cut the Cake • *Average White Band*

Someone Saved My Life Tonight • *Elton John*

Lovin' You • *Minnie Ripperton*

Fly, Robin, Fly • *The Silver Convention*

That's the Way (I Like It) • *KC and the Sunshine Band*

Let's Do It Again • *The Staple Singers*

Let Me Wrap My Arms around You • *Solomon Burke*

Don't Give Up On Me • *Solomon Burke*

Love Is the Drug • *Roxy Music*

Born to Run • *Bruce Springsteen*

Don't Go Breaking My Heart • *Elton John and Kiki Dee*

December, 1963 (Oh, What a Night) • *The Four Seasons*

Sara Smile • *Daryl Hall & John Oates*

Bohemian Rhapsody • *Queen*

Take It to the Limit • *The Eagles*

(Shake, Shake, Shake) Shake Your Booty • *KC and the Sunshine Band*

Love Rollercoaster • *The Ohio Players*

You Should Be Dancing • *The Bee Gees*

You'll Never Find Another Love Like Mine • *Lou Rawls*

Dream Weaver • *Gary Wright*

Turn the Beat Around • *Vicki Sue Robinson*

All by Myself • *Eric Carmen*

Love to Love You Baby • *Donna Summer*

If You Leave Me Now • *Chicago*

Lowdown • *Boz Scaggs*

Show Me the Way • *Peter Frampton*

Dream On • *Aerosmith*

Say You Love Me • *Fleetwood Mac*

Fooled Around and Fell in Love • *Elvin Bishop*

Island Girl • *Elton John*

Evil Woman • *Electric Light Orchestra*

Rhiannon • *Fleetwood Mac*

Got to Get You into My Life • *The Beatles*

She's Gone • *Daryl Hall & John Oates*

Still the One • *Orleans*

Walk Away From Love • *David Ruffin*

Baby I Love Your Way • *Peter Frampton*

4

Una oferta imposible
de rechazar

Un día, durante mi primer año en Chappell, me dijeron que
reservara un tiempo para conocer a dos jóvenes compositores que venían de Filadelfia. Era lógico: cuando uno es el gerente joven, contemporáneo, siempre lo llaman para entrevistarse
con los nuevos autores e intérpretes.

Me sorprendí un poco cuando llegaron porque me habían
dicho que las dos personas que venían de Filadelfia habían trabajado con Gamble y Huff, por lo que esperaba que su apariencia
personal y su música estuvieran dentro de las mismas líneas.

Kenny Gamble y Leon Huff eran dos de los más importantes
compositores de ese momento. Colaboraron en *I'm Gonna Make
You Love Me,* que se grabó como un sencillo de conjunto con
Diana Ross and the Supremes y The Temptations. Y estaban a
punto de comenzar en Philadelphia International Records como
una alternativa (y una competencia) de Motown. Algunas de las
canciones que compusieron para esa disquera, como *Back Stabbers*
y *Love Train* para los O'Jays e *If You Don't Know Me By Now* para
Harold Melvin and the Blue Notes, serían identificadas como el

sonido de Filadelfia. Eso era, más o menos, lo que esperaba encontrar.

Los dos hombres que se presentaron en mi oficina no se parecían a los O'Jays. Por un lado, eran blancos. Eso hizo que el encuentro fuera un poco extraño por un momento. Pero también lo fue porque su apariencia era sorprendente.

Uno de ellos se parecía a David Bowie: medía aproximadamente seis pies con tres pulgadas y el pelo rubio, largo, le llegaba más abajo de los hombros. Traía puesta una chaqueta corta de cuero verde, pero lo que no pude dejar de mirar fueron sus zapatos. Eran unos zapatos de cuero de retazos de colores, parecían una colcha de retazos que se equivocó de camino y fue a parar a una zapatería por error.

Su compañero medía unos cinco pies con cinco pulgadas, tenía el pelo negro largo y crespo, hasta más abajo de los hombros, y llevaba un bigote. Si hubiera traído una espada en lugar de una guitarra, habría parecido D'Artagnan, el de *Los tres mosqueteros*.

Fue una reunión muy agradable. El alto de pelo rubio era callado y retraído. El de baja estatura y pelo negro era un poco más comunicativo.

Ambos habían estudiado en Temple University y eran, obviamente, bien educados. Tenían un cuasi representante que los había traído en busca de un negocio de edición o un negocio para hacer un disco o cualquier otro tipo de negocio, algo que les sirviera para establecerse de alguna forma. Era fácil ver que estaban en esa etapa temprana, cuando un artista se aferra a cualquiera que lo pueda hacer avanzar.

Cuando terminamos de hablar, dije: "Está bien, vamos al estudio". Teníamos uno en ese mismo piso, un salón grande con un piano, donde se podían hacer demostraciones. El hombre alto se sentó frente al piano. El de baja estatura y pelo negro sacó su guitarra.

Tan pronto empezaron a tocar, mi mente se desbocó: "¡Esto es increíble! ¡Esta podría ser la mejor música que jamás haya oído!".

Era una extraña combinación de música folclórica y R&B. Lo extraordinario de su música era que, en realidad, jamás me había gustado la música folclórica, pero al oírla tocar por estos jóvenes parecía un sonido totalmente nuevo. No estaban copiando nada. Eran absolutamente originales.

Permanecí muy callado mientras me llegaba esta música. Sabía que esto sería grande y sabía que, de ahí en adelante, mi vida cambiaría para siempre.

Así fue como conocí a Daryl Hall y a John Oates. Mirando hacia atrás, sólo puedo preguntarme si ellos sabían lo que yo supe en ese momento. Esa tarde no tocaron para mí *She's Gone* ni *Rich Girl*, pero fue como si yo hubiera podido escuchar las semillas de esas canciones en lo que estaban interpretando.

Vinieron a mi mente dos interrogantes: "¿Cómo puedo lograr que esto ocurra?" y "¿Cómo puedo ser parte de ello?". Esas dos preguntas se aferraron a cada célula de mi cuerpo y no las soltaron.

Yo tenía un año menos que Daryl. Es importante entender esto. De cierta forma, ellos me veían a mí como si yo fuera "un niñito que tiene agallas" pero se preguntaban qué podría hacer yo en realidad.

Tengo en mi mente muchos recuerdos, como fotografías instantáneas que me muestran exactamente qué pensaba yo en ese momento. En una oportunidad, cuando estaba en el estudio de grabación de Atlantic Records, en 1841 Broadway, salí de una estación y vi a un hombre calvo, elegante, con anteojos con montura de carey y una pequeña barba en punta, cortada a la perfección; llevaba un traje que le quedaba perfecto y una corbata, e iba por el mismo corredor. Era Ahmet Ertegun. Era los Rolling Stones. Wilson Pickett, The Young Rascals, Led Zeppelin, Crosby,

Stills, Nash and Young. Bette Midler y Aretha Franklin, todos en uno dirigiéndose hacia mí por el corredor. Ahmet Ertegun era todo eso y más. Era el presidente y fundador de Atlantic Records, el hombre que puso el jazz en R&B. Era uno de los pioneros de la industria. Era un gigante.

Treinta y cinco años antes era un niño de once años que había llegado a los Estados Unidos como hijo del embajador de Turquía. Pero, para mí, era difícil imaginarlo así. A mis ojos, en ese momento, era el padrino de la música que yo amaba. No quiero exagerar mi reacción en ese corredor. Pero me detuve contra la pared y lo saludé respetuosamente con una inclinación de cabeza.

De repente, a los veintidós años, tenía que buscar la forma en que Hall y Oates confiaran en mí lo suficiente como para guiarlos. Y después de eso, tenía que ver cómo hacer para guiarlos hacia el mundo Ahmet Ertegun.

Siempre supe que debía confiar en mis instintos y, cuando lo hacía, era por lo general muy convincente y obtenía un excelente resultado. Por lo tanto, seguí llamando a Daryl y a John, y seguí dedicándoles tiempo. Los llevé al estudio y produje unas seis demostraciones de su más reciente material. Les conseguí unos adelantos en Chappell Music para que pudieran mudarse a un apartamento en Nueva York. Comenzamos a salir de noche y de día, y pronto nos hicimos muy amigos. Le di uno de sus demos a alguien con quien yo había establecido una buena amistad en Atlantic Records: se trataba de Mark Meyerson. Mark era el director de A&R y se enamoró de pies a cabeza de esa música. No pasó mucho tiempo para que Daryl, John y Ahmet se encontraran en la Costa Oeste; Meyerson arregló una reunión entre ellos.

La reunión se llevó a cabo durante una cena en la casa de uno de los amigos de Ertegun, llamado Earl McGrath. Lo gracioso en esa época era que prácticamente cualquier persona podía tener su propio sello disquero si eran amigos del director de la compañía, y así fue como McGrath obtuvo Clean Records. Durante la cena y después de mucho vino, Ahmet dijo a Daryl y John que le agradaría recibirlos como parte de Clean.

Daryl y John quedaron encantados. Yo no quedé tan contento. Clean Records no era lo que yo tenía en mente para ellos. Quería que pertenecieran a nuestro propio sello discográfico, al sello Atlantic, porque estaba convencido de que nunca nos tratarían de la misma forma si nos íbamos para Clean. Cierto, yo no tenía experiencia, pero sí estaba seguro de algo: entre más cerca estemos a las personas que tienen el poder, mejores serán nuestros resultados. Fue una situación difícil. Ahmet ya se había comprometido con su amigo. No obstante, y afortunadamente, Mark Meyerson también consideró que sería mejor tener a Hall & Oates en Atlantic. Convenció a un famoso productor para que le dijera a Ahmet que el sello Atlantic sería el que mejor se adaptaría a ellos y que arreglara las cosas desde adentro.

Terminé obteniendo para Hall & Oates un contrato de tres álbumes, un negocio que le daba a Atlantic la opción de prorrogar el contrato obteniendo dinero adicional. No era una gran cantidad de dinero; era la cantidad de dinero que se requería para iniciar una banda. Sólo me di cuenta de que nos habíamos ganado el premio gordo cuando le pregunté a Meyerson quién era el famoso productor que había hecho campaña por nosotros.

Me dijo que era Arif Mardin y que él quería hablarme de producir el primer álbum de este dúo.

Es fácil imaginar lo que sentí al escuchar ese nombre. No, no es fácil imaginarlo. Si hiciera una lista de todo el maravilloso trabajo de Arif Mardin, este libro podría tener diez páginas más. Arif Mardin hizo el arreglo de *Respect* para Aretha Franklin. Eso es en realidad todo lo que tienes que saber. Pero quiero darte unos cuantos ejemplos más: también hizo los arreglos de

Where Is the Love para Donny Hathaway y Roberta Flack; de *Pick Up the Pieces*, interpretada por the Average White Band; de *Jive Talkin'* para the Bee Gees; de *Wind beneath My Wings* para Bette Midler. Estamos hablando de alguien que ganó once Grammys. Sólo unos meses antes no había podido entrar en el mismo lugar con Arif Mardin. Hall & Oates habían pasado prácticamente de cero a mil, de la oscuridad a trabajar con uno de los más importantes productores musicales de todos los tiempos y, a propósito, uno de los hombres más agradables que Dios haya creado jamás.

A principios de los setenta hubo un proceso de desarrollo que ya no existe hoy. Ahora se trata de grabar un éxito o morir. En ese entonces, tu primer álbum podía ser una especie de indicador de lugar, una introducción. Nuestro concepto era simplemente grabar una colección de canciones que ya John y Daryl habían escrito. No teníamos grandes objetivos, solamente grabar algo de música, conseguir una audición, empezar a abrir camino y ver adónde llegábamos. Claro está que nos habría encantado tener un gran éxito. Pero, en esa época, había tiempo. Bruce Springsteen tuvo que publicar tres álbumes antes de llegar a *Born to Run*.

Hall & Oates grabaron un primer disco que fue mucho más que un álbum acústico con reminiscencias de sus raíces de R&B. Se llamó *Whole Oats* y el arte de la carátula era muy creativo, una caja de Avena Quaker. En el álbum no había ninguna canción de éxito, pero sí fue un éxito según la crítica debido a una de sus canciones, *Fall in Philadelphia*, que estuvo respaldada por los excelente arreglos de cuerda de Arif. Esa canción se convirtió en el plano inicial de casi todos los éxitos de Hall & Oates que vendrían después.

El álbum puso a Daryl y John en un buen nivel y me permitió el acceso a todos los departamentos de Atlantic Records. Me encontré de nuevo como el estudiante artista, absorbiendo y observándolo todo por encima de los hombros de los maestros. El jefe de promoción, Jerry Greenberg, se convertiría más tarde en el presidente de Atlantics Records a la edad de treinta y dos años —el presidente más joven de cualquier compañía disquera en la historia—. Al lado de su oficina en promociones había una mujer llamada Margo Knesz, que manejaba los teléfonos como un conductor de camión: "¡Oiga, so desgraciado, es mejor que trasmita esos tales discos!". Barbara Carr, entonces jefe de publicidad, llegaría a co-representar a Bruce Springsteen con Jon Landau. Dave Glew, el primer vicepresidente, me enseñó todo lo que había que saber sobre distribución, mercadeo y ventas. Jamás he olvidado nada de lo que me enseñó. Cuando me hice cargo de Sony, catorce años después, fue uno de los primeros ejecutivos que traje a trabajar conmigo. Estaba viendo, escuchando y aprendiendo las estrategias promocionales que impulsaban a todas nuestras grandes estrellas de Atlantic, consciente de que ésta era la misma maquinaria que llevaría a la radio y a los almacenes de discos.

Ningún área era demasiado pequeña o insignificante como para pasarla por alto o como para no estudiarla. Cuando Hall & Oates salían de gira a tocar en los clubes de los alrededores de Nueva York, a veces tenía que manejar el camión o llevar la guitarra y los amplificadores. Y a veces tenía que instalar las luces y el sonido porque el presupuesto no alcanzaba para que lo hiciera nadie más. Así que aprendí a hacerlo todo, y esto lo hacía después de haber trabajado todo el día para Chappell Music.

Puedes ir a la universidad por cuatro años y después hacer un postgrado durante los dos años siguientes, obtener algunos diplomas y, sin embargo, lo más probable es que no sepas todo lo que hay que saber acerca de cómo funciona el mundo. Cuando hacemos un curso intensivo, nadie con una toga y un birrete nos entrega un diploma para colgar en la pared. Eso no importa. La experiencia la tienes escrita por todo tu cuerpo.

Oí a Oates tocar su guitarra y cantar la melodía y la letra de *She's Gone* en su apartamento de Nueva York. Luego entró Daryl y le agregó esas vocales mágicas, como sólo él podía hacerlo. Cuando empezaron a cantar la introducción en octavas, pude saber de inmediato que sería un éxito monumental.

Daryl y John comenzaron a trabajar en su segundo álbum apenas salió el primero. Nos había llegado el mensaje de que *Whole Oats* era demasiado acústico, que tanto Atlantic como Arif querían que preparáramos una sección rítmica fuerte para mejorar el soul de Filadelfia de Hall & Oates, así como su R&B. En esta oportunidad, Arif quería sacar toda la artillería pesada. Arregló una sección rítmica excepcional con músicos como Bernard Purdie en la batería, Gordon Edwards en el bajo y Hugh McCraken en la guitarra, por nombrar sólo unos pocos. Si no conoces nada del mundo de los músicos que trabajan en estudios, tal vez no reconozcas esos nombres, pero sin duda has oído su sonido en más de cien canciones de éxito. Estos muchachos fueron los músicos de muchísimos de los éxitos producidos por Arf, Jerry Wexler y Tom Dowd; no es posible sobreenfatizar lo que contribuyeron en este campo. Fue algo así como incluir a Kobe Bryant, Dwyane Wade y LeBron James en tus equipos de basquetbol favoritos. Con estos músicos y con *She's Gone*, el segundo álbum parecía destinado a ascender como un cohete.

She's Gone fue inspirada por dos mujeres. Una había dejado plantado a John la noche de año nuevo. La otra fue la primera esposa de Daryl. Daryl y su esposa estaban pasando por una dolorosa separación en ese momento. Cuando pienso de nuevo en ese período, son muchas las conversaciones que recuerdo haber tenido con Daryl; ambos teníamos algunas similitudes en nuestros matrimonios. La esposa de Daryl de ese entonces también era judía y él estaba enfrentando la misma cantidad de problemas religiosos y culturales que yo afrontaba. Su experiencia estaba en la línea de *She's Gone*. Pero la mía era algo más cercano a *I'm gone*.

Estaba desempeñando el equivalente a dos trabajos de tiempo completo y luego saliendo con Daryl y John en la noche. Volvía a mi casa en New Rochelle tarde, pero la realidad es que estaba mucho más conectado con Hall & Oates que con mi matrimonio. Quería ser un buen esposo. Pero, entre más tiempo pasaba, más me daba cuenta de lo que Sam Clark había visto desde el comienzo: había poca conexión entre nosotros dos. En realidad no se trataba de las largas horas de trabajo. El trabajo intenso y el éxito siempre habían sido la ética en el hogar de los Clark. Por consiguiente, Lisa lo entendía. Y, realmente, no tenía mucho que ver con la religión. Era algo así como que éramos de dos mundos diferentes.

Ella había crecido con el ritual de las velas de los viernes por la noche, de las cenas de los sábados en la noche y de los *brunches* de golf los domingos en la mañana. Yo no estaba en casa los viernes en la noche y realmente no sentía que perteneciera al club campestre. Al mismo tiempo, ella no parecía entusiasmarse cuando la llevaba a mi mundo. Recuerdo que la llevé a mi primer concierto de los Rolling Stones. La expectativa por ese concierto se había ido desarrollando en mi interior durante años, desde cuando escuchaba*(I Can't Get No) Satisfaction* a todo volumen en el Corvette de mi amigo George, conduciendo por el Major Deegan Expressway hacia un club en el Bronx llamado Cholly's. ¡Los Rolling Stones, hombre! ¡Al fin iba a ver a los Rolling Stones! A la mitad del concierto miré a Lisa y me dio la impresión de que preferiría estar en el club campestre.

Nunca esperé divorciarme. Por intensas que fueran nuestras peleas, la mayoría de las parejas que vi mientras crecía no se divorciaban. Fueran cuales fueran los problemas, simplemente los manejaban. Mi influencia más profunda era lo que había visto en mi hogar cuando niño. No recuerdo que mis padres hayan dormido ni una noche en habitaciones separadas. Pero antes de casarme nunca me tomé el tiempo de considerar la profundidad de las conexiones que tenían mis padres entre sí: su herencia católica italiana-estadounidense. La Navidad. La Pascua. La manera como compartían sus sueños en lo que se refería a sus hijos. Y muy en el fondo, todo se trataba de su amor por la música. Éstas eran cosas que no podía desarrollar con Lisa en ese momento. Entre más tiempo pasaba, más me iba dando cuenta de que mi matrimonio iba a ser un largo camino.

Daryl pudo asegurar su vida más deprisa. Había conocido a una azafata llamada Sara Allen, que eventualmente se mudó y se fue a vivir con John al apartamento de Nueva York, convirtiéndose así en la inspiración de una canción de ese segundo álbum llamada *Las Vegas Turnaround* (*The Stewardess Song*). El hecho de cantar esa canción con John ayudó a convertir el dolor de Daryl en un alegre reinicio. Yo no estaba escribiendo ninguna canción que aliviara lo que estaba sintiendo en lo más profundo de mi ser, por lo que oculté ese sentimiento detrás de jornadas de veinticuatro horas.

Arif y sus muchachos le sacaron el mayor provecho a *She's Gone* y a *Las Vegas Turnaround* con la ayuda adicional de un guitarrista verdaderamente exitoso, miembro de la banda, llamado Christopher Bond. Estábamos listos a arrancar.

El segundo álbum se llamó *Abandoned Luncheonette*. En la carátula había una foto de un pequeño restaurante cubierto de hierbas frente al cual solían pasar John y Daryl, en las afueras de Filadelfia. La carátula de este álbum se convirtió en una pieza de la historia del pop. Los admiradores y los fotógrafos hacían caminatas para encontrar ese lugar y conocer su historia. La historia resultó ser que este lugar había estado ubicado originalmente en Pottstown, Pensilvania, pero quebró y fue a dar a un pequeño bosque en las afueras de Filadelfia, de donde eventualmente se lo llevaron para despejar el terreno. Es triste, además, que las carátulas de los álbumes como *Abandoned Luncheonette* ya no existan, pero a eso llegaremos más adelante. Puedes creerme: en ese entonces, esa carátula fue muy importante.

Nos sorprendimos cuando vimos que *She's Gone* no se convirtió en un éxito tan pronto salió. Pero yo no me desilusioné en lo más mínimo. Sabía que *She's Gone* era un éxito. Sabía que iba a ser un verdadero éxito. Sabía que Atlantic había dejado caer el balón. Yo estaba decidido a que, en algún momento, esa canción sería un éxito. En cualquier caso, el álbum se convirtió en un punto decisivo en la carrera de John y Daryl. Era totalmente clara. Describía exactamente lo que ellos eran. Mostraba su lado de rock de Filadelfia y su lado de blues, su lado acústico, su lado de armonías vocales. Los marcó. Las críticas fueron magníficas —y en ese entonces no era posible que cualquier idiota escribiera en un blog lo que fuera sin siquiera haber tenido la delicadeza de sentarse a escucharla unas cuantas veces—. En ese entonces, las críticas realmente significaban algo. Podían determinar el éxito o el fracaso de un intérprete. Los ejecutivos de Atlantic vieron a Hall & Oates al borde de convertirse en sus siguientes super estrellas gigantes. El álbum no fue un éxito en ventas. Pero se empezaron a filtrar historias acerca del guitarrista principal de Led Zeppelin: Jimmy Page fue visto llevando consigo el álbum de *Abandoned Luncheonette* mientras se encontraba de gira. Eso le arregló el día a Daryl. Más que si le hubieran dicho que *She's Gone* estaba a la cabeza de la lista de sencillos, porque Jimmy Page era uno de los ídolos de Daryl, y eso significaba integridad y credibilidad.

Estábamos a punto de grabar nuestro álbum número tres. En esos días, el proceso de desarrollo era casi como armar un rompecabezas. Sólo unas piezas más, colocadas en el lugar correcto, y todo quedaría listo.

Justo en ese momento, Daryl dijo que estaba pensando en un rompecabezas diferente.

Para su tercer álbum querían hacer algo totalmente distinto. Daryl estaba fascinado con David Bowie y le encantaban los músicos ingleses como Brian Eno y Robert Fripp, que componían una música increíble aunque absolutamente no comercial. Daryl quería que su próximo álbum con John fuera rock and roll progresivo.

Yo no estaba de acuerdo y, una noche, en el restaurante de Joe en MacDougal Street, después de suficientes martinis, vinos, Sambuca y grappa, lo discutimos.

— Óyeme bien, llegar a este punto nos ha costado muchísimo trabajo —le dije—. Acabamos de construir una audiencia de personas que se enamoraron de *Abandoned Luncheonette* hasta el punto de que salieron y compraron el álbum. Compraron la música que oían y amaban. No sabes cómo irán a reaccionar a un sonido totalmente distinto. Intentamos formar una audiencia dedicada en este momento. Eso toma tiempo.

—Mira —dijo Daryl—, siempre podremos hacer canciones comerciales. Pero esto nos dará credibilidad e integridad. Credibilidad *rock*. La necesitamos.

Abandoned Luncheonette les había dado toda la credibilidad e integridad que necesitaban. Terminamos enredados en el clásico debate entre el comercio y el arte por amor al arte. Siempre que intentaba llevar el tema de nuevo a la fortaleza del sonido R&B, Daryl podía lanzarme un argumento sacado del libro de Aldous Huxley *Un mundo feliz*. Sí, oír ese tipo de argumentos era también parte de mi trabajo como representante, y a las 2:30 a.m., ni más ni menos, mientras bebíamos grappa.

En último término, tuve que aceptar lo que me decía. Tenía enorme respeto por Daryl y John. Se trataba de sus vidas y de su carrera, y mi deber era facilitar su música y sacarle el mayor provecho posible.

—No queremos trabajar con Arif Mardin en nuestro siguiente álbum —dijo Daryl—. Quiero contratar a Todd Rundgern para que lo produzca.

Yo di esa lucha todo el tiempo que pude, pero después de muchos intercambios de palabras, nos reunimos con Mark Meyerson y acordamos hacer un álbum con Todd Rundgern como productor. Rundgern era bien conocido por sus éxitos *Hello It's Me* y *I Saw the Light*. Traté de ver esta colaboración bajo la mejor de las luces. Todd era de Filadelfia, por lo que había algo en común, una hermandad de ese estado. El problema era que había dos Todd Rundgern: el de *Hello, It's Me*, por un lado, que hacía grandes cantidades de dinero, y el de de la guitarra ácida experimental de la banda Utopia, que no ganaba nada. Utopia venció.

El álbum se llamó *War Babies*. El arte de la carátula refleja adecuadamente el título. Recuerdo habérsela entregado a los ejecutivos de Atlantic. Mientras la escuchaban, levantaban la cabeza por un momento, me miraban y luego bajaban los ojos. Ahmet Ertegun estaba en el estudio cuando la puse para que la oyeran. Nadie dijo: "Horror". Nadie dijo: "Este álbum nunca lo va a lograr". El único comentario de Ahmet fue: "Creo que la batería debe sonar más duro", lo que fuera que eso quisiera decir.

Todos parecieron reaccionar de la misma forma —es decir, sin decir una sola palabra—. Era un estilo de música totalmente distinto lo que había en ese álbum y todos esperaban que pudiera ser el siguiente gran éxito de la industria musical. Pero, en esa época, nadie estaba tan dado a juzgar ni tan dispuesto a matar. Había respeto por el intérprete y eso se traducía en: "Veremos qué pasa…".

Desafortunadamente no pasó nada. El álbum no tenía el

formato correcto para las emisoras de rock FM, que representaban la integridad para Daryl. Y sin lugar a duda, no había ningún sencillo programable para el Top 40 en la radio de AM. No sé cuántos admiradores alcanzó *War babies* ni cuántos perdió, pero definitivamente dejó a muchos confundidos. Un DJ de la WMMR en Filadelfia trasmitió el disco una noche y comentó al aire que sonaba como ¡elefantes fornicando!

War Babies nos dejó a todos en una posición difícil desde el punto de vista comercial. En primer lugar, Atlantic no le iba a perder dinero ni a dedicar toda su fuerza promocional a este extraño giro a la izquierda. El álbum dejó nerviosos a todos los ejecutivos. El contrato de Hall & Oates con el sello de la disquera había vencido y ese álbum no me pudo dejar en una peor posición para negociar. De pronto, los ejecutivos se preguntaban a dónde diablos querían ir Hall & Oates.

Un recién llegado simplemente no podía darse el lujo de dar semejante giro a la izquierda en una compañía que estaba grabando a Aretha un mes y luego a los Rolling Stones en el mes siguiente. Simplemente no era lógico que Atlantic dedicara la más mínima energía en giros a la izquierda cuando podía dedicar su tiempo a crear verdaderos éxitos. Éxitos sin precedentes. Haber grabado *War babies* fue como perder el número de turno en el delicatessen. Teníamos que sacar un nuevo billete y volver a hacer la fila.

Atlantic tenía que decidir si prorrogar o no el contrato, invirtiendo treinta mil dólares adicionales. Yo tenía el presentimiento de que Jerry Greenberg, el joven y nuevo presidente de Atlantic, se iba a echar para atrás. Aunque Jerry quisiera seguir adelante, definitivamente querría protegerse de cualquier fracaso, invirtiendo la menor cantidad de dinero posible en cualquier nuevo contrato. Las cartas que tenía en su mano eran buenas.

Necesitaba un plan de respaldo. Mientras trabajé como DJ,

había hecho muy buena amistad con Mike Berniker, quien, a punto de cumplir treinta años, había producido los primeros tres álbumes de Barbara Streisand para Columbia y era ahora un ejecutivo de RCA. Mike estaba buscando talento. Tenía que hacerlo porque la compañía para la que trabajaba había sido nombrada, en chiste, el Cementerio de los Discos de Estados Unidos. Me reuní con Mike y pensé en la forma de convertir la tormenta perfecta que había creado *War babies* en el escenario de mi mejor caso. A Mike le encantaban Hall & Oates y deseaba desesperadamente firmar con ellos. No había muchos artistas de talento que quisieran hacer fila para entrar a RCA. Él podía ver el potencial de Hall & Oates y estaba dispuesto a prestar atención y a desembolsar un *enorme* adelanto de inmediato.

Era el mejor momento para actuar. No cabía duda de que podríamos obtener un contrato muchísimo mejor con RCA que con la desilusionada Atlantic. Sólo tenía que saber jugar bien mis cartas. Jerry podría prorrogar el contrato simplemente girando un cheque por treinta mil dólares. Eso no era lo que yo quería que hiciera cuando entré a su oficina. Si lo giraba, muy bien: un negocio es un negocio. Pero no le iba a permitir que empezara a retractarse…

Jerry era un joven agresivo, pagado de sí mismo, y seguramente estaría pensando que tenía las cartas ganadoras cuando comenzó a hablar. Estaba manejando una enorme generadora de poder y no podía imaginar que Daryl y John se fueran a ninguna otra parte. "¿Quién querría contratarlos después de semejante fracaso?". Jerry comenzó a hablar y a alardear de cómo Atlantic podría hacer otro álbum con Hall & Oates, pero no quería girar un cheque. Seguía dando rodeos: tal vez podemos hacer esto, tal vez podemos hacer aquello…

Simplemente lo miré a los ojos y le dije: "O nos das treinta mil dólares o nos retiras del sello".

—Mira, demonios. No lo sé —respondió—. No lo sé.

—No me importa que no lo sepas. ¡No saldré de esta oficina sin una respuesta!

Los ánimos realmente se caldearon. Yo estaba dispuesto incluso a quemar el puente porque sabía que tenía un plan de respaldo. Él siguió dando rodeos y yo di un paso adelante mientras miraba con gesto amenazante por la ventana frente a la que él estaba, hasta llegar justo frente a su cara, mientras nuestras voces iban subiendo de tono cada vez más. De hecho sabía que no iba a ser yo el que saliera por esa ventana. Pero tal vez el Bronx que llevo en mí me hizo sentir que el que iba a salir era él.

No era nada personal. Realmente me agradaba Jerry. Éramos amigos. Pero esto era un negocio. Sentía que el futuro estaba en juego. Es difícil explicar la dicotomía. Pero tal vez esto ayude.

Bajo presión, Jerry sacó a Hall & Oates del sello Atlantic Records.

Catorce años después, cuando comencé a dirigir Sony Music, una de las primeras cosas que hice fue dar a Jerry Greenberg su propio sello.

La vista al otro lado de la ventana de Jerry me abrió todo un mundo nuevo. La liberación de Atlantic tuvo un impacto enorme e inesperado en mi carrera porque me llevó a hacer una llamada telefónica que no había pensado hacer.

Era necesario acelerar legalmente la liberación. Además, el nuevo contrato con RCA tenía que cumplir todas las formalidades legales. En ese entonces estaba trabajando con un reconocido abogado, Bob Casper, que representaba el catálogo de publicación de música de Los Beatles y a Elton John. El nuevo negocio con RCA nos representaría cerca de un millón de dólares y Casper calculó sus honorarios en cerca de ochenta mil. Eso me pareció absurdo. Después recordé a aquel compositor que caminaba por el corredor de MCR. "Grub-man. Grub-man. Grub-man. Tengo que ver a Grub-man".

Había hablado unas cuantas veces con Allen Grubman pero nunca había hecho negocios con él. Lo irónico de Grubman era que no le importaba en absoluto la música. Solía asegurarse de decir a los artistas que pasaban por su oficina: "Yo no oigo su música". Ése era su parlamento. Funcionaba porque era una persona *hogareña* que tenía la cualidad de hacer que todos los que lo rodeaban se sintieran a sus anchas y también porque, como lo comentó alguien de la industria en una ocasión: "Con Grubman no se trata de dinero, se trata *sólo* de dinero". Grubman protegía a quienes entraban por su puerta y los cuidaba tanto en el aspecto legal como en el financiero. Dijo que cobraría veinte mil dólares por los negocios. Pronto, no sólo representaba a Hall & Oates sino que me representaba también a mí.

Grubman empezó con los Village People y su lista de clientes incluyó eventualmente a Madonna, Billy Joel, Bruce Springsteen, Mariah Carey, Bono, Lady Gaga y muchos más. No sólo desarrolló una capacidad y un estilo que atraía a los artistas sino que también estableció relaciones con los ejecutivos y productores de las disqueras y se convirtió igualmente en su representante. Representaba a tanta gente en la industria que podía pedir favores y, lo que era igualmente importante, estaba enterado de todo lo que ocurría. Grubman hacía que los negocios funcionaran para beneficio de todos.

Cada artista y cada ejecutivo que Allen agregaba a su lista de clientes significaban más poder de apalancamiento. Cualquiera que tratara con Grubman sabía: "Si dejo a Allen en este negocio, me joderán a mí más adelante". Y puedes creerme: Allen no tenía ningún reparo en recordárselo a todos. Amable y simpático como era, también podía ser agresivo en una forma muy directa: "Si crees que no me vas a dar un considerable anticipo por Billy Joel, ¡estás totalmente loco! ¡Punto!". Le decía cosas así a Walter Yetnikoff, el genio loco que manejaba CBS Music.

La firma de Allen parecía representar a todo el mundo en la industria disquera, pero jamás representó a las dos partes en una misma transacción. Podía representar al artista frente a la disquera y podía representar a la disquera en otro negocio distinto. Por esto nunca hubo un conflicto de intereses realmente, aunque a Allen le gustaba hacer bromas al respecto. "Si no hay conflicto", decía, "no hay interés". El resultado final era que todos en la industria iban a consultarlo porque sabían que serían protegidos y sabían que obtendrían el mejor de los negocios.

Para mí, conectarme con Grubman fue como si una mano derecha encontrara repentinamente su mano izquierda. Solía decir que trabajaba tanto porque no quería volver a dormir en un sofá en Brooklyn. Y yo solía decir que yo trabajaba tanto para asegurarme de no tener que volver al Bronx. Pronto tuve un socio sin una sociedad. Buen tipo. Mal tipo. Mal tipo. Buen tipo. Nuestros dos brazos podían moverse en cualquier sentido.

Muy pronto, Grubman llegó a entenderse extremadamente bien con Mike Berniker, de RCA, y el nuevo negocio con Hall & Oates quedó resuelto pronto. Había llegado el momento del rock and roll.

Daryl pudo reírse cuando supo que el DJ en Filadelfia había comparado la música de *War Babies* con elefantes fornicando. Pero recibió el mensaje. Era hora de regresar a sus raíces de R&B.

Estoy seguro de que tanto Daryl como John me apreciaron aún más gracias al gran contrato con RCA. Fue algo evidente en una canción que compuso Daryl sobre mí en su siguiente álbum, titulado *Gino (The Manager)* —*Gino (El Representante)*—. Incluyó una referencia jocosa a mis zapatos de punta Gucci-Pucci, pero el núcleo de lo que yo hacía por ellos aparecía en el coro:

Remember hard work means something
Live fast, die laughing
No hurt in asking
Nothing for nothing

(Recuerda que el trabajo duro significa algo
Vivir rápido, morir riendo
Nada se pierde con preguntar
Nada por nada)

Otra canción programada para el siguiente álbum se llamaba *Grounds for Separation* (*Bases para la Separación*). Sylvester Stallone me contó que se convirtió en una inspiración cuando estaba haciendo la película *Rocky*; inclusive la utilizó como banda sonora temporal durante el montaje. El coro de *Grounds for Separation* dice así:

Gonna grow a new set of wings
And fly away

(Me saldrá un nuevo par de alas
Y volaré muy lejos)

Cualquiera que haya visto a Rocky subir corriendo las escaleras del Museo de Arte de Filadelfia con la música de fondo de *Gonna Fly Now* (*Ahora Volaré*) comprenderá la conexión. Una balada titulada *Sara Smile* se convertiría en el lado B del primer sencillo. La música prometía convertirse en el álbum clásico de Hall & Oates que el mundo entero esperaba después de *Abandoned Luncheonette*. La letra, el arreglo vocal y la calidad de los músicos eran simplemente brillantes.

Arif Mardin no lo produjo porque su contrato era exclusivo con Atlantic, y Daryl y John querían, de cualquier manera, desplegar sus alas. Entonces trajimos a algunos de los mejores intérpretes de las sesiones de Los Ángeles, como Ed Greene en la batería, que trabajó en la canción *Aja* de Steely Dan, y a Leland Sklar, el mundialmente reconocido bajista. Christopher Bond ayudó a Daryl y a John a producir el disco y la sacaron fuera del estadio.

Pero no podía haber un álbum de Hall & Oates sin otro giro. Tenía que tener un cierto aire de excentricidad para que Daryl quedara satisfecho. John y Daryl no habían aparecido nunca en la carátula de un disco hasta ese momento y consideraron que, si iban a hacerlo, tendrían que hacerlo de una forma muy diferente. Daryl y John buscaron a Pierre LaRoche, un director de arte cuyo trabajo les encantaba. LaRoche era el artista de maquillaje de Mick Jagger; también había diseñado algunas de las carátulas de los discos de David Bowie. LaRoche les dijo a Daryl y a John que los haría inmortales. "Está bien", pensé, "ojalá se le ocurra algo realmente visionario". No tenía idea de que su gran visión sería convertir a Daryl y a John en dos transexuales embalsamados.

Cuando llegó la carátula, todo el mundo dijo: "¡Whoa!", incluyendo Daryl, quien, al recuperarse de su asombro, dijo en broma que se veía como la mujer con la que siempre había querido salir. John simplemente parecía un tipo con bigote y con una marca de lápiz labial en la mejilla.

LaRoche no se detuvo ahí. En ese entonces se acostumbraba incluir insertos dentro del álbum. En el inserto había una foto de Daryl y John adentro de un túnel iluminado con luz neón fluorescente color magenta. John estaba desnudo. Por si el mensaje no se trasmitía con la suficiente claridad en la carátula, esta foto sin duda lo llevaba un paso más allá.

Todos estaban asombrados. RCA había gastado una fortuna debido a la técnica inusual que se requirió para crear la carátula.

Por lo general, los álbumes se imprimen a cuatro tintas. Este álbum llegó a conocerse como el Álbum de Plata porque tenía una quinta tinta. Y ésta era plateada, casi como plata de verdad, y muy costosa en las primeras impresiones.

Al final, Daryl y John decidieron dejarla dentro del álbum y yo los apoyé. Nadie podía negar que era una obra de arte. Sólo me preguntaba si la música sería rechazada por la pregunta que todos seguramente se harían: "¿Hall & Oates son homosexuales?".

En realidad no importó. Y la música no fue rechazada porque todos la oían antes de decidirse a comprar el álbum. De ahí la importancia de la radio. El álbum, titulado *Daryl Hall & John Oates*, despegó tan pronto como salió al aire. Cuando una estación de R&B en Cleveland trasmitió el lado B del sencillo, *Sara Smile*, todas las luces de los teléfonos se encendieron como una tormenta eléctrica. La persona encargada de la promoción local llamó a la persona encargada de la promoción en RCA para decirle lo que había ocurrido. Eso era lo que permitía saber que se había logrado un verdadero éxito. Ahí era donde había que tomar el toro por los cuernos y hacerlo caer de espaldas. Había visto esta misma respuesta después de la grabación de *Na Na He Hey Kiss Him Goodbye*. Paul Leka nos encargó componer esa canción como un lado B sin ningún valor. En el momento en el que nos damos cuenta de que tal vez hayamos subestimado una canción, tenemos que poder dar la vuelta sobre una moneda de diez centavos y dejarlo todo atrás. Eso fue lo que hicimos con *Sara Smile*, y se convirtió en un éxito rotundo.

Claro está que los músicos de Atlantic se dieron cuenta. Aunque Jerry Greenberg realmente tuvo que soportar todo lo que Jerry Wexler y Ahmet Ertegun le dijeron por habernos dado esa canción, no se demoró en aprovechar el momento para volver a sacar el LP de *Abandoned Luncheonette*. Tan pronto como lo hizo, *She's Gone* se disparó en las listas de éxitos. Ahora teníamos dos éxitos fenomenales, uno a espaldas del otro, y contábamos con el respaldo de la fuerza promocional de dos disqueras.

Las fiestas y el trabajo incesante y duro no daban tregua. Era fiesta tras fiesta tras fiesta. Más trabajo sobre más trabajo. Una vez que sale el primer disco, todo cambia. Todos empiezan a llamar. Promotores. Emisoras de radio. Almacenes de discos. Y no sólo eso, sino que *todos* nos responden las llamadas.

Cuando uno es el representante de un grupo exitoso que tiene una canción exitosa, todos te ven como una persona capaz de llevar a cabo las cosas. Cuando uno es el representante de un grupo exitoso que compone canciones acerca de su representante, otros intérpretes también empiezan a referirse a ti en sus canciones.

VOCES

DARYL HALL

No estaba buscando la figura de un padre. Estaba buscando la figura de un hermano, de alguien que tuviera lo que a mí me faltaba; es decir, una agresión y una determinación absolutas.

Recuerdo a Tommy tratando de impresionarme. Actuaba como diciendo: "Te puedo llevar a donde sea". Así que me llevó tras bambalinas en el Spectrum Theater de Filadelfia y allí conocí a Rod Stewart. Fue entonces cuando dije: "Tommy, tú eres mi representante".

Siempre consideré esos días del comienzo como una de las épocas más importantes de mi vida. Fue una carrera loca. Es todo lo que puedo decir. Fue una carrera loca. Y creo que todos deberían tener una carrera loca al menos una vez.

Tommy Mottola es inflexible, y ésa es la clave de su éxito y de todo lo que ha hecho. No acepta un "no" por respuesta y realmente le importa lo que hace. Algo de lo que nunca tuve duda fue de que luchaba con todas sus fuerzas por cualquier cosa que deseara obtener de nosotros y cualquier cosa que quisiera que nosotros tuviéramos.

Cuando se trata de artes versus negocios, Tommy invariablemente se inclina por lo último. Tuve un millón de discusiones con él: discutíamos a diario, acerca de lo que yo pensaba que deberíamos estar haciendo, y de lo que yo creía que me resultaba más fácil. Me conozco como artista y me conozco como persona, y siempre veo las cosas a distancia. Tommy, por el contrario, tiene una perspectiva visual más corta. Eso se debe a que tiene que estar atento y saber de dónde proviene el dinero.

DAVE MARSH

Escritor/Historiador

El hecho es que nadie se hace rico sin intentarlo. Nadie llega a ser famoso sin intentarlo. Nunca ha habido una época en la que la música no haya sido comercial.

Dion, de Dion and the Belmonts, me dijo en una ocasión: "Las grabaciones de éxitos son adictivas". Es cierto. Son adictivas tanto para la audiencia como para el artista. Te hacen ganar mucho dinero. Te hacen famoso. Te dejan bien provisto. Te llevan a lugares a los que normalmente nunca irías. Todos te rinden pleitesía.

Eso no ha cambiado nunca. Nada ha sido nunca puro. *The Grateful Dead* (*Los Muertos Agradecidos*) obtuvo mucho dinero. Yo-Yo Ma hizo mucho dinero. Lo que importa es qué haces con tu éxito. Puedes ser una mujer fácil por cinco centavos o puedes ser una mujer fácil por diez centavos. Pero se supone que debes tener tu Cadillac color rosa y tu integridad.

My Sharona • *The Knack*

Bad Girls • *Donna Summer*

Le Freak • *Chic*

Da Ya Think I'm Sexy? • *Rod Stewart*

I Will Survive • *Gloria Gaynor*

Hot Stuff • *Donna Summer*

Y.M.C.A. • *The Village People*

Ring My Bell • *Anita Ward*

MacArthur Park • *Donna Summer*

Too Much Heaven • *The Bee Gees*

Fire • *The Pointer Sisters*

Tragedy • *The Bee Gees*

Good Times • *Chic*

You Don't Bring Me Flowers • *Barbra Streisand and Neil Diamond*

Lead Me On • *Maxine Nightingale*

My Life • *Billy Joel*

Shake Your Groove Thing • *Peaches and Herb*

I'll Never Love This Way Again • *Dionne Warwick*

I Want You to Want Me • *Cheap Trick*

After the Love Has Gone • *Earth, Wind & Fire*

Heaven Knows • *Donna Summer and Brooklyn Dreams*

Every 1's a Winner • *Hot Chocolate*

We Are Family • *Sister Sledge*

Boogie Wonderland • *Earth, Wind and Fire con The Emotions*

Sultans of Swing • *Dire Straits*

I Want Your Love • *Chic*

Chuck E.'s In Love • *Rickie Lee Jones*

Got to Be Real • *Cheryl Lynn*

September • *Earth, Wind & Fire*

Don't Stop 'Til You Get Enough • *Michael Jackson*

Heart of Glass • *Blondie*

Heartache Tonight • *The Eagles*

Babe • *Styx*

Pop Muzik • *M*

Hold the Line • *Toto*

You Took the Words Right Out of My Mouth • *Meat Loaf*

Honesty • *Billy Joel*

Soul Man • *The Blues Brothers*

What a Fool Believes • *The Doobie Brothers*

I Need a Lover • *John Cougar*

Hey Hey, My My (Into the Black) • *Neil Young and Crazy Horse*

Highway to Hell • *AC/DC*

She Blinded Me with Science • *Thomas Dolby*

Off the Wall • *Michael Jackson*

The Wall • *Pink Floyd*

You Shook Me All Night Long • *AC/DC*

New York, New York • *Frank Sinatra*

Another One Bites the Dust • *Queen*

On the Road Again • *Willie Nelson*

Another Brick in the Wall • *Pink Floyd*

Rapper's Delight • *Sugarhill Gang*

Fame • *Lrene Cara*

Off the Wall • *Michael Jackson*

I Wanna Be Your Love • *Prince*

Upside Down • *Diana Ross*

On the Radio • *Donna Summer*

Lady • *Kenny Rogers*

Whip It • *Devo*

Love Stinks • *The J. Geils Band*

Hit Me With Your Best Shot • *Pat Benatar*

Heartbreaker • *Pat Benatar*

You May Be Right • *Billy Joel*

The Long Run • *The Eagles*

Rock Lobster • *The B-52's*

Call Me • *Blondie*

Against the Wind • *Bob Seger and the Silver Bullet Band*

I Don't Like Mondays • *The Boomtown Rats*

I'm Coming Out • *Diana Ross*

(Just Like) Starting Over • *John Lennon*

Crazy Little Thing Called Love • *Queen*

Hungry Heart • *Bruce Springsteen*

Brass in Pocket (I'm Special) • *The Pretenders*

It's Still Rock and Roll to Me • *Billy Joel*

I Got You • *Split Enz*

Into the Night • *Benny Mardones*

Cruisin' • *Smokey Robinson*

Back in Black • *AC/DC*

Don't Stop Believin' • *Journey*

Super Freak • *Rick James*

Give It to Me, Baby • *Rick James*

Jessie's Girl • *Rick Springfield*

Start Me Up • *The Rolling Stones*

Celebration • *Kool & the Gang*

Waiting for a Girl Like You • *Foreigner*

Endless Love • *Lionel Richie and Diana Ross*

In the Air Tonight • *Phil Collins*

De Do Do Do, De Da Da Da • *The Police*

Lady (You Bring Me Up) • *The Commodores*

Urgent • *Foreigner*

The Tide Is High • *Blondie*

The Stroke • *Billy Squier*

Don't Stand So Close to Me • *The Police*

Guilty • *Barbra Streisand & Barry Gibb*

Woman • *John Lennon*

Rapture • *Blondie*

9 to 5 • *Dolly Parton*

Physical • *Olivia Newton-John*

Slow Hand • *The Pointer Sisters*

Every Little Thing She Does Is Magic • *The Police*

Private Eyes • *Daryl Hall & John Oates*

Boy from New York City • *Manhattan Transfer*

Stop Draggin' My Heart Around • *Stevie Nicks and Tom Petty and the Heartbreakers*

Kiss on My List • *Daryl Hall & John Oates*

Crazy Train • *Ozzy Osbourne*

You Make My Dreams • *Daryl Hall & John Oates*

Mickey • *Toni Basil*

Open Arms • *Journey*

Eye of the Tiger • *Survivor*

Chariots of Fire Titles • *Vangelis*

I'm So Excited • *The Pointer Sisters*

Ribbon in the Sky • *Stevie Wonder*

We Got the Beat • *The Go-Go's*

She's Got a Way • *Billy Joel*

Up Where We Belong • *Joe Cocker and Jennifer Warnes*

Get Down on It • *Kool and the Gang*

Gloria • *Laura Branigan*

Everybody Wants You • *Billy Squier*

Always on My Mind • *Willie Nelson*

Don't You Want Me • *Human League*

Genius of Love • *The Tom Tom Club*

Goodbye to You • *Scandal*

Juke Box Hero • *Foreigner*

Jack & Diane • *John Cougar*

Hurts So Good • *John Cougar*

Maneater • *Daryl Hall & John Oates*

Centerfold • *The J. Geils Band*

I Can't Go for That (No Can Do) • *Daryl Hall & John Oates*

Vacation • *The Go-Go's*

5

La nube de plata

Los trajes blancos para bailar, los zapatos de plataforma y las luces estroboscópicas vinieron después. Podía sentir los pasos de la música disco desde el momento en que el dueño del estudio en West Orange, Nueva Jersey, me incluyó en un grupo llamado Dr. Buzzard's Original Savannah Band.

Era más que una banda: era un carnaval. Cerca de una docena de muchachos de las calles del Bronx que habían crecido absorbiendo los sonidos de sus barrios, mezclaban la música latina, negra y pop en la música y los audiovisuales más excepcionales que jamás haya visto. La música era sólo la mitad del arte. Ver a la Savannah Band era como ver una de esas películas de Busby Berkley de los años treinta.

El vestuario del grupo no era vestuario. Era simple ropa callejera. Uno de los directores, August Darnell Browder, usaba ropa de carbonero cada minuto, cada hora de cada día. Probablemente dormía con ella puesta. Otros de los miembros de la banda usaban pantalones amplios y viejas gorras de repartidor de periódicos. La cantante principal, Cory Daye, usaba vestidos antiguos de los cuarenta y los cincuenta. Todos adoptaron sus personajes y los encarnaron. Eran ciento por ciento auténticos.

Si hubieran tenido los pies en la tierra, y si no se hubieran embriagado con su primer sorbo de éxito, habrían podido convertirse en uno de los más grandes grupos del mundo. No sólo eso sino que ¡aún estarían aquí hoy!

Vi la banda por primera vez con Sandy Linzer, de quien me había hecho muy amigo durante la producción de mi segundo disco cana T.D. Valentine. Nos sorprendió ver que la Savannah Band había sido rechazada por cuatro o cinco sellos disqueros porque, apenas Sandy y yo la vimos, nos miramos como diciendo: "¿Puedes creerlo? Si podemos grabar esto en un disco como debe ser, tendremos un acto fenomenal".

Llamé de inmediato a Mike Berniker en RCA y le hablé de mi entusiasmo. "¡Hazlo!", me dijo. Cuánta confianza. Así no más, sin haber escuchado una nota, y sin haberlo visto. Traje a Charlie Calello para que me ayudara a organizar los ritmos del grupo y a unir los puntos musicales. Charlie cumplió con creces mis expectativas, sobre todo con una canción titulada *Cherchez la Femme*, que comenzaba así:

Tommy Mottola lives on the road
He lost his lady two months ago
Maybe he'll find her, maybe he won't
Oh, no, never, no, no
He sleeps in the back of his big gray Cadillac
Oh, my honey
Blowing his mind on cheap grass and wine
Oh, ain't it crazy baby, yeah
Guess you can say, hey, hey,
That this man has learned his lesson,
Oh, oh, hey, hey
Now he's alone, he's got no woman and no home
For misery, oh-ho, cherchez la femme

(Tommy Mottola vive de gira
Perdió a su dama meses atrás
Tal vez la encuentre, tal vez no
Oh, no, nunca, no, no
Duerme en el asiento trasero de su Cadillac gris
Oh, mi amor
Embotando su mente con hierba barata y vino
Oh, qué locura, mi niña, sí
Imagino que podrás decir hey, hey
Que este hombre ha aprendido su lección
Oh, oh, hey, hey
Ahora está solo, no tiene mujer ni hogar
En la miseria, oh-ho, cherchez la femme)

Cuando puse esta canción y las del resto del álbum para que las escucharan los ejecutivos de RCA que llenaban el salón, la mayoría me miró con expresiones de desánimo. Me habrían podido gritar: "¿Qué diablos es esto?". Pero Mike Berniker lo entendió. Se puso de pie y comenzó a hacer los movimientos irregulares de una antigua filmadora, como si estuviera grabando una escena de una coreografía de danza caleidoscópica clásica de los años treinta.

Si los otros ejecutivos no entendieron la música, entendieron algo más. Yo les había traído a Hall & Oates y a *Sara Smile*. Y algo más: me estaban invitando a almorzar en el comedor de la corporación con los altos directivos de RCA. Realmente no tuvieron más alternativa que firmar el contrato con la Savannah Band. A principios de 1976, tal vez dos años antes de que alguien oyera cantar *Stayin' Alive* a los Bee Gees, y tres años antes de que Donna Summer sacara su disco *Bad Girls*, el primer álbum de la Savannah Band fue un gran éxito: en poco tiempo vendió más de medio millón de copias.

Era imposible caminar por cualquier calle de Nueva York sin oír *Cherchez la Femme* sonando a todo volumen en las bodegas, las boutiques, los radios de los autos y los clubes nocturnos. Hay algunas canciones que siempre serán únicas para quienes las compusieron porque representan un momento en el tiempo y un fraseo vocal imposible de duplicar. Muchos grandes artistas cantaron *Cherchez la Femme* pero siempre se asociará esa canción con la voz de Cory Daye. Es probable que Cory haya sido una de las mejores estilistas con la que jamás haya trabajado, y lo que quiero decir es que tenía un sonido y un fraseo que creaban un estilo totalmente único. Por lo tanto, al juntar la música con esa época y con su voz, se creaba algo fenomenal que obligaba a cualquiera que la escuchara a detenerse en su camino. Algo totalmente original había sido creado.

Oír mi nombre en *Cherchez la Femme* cinco veces al día por la radio era muy extraño, casi surrealista. A esa edad, y en ese momento, fue algo muy embriagante e incluso peligroso para mí… Y valga recordar que yo sólo era su representante. Es fácil imaginar el efecto que estaba causando en la Savannah Band.

Unos pocos meses después de este éxito, Hall & Oates sacaron su siguiente álbum, titulado *Bigger Than Both of Us,* con la canción *Rich Girl*. Eso fue lo que realmente me llevó al éxito. Cualquier cosa que quisiera de RCA a partir de ese momento la tenía al alcance de la mano.

Doscientos por ciento de mi tiempo estaba ahora dedicado a Hall & Oates y a la Savannah Band —pero no lo olvides: todavía trabajaba durante el día en mi puesto en Chappell Music—. Supuestamente debía ser el que elegía las canciones, lo que en realidad no correspondía a la imagen de un hombre que se movilizaba en un Rolls-Royce color plata, modelo 1959, usaba abrigos de piel cuando el invierno así lo exigía y fumaba los más finos cigarros cubanos pre-Castro.

Mis preciosos padres, Tom y Peggy... disfrutando el Ritz

Yo, sentado sobre las rodillas de Santa en el Parkchester de Macy's, en el Bronx, Nueva York.

Yo, a los cinco años, en la boda de mi hermana Joan. No dejen de fijarse en el plástico sobre el sofá y las lámparas, algo muy típico del Bronx italiano.

Yo, en mi uniforme de la Admiral Farragut Academy (¡horrible!), con mi padre.

Mi fotografía en papel brillante de 8×10 que fue repartida a todos los directores de casting y a todas las disqueras. ¿Qué pasó?

Como un joven aspirante a actor en una de mis primeras y últimas actuaciones en el cine.

Cenando en un restaurante con (de izquierda a derecha) Penny Marshall, Paulie Herman y Robert De Niro. El que aparece inclinado detrás de Penny es Peter Max.

Yo, a los veinte años, en Chappell Music, trabajando con Tony Bennett.

Recientemente… en el estudio con Tony, que estaba haciendo su álbum *Duets*.
Crédito: Sony Music

A principios de los ochenta, tras bambalinas en Madison Square Garden después de un concierto de Hall & Oates. De izquierda a derecha: yo, John Oates, Daryl Hall, Mick Jagger, Todd Rundgren.

Por fin, por fin: mi primera oficina en Champion Entertainment en el número 105 Oeste de la Calle 55.

¡Foto clásica! El gran Jerry Wexler, Marc Meyerson, John Oates, Daryl Hall, Robin Gibb, Arif Mardin y yo, con el joven presidente de Atlantic Records, Jerry Greenberg.

Dos jóvenes soñadores: yo y Allen Grubman en Acapulco, cuando él era "delgado".

Fumando un excelente Davidoff Dom Perignon Havana en los años setenta.

Con mi hijo Michael de apenas un año, en la granja en Hillsdale, Nueva York.

Mis dos amores, Michael y Sarah, cuando niños, en mi bote Dreamtime, nombrado por la canción de Daryl Hall que produjo Dave Stewart.

Yo y Sarah durante una de sus clases de equitación en Kentucky Stables en Mamaroneck, Nueva York.

¡Música! ¡Música! Los grandes años setenta: yo, John Oates, Carly Simon, Daryl Hall.
Crédito: Sony Music

Yo con (de izquierda a derecha) Antonio "LA" Reid (más gordo y con pelo, antes del Factor X), Babyface y Arsenio Hall.
Crédito: Sony Music

Entre dos grandes de la industria: Ahmet Ertegun y Walter Yetnikoff.
Crédito: Sony Music

Era una situación bastante inusual. Chappell era dueña de los derechos de autor de la música de Hall & Oates y de la Savannah Band, y yo estaba recibiendo beneficios financieros a cambio de mis esfuerzos. Pero me estaba negando a aceptar promociones porque eso me habría dado más responsabilidad y requería más de mi tiempo. Mi mentor, Norm Weiser, quien fue como mi padre, me permitió usar su oficina, que era más grande, en horas de la noche, para trabajar en mis artistas. Y yo le estaba presentando personas que tal vez no necesariamente tomarían sus llamadas. Así lo hicimos funcionar por el mayor tiempo posible, pero muy pronto fue evidente para todos que ya era hora de que yo siguiera mi camino. Un día, mientras almorzaba con Ken Glancy, el presidente de RCA, conversamos al respecto y él me ofreció una solución.

"¿Qué te parecería si te diéramos un negocio de buscador de talentos y productor?", me dijo. Era un acuerdo muy sencillo: "Tú sabes cómo encontrar los éxitos. Aquí tienes algo de dinero. Tráenoslos". Ese negocio me permitiría dejar a Chappell y comenzar mi propia compañía. Glancy era inteligente. Sabía que esto me permitiría centrar toda mi atención y ayudar a incrementar las ventas de Hall & Oates y de la Savannah Band.

Encontré un apartamento de dos alcobas en el 105 West de la Calle 55, en un segundo piso —un excelente espacio, con pisos de madera y una chimenea—. Conseguí un escritorio, algunos muebles y, en cierto punto, me encontraba justo en el lugar en que mi madre y mi padre siempre habían querido verme. Yo era mi propio negocio.

Champion Entertainment no pudo haber nacido en un mejor momento. Hall & Oates estaban en la cima. Lo mismo la Savannah Band. En diciembre de 1977, el mes en que John Travolta y su película *Saturday Night Fever* hacían que todos se apresuraran a llegar a las discotecas, grabamos una canción en RCA llamada *Native New Yorker*.

Hay algo de ironía en ese nombre. Es decir, ni uno de los miembros del grupo que cantaba era nativo de Nueva York. Dos de los tres miembros de Odyssey —las hermanas Lillian y Louise Lopez, nacidas en las Islas Vírgenes— vivían en Connecticut cuando Sandy Linzer fundó el grupo. Las dos hermanas conocían a un filipino que tocaba el bajo, Tony Reynolds, cuyo sueño era ganar lo suficiente para volver a casa y abrir una gasolinera. No me sorprendería que ahora fuera el dueño de toda una cadena de gasolineras resultante del éxito de esa única canción.

Sandy Linzer había escrito *Native New Yorker* para Frankie Valli. Pero probablemente estaba destinada para una voz femenina. Cuando fue interpretada a través de la voz de Lillian Lopez, se convirtió en magia, como si ella fuera su propietaria. Trajimos a Charlie Calello para que hiciera el arreglo de la canción de tal manera que la convirtiera en una canción disco puramente comercial. Esta vez, cuando los ejecutivos de RCA la oyeron, nadie pudo negar que sería un enorme éxito. La música tenía todos los ingredientes necesarios: una excelente canción, arreglos maravillosos, la fuerza de una estrella de Nueva York y un ritmo disco que podía interpretarse en cualquier club nocturno de aquí a Hong Kong. Mike Berniker se enloqueció cuando la oyó.

Utilicé mis conexiones para contratar al grupo Odyssey para varios programas de televisión. Tomamos a los tres miembros de la banda, los maquillamos, les adaptamos el vestuario y con mucha frecuencia hacíamos que doblaran sus canciones con sus labios porque, por fuera del estudio, sus voces no eran tan buenas. Sin embargo, la voz de Lillian haría memorable *Native New Yorker*. Funcionó. Odyssey fue un *one hit wonder* pero pude batear otro *home run* en el estadio de RCA.

Incluso Sam Clark no pudo evitar notarlo. Cuando comencé

a intentar sacar adelante a John y Daryl, solía preguntarme cómo les iba a "Hallz & Oates", como si tuvieran alguna conexión con la comedia bufónica de Huntz Hall, el actor que hacía el papel de Sach en las viejas películas de Bowery Boyz. Pero comenzó a ver el respeto que yo iba ganando en la industria y comencé a preguntarme si no estaría inclusive un poco celoso. Ya no conducía el viejo Chevrolet al ir a su casa. Tenía el primer modelo de teléfono para automóviles instalado en mi Mercedes convertible y sé que eso definitivamente lo hacía sentir mal. Había fricción en su voz cuando le preguntó a Lisa: "¿Por qué necesita Tommy un teléfono en su automóvil?". Después de esto surgió una enorme pelea entre Lisa y yo por el teléfono de mi auto. Ella volvió a casa con sus padres por unos días y comencé a preguntarme qué estaba pasando.

Traté de enterrarlo todo bajo la carga de trabajo. Pero también comenzaba a encontrar dificultades allí. Pocos se daban cuenta de lo que ocurría detrás de los éxitos. Cuando un grupo de muchachos como las estrellas de la Savannah Band comienza a tomar Kool-Aid, el trabajo de representante comienza a sentirse como si uno fuera un operador del centro de urgencias 911, encargado del turno del sábado en la noche. Si el éxito instantáneo es una chispa, la Savannah Band era un tanque de gasolina.

Programábamos entrevistas para ellos en hoteles y llegaban tarde, seis u ocho a la vez, cargados de talegos de ropa sucia que necesitaba lavarse o enviarse a lavar en seco; cada uno de ellos ordenaba dos o más comidas costosas del menú de servicio a la habitación, una para comerla de inmediato y otra para llevar a casa. Dos de los tres principales miembros, Cory Daye y Stony Browder, eran novios. Recuerdo haber recibido una llamada tarde en la noche después de que habían tenido una gran pelea en el Continental Hyatt House, en Sunset Boulevard, Los Ángeles. No era de sorprender que a este hotel lo llamaran el Hotel de las Peleas. Cuando Cory dejó a Stony fuera de su habitación, Stony abrió una ventana del piso inferior y subió por la terraza, como King Kong trepando el Empire State. Luego entró destrozando las puertas de vidrio corredizas de la terraza de Cory y forzó la puerta de su habitación. El grupo contrató a un asesor de negocios que ponía en duda todo lo que yo estaba haciendo. Hasta el codirector de la banda, August Darnell, que tenía una maestría y había enseñado inglés en la secundaria, me llevó en una ocasión al punto de tener que trenzarme en una pelea a puños en mi oficina. Tuve que servirme un escocés para calmarme después de ese episodio.

Fue una extraña experiencia, una paradoja. Porque representar a la Savannah Band también fue para mí un estudio invaluable en imagenología, trabajo de arte editorial, presentaciones en vivo, clubes nocturnos, sonido, luces, cortes de cabello, maquillaje, peluquería y vestuario. Todo eso me ayudaría más adelante, en Sony, a desarrollar en poco tiempo muchas carreras artísticas. Por lo tanto, soporté la locura. Además, pasaban muchas cosas buenas a la vez para distraer mi atención. Sin importar los problemas que pudiera tener en un día con la Savannah Band, ocurría siempre algo sorprendente con Hall & Oates al día siguiente.

Por ejemplo, al poco tiempo después de esa noche tensa con August Darnell en mi oficina, Hall & Oates y yo fuimos a un concierto de los Eagles en el Foro de Los Ángeles. Fue en 1977. Los Eagles estaban a punto de cantar su mayor éxito, recién publicado, *New Kid in Town*, cuando Gleen Frey tomó el micrófono y dijo: "Queremos dedicar esto a los nuevos muchachos en la ciudad: Daryl Hall y John Oates". Era como si nos acabáramos de convertir en miembros de un club élite.

Otra noche tuvimos un incidente gracioso con Sylvester Stallone. Asistió a un concierto de Hall & Oates en Nueva York, en el Palladium, y me las arreglé para convencerlo de que saliera al escenario durante la última canción y levantara las manos como Rocky, para luego tomar a Daryl y John por la parte posterior de sus cuellos y sacarlos de un tirón fuera del escenario para cerrar el show. Esto fue cuando la película *Rocky* acababa de convertir a Stallone en la mayor estrella del cine del mundo. Cuando Sly apareció de la nada, hubo un shock de silencio de incredulidad que preparó el ambiente para una reacción retardada... Y para el rugido que hizo temblar la calle entera.

Estábamos en la cima. Las noches no eran noches, eran eventos memorables. Cuando las almejas al horno, la langosta al orégano, la pasta y la ternera aparecían en la mesa en Joe's, en la Calle MacDougal, las palabras habituales no eran: "Comamos y bebamos pues mañana moriremos", sino: "Mañana viviremos y tendremos otro gran día como éste".

Fue como una fantasía. ¿Quién quería irse a casa?

Nunca jamás consideramos la posibilidad de que estos éxitos llegaran a detenerse o que ya no se oiría el tintinear de las copas al brindar. De eso no nos preocupábamos en lo absoluto. ¿Cómo podría ocurrir?

Naturalmente me esperaba un rudo despertar. Podemos trabajar mucho, tener cantidades de éxitos y credibilidad, y una enorme red de personas que piensan que uno es inteligente y brillante, pero al final, como lo pude descubrir, sólo somos tan buenos como nuestro último éxito discográfico. Y así fue como en 1979 los éxitos pararon en seco.

Odyssey había tenido sus quince minutos de fama. Pero había tanto desacuerdo en la Savannah Band que dejé de representarlos. No necesitaba una bola de cristal para ver el colapso que se avecinaba y no fue ninguna sorpresa que la banda se dispersara después de que su tercer álbum no alcanzara a quedar en las listas de éxitos. August Darnell comenzó otro grupo llamado Kid Creole and the Coconuts, que tuvo mucho éxito en Europa, pero que era apenas una sombra de lo que la Savannah Band podría haber sido. Y, claro está, después de los enormes éxitos con *Sara Smile, She's Gone* y *Rich Girl*, era apenas natural que Hall & Oates desearan avanzar en otra dirección.

Daryl y John podían escribir éxitos pop de R&B incluso dormidos. Podían haberlos roncado. Y ésa era exactamente la razón que tenía Daryl para desear un cambio. No quería repetirse. Quería renovar sus sueños. Quería otros lienzos. Y ¿por qué no habría de ser así, si era un artista?

En esa época, los artistas tenían mucha más libertad. Pero el resultado final sigue siendo el resultado final. Las casas disqueras desembolsaban millones de dólares en anticipos y esperaban éxitos. Mi deber, como representante, era respaldar los sueños de Daryl. También era mi responsabilidad ayudar a la compañía que le pagaba a conseguir éxitos. Hay momentos en los que no es fácil avanzar sobre esa cuerda floja.

La mejor forma en la que puedo explicarlo es a través del primer álbum que grabó Daryl solo: *Sacred Songs.* Daryl lo creó en el curso de unas pocas semanas, en 1977, con un músico inglés, experimental, muy talentoso —Robert Fripp—, que improvisó el solo de guitarra de la canción *Heroes*, de David Bowie, y a quien la mayoría conoce como miembro de la banda de rock progresivo King Crimson. Daryl estaba totalmente fascinado con los músicos como Bowie, Fripp y Brian Eno. Amaba a Inglaterra. Y su colaboración con Fripp lo llevó muy lejos de las calles de Filadelfia. Tanto Daryl como Fripp estaban realmente orgullosos de *Sacred Songs* y, hasta la fecha, Daryl lo considera un importante eslabón en su trayectoria.

Los ejecutivos de RCA no lo veían así. Simplemente no pensaban que esa música fuera comercial y, para completar, temían que el nuevo sonido alejara al grupo de los admiradores más asiduos de Hall & Oates. Por consiguiente, pospusieron indefinidamente su grabación. Daryl y Fripp se disgustaron y repartieron cintas de *Sacred Songs* a personas experimentadas en el mundo de la música para probar su punto de vista y encontrar bases para una demanda informal. En último término, Daryl prevaleció. Pero fueron necesarios tres años para que RCA grabara el álbum *Sacred Songs,* cuyo éxito comercial fue muy moderado.

Este período de experimentación habría sido mucho más fácil si Daryl y John hubieran estado grabando juntos los éxitos que todos esperaban. Pero parecían estar actuando en una de dos modalidades: experimentando o creando éxitos. Me encontraba constantemente atrapado entre el respeto que les tenía como artistas y sus posibilidades comerciales. Daryl te dirá que siempre me inclinaba hacia el aspecto comercial, y tiene razón. Le pregunté por qué tenía tanto miedo de los éxitos disqueros. "Los éxitos *son* la mayor parte de tu credibilidad", le dije. Pero él era un correcaminos y simplemente necesitaba buscar nuevos rumbos.

Daryl y John se orientaron hacia el rock con *Beauty on a Back Street,* que se grabó en 1977. No hubo éxitos dentro de ese álbum. Al año siguiente, George Harrison, Todd Rundgren y Fripp se unieron a Daryl y John en otra aventura artística titulada *Along the Red Ledge.* Tampoco tuvieron ningún éxito. Quiero ser muy claro: entendía lo que trataban de hacer. Y lo respetaba. Bob Dylan se presentó en el Newport Folk Festival en 1965 con una guitarra eléctrica y fue abucheado. Sabía hacia dónde se dirigía y, al final, se convirtió en parte de su folclor personal. Un artista deja de serlo cuando deja de ir a lugares nuevos. Daryl me decía una y otra vez: "Hombre, hay que ver el camino largo".

Yo podía ver el camino largo. Pero esos riesgos artísticos tenían también consecuencias financieras. Pasaba mis días y mis noches con estos dos artistas y estaba muy consciente de que los éxitos anteriores de Daryl y John les habían dejado el gusto por la buena vida: por los autos costosos, por el buen vino y por las casas hermosas.

Con Daryl y John, constantemente intentaba encontrar el equilibrio entre sus éxitos del pasado y su nuevo rumbo. Había traído a David Foster para que produjera *Along the Red Ledge*. Foster ha ganado dieciséis Grammys, pero es necesario comprender la importancia del momento oportuno. Estoy hablando de los últimos años de la década de los setenta. Esto fue *antes* de que David Foster hubiera ganado *cualquiera* de esos Grammys o hubiera trabajado con todo el mundo, desde Whitney Houston hasta Michael Jackson. En ese entonces, Foster era un tecladista de las sesiones de música nocturnas de Los Ángeles. No había producido ningún disco. Hall & Oates fueron su primera gran oportunidad. La única razón por la que sabía algo de él era porque había venido recomendado por alguien que yo consideraba un genio: el principal compositor, escritor y arreglista de Toto y David Paich. En ese entonces consideré a Foster como un nuevo talento que podría ayudar a Hall & Oates a explorar.

Un día que Daryl, John y yo estábamos en la casa que alquilamos en Los Ángeles, llegó Foster y se sentó frente al piano. David tiene unas manos enormes y cuando las puso sobre el teclado y tocó, su sonido y su fuerza fueron deslumbrantes. Foster comenzó a tocar la increíble melodía de *After the Love Has Gone* que, desde luego, todos ahora conocen muy bien. Aunque no era un gran cantante, supimos de inmediato que iba a ser un enorme éxito. Era innegable. Puedes creerme que, si un gato callejero la hubiera cantado, igual seguiría siendo la Número Uno.

—Sí, es una buena canción —dijo Daryl—, pero realmente no es nuestro estilo. No la necesitamos. Queremos escribir nuestra propia música.

¿Qué podía hacer yo? Quería componer su propia música. No obstante, al mismo tiempo, era realmente frustrante para mí porque era como tener la gallina de los huevos de oro y ver que se negaba a poner huevos de oro. Más de un año después de que David Foster nos interpretara esa canción, estaba arriba en el escenario aceptando su primer Grammy por ese mismo sencillo, durante la entrega de los premios de 1979.

Sólo podía menear la cabeza mientras todos los medios de comunicación transmitían la interpretación de Earth, Wind & Fire de *After the Love Has Gone.* Entre tanto, John y Daryl sacaron otro álbum llamado *X-Static,* producido también por Foster. A pesar de que contenía algunas canciones excelentes, como la clásica *Wait for Me*, el álbum no alcanzó el éxito que esperaban y que, para ser francos, necesitaban. Las cosas se tornaron realmente confusas para sus seguidores. ¿Dónde está *Abandoned Luncheonette?* Todos se lo preguntaban. ¿Qué pasó con *Sara Smile?* ¿Dónde están *Rich Girl* y otras de esas canciones que nos encantan?

Todos esos giros y cambios, todas esas subidas y bajadas representaron para mí un mayor conocimiento, que me resultó invaluable años después cuando comencé en Sony y tuve que recorrer caminos igualmente difíciles. Trabajar de forma tan estrecha con Daryl y John, y después con Carly Simon, John Mellencamp, Neil y Tim Finn del grupo Split Enz de Nueva Zelanda, y más adelante con Crowded House, me permitió comprender realmente qué mueve a los artistas, dónde viven, cómo respiran y cómo piensan. ¿Sabes en qué momento ese conocimiento es absolutamente indispensable? Cuando uno se despierta una mañana y se da cuenta de que está trabajando con *cuatrocientos* artistas que graban todos los géneros de música que existen, desde country hasta R&B, pasando por música pop, rock y clásica.

Simplemente no hay atajos para alcanzar ese conocimiento. Hay que recorrer todo el camino y cometer todos los errores para llegar a saber qué funciona y qué no, y esa trayectoria siempre tiene momentos en los que lo único que queremos es patear el muro y hacerle un hueco. Si este período fue frustrante para mí, es fácil imaginar cómo se sentirían los ejecutivos de RCA. Sin importar lo que yo sintiera acerca de las decisiones tomadas por Hall & Oates, nunca dejé de abrirme camino a través de las puertas de los departamentos de promoción y mercadeo a una velocidad arrolladora. RCA soportó el primer álbum sin ningún éxito. En el segundo, comenzaron los interrogantes. Para cuando salió *X-Static* comenzaron a dejar de lado mis solicitudes de más promoción con una excusa tras otra.

Champion Entertainment había chocado contra un frente helado. Lisa y yo esperábamos nuestro primer hijo, Michael, y mi hija Sarah llegaría al poco tiempo. Es evidente que nunca hay un buen momento para que los éxitos dejen de llegar pero, definitivamente, éste parecía ser el peor momento.

Cuando se invierte dinero y no se obtienen ganancias, empezamos a ver el mundo de una manera totalmente distinta. Ya no somos los primeros en querer pagar la cuenta en un restaurante. Uno se detiene y mira a su alrededor y comienza a ver cuántas personas tienen brazos cortos como de cocodrilo tan pronto como se termina el postre.

Pero Daryl, John y yo no estábamos dispuestos a dejar el Petrus y comenzar a beber Gallo. Ciertamente, Daryl *no iba* a cambiar nuestros cigarros cubanos pre-Castro por los White Owls. Necesitábamos desarrollar un nuevo plan. De inmediato.

La razón por la cual asistimos a tantos cócteles que después apenas recordamos es que uno de ellos puede llegar a ser esa noche que jamás se olvida. En uno de esos cócteles conocí a David Geffen.

El momento no pudo haber sido mejor. Yo intentaba reinventarme y él estaba haciendo justamente lo mismo.

Geffen es uno de los hombres más inteligentes y astutos que

ha salido de Brooklyn. Él se ha abierto camino desde cuando era empleado del departamento de correo de la Agencia William Morris. Creó Asylum Records en 1970 y pronto la convirtió en una agencia muy fuerte al firmar con Jackson Browne, Eagles, Joni Mitchell y Bob Dylan. Pero se retiró del negocio por algún tiempo al ser diagnosticado erróneamente con una grave enfermedad. Cuando descubrió que estaba bien, volvió para fundar Geffen Records en 1980 y no se detuvo allí. Diversificó su negocio y entró al campo del cine. Al poco tiempo obtuvo un éxito con la película que dio inicio a la carrera de Tom Cruise: *Risky Business* (*Negocios Riesgosos*). Después, Geffen se convertiría en una de las personas más influyentes de la industria de las comunicaciones. Si uno quisiera imitar el éxito de alguien, no podría encontrar nadie mejor que David Geffen. El título de un libro escrito acerca de él lo dice todo: *The Rise and Rise of David Geffen* (*El ascenso y ascenso de David Geffen*).

Nuestras conversaciones iniciales se centraron en su deseo de firmar un contrato con Hall & Oates apenas venciera su contrato con RCA. Muy pronto estábamos disfrutando excelentes *steaks* en Trader Vic, en Los Ángeles, y yo estaba recibiendo educación sobre Hollywood, los mercados financieros, la política y cualquier otra cosa de la que David resolviera hablar. Había sido profesor de negocios en Yale y era un genio tanto en negocios como en el arte de enseñar. David tenía la habilidad poco común de ser maquinador y astuto a la vez que compartía ideas y abría puertas.

Una noche, mientras cenábamos, le dije que quería entrar al negocio del cine y él hizo ademán de rechazarlo.

—¡Es el peor negocio del mundo! —me dijo—. Es una absoluta locura. Ni lo pienses ¿Qué razón tendrías para hacerte eso a ti mismo?.

—Tengo algunas excelentes ideas para hacer películas —le dije.

—Quédate con el negocio de la música —respondió—. Realmente tendrás éxito y además es fácil, en comparación con el negocio del cine.

—No quiero dejar el negocio de la música —le respondí—. Simplemente quiero expandirme.

Él me dio una mirada que decía: "Ya que insistes… Pero después no digas que no te lo advertí". Una llamada y ya estaba entrando en la oficina de un hombre que daba forma a casi todos los grandes negocios que se hacían en la industria cinematográfica en ese momento.

Se trataba de la oficina de un ex abogado fiscal que abrió un bufete que representaba a celebridades como Barbra Streisand, Nick Nolte, Robert Redford, Sean Connery y casi a cualquiera que hubiera dejado sus huellas en cemento en la acera del Grauman's Chinese Theatre. El hombre sentado al frente del escritorio era poco comunicativo y tranquilo. Se llamaba Gary Hendler.

—¿Por qué quiere entrar a este negocio? —me preguntó.

Le hablé de un par de mis ideas para hacer películas. Unos minutos después tomó el teléfono y al poco tiempo un super agente novato, cuyas oficinas quedaban tres pisos más abajo, entró por la puerta. Era Mike Ovitz. Esa reunión dio lugar a una serie de llamadas telefónicas que me llevarían a conocer a Michael Eisner, a Dawn Steel (la primera mujer en dirigir un importante estudio cinematográfico en Hollywood), a Jeffrey Katzenberg y a Barry Diller. Me desconcierta pensar que todas esas personas estuvieron una vez bajo un mismo techo en la Paramount. Las conexiones que me hicieron Geffen y Hendler no se detuvieron ahí. Al poco tiempo estaba conectado prácticamente con todos los directores de los estudios y con todos los ejecutivos de televisión de Hollywood.

Tenía los derechos de dos ideas y estaba ansioso por empezar a desarrollarlas. Una era una historia real de un sacerdote cuya parroquia estaba en el sur del Bronx. Se preocupaba profundamente por su fe, celebraba Misa y oía confesiones, pero utilizaba también su educación de Georgetown para construir unidades de vivienda social para las minorías y atender a los menos afortunados de su comunidad. Su nombre era el Padre Louis Gigante. Se decía que el Padre Gigante había alzado el sur del Bronx de las cenizas. El contraste en esta historia era que el hermano del padre era Vincent "Chin" Gigante.

La segunda idea era un libro escrito por un amigo llamado Philip Carlo. Su título era *Stolen Flower*. Se trataba de un detective privado que seguía el rastro de una niña de diez años que había sido raptada y estaba atrapada en el mundo de la prostitución. Había hablado de esto con mi amigo Joe Pesci, quien pensó que sería una excelente película. Joe habló con Robert De Niro y entre los tres decidimos hacerla.

Investigamos durante varios meses. Pero por la naturaleza del material, éste era un proyecto difícil de sacar adelante.

Primera lección: La pedofilia no es exactamente un tema al que los ejecutivos de los estudios le tengan mucho afecto.

Segunda lección: Un proyecto como éste toma tiempo. Acabo de hablar con Joe Pesci sobre *Stolen Flower* —esto, treinta años después— y *sigue* intentando hacerla.

La historia del Padre Gigante también necesitaba tiempo, pero fue fácil irla presentando de escenario en escenario. A través de un representante en William Morris hice amistad con un director que decidió utilizarla creando una serie de televisión titulada *Naked City*. Más tarde, dirigió algunos clásicos como *Cool Hand Luke, Brubaker* y *The Pope of Greenwich Village*. Su nombre era Stuart Rosenberg. Padre Gigante llegó a quererlo y a confiar en él, lo que fue importante porque le compartía sus historias más íntimas. Eric Roth, el escritor que más tarde ganaría el Premio de la Academia a mejor guión adaptado por la película *Forrest Gump*, también entró al proyecto. Nos reunimos múltiples veces con Al Pacino, que quería protagonizar la película. Concertamos reuniones con Alan Ladd y la Ladd Company, y Ladd le dio luz verde al proyecto.

Pero después de haber reunido a estas personas sorprendentemente talentosas, el desarrollo de la película frenó en seco cuando nos dimos cuenta de que nadie, y quiero decir nadie, quiso arriesgarse y aceptar la posibilidad de ofender a alguien en esa familia.

Tercera lección: El que una película esté en etapa de desarrollo no quiere decir que llegue a desarrollarse.

No me di por vencido. El sol comenzó a brillar mientas luchaba con estos inconvenientes, cuando Hall & Oates sacaron su siguiente álbum, *Voices*, y volvimos con toda la fuerza al negocio. Avanzamos gracias a la serie de éxitos que vinieron con los siguientes álbumes, que incluyeron canciones como *Private Eyes*, *I Can't Go for That (No Can Do)* y *Maneater*.

Estos éxitos me dieron los recursos necesarios para subir un nivel más y ensayar la opción de los grandes libros. Había leído uno excelente, *Wise Guy* de Nicholas Pileggi, y me enamoré de él. Supe que podía ser una película importante. El problema era que muchos otros lo sabían también. Obtener los derechos sería costoso. Pero el sol brilló de nuevo y estaba dispuesto girar el cheque.

Comenzó la licitación y le dije a Mike Ovitz que estaba dispuesto a ofrecer 250 mil dólares por la opción. Le dije que esto era realmente importante y que tenía que conseguírmela. Pero después de casi una semana, no había recibido noticias.

Por último, recibí una llamada de Ovitz.

—Oye —dijo—. Tienes que hacerme un favor.

—¿Qué?

—Tienes que renunciar a ésta.

—¿De veras? ¿Por qué?

—Es algo realmente importante para mí. Estoy trabajando

para conseguir un cliente nuevo, muy importante, y entregarle este libro sería esencial para mí para poder cerrar el negocio.

¿Qué podía hacer? Aún si dijera: "No, me lo debes", habría perdido de todas formas.

—Mike —le dije—, considéralo hecho.

Ese nuevo cliente era Marty Scorsese. La película se estrenó cuatro años después y se llamó *Goodfellas (Buenos Muchachos)*.

Cuarta lección: David Greffen tenía razón.

Quinta lección: Fue más fácil para mí convencer a Mike Ovitz de que entrara al negocio de la música —cosa que logré— que hacer una película.

Las diferencias entre el negocio del cine y el de la música me habían quedado dolorosamente claras. En el negocio de la música podía entusiasmarme con una canción, encontrar los intérpretes correctos, llevarlos al estudio y sacar un sencillo una semana después.

Con la película tenía la opción de recurrir a un libro, encontrar un escritor, obtener un guión que lograra llegar a la aprobación del tercer borrador… Y antes de darme cuenta ya habían pasado tres años. En esa época, los honorarios de los productores no eran muy altos, de todas formas. Claro que había un resultado en el otro extremo pero ¿quién llegaba a verlo? Es mucho más fácil obtener grandes anticipos en el negocio de la música.

Hubo un gran componente de ironía en mi viaje a Hollywood, especialmente si se veía a través de los ojos de Daryl Hall. Claro que yo no había logrado ningún éxito fílmico. Olvídalo: ¡Ni siquiera había logrado hacer una película! Pero, como dijo Daryl, hay que ver el camino largo. Mis frustraciones en Hollywood terminaron convirtiéndose en una bendición disfrazada.

Había metido mis manos en la masa. Fue una oportunidad de conocer y hacerme amigo de todos los directores de los estudios cinematográficos y de los representantes de todas las agencias. Esta experiencia me dio la oportunidad de ver las cosas desde un punto de vista diferente al de un empresario más del campo de la música. Todos los contratos y las relaciones que hice durante este período serían invaluables diez años después, a la hora de convertirme en el presidente de la compañía disquera más grande del mundo. Entendí de inmediato la forma exacta en que Celine Dion podía beneficiarse grabando las bandas sonoras de las películas *Beauty and the Beast* y *Titanic*. Más adelante Sony se convirtió en la única compañía disquera del mundo con una división exclusiva para grabar bandas sonoras. Eso se convirtió en un gran éxito.

Esto nos lleva a la sexta lección: El éxito puede parecer un logro casual pero se trata, en realidad, de abrirse camino durante la lucha.

Mientras intentaba abrirme camino en Hollywood y establecerme en el negocio de la música, a finales de los años setenta, alguien que tendría un profundo impacto en mi vida comenzaba a dejar su huella en el mundo. Podría incluso decir que sería algo así como un segundo padrino para mí. A finales de los setenta no tenía la menor idea de quién era. En ese entonces me habría sorprendido saber que un día tendría un padrino japonés. Ahora, en retrospectiva, es difícil imaginar mi vida sin él. Su nombre era Norio Ohga.

Ohga creció en Numazu, una ciudad a ochenta millas al oeste de Tokio, y quería ser cantante de ópera. En la época en que estaba a punto de entrar a la universidad, uno de los fundadores de la compañía de telecomunicaciones e ingeniería que más tarde cambiaría su nombre a Sony, vino a su barrio buscando inversionistas. Ohga lo conoció y, a partir de ese momento de su vida, manejaría dos campos: el de la música y el de la ingeniería.

Ohga estudió como barítono en la Universidad Nacional de Bellas Artes de Tokio. Esto fue a comienzos de los años cincuenta, por la época en que comenzaron a salir al mercado las primeras grabadoras de cinta, e inmediatamente quedó convencido de su potencial. "La grabadora es para el músico", dijo, "lo que el espejo es para una bailarina de ballet". Convenció a la universidad de que adquiriera algunas.

Cuando la compañía que eventualmente cambiaría su nombre por el de Sony envió su modelo de grabadora, Ohga lo evaluó y lo devolvió con una nota en la que enumeraba diez problemas graves de la máquina. Su nota terminaba diciendo que la universidad no haría la compra hasta que esos problemas estuvieran resueltos. Este memorando desencadenó furor en la fábrica. Nadie creía que un muchacho universitario pudiera saber tanto sobre grabadoras y sobre nuevas tecnologías. Pero los fundadores de la compañía —Masaru Ibuka y Akio Morita— no se enfadaron para nada. El día que Ohga se graduó, enviaron un auto para que lo llevara a la casa matriz de la enpresa, donde le pidieron que trabajara con ellos como un empleado por contrato.

Ohga no quiso aceptar la oferta. Quería ser cantante de ópera y se fue para Alemania a estudiar música. Pero llegaron a un acuerdo. Ohga recibiría un pago mensual y, a cambio, la compañía recibiría informes ocasionales de Europa. Ohga siguió cantando como barítono en muchas óperas y se casó con la famosa pianista japonesa Midori. Simultáneamente empezó a trabajar como ejecutivo en Sony. Una noche, después de una larga e importante negociación de la compañía que lo dejó exhausto, debía salir al escenario a interpretar *Las bodas de Fígaro*. Hacia el final de la ópera se quedó dormido por un momento tras bambalinas, justo cuando lo llamaron para salir a cantar. Despertó sobresaltado y logró hacer su presentación, pero de ahí en adelante prestó toda su atención a Sony. Lo que fue más importante para el mundo, y sin duda para mí, fue su amor y su pasión por la música, que sería por siempre una de las cosas más importantes de su vida.

Cuando uno de los fundadores de Sony, Ibuka, quiso escuchar música durante sus viajes en avión, le pidió a Ohga que desarrollara un dispositivo portátil en el que pudiera oír casetes. Así fue como nació el walkman de Sony.

Al mirar atrás parece como una versión cavernícola del iPod: permitía escuchar sólo una docena de canciones en un solo casete, en comparación con las miles de alternativas que ofrece el iPod. Pero puedes creerme: en ese entonces, el walkman era algo así como el cielo. Todos lo deseaban. Todos tenían que tenerlo. Por primera vez, la música se hacía portátil. Realmente podíamos llevar la música que queríamos y oírla en la playa. Lo más cercano a eso en mi adolescencia fue un radio transistor y la esperanza de que el DJ trasmitiera las canciones que me gustaban.

El walkman representaba más que un cambio de configuración. Era un cambio de control. El disco long play de 33⅓ revoluciones —y el más pequeño, de 45 revoluciones— era tal vez la única forma de tener nuestra propia música en los años cincuenta. En esos días, la mayor innovación fue el estéreo de alta fidelidad. Un disco podía oírse simultáneamente por dos parlantes en lugar de uno… ¡genial! A pesar del desarrollo de los grandes cartuchos de ocho pistas a mediados de los sesenta y de las reproductoras de casetes de cinta que se instalaron en los autos en los años setenta, asociábamos una nueva producción musical a una cubierta de álbum y a un disco de vinilo. El walkman cambió todo eso.

Fue el comienzo de la rápida muerte del vinilo, pero pocas personas en la industria parecieron preocuparse porque todos estaban muy ocupados celebrando. El walkman no sólo nos permitió escuchar la música que queríamos oír dondequiera que fuéramos. No sólo le daba a todos en la industria la comodidad de poder trabajar en sus proyectos mientras daban una vuelta a la manzana, sino que atrajo a los consumidores a comprar en casetes la misma música que ya tenían en vinilo, y las ventas se dispararon.

El mundo de la música cambió para siempre y Ohga apenas comenzaba. Unos pocos años después del walkman, Sony sacó el primer disco compacto. En las etapas de planificación, se suponía que el CD sólo contendría sesenta minutos de música. Cuando Ohga se dio cuenta de que la Novena Sinfonía de Beethoven tenía una duración de setenta y tres minutos, supo que esos sesenta minutos simplemente no servirían. Un estudio reveló que el 95 por ciento de las obras clásicas podían caber en una grabación de setenta y cinco minutos. Es esa la razón por la cual, hasta el día de hoy, en un CD caben hasta setenta y cinco minutos de música. Para cuando apareció el CD, Ohga se convirtió en el presidente de una de las compañías de electrónica más poderosas del mundo; una compañía cuyas cuatro letras de marca registrada eran tan potentes como la palabra *Coke*.

Pero aún como director y presidente, seguía pensando y actuando como un músico. Era un intérprete de ópera en el escenario, y esto realmente se reflejaba en su personalidad. Era extrovertido y le encantaba hacer amistad con músicos y artistas. Esa energía y esa creatividad le dieron a Sony una visión especial y única.

No había absolutamente nadie en el mundo mejor preparado que este hombre para entender lo que yo era capaz de hacer.

El primer CD comercial grabado fue *52nd Street*, de Billy Joel. Recuerdo haberlo puesto en el reproductor, haberme recostado en una silla y haberlo escuchado totalmente sorprendido, admirado de la claridad, la definición, el aislamiento de cada instrumento y el brillo del sonido en general. Era sorprendente la meticulosidad con la que se podía escuchar la trompeta de Fredie Hubbard en *Zanzibar*.

Cuando terminó la música, el contraste fue tan nítido y enorme como la diferencia entre negro y blanco. "Ay Dios mío", pensé, "¿es esto el fin del vinilo?". Vi pasar en mi mente una película de treinta segundos con instantáneas, desde el primer LP de Elvis hasta mi colección de discos de 45. Pero al final de esa película, un destello de luz me decía: "¿Te das cuenta de lo increíble que será esto?".

Tomó tiempo para que quienes trabajaban en la industria de la música se adaptaran. Yo solía reunirme con músicos y productores a escuchar el CD y les preguntaba: "¿Qué opinan?". Algunos decían: "Es demasiado limpio, hombre, demasiado limpio". Simplemente les fascinaba la mezcla del sonido análogo. Pero, naturalmente, eso no duró mucho tiempo. Aún los audiófilos empedernidos, a quienes les fascinaba el jazz y la música clásica en vinilo y atesoraban sus álbumes como si fueran sus hijos, se enamoraron de inmediato de la calidad superior del sonido del CD. Las interpretaciones de música clásica alcanzaron un nivel totalmente nuevo. Se podía oír con claridad el golpeteo de la batuta del director contra el atril de la partitura, y esa claridad, de cierta forma, hacía que el vinilo pareciera primitivo.

Al término de unos meses, todos aceptamos el CD. Puedo recordar haber ido a una tienda de discos un día para comprar los CDs con la música de todos los que habían sido mis discos favoritos. Gasté miles de dólares y salí de esa tienda con bolsas y bolsas llenas de CDs. Casi todas las personas que conocía estaban volviendo a comprar catálogos enteros de música.

Probablemente, hasta el presente, el CD haya sido el mayor

catalizador de ventas en la historia de la industria de la música. Era más pequeño que los discos de vinilo. Era portátil y no se rayaba como el vinilo. Era una absoluta mina de oro: se podía vender a un alto precio debido a la mayor calidad de sonido… Y se produjo una conversión *global*.

Nadie podía ver lo que nos esperaba detrás de la puerta que el CD había abierto. ¿Cómo íbamos a saberlo? El CD de Billy Joel salió en 1982. La Internet se creó en 1983 y el primer Apple Macintosh se vendió en 1984. Nadie podía adelantar a alta velocidad la película para ver lo que sería la potencia de la super autopista de la informática. Tampoco habríamos podido prever cómo bibliotecas enteras de canciones serían un día compartidas por el mundo entero en cuestión de segundos. Y no sólo eso: ninguna de las personas que conocía podría haber imaginado que quieres recibían esas canciones por Internet llegarían a pensar que la música no tenía una etiqueta de precio y, aún más, que se sentirían con derecho a obtenerla gratis, como si la estuvieran oyendo por radio. La forma como todos veíamos la situación en esa época era que resultaba divertido ir a la tienda de discos, hablar con las personas que estaban detrás del mostrador y escuchar una muestra de la música, especialmente si se trataba de un lugar especial como Tower Records. Toda esa experiencia era parte del disfrute del viaje musical. Y cuando salíamos de allí, la música que queríamos era nuestra. Era una sensación maravillosa la de ser dueños de nuestra propia música.

Cuando se trata de un producto, siempre existe el interrogante de la propiedad. Voy a detenerme especialmente en este punto —en el caso del CD— porque dará luces sobre los obstáculos que surgieron al buscar soluciones para el problema de descargas de música por Internet, que desestabilizó la industria a fines de los años noventa. Estoy convencido de que una de las razones por las que Apple pudo controlar finalmente la industria de la música tiene que ver precisamente con ese mismo asunto de propiedad por parte de Sony.

Aquí hay algo que es indispensable entender. Sony no creó por sí misma esos CDs en 1982, como tampoco fue la que sacó al mercado la tecnología de casetes de cinta antes de eso. Tanto el casete como el CD tuvieron su base en una sociedad entre Sony y una compañía holandesa llamada Philips, dueña de Poly-Gram Records. Fue un matrimonio perfecto. Philips era líder en tecnología de videodiscos ópticos mientras que Sony estaba a la vanguardia en la tecnología de procesamiento digital.

Norio Ohga tuvo gran influencia al diseñar un negocio de desarrollo conjunto entre las dos compañías, basándose en el CD. Es muy importante recordar esto cuando hayamos avanzado aproximadamente 200 páginas más en este libro. Él tuvo la visión de reforzar el establecimiento de esta sociedad. Pero Ohga no estaba a cargo cuando comenzó el verdadero problema de la descarga de canciones, y el nuevo liderazgo no veía estas sociedades de la misma forma.

Ninguna de las personas que conocía llegó a pensar en la descarga de música cuando colocamos nuestro CD en un Discman Sony a principios de los ochenta. Todos estábamos al tanto de la piratería. La venta de casetes en blanco llevó a casos primitivos de robo de música, que muchos de nosotros ni siquiera llegamos a considerar como robos en ese entonces. Los casetes en blanco daban al público la capacidad de grabar del radio y de regrabar casetes. ¿Sabes cómo veíamos eso en ese entonces? No nos importaba. En el peor de los casos era algo insignificante. Y en el mejor de los casos era una excelente forma de mercadeo.

Nos alegraba que alguien grabara *She's Gone* y lo pusiera en casete para pasarlo a un amigo. Pensábamos que era excelente porque quienquiera que la oyera podía ir derecho a la tienda de discos a comprar *Abandoned Luncheonette*. Sabíamos que si a alguien le gustaba *She's Gone*, esa persona podía comprar boletos para los conciertos de Daryl y John, y convertirse en un fiel admirador. Sabíamos también que un admirador fiel no se iba a conformar con una grabación artesanal, que iba a ir a comprar la grabación de alta calidad.

No había mucho tiempo para que alguien tan ocupado como yo se sentara a pensar en la posibilidad de la piratería de CDs a principios de los años ochenta. De hecho, no había tiempo para eso en lo absoluto. Me encontraba a mitad de una revolución.

La revolución fue tan influyente como Elvis o los Beatles, pero mucho más difícil de identificar porque no estaba relacionada con ningún acto musical en especial. Se trataba de una serie de adelantos tecnológicos acompañados del surgimiento de nuevas plataformas para difundir la música: el walkman en 1979, la CNN en 1980, MTV en 1981, el CD en 1982.

Cuando salió el Walkman, la televisión por cable estaba en pañales. Sólo hasta seis años después, la grabación de *We Are the World* se trasmitió al mundo entero por los satélites de CNN veinticuatro horas al día, y los conciertos de Live Aid alrededor del mundo pudieron verse durante dieciséis horas seguidas en MTV.

Lo que ocurrió fue tan monumental que alguien como yo pudo llegar a trabajar 96 horas a la semana, o incluso 120.

Tal como cuando era niño, que corría a casa al salir del colegio para ver a Dick Clark y *American Bandstand,* en 1981 todos se apresuraban por llegar a sus casas para ver MTV. Sólo que ahora no era por media hora sino por siete horas consecutivas. Una vez más, MTV se convirtió en algo así como el papel de colgadura.

Fue el primer canal de televisión dedicado exclusivamente a la música, y la primera vez que vi sus videos musicales de tres minutos fue como otro momento más de Elvis. Era evidente que estábamos experimentando algo que crearía un profundo cambio. De inmediato fue muy claro que la rotación de un video musical que combinaba imágenes y sonido, de modo que pudiera ser visto por millones de personas, y la alta rotación de la misma canción en la radio, llegarían a todas las partes sensoriales del consumidor y tendrían un efecto explosivo. Se sabía que esa mezcla tenía la posibilidad de crear grandes éxitos de dimensiones monstruosas, como nunca antes había sido posible, y sin duda así fue porque condujo a millones en ventas adicionales. Ventas que hasta ese entonces no se habían visto.

Hall & Oates estaban en el lugar preciso y en el momento preciso para aprovechar la nueva red. De nuevo se habían convertido en los cantantes más populares del momento al grabar *You've Lost That Lovin' Fellin* —que fue originalmente un éxito de los Righteous Brothers— para su álbum *Voices,* y se convirtieron así en uno de los primeros y más importantes actos de MTV. Por lo tanto, mi trabajo consistía en desarrollar muy buenas relaciones con quienes dirigían el canal: Bob Pittman, John Sykes, Les Garland y John Lack. Traje a Allen Grubman a MTV para hablar sobre un negocio para Hall & Oates. Naturalmente, Allen salió de allí como representante de MTV.

Todos íbamos abriéndonos camino en este nuevo medio, en especial Hall & Oates. Hasta el momento, cada vez que veo algunos de sus primeros videos, mis manos tapan mis ojos mecánicamente. *Private Eyes* fue básicamente un video de dos cantantes sincronizando sus labios, vestidos con gabardinas de trinchera. Éstas eran producciones de bajo costo, y Daryl y John no eran especialmente los más adecuados para el nuevo medio. Ahora no sólo era necesario poder componer la música, interpretarla y cantarla en el escenario. Había que actuarla para la cámara… Y no todos los músicos son buenos actores. Un grupo de Nueva Zelanda que represente en ese entonces, llamado Split Enz, lo hizo mucho mejor. Y para cuando empecé a representar a John Mellencamp y Carly Simon pude darme cuenta de que tenían también la afinidad para hacerlo. Bandas como la de Duran Duran parecían estar creadas justo para la nueva red. Esto forzó la chapa de seguridad de la radio como única forma de hacer triunfar a un artista. A veces MTV le ganaba a la radio y a veces podía lanzar un nuevo éxito sin los Top 40 de la radio.

La nueva relación entre las imágenes y la música creó toda una experiencia cultural nueva que reverberó en el mundo entero. Los estilos nuevos y frescos que se veían en MTV fueron acogidos por la industria de la moda. Los expertos en mercadeo y todas las agencias publicitarias de Madison Avenue siguieron estas tendencias, que se convirtieron en la mayor influencia sobre el comportamiento de los consumidores, e inclusive pusieron a Hollywood de cabeza.

Por primera vez, todos los empresarios de Estados Unidos comenzaron a gravitar hacia la industria de la música. Recuerdo haber escuchado una historia acerca de cómo el representante de Elvis Presley, Colonel Parker, ofreció en una ocasión que Elvis hiciera una publicidad gratuita para RCA durante todo un año. Naturalmente la disquera, que era propiedad de GE, rechazó la oferta porque los ejecutivos tuvieron miedo de la reacción de aquellos a quienes no les gustaba Elvis, algunos de los cuales decían que estaba grabando discos "raciales". Durante los tormentosos sesentas, la llamada "Generation Gap" garantizó que podría haber algo de sinergia entre los ejecutivos corporativos de alto nivel y las estrellas de la canción de pantalones botacampana. La atracción magnética entre las corporaciones y los artistas comenzó en realidad en los setenta e hizo explosión después de la aparición de MTV. Estaba ansioso por establecer esas nuevas alianzas y me dediqué activamente a conseguirlas para mis artistas, totalmente consciente de cuáles podrían ser los beneficios.

Sin embargo, en esa época no siempre era fácil lograrlo. Después de que conseguí un patrocinio de Beech-Nut Chewing Gum para Hall & Oates, no debería ser sorpresa para nadie saber que el artista en Daryl consideró esto como una liquidación. En ese entonces, muchos artistas pensaban lo mismo. No era como ahora, cuando incluso Bono usa gafas oscuras y es fotografiado al aire libre con una maleta Louis Vuitton. En ese entonces, nunca habían visto que un artista recibiera dinero por asociarse con un producto.

—Este chicle se encuentra en prácticamente todas las dulcerías de Estados Unidos —diría yo—. Piensa en todos los avisos publicitarios y el mercadeo que podrías aprovechar en los almacenes y con los consumidores que nunca antes han oído hablar de ti. Además, la compañía está desembolsando en tus manos cientos de miles de dólares.

El patrocinador no solamente ofrecía ganancias financieras sino que también ofrecía decenas de miles para apoyar giras y una financiación adicional, que se sumaban a los planes de ventas que las disqueras habían elaborado. Además, establecía una relación entre nuestros productos y los puntos de distribución de nuestros patrocinadores, ofreciendo además una red promocional para nuestra música.

Recuerdo cómo se le iluminaron los ojos a Daryl y a John cuando llegó el siguiente patrocinador a la mesa. Pontiac. Especialmente cuando les dije que, además de los cientos de miles de dólares que cada uno recibiría, tendrían también un automóvil último modelo, al igual que cada uno de sus socios y demás miembros de sus familias. Era como ganarse la lotería. Muy gracioso: todos estuvimos por ahí conduciendo Pontiacs durante tres años, y tanto GM como Pontiac obtuvieron lo que querían.

Se estaban relacionando con el éxito de Daryl Hall y John Oates, el dúo de mayores ventas de canciones en el mundo en ese entonces.

Estas nuevas ventajas del mercadeo fueron una inmensa ayuda para sus álbumes *Voices* y *Private Eyes,* que obtuvieron discos de platino, y luego para *H20* y *Big Bam Boom,* que llegaron a tener doble disco de platino.

Después de esos éxitos masivos, Hall & Oates fueron invitados a cantar en *We Are the World* junto con Michael Jackson, Bob Dylan, Willie Nelson, Bruce Springsteen, Diana Ross, Ray Charles, Lionel Richie y un coro de super estrellas. Éste fue el mayor conjunto de talento musical que jamás haya estado en un mismo salón. Yo fui uno de los pocos privilegiados que estuvo en la sala de control para verlo todo, totalmente consciente de que estaba presenciando el mayor evento musical de todos los tiempos. Ocho mil estaciones de radio de todo el mundo trasmitieron este sencillo de forma simultánea, cuyas ganancias se destinarían a ayudar a aliviar el hambre en África. ¿Qué más podría decirse de una nueva plataforma? La música y la filantropía habían contraído matrimonio, y la tecnología fue el pastor que los casó.

Unos meses después de que se lanzara la canción *We Are the World,* Hall & Oates tocaron en un concierto llamado Live Aid, que duró un día entero. La idea, de Bob Geldof, recaudó fondos para contrarrestar el hambre en Etiopía, enlazando las presentaciones de algunos de los artistas más populares del mundo en dos sedes: el Wembley Stadium de Londres, y el JFK Stadium de Filadelfia. Conocí a Geldof en el Reino Unido y nos hicimos buenos amigos. Quienes trabajaban en mi oficina eran todos grandes fanáticos de su banda —el fenómeno irlandés Boomtown Rats—, por lo que nos ofrecimos a ayudar de cualquier forma que pudiéramos. Bob se encargó de la mayor parte de la venta de boletos y de elaborar los planes para el primer evento

Live Aid desde las oficinas de Champion en la Calle 57 de Nueva York.

Quienes vieron el evento ese día salieron de allí con una buena cantidad de recuerdos. Madonna, quien aparecería desnuda en Playboy al mes siguiente, salió al escenario en Filadelfia y bromeó diciendo que ese día "no estaba para aguantarle mierdas a nadie". Phil Collins se presentó en las dos sedes, atravesando el Atlántico en un Concorde, en poco menos de tres horas y media, para poder participar en ambos shows. Durante una versión de *It's Only Rock 'n Roll*, Mick Jagger rasgó una parte del vestido de Tina Turner y ella terminó su acto en mallas. El micrófono se encendió y se apagó de forma errática durante los dos primeros minutos de la interpretación de Paul McCartney de *Let It Be* y más tarde bromeó diciendo que había pensado en cambiar la letra para que dijera: "Habrá algo de acople, *let it be...*" (déjenlo pasar). Correspondió a Daryl y a John abrir la porción *prime-time* del espectáculo televisado por ABC ante más de cien mil personas, que lo veían en vivo en Filadelfia, su ciudad natal.

Fue mucho lo que hubo que coordinar y hacer para que Hall & Oates tuvieran ese puesto de privilegio en la porción del show televisado por ABC. Había sido necesario también mover montañas para posicionarlos en la cubierta de la revista *People* junto con Bob Dylan, Madonna y Mick Jagger. Ese número de la revista se publicó poco después del concierto y les dio un tremendo prestigio.

Las oportunidades provenientes de todas estas nuevas plataformas —MTV, patrocinio corporativo, filantropía, nuevos medios— amplió de manera exponencial la carga de trabajo. Si en los setenta el teléfono sonaba veinte veces al día, en el comienzo de los ochenta sonaba cien. Había muchas más posibilidades para explorar y hacerles seguimiento. Este período fue una oportunidad que sólo se presenta una vez en la vida y la aprovechamos al máximo, sin desperdiciar un minuto. Me tomaba absolutamente cada segundo de mi día.

Durante ese período de comienzos de los ochenta nacieron mi hijo Michael y mi hija Sarah. Atrapado como estaba en el ojo del huracán musical, sin dejar de trabajar jamás, fue imposible darme cuenta de todo el tiempo que me tomaba. Sólo ahora reconozco —y lo lamento profundamente— no haber dedicado en ese momento el tiempo necesario a mis dos hijos mayores.

Fue simplemente un período en el que o nos lanzábamos con una catapulta a ese nuevo mundo o nos quedábamos atrás y convertíamos en dinosaurios. Todo lo que aprendí al vuelo durante esa etapa permitiría la explosión latina más de una década después. Como lo verás más adelante, el patrocinio corporativo que establecimos con Pepsi-Cola fue de gran ayuda durante el Campeonato Mundial de Fútbol para presentar e iniciar las carreras de Ricky Martin y Shakira.

De eso hablaré más adelante. Pero todo comenzó a principios de los ochenta. Para cuando esta revolución llegó a su fin, cinco años más tarde, el negocio disquero se había convertido en la industria de la música.

Para mediados de los ochenta era muy claro que yo esperaba mucho más de mi vida y de mi carrera que ser un simple representante.

De hecho, hay una persona a quien debo agradecerle haberme ayudado a ver la forma de salir de mi trabajo como representante de artistas para llegar eventualmente a ser el director de Sony: John Mellencamp. Disculpa mi sarcasmo al decirlo. Pero la verdad es la verdad: hubo muchos momentos mientras trabajaba con John en los que desee salir por la puerta de inmediato.

John era una persona muy difícil de llevar. ¿Qué más se

puede decir de alguien cuyo sobrenombre, puesto por él mismo, era Pequeño Bastardo? Pero tal vez no tenía la culpa de la forma como trataba a las personas que trabajaban con él. Al menos reconozco que había ciertas razones para que lo hiciera.

John era de Seymour, Indiana. Estaba totalmente ligado a su lugar de origen; era una persona que creció en el campo, con carreteras interminables y postes de red telefónica con largos cables conectores, y una bebida soda llamada Big Red. Él podía expresar esa vida y todo lo que ella implicaba como nadie más podía hacerlo en el mundo. Era un poeta y un trovador del medio oeste. Pero de cierta forma se encarriló mal desde el comienzo de su carrera cuando firmó un contrato con un gerente británico llamado Tony Defries. Defries había desarrollado la carrera de David Bowie e intentó convertir a Mellencamp en un rockero pop, un David Bowie americano, llegando incluso a a convencerlo de que olvidara su apellido. El primer álbum de John, *Chestnut Street Incident,* contenía una serie de cubiertas de discos como *Oh, Pretty Woman* y *Jailhouse Rock*, pero la cubierta del álbum lo hacía ver como algo que no era. Salió bajo el nombre "Johnny Cougar". No voy a decir que John salió tan corpulento como Boy George en la carátula de la foto, pero no se veía como alguien que va a salir a trabajar en un trigal para recoger heno. El álbum vendió sólo doce mil copias y, durante años, la carrera de John se convirtió en una lucha por recuperar su nombre.

Cambió de representantes; trabajó en Inglaterra con Billy Gaff, el descubridor de Rod Stewart, y había tenido algunos éxitos para cuando nos conocimos. Era casi como verlo intentar recuperar un poco de su nombre con cada éxito. Para su tercer álbum ya no era Johnny Cougar. Se había convertido en *John* Cougar. En 1982, después de un álbum exitoso llamado *American Fool,* que vendió cinco millones de copias, con sencillos como *Hurts So Good* y *Jack & Diane*, encontró un apalancamiento para hacer resurgir su apellido. Se convirtió en John Cougar Mellencamp en *Uh-Huh,* un álbum con una hermosa canción que yo solía usar para definir su trabajo: *Pink Houses.*

Por esa época conocí a John a través de nuestro contador mutuo, Sigmund Balaban. Yo no soy Freud y, sin embargo, no era difícil ver en el primer encuentro que las experiencias de Mellencamp en el pasado lo habían amargado en su trato con los representantes. Estaba convencido de que realmente no necesitaba uno. Pero Balaban le insistió en que yo podía llevarlo al siguiente nivel.

—Está bien, Gran Señor Charlie Papas —dijo John tan pronto como me vio—. Me han dicho que usted es un duro. El tipo de persona que puede hacer que todo esto ocurra. Bien, ¿qué hará usted por mí?

Y me desafiaba constantemente: "Que esto quede claro", agregaba. "Esto lo haremos a *mi* manera".

Por mi parte, no tenía la menor intención de discutir con él acerca de su música. Cuando uno oye una canción como *Small Town,* uno sabe que es un clásico y que va a sonar por años y años. No sólo tiene una excelente letra sino que la melodía es de las que hace que la cantidad de gente que vive en esas condiciones se sienta bien. John también quería controlar la parte de promoción visual. Llamó a Jeb Brien, mi mano derecha en Champion, y le dijo que había visto el trabajo de un fotógrafo y que quería que él se encargara de la cubierta de su próximo álbum. John tenía razón: una hermosa fotografía suya, recostado sobre un poste de madera, cerca de un alambre de púas, se convirtió en la cubierta de *Scarecrow.* Llegó a ganar cinco discos de platino. El único nombre que apareció de lado a lado en su siguiente álbum, *The Lonesome Jubilee* (*El Jubilado Solitario*), fue "Mellencamp".

John había recuperado su nombre y fui yo quien le ayudó a hacerlo, pero él no lo veía realmente así. Aunque le ayudamos a llegar a la cima, el lado financiero de la relación era una constante batalla. Decía cosas como: "¿Por qué diablos tengo que pagarles a ustedes? Tengo un disco en el primer lugar. Mi hija podría organizar esta maldita gira".

En una oportunidad discutimos por la distribución porcentual de un *tour*, y me retó a una pelea de lucha libre para resolver la situación. "Muy bien", le dije. "Hagámoslo". Luchamos hasta quedar empatados y tuvimos que dividir la diferencia.

La mejor metáfora que se me ocurre para nuestra relación es lo que debió ser un partido de fútbol americano entre sus coterráneos de Indiana y un grupo de mis amigos. Mellencamp tenía un equipo que él llamaba la MFL (Mellencamp Football League) y hacía alarde al respecto. Cuando le pregunté qué tan bueno era su equipo, me preguntó: "¿Qué pasa? Ustedes, los delicados de Nueva York, ¿no tienen las agallas para enfrentarse a Indiana en un pequeño partido de fútbol americano amistoso?".

Entonces reuní a mi equipo en mi oficina, entre los que había algunos DJs y aficionados a los deportes y algunas estrellas de mi escuela de New Rochelle, incluyendo a Stormy "el Animal" Avalone, quien costeó el viaje de todo el equipo para venir a jugar.

Después de que Mellencamp nos había llamado "un grupo de delicadas margaritas de la ciudad de Nueva York", estábamos dispuestos a apostar mil dólares por el resultado. Pronto me di cuenta de que estaba algo más que preocupado. Tuvimos una sesión de práctica la víspera y vimos que Mellencamp estaba en una colina espiando nuestras jugadas con unos binóculos.

El partido se llevó a cabo bajo una tormenta de nieve. La hermosa esposa de Mellencamp en ese entonces, Vicky, vino a ver el partido luciendo un overol blanco con mangas y un abrigo blanco largo. Se suponía que iba a ser un partido amistoso pero pronto adquirió un nivel físico. A uno de mis jugadores le rompieron una muñeca, otro volvió al banco con la nariz ensangrentada y a un tercero le desportillaron un diente.

—Está bien, Animal —le dije—, es hora de quitarse los guantes.

El Bronx descendió sobre los Mellencamp Football League. Dos de sus jugadores salieron con la nariz rota. En un determinado momento, Mellencamp se puso de pie para un pase que fue interceptado. John empezó a golpear al hombre que lo interceptó y después salió del campo. Ganamos el partido. Después, la esposa de Mellencamp se acercó y bajó la cremallera de la pierna de su despampanante overol blanco, sacó mil dólares y se los dio a John. Él los tiró a mis pies sobre la nieve.

Ese momento puede decirse que resumió toda nuestra relación de negocios. Mellencamp tiene un talento sorprendente que respeto desde el punto de vista musical. Además, su representación redundaba en dinero para mí y para la compañía. Pero a nadie le gusta tener que agacharse para recogerlo.

Tenía que haber otra forma.

VOCES

JANN WENNER

¿Qué era el mercadeo en esos tiempos del negocio discográfico? Era así: "¿Cómo hacemos para que esto se trasmita por la radio? ¿Les ofrecemos prostitutas, cocaína o dinero?". Eso era lo que se conocía como mercadeo en el antiguo negocio discográfico.

Por lo tanto, tenía que evolucionar. Porque otra cosa que vino hombro a hombro con la generación de la explosión demográfica fue la expansión de la tecnología. Eso hizo que la música se difundiera mucho más y lo que ocurrió fue que el negocio de la música pasó de ser una pequeña industria americana para convertirse en una de las principales formas de arte, con otras plataformas y otros escenarios. La música ya no estaba confinada a la radio ni a la rockola.

MEL ILBERMAN
Ejecutivo del mundo de la música

Fue durante los primeros años de la década de los ochenta cuando el negocio de la música cometió un gran error, aunque éste no se manifestó sino hasta fines de los noventa. La piratería había sido siempre un problema. Había plantas de fabricación de cintas en China. Pero los CDs llegaron con un sonido mucho más claro, que era justo lo que la piratería necesitaba. De hecho, el CD era el instrumento perfecto *para* los piratas. En ese momento, las empresas disqueras debieron codificar los CDs de alguna forma para evitar que pudieran copiarse. Pero los fabricantes buscaban utilidad y, por alguna razón, las compañías disqueras simplemente no lo tuvieron en cuenta.

ALLEN GRUBMAN
Abogado

Lo que realmente afectó al negocio disquero de comienzos de los ochenta fue el CD. Hizo que las ventas se dispararan por el techo y eso llevó a muchísimos cambios en la industria, que fueron evidentes al final de la década. Al comienzo, cuando las ventas de CDs sobrepasaron el techo, los artistas que grababan podían hacer negocios mucho más grandes porque las ventas eran mayores y el valor de sus catálogos había aumentado.

Para finales de los ochenta, el valor de las compañías disqueras independientes que contaban con estos artistas y con estos catálogos se había disparado por las nubes. Los sellos independientes, de propiedad de empresarios creativos, comenzaron a ser adquiridos por grandes disqueras reconocidas. Geffen Records fue vendido a MCA. Island Records fue vendido a PolyGram. Chrysalis Records fue vendido a EMI.

Cuando, además de representar super estrellas, mi firma comenzó a representar la venta de estas compañías independientes, fue claro cómo eso afectó materialmente nuestro crecimiento e hizo que fuéramos mucho más exitosos. El negocio disquero se convirtió en la industria de la música al tiempo que ocurría la transición de las empresas independientes a corporaciones.

DAN KLORES
Guionista y productor de cine

Ser un representante de talento es la mejor experiencia que se puede tener en la industria de la farándula. Porque al ser representante, sobre todo un representante joven, se cometen todos los errores posibles, no lo dudes. Pero aprendes. Aprendes.

David Geffen era un hombre de talento. Brad Grey era un hombre de talento. Mottola era un representante de talentos. Irving Azoff era un representante de talentos. Entonces, ¿por qué tiene eso tanta importancia? Porque, después, al cruzar al otro lado de la calle y convertirse en ejecutivo, uno sabe cómo manejar el talento. Sabe lo que las personas de talento desean. Sabe cómo servirles, moldearlos, convencerlos, hacerles sentir que son excelentes, saber cuándo decir que no, saber cómo decir no.

Eso es algo que uno no descubre si viene de la promoción o del mundo A&R. Nunca. Jamás.

DAVE GLEW
Ejecutivo del campo de la música

Si hubieras conocido a Tommy a principios de los ochenta durante los días de MTV, jamás habrías llegado a ver todas las facetas que hay en él.

Habrías visto al representante, en cuyo caso te habrías encontrado con su lado agresivo, su lado generoso, su lado creativo. Pero hay muchísimo más y gran parte de eso sólo fue visible mucho tiempo después, cuando se convirtió en ejecutivo. Estas facetas de su personalidad sólo son evidentes para quienes pasan mucho tiempo con él. Es una persona muy complicada.

Su fama fue aumentando cuando se casó con Mariah y con Thalia. Pero es imposible tener una idea de quién es él si sólo confiamos en lo que dicen los periódicos o las publicaciones del gremio. No creo que haya muchos que siquiera intuyan quién es él realmente. Todos saben su nombre. El nombre es magia. Podríamos viajar por el mundo y confirmar que todos conocen su nombre. Es una marca registrada. No me preguntes por qué. Sólo lo es. Lo que muchos no entienden es que esa marca tiene múltiples facetas.

JEB BRIEN

Colega de muchos años

Split Enz tenía como representante a un hombre arrogante: un flamante fotógrafo de moda llamado Nathan Brenner. Una noche, Brenner entabló una discusión con Randy Hoffman. Randy no sólo trabajaba en Champion sino que era uno de los amigos más leales de Tommy, en el que él más confiaba. Durante la discusión se rompió una botella de cerveza. Pero todo era un alarde. Brenner no tenía garra.

Unos días después, Tommy, Randy y yo estábamos en una fiesta de los Grammy en Los Ángeles cuando Tommy vio a Brenner. Brenner lucía una chaqueta de smoking brocado azul claro.

Tommy le dijo a Randy: "Aquí te vas a desquitar".

Tommy fue al bar y pidió al barman que le preparara un trago.

—Póngalo en un vaso de highball —le dijo—. Échele un poco de jugo de tomate. Un poco de leche. Un poco de vino tinto. Gotas amargas. Jugo de arándano. Nueces. Y agréguele un poco de helado.

El barman miraba a Tommy como si estuviera loco. Pero puso todo lo que le dijo en el vaso y luego Tommy le dijo que lo agitara bien fuerte.

Después, Tommy tomó el vaso y lo llevó a las mesas donde estaba el banquete; y agregó unos cuantos ingredientes más: arándano azul, crema batida, café y dip de queso. Y, con ademán despreocupado, llevando en la mano el vaso con todos esos ingredientes, se acercó adonde Brenner estaba.

—Hola Nathan —le dijo Tommy—. ¿Cómo estás?

Brenner le dio una mirada como diciendo: ¿Qué demonios quieres? Tommy respondió: "Esto te lo envía Randy Hoffman".

A renglón seguido derramó todo el contenido del vaso sobre la cabeza de Brenner, dejándolo totalmente empapado.

Brenner quedó aturdido. No sabía qué hacer.

—Otra cosa más —le dijo Tommy—. De aquí en adelante te queda prohibido entrar a los Estados Unidos. Nunca más te será permitido entrar a este país, a menos de que yo diga que lo puedes hacer.

Smooth Operator • Sade

Summer of '69 • Bryan Adams

The Boys of Summer • Don Henley

Glory Days • Bruce Springsteen

Born in the U.S.A. • Bruce Springsteen

I Want to Know What Love Is • Foreigner

Every Time You Go Away • Paul Young [canción de Hall & Oates]

Heaven • Bryan Adams

Small Town • John Cougar Mellencamp

Say You, Say Me • Lionel Richie

You Give Good Love • Whitney Houston

Private Dancer • Tina Turner

Your Love Is King • Sade

We Are the World • USA for Africa

What You Need • INXS

Don't You (Forget about Me) • Simple Minds

Broken Wings • Mr. Mister

Take on Me • A-ha

Shout • Tears for Fears

Voices Carry • 'Til Tuesday

Promise • Sade

Songs from the Big Chair • Tears for Fears

Addicted to Love • Robert Palmer

Walk This Way • Run-D. M.C.

Living in America • James Brown

Take My Breath Away • Berlin

Walk Like an Egyptian • The Bangles

The Sweetest Taboo • Sade

Higher Love • Steve Winwood

Greatest Love of All • Whitney Houston

Sledgehammer • Peter Gabriel

Manic Monday • The Bangles

Like a Rock • Bob Seger & the Silver Bullet Band

Word Up • Cameo

Conga • Miami Sound Machine

Papa Don't Preach • Madonna

R.O.C.K. in the U.S.A. • John Cougar Mellencamp

Words Get in the Way • Miami Sound Machine

Dancing on the Ceiling • Lionel Richie

My Hometown • Bruce Springsteen

Shot in the Dark • Ozzy Osbourne

Jungle Boy • John Eddie

True Colors • Cyndi Lauper

You be Illin'— • Run- D. M.C.

(You Gotta) Fight for Your Right (To Party!) • The Beastie Boys

In Your Eyes • Peter Gabriel

Graceland • Paul Simon

With or Without You • U2

Faith • George Michael

Bad • Michael Jackson

U Got the Look • Prince

I Still Haven't Found What I'm Looking For • U2

Didn't We Almost Have It All • Whitney Houston

I Wanna Dance with Somebody (Who Loves Me) • Whitney Houston

Brass Monkey • The Beastie Boys

La Isla Bonita • Madonna

Wanted Dead or Alive • Bon Jovi

Rhythm Is Gonna Get You • Gloria Estefan and Miami Sound Machine

Luka • Suzanne Vega

Dude (Looks Like a Lady) • Aerosmith

I Want Your Sex • George Michael

It's Tricky • Run- D.M.C.

Bad • Michael Jackson

The Joshua Tree • U2

Pour Some Sugar on Me • Def Leppard

What a Wonderful World • Louies Armstrong

Sweet Child o' Mine • Guns N' Roses

Paradise • Sade

Man in the Mirror • Michael Jackson

Red Red Wine • UB40

Welcome to the Jungle • Guns N' Roses

One Moment in Time • Whitney Houston

Angel • Aerosmith

1-2-3 • Gloria Estefan and Miami Sound Machine

One More Try • George Michael

Can't Stay Away from You • Gloria Estefan and Miami Sound Machine

The Way You Make Me Feel • Michael Jackson

Monkey • George Michael

Hungry Eyes • Eric Carmen

Wishing Well • Terence Trent D'Arby

Father Figure • George Michael

Kissing a Fool • George Michael

Hazy Shade of Winter • The Bangles

Sign Your Name • Terence Trent D'Arby

Hey Mambo • Barry Manilow and Kid Creole and the Coconuts

Don't Believe the Hype • Public Enemy

Bring the Noise • Public Enemy

Stronger Than Pride • Sade

Gipsy Kings • Gipsy Kings

Smooth Operator • Sade

Summer of '69 • Bryan Adams

The Boys of Summer • Don Henley

Glory Days • Bruce Springsteen

Born in the U.S.A. • Bruce Springsteen

I Want to Know What Love Is • Foreigner

Every Time You Go Away • Paul Young [canción de Hall & Oates]

Heaven • Bryan Adams

Small Town • John Cougar Mellencamp

Say You, Say Me • Lionel Richie

You Give Good Love • Whitney Houston

Private Dancer • Tina Turner

Your Love Is King • Sade

We Are the World • USA for Africa

What You Need • INXS

Don't You (Forget about Me) • Simple Minds

Broken Wings • Mr. Mister

Take on Me • A-ha

Shout • Tears for Fears

Voices Carry • 'Til Tuesday

Promise • Sade

Songs from the Big Chair • Tears for Fears

Addicted to Love • Robert Palmer

Walk This Way • Run-D. M.C.

Living in America • James Brown

Take My Breath Away • Berlin

Walk Like an Egyptian • The Bangles

The Sweetest Taboo • Sade

Higher Love • Steve Winwood

Greatest Love of All • Whitney Houston

Sledgehammer • Peter Gabriel

Manic Monday • The Bangles

Like a Rock • Bob Seger & the Silver Bullet Band

6

Shock the Monkey

Complicado, bendecido, maldito, poderoso, instigante, adicto, encantador y vulgar era este hombre que nunca parecía estar más a gusto que cuando se encontraba en la mitad de una pelea. Esa descripción, dicho sea de paso, no es más que un resumen parcial de la persona que es Walter Yetnikoff. En ese entonces Walter era también el presidente del grupo CBS Records, lo que significa que Walter era un rey.

A diferencia de un representante, los reyes que dirigen las grandes compañías de música no confían en un solo artista que pueda lanzar un disco de platino al año, con el fin de prosperar. No tienen que lidiar con las situaciones con las que yo lidiaba, como cuando estaban Hall & Oates en un escenario en Australia y yo tuve que recorrer el mundo tratando de encontrar a un miembro de la banda que no llegaba... Hasta que lo encontré por fin metiéndose heroína con algunas mujeres de la noche, en una banca de una estación de autobús. Y luego tuve que arrastrarlo al escenario cuando el concierto ya había comenzado y escuchar al imbécil tocar la versión de Jimi Hendrix de *The Star-Spangled Banner*. Los reyes no tienen que recoger el dinero que les ha tirado en la nieve la esposa de su artista. Los reyes que dirigían las grandes compañías de música tenían contratos que les pagaban generosas sumas, que recompensaban el éxito con bonificaciones y ofrecían seguridad durante los años flacos. Y ahí era donde yo quería llegar a estar. Eso era todo. Tenía los ojos fijos en el premio.

Había un pequeño problema: las personas que se convertían en reyes no empezaban por lo general como músicos. Eran generalmente profesionales, con grandes credenciales y diplomas de prominentes universidades, y muchos de ellos tenían diplomas en derecho. Fueron ascendiendo por la escala ejecutiva o fueron elegidos de los departamentos legales. Pero realmente eso hacía que una persona como yo fuera muy valiosa para ellos. No: yo no era simplemente una persona más en una oficina. Yo tenía el oído atento a lo que ocurría en la calle y podía encontrar, desarrollar, grabar, anular, representar y promover talento. En último término, ésa era la clave del éxito en cualquier empresa disquera.

Para mí fue realmente fácil entablar una amistad con Walter Yetnikoff. Nos entendimos de inmediato. Tenía un título de abogado de Columbia y su mente era aguda o, como se dice: "la herramienta más afilada de la caja". Sabía programar sus movimientos a la perfección. Ascendió hasta el nivel más alto en CBS después de que un escándalo contable sacara por la puerta a una leyenda llamada Clive Davis, y después de que la jubilación borrara a otro de los altos ejecutivos, Goddard Lieberson. Walter entró a trabajar en 1975 y consiguió la mayor parte de la lista de super estrellas talentosas, lo que podría haber sido un logro asombroso para cualquiera en ese momento. Pero el hecho de hacerlo mientras el negocio de las casas disqueras se estaba convirtiendo en la industria de la música, hizo que fuera un logro monumental.

Las actuaciones de Walter en la sala de juntas hicieron historia. Aparecería en una reunión muy seria —todos los asistentes de saco y corbata— a las 9 a.m., luciendo un traje desaliñado, con un bagel con queso crema en la mano, y después de una noche de fiesta. Entraba agitando y haciendo sonar la bolsa de papel y comiéndose el bagel mientras el queso crema le salía por todos lados, al frente de personas como William S. Paley, el doctor Frank Stanton y otros importantes miembros de la junta de CBS. Era como un cañón sin mira. Cuando Walter fue a la guerra, se volvió nuclear. Y cuando sus propios abusos lo superaron, enloqueció.

Aunque siempre estaba en el momento adecuado, de muchas formas estaba en el lugar incorrecto. Lo que quería lograr se veía limitado por la estructura impuesta por los acartonados ejecutivos a los que reportaba y por las luchas por el poder entre los feudos del nivel inmediatamente inferior. A mí nunca una escalera corporativa me limitó la visión, y podía darle ideas a Walter que de otra forma nunca le habrían llegado al escritorio. Él entendía y apreciaba lo que yo hacía y empezó a pensar qué podría hacer realmente por él. Desde el comienzo buscó la forma de tenerme entre sus colaboradores.

No me acuerdo exactamente dónde nos conocimos —debe haber sido en alguna presentación a mediados de los setenta—. Cuando Walter vio lo que yo había logrado hacer con Hall & Oates, con la Savannah Band y con Odyssey, se apresuró a ofrecerme mi propio sello. Acepté y lo celebramos con una fiesta en el Club 21 a la que fueron las más importantes personalidades de la industria. Pero yo no había contado con las ramificaciones. Cuando el nuevo director de RCA, Bob Summer, se enteró, se disgustó muchísimo. No hacía mucho tiempo que yo había firmado un negocio de producción con RCA y, aunque no había nada que me impidiera legalmente hacer un trato con CBS, Summer se sintió traicionado. RCA había sido la disquera de los grandes éxitos de Hall & Oates y, básicamente, fundó mi empresa de representación. RCA sabía que debía seguir contando con la totalidad de mi talento y energía. Estaba preparado para pagar más, pero no quería que me fuera. Recuerda que, en ese entonces, a RCA la llamaban el "Cementerio Musical de Estados Unidos", y estaba muy necesitada de talento fresco.

No me di realmente cuenta de la situación tan difícil en la que me había puesto —junto con Daryl y John— cuando brindé con Walter y Grubman durante la cena por ese negocio. Mi fidelidad con CBS podría haber tenido un efecto negativo en la forma como RCA promovería a Hall & Oates, y mi primera prioridad era con ellos, así como mi lealtad. Si tenía que volver y pedir más anticipos para Daryl y John, era posible que Summer dijera que no. Ésa no era una buena posición para mí.

Grubman y yo volvimos a hablar con Walter, le explicamos la reacción de Summer y le pedimos que me liberara del negocio. Walter fue un verdadero caballero, una persona totalmente firme, y lo dejó pasar. Yo me di cuenta de que no le había agradado y, durante un tiempo, hubo cierta distancia entre nosotros. Pero yo siempre quise recompensarlo y, después de unos meses, nuestra relación comenzó a revivir. Para mediados de los ochenta, ya éramos inseparables. Yo me reunía con él en su oficina al final del día, tres veces por semana, y salíamos los dos en la noche, lo que para Walter inevitablemente llevaba a todos los excesos asociados con el *rock' n' roll*.

Eventualmente, el comportamiento de Walter lo llevó a su fin. No pude hacer nada para evitarlo. Pero algo era cierto: no quería hundirme con él. Y él definitivamente se hundiría. De eso hablaremos más tarde. Pero quiero que algo quede claro. Noche tras noche, durante mediados de los ochenta, me aseguré de que llegara bien a su casa, cualquiera que fuera el estado en el que se encontrara. Y esto lo digo en serio: sin importar el estado en que se encontrara. Y puedes creerme que no era nada agradable de ver. Él era mi amigo. De hecho, nuestra relación me permitió relacionarme con mi esposa en ese entonces porque

Lisa se sentía bien cuando cenábamos con Walter y su esposa los fines de semana.

Walter comenzó a observar muy de cerca lo que yo estaba haciendo a mediados de los ochenta. Trabajaba con Diana Ross en un álbum llamado *Swept Away,* que obtuvo un disco de oro después de que su álbum anterior no había despegado. Diana tenía una reputación difícil. Pero, desde mi punto de vista, la experiencia no pudo haber sido más tranquila.

Luego me llegó la gran oportunidad de ayudar a Carly Simon a regresar al escenario, y ella firmó con Champion Entertainment. Carly es increíble, es una excelente compositora. ¿Cómo podría alguien no amar *Anticipation* o *You're so Vain?* Pero *Anticipation* salió en 1971 y *You're so Vain* en 1972. Luego hubo unos pocos éxitos en sus cinco álbumes, entre 1979 y 1985, y cuando las actuaciones se enfriaban así, tanto la radio como los almacenes de discos se mostraban muy poco dispuestos a aceptar a estos artistas cuando decidían regresar al mundo de la música.

Tuvimos sesiones continuas en Champion para determinar la forma más adecuada de lograrlo, pero todo comienza con la música. Carly compuso una canción tan genial en *Coming Around Again*, que se convirtió en la banda sonora de la película *Heartburn,* con Jack Nicholson y Meryl Streep. Fue un gran éxito, pero realmente queríamos llevar a Carly al primer lugar y descubrimos una forma de lograrlo. Hacía poco habíamos producido dos especiales con Hall & Oates para HBO, así que comenzamos a pensar en la forma de organizar uno para Carly a manera de concierto casero, aunque sabíamos que no iba a reaccionar muy bien ante la palabra "concierto". Era bien sabido en la industria que, para ella, su terror más grande era hacer presentaciones en vivo. Pero pude proponérselo de una forma que la hizo detenerse y considerarlo.

—¿Qué dirías si te dijera que puedes conseguir un millón

de dólares —le pregunté—, y que todo lo que tendrías que hacer es cantar en el jardín de tu casa?

—¿De veras? —respondió—. ¿Qué quieres decir?

Por supuesto, le expliqué que el millón de dólares no sería todo para ella. Había que cubrir la ejecución del concepto. La idea era que ella cantara en su jardín ante una audiencia íntima de familia y amigos. Entre más lo hablábamos, más le gustaba la idea y comenzó a apropiársela. Fue idea suya filmarla en treinta y cinco milímetros, hacer que distintas personas participaran contando sus historias y leyendo poesía. Algo dentro de ella empezó a hervir y a tomar vida.

Jeb Brien fue el encargado de dirigir. Trajimos un ejército de producción de ochenta hombres para construir un escenario en el centro de un pueblo de pescadores en Martha's Vineyard. Esto nos dio un telón de fondo perfecto y estábamos rodeados del panorama de Puerto Menemsha. Unos setenta y cinco familiares y amigos de Carly asistieron al evento y lo disfrutaron sentados en sillas de playa. Fue más que un éxito. Fue un acontecimiento para todos y se convirtió en el concierto especial de HBO de mayor audiencia que jamás se hubiera trasmitido por televisión.

Walter nunca vio sinceridad en la cara de Carly cuando nos agradeció a Jeb y a mí haberla ayudado a reanudar su carrera. Pero captó la imagen completa. Más o menos al mismo tiempo, mientras preparábamos este espectáculo, me pidió que fuera y produjera la banda sonora para un proyecto cinematográfico llamado *Ruthless People*. Walter era amigo de los que estaban haciendo la película y le dieron un crédito como productor. También me incluyó a mí como supervisor de música y de inmediato vi la forma de llevar a Daryl Hall por un nuevo camino. Como de costumbre, Daryl buscaba nuevos horizontes y estaba trabajando en otro álbum, solo, con Dave Stewart de los Eurythmics. Por lo que un día, mientras estaba en el estudio con ellos, en Londres, les pedí que compusieran el tema musical de la película. Trajimos a Mick Jagger para que fuera parte del equipo. Daryl, Dave y Mick compusieron la canción y la interpretaron, y a los directores les agradó mucho, al igual que todo el contenido de la banda sonora. La película, una comedia protagonizada por Danny DeVito y Bette Midler, fue un éxito de taquilla. Walter no pudo quedar más contento ni su expresión podría haber sido de mayor satisfacción.

Eso lo hizo convencerse aún más de que yo podía ayudarlo en grande, y sabía que necesitaba la ayuda en el gran monolito: el Grupo CBS Records. Él era el Rey y su elenco estaba completo. Sin embargo, los nuevos shows no parecían estar dando resultado y había otro rey al otro lado de la calle, en Warner Communications, llamado Steve Ross, cuyo grupo de experimentados empresarios del mundo de la música —Ahmet Ertegun, Mo Ostin y Joe Smith— estaban encendiendo las listas con nuevos talentos y dejando a CBS por el suelo.

A medida que las cosas convergía, Walter iba relacionando todo con grandes éxitos. Esto le hizo sentir que realmente podía ayudarlo a sacar adelante al gran monolito. Walter estaba buscando sangre nueva, ideas nuevas y nueva energía. Fue la tormenta perfecta para los dos. Fuimos la pareja perfecta... por un tiempo.

Quiero que quede muy claro a lo que me refiero cuando digo que la mente de Walter era la herramienta más afilada de la caja.

Aquí un ejemplo perfecto, una sola situación. Walter era el presidente del Grupo CBS Records. Pero ese grupo representaba sólo una parte del reino más amplio de CBS, Inc.

En 1986, la mayoría de las acciones de ese reino más amplio fue adquirida por Laurence Tisch. Tisch era un multimillonario que comenzó haciendo una fortuna en el sector hotelero y en las salas de cine, y eventualmente se convirtió en el sinónimo del nombre Loews. Llegó a ser el accionista principal de CBS, Inc. con la aprobación de William S. Paley, quien durante décadas había convertido una pequeña cadena de emisoras de radio en las más respetadas cadenas de radio y televisión del mundo. Quiero que te hagas una idea del enorme poder de Paley: cuando John F. Kennedy fue asesinado, el país se conectó con el periodista y locutor Walter Cronkite y los corresponsales de CBS para saber qué había ocurrido. Lo que significaba que, en último término, la nación entera buscaba con confianza lo que William S. Paley había creado.

Cuando Tisch se hizo cargo de CBS, Inc. hubo un importante recorte de costos. Esto hizo que fuera aún más difícil para Walter competir con la potente dinamo de Warner, al otro lado de la calle. Claro que esto esto no le gustaba a Walter y él no era alguien que pusiera la otra mejilla. El padre de Walter, en una ocasión, le golpeó la cabeza contra la pared cuando era niño y el resto de su vida se volvió una suerte de ejercicio diario de búsqueda de venganza. Walter odiaba profundamente a Tisch y se volvió muy irreverente contra Tisch y contra Paley.

Tal vez esto te haga preguntarte por qué Tisch y Paley no lo despedían de una vez por todas. Es posible que Walter fuera el rey para las miles de personas que trabajaban en el Grupo CBS Records y para el resto del mundo en la industria de la música, pero en realidad era sólo uno de los vicepresidentes de CBS, Inc. En último término, Tisch y Paley eran sus jefes.

A Walter no le importaba un rábano. Él no era así. En ese entonces, muchos de quienes se movían en el campo de la música adoptaban esa actitud. La música siempre ha hablado el lenguaje del poder. La música *era* el poder. Walter no era músico; era un ejecutivo que trabajaba en el famoso rascacielos de la Calle 52, conocido como Black Rock. Pero se sentía comprometido con los artistas. En esa época se le veía en los medios caminando al lado de las estrellas. Eso le daba un enorme poder, el poder de la asociación. Si Tisch y Paley despedían a Walter, ¿cómo podía saberse qué impacto tendría esa decisión en los artistas? Tal vez ellos también querrían irse. El negocio de la música era uno que Tisch y Paley realmente no entendían —y, sinceramente, le tenían miedo al sexo, a las drogas y al *rock' n' roll*—. Tenían una licencia de FCC por la que debían preocuparse. Además, no era lógico que Tisch o Paley volcaran la carreta de las manzanas porque Walter estaba vendiendo una gran cantidad de manzanas. Por lo tanto, en vez de ver a Walter como presidente de su grupo productor de discos, o como vicepresidente de la empresa global, lo veían también como rey.

Muchos reyes habrían podido pensar en la forma de llegar a un acuerdo y arreglar las relaciones con sus jefes. Otros podrían haber dicho: "Al diablo con esto", irse y buscar un nuevo reino. Pero Walter no lo pensaba así. Comenzó a preguntarse: "¿Cómo puedo sacar este reino de las manos de Tisch y Paley y quedarme con él?".

Walter se dio cuenta de que Tisch estaba vendiendo partes de CBS, Inc. que no le parecían adecuadas para la compañía o que podían representarle una buena utilidad. A comienzos de 1987, Walter empezó a diseñar un plan. Me sentía como uno de los suyos porque me reveló lo que estaba a punto de hacer durante el tiempo en que nuestras largas tardes de conversación se prolongaban hasta muy altas horas de la noche. Walter buscaría un comprador para el Grupo CBS Records y haría un negocio. Así, podía hacer que un tercero pagara para quitarse a Tisch y Paley de su espalda, y al mismo tiempo seguir a cargo del grupo. Si estás preguntándote cómo puede alguien ser tan astuto como para hacer algo así, estás apenas comenzando a entender a Walter. Sabía que si podía conseguir la carnada adecuada y convencer a alguien de su confianza de que ofreciera la cantidad de dinero adecuada, Tisch mordería el anzuelo.

¿Por qué? Las razones eran múltiples. Tisch y Paley quedarían fascinados con la idea de obtener una gran cantidad de dinero por la compañía. Ya no verían el buen nombre de CBS pisoteado por ninguno de los músicos de su elenco que pudiera aparecer en las noticias luego de una incautación de droga o al ser acusado de violación. Y había, además, un beneficio tácito: si Tisch aceptaba el negocio, podría liberarse de ese gran peso en la nuca llamado Walter Yetnikoff.

Cuando Walter me confió su plan, comenzó a hacerme una gran cantidad de preguntas: "¿Qué piensas de este artista? ¿Cómo venderías este acto? ¿Si estuvieras a cargo, cómo organizarías un departamento de promoción?". Walter no me decía nada directamente pero yo tenía la sensación de que, si podía hacer el negocio, de alguna forma me incluiría en sus planes. Tal vez hasta me ubicaría justo debajo de él y me permitiría manejar la compañía.

La locura de Walter era una ventaja en situaciones como ésta. También daba lo mejor de sí cuando tenía un objetivo específico que lo obligara a pensar constantemente en él. Le propuso la idea a Tisch, y Tisch le dio una cifra. Si decidía vender el Grupo CBS Records, lo haría a cambio de dos mil millones de dólares, una cifra inaudita para esa época. Walter sabía que, si llegaba a una cifra cercana, podría convencer a Tisch de hacer el negocio.

Disney no aceptó. Un intento por atraer a Mike Milken y al magnate de los alimentos preparados Nelson Peltz también fracasó. Otros dos posibles candidatos no alcanzaron la cifra. Es posible que muchos de ellos se hayan arrepentido después. Habrían podido comprar la compañía por mil quinientos millones de dólares. ¿Quién podría saber que diez años más tarde lograríamos incrementar el valor de la compañía a catorce mil millones?

Walter siguió insistiendo. Eventualmente fue a ver a su antiguo amigo a Japón: Norio Ohga, en Sony. Walter tenía una relación con Ohga desde hacía veinte años porque Sony era la concesionaria del Grupo CBS Records en Japón. En ese entonces, era más fácil hacer un negocio de concesión en otro país que establecer la propia compañía con una costosa infraestructura.

Ohga, el barítono cantante de ópera, casado con la famosa concertista de piano, y una de las fuerzas impulsoras tras el Walkman y el disco compacto, quedó naturalmente intrigado con el negocio. Además, se encontraba en la posición perfecta para ayudar a concretarlo. Su oído para la música le había ayudado a ascender rápidamente a la presidencia de Sony Corporation, bajo su fundador Akio Morita. Walter no habría podido encontrar un mejor socio.

Por una parte, sería más fácil para Walter cerrar la venta con Sony porque era una compañía gigantesca con un nombre plateado. No estaría tratando de hacer la venta a algún saqueador corporativo en una jugada que pudiera atraer mala prensa para Tisch y Paley. Walter sabía que estaba trabajando con la junta del Black Rock. Esto *tenía* que ser respetable. Y, en segundo lugar, la relación de Walter con Ohga sólo reforzaría su posición de poder después de realizado el negocio.

Cuando Walter me dijo: "Creo que tengo un comprador. Creo que va a ser Sony", nuestras conversaciones pasaron de ser nebulosas a ser muy claras. Y quiero decir *muy* claras. Apenas Walter tuvo a Sony en posición de hacer el negocio, pero antes de que firmara formalmente, dijo: "Quisiera que vinieras a trabajar conmigo".

Yo me entusiasmé, pero algo en mí debe haber revelado un poco de duda acerca del nivel en el que estaría yo entre los ejecutivos. Yo no usaba trajes desde que había dejado Chappell y me había convertido en representante. Usaba jeans, como los músicos.

—Mira, Tommy —dijo—. Estoy dispuesto a nombrarte presidente de CBS Records.

Durante prácticamente la mitad de mi vida había soñado con oír esas palabras. Pero cuando las oí, me quedé atónito. Era, y soy, realista. Traerme a mí a dirigir este monolito tenía que hacer que cualquiera que no me conociera pensara que Walter estaba completamente loco. Sí, yo era conocido como el representante detrás del éxito de Hall & Oates y John Mellencamp. Pero no tenía título universitario ni experiencia alguna en el manejo de una gran empresa disquera multinacional. ¿Cómo iba a hacer Walter para convencer a Ohga de que me aceptara como el nuevo ejecutivo a cargo? Y otra cosa más: sería también el presidente más joven en la historia de la compañía.

Ohga no tenía la menor idea de quién era yo. Tenía que haber una alta probabilidad de que no lo aceptara.

Walter fue a Japón a concretar los detalles del negocio a comienzos del ochenta y ocho. En el momento en que recibí la llamada, estaba en mi casa en Greenwich. Walter tenía toda la confianza de Ohga. Cuando Walter dijo que Ohga había aceptado que yo dirigiera la compañía, no sabía si saltar de alegría o ponerme a llorar.

El negocio apareció como titular en el *New York Times* y el *Wall Street Journal*. Me salí de Champion Entertainment y básicamente se lo entregué a quienes trabajaban allí conmigo.

Llegó a mi casa una limosina con un chofer para llevarme a Black Rock en mi primer día de trabajo. Me había puesto un traje y llevaba un portafolio.

Walter me dio una oportunidad única en la vida. Se dio cuenta, más que cualquier otra persona, de mi potencial. Tuvo fe en mí y me asignó el cargo para mostrarle al mundo entero lo que yo era capaz de hacer.

Dios bendiga a Walter Yetnikoff.

Coincidió con que la casa frente a la cual había pasado tantas veces durante mi adolescencia y que había soñado con comprar un día —la que quedaba en los terrenos del Westchester Country Club en Rye, Nueva York— salió a la venta exactamente en ese entonces. Hice una oferta para comprarla, y la conseguí.

Ahora tenía el trabajo y la casa que siempre había deseado mostrarle a Sam Clark. Pero no tuve el placer de ver su reacción ante mi éxito porque, tristemente, Sam había muerto poco tiempo antes.

Tuvo razón en una cosa: mi relación con su hija no era la correcta. Pero, aparentemente, no había nada que yo pudiera hacer ahora al respecto. Tenía dos preciosos hijos, a quienes adoraba, y ni se me pasaba por la cabeza irme, aunque siempre estaba trabajando y sólo los veía los fines de semana. Era un conflicto terrible. Quería ser el padre que mi padre fue para mí. Pero no podía. No estaba feliz en mi relación con su madre y sabía que mis hijos lo intuían.

Nuestro matrimonio llegó a un punto en el que una de nuestras discusiones fue tan grande que faltó poco para que no fuera a una fiesta sorpresa que Lisa había planeado para celebrar mis cuarenta años. Fue en un yate. Ni siquiera recuerdo cómo me engañó para que fuera allí.

Yo no podía preparar mi divorcio de la forma como Walter preparó el negocio para librarse de Tisch y Paley. Mi barrio y mi familia me tenían atado para que mi matrimonio durara setenta años, como el de mis padres.

Por lo tanto me concentré en mi nuevo trabajo. Este cambio

enorme en mi carrera enviaría mi vida por una ruta que jamás podría haber imaginado.

Algunos pensaban que las rarezas y las decisiones de Walter habían llegado demasiado lejos cuando me nombró presidente de CBS Records. "Ese era antes el cargo de *Clive Davis*", decía la gente, "¿y ahora Walter trae a un *representante*?".

Pero, mientras me dirigía al Black Rock para mi primer día de trabajo, sabía exactamente lo que iba a hacer. La compañía se encontraba estancada en cuanto al descubrimiento de nuevos artistas y había sido superada por WEA —la abreviatura para las compañías de música Warner, Elektra y Atlantic—. Todo lo que había que hacer para entender la gravedad de la situación era leer *Billboard*. Las listas de los éxitos musicales eran un informe aterrador de la situación de CBS. Muchos de los grandes nombres de CBS aparecían en las listas. Pero Warner sacaba muchos más éxitos y, no sólo eso, sino que los álbumes de Warner eran de artistas nuevos, hasta entonces desconocidos.

Nuestro principal competidor tenía una muy buena estrategia global. Para mí era evidente que sólo había una forma de ganarle a Warner Bros: atacar con su propio juego. Necesitábamos operar como operaban Steve Ross y su ejército, pero mejor.

Steve Ross era el mejor arquitecto corporativo de su época. No era ni músico ni cineasta. De hecho, no tenía experiencia alguna en la industria del entretenimiento. Pero su filosofía creó la compañía de comunicación más grande del mundo en ese momento. Para entender esa filosofía, hay que saber algo acerca de él.

El padre de Steve lo perdió todo en la Depresión y Steve consiguió sus estrellas en el negocio en la sala de las oficinas de la funeraria perteneciente a la familia de su esposa, que terminó fusionándose con la empresa de estacionamientos públicos Kinney. Steve hizo crecer esas compañías hasta tal punto que pudo comprar en 1969 el estudio de cine Warner-Seven Arts por cuatrocientos millones de dólares. Y desde ese momento continuó expandiéndola. Veinte años después, en 1989, fusionó a Warner con Time, Inc. para crear una compañía avaluada en más de quince mil millones de dólares.

El secreto de su éxito probablemente se desarrolló desde muy temprano. No hay un lugar en el mundo donde puedan encontrarse personas más tristes que en una empresa funeraria. Steve se volvió experto en hacer que la gente se sintiera bien. Para cuando se encargó de la empresa de entretenimiento, tenía una gran habilidad para garantizar que todo el talento que tenía a su alrededor fuera feliz. No hablo sólo de artistas reconocidos que estaban contratados por todas las ramas de la compañía. Steve trataba a *sus ejecutivos* como a los talentos, incentivándolos y retribuyéndoles con creces sus innovaciones y sus éxitos. Los ejecutivos de Warner viajaban en los mismos jets corporativos que llevaban a las estrellas de cine y a los cantantes famosos al lugar de descanso de la compañía en Acapulco.

Steve tenía a los mejores entre los gigantes de la industria manejando los diferentes sellos musicales de su compañía. Mo Ostin estaba a cargo de Warner Bros. Ahmet Ertegun dirigía Atlantic. Grandes figuras de la música como Joe Smith y Bob Krasnow manejaban Elektra. El director de cada sello manejaba su propia compañía, estaba a cargo de todos sus servicios y era totalmente responsable del resultado de toda la música que producía y vendía. Los ejecutivos de la compañía de Ross no sólo aprovechaban al máximo talentos como los de Led Zeppelin y los Eagles. Iban a la vanguardia y avanzaban velozmente impulsados por una sola cosa: la música.

Éste era un enfoque totalmente distinto del pensamiento monolítico de CBS, establecido por William Paley y Goddard

Lieberson, y fue entregado eventualmente a Walter Yetnikoff. Por lo general, CBS había estado eligiendo a sus presidentes de los departamentos jurídicos y de negocios, por lo que, desde el comienzo, estábamos hablando de manzanas y naranjas.

Bajo ese director, había un presidente encargado que básicamente manejaba CBS Records. Pero no había un Mo Ostin ni un Ahmet Ertegun a cargo de los sellos Columbia y Epic. Estos sellos compartían muchos servicios y dirección corporativa. Aunque este sistema desarrolló ejecutivos talentosos como Clive Davis, sus efectos generales convirtieron a la compañía en una empresa lenta y cansada.

Grandes artistas como Bruce Springsteen, Michael Jackson y Bob Dylan, y la invención del CD, fueron los que realmente mantuvieron los registros de CBS en ascenso a lo largo de los años ochenta. No había un verdadero entusiasmo a nivel directivo por avanzar. Las páginas de *Billboard* no mentían. CBS no tenía ni un solo artista de éxito que estuviera surgiendo en el escenario de la música alternativa en Seattle cuando yo iba de camino a mi primer día de trabajo.

En mi concepto, la solución a este problema era muy sencilla. La compañía tenía que dar un vuelco. Tenía que remodelarse al estilo Warner. Necesitábamos establecer un sello Epic y un sello Columbia que fueran poderosos e individuales, que atrajeran ejecutivos importantes e incentivaran el éxito. Esto sería como un tratamiento de choque para una corporación burocrática rígida que con frecuencia quedaba imposibilitada para avanzar debido a sus ejecutivos, que se preocupaban por mantener el poder de sus dominios feudales.

A Walter le gustaba mucho la idea de reestructurar y me dio luz verde. Por lo tanto llegué ese primer día al Black Rock extremadamente confiado. Muchas de las personas de la compañía me veían como un director que no pertenecía a su liga y predecían que dentro de seis meses ya no estaría allí. Pero lo cierto fue que nunca me sentí más seguro en toda mi vida. Tenía un contrato por cinco años. Era un contrato muy bueno porque Grubman me ayudó a negociarlo.

Ese primer día no había una oficina lista para mí en Black Rock. Se contrató una cuadrilla de obreros para que demolieran la configuración existente al otro extremo de la oficina de Walter —un lugar excelente que hacía esquina— para construir mi nuevo hogar. Esto era un potente mensaje: no entré a trabajar a un recinto que había sido abandonado por la última persona que ocupó el cargo; yo iba a demoler la vieja estructura y a crear una totalmente nueva.

Traje una empresa que los Kennedy podrían contratar —el equipo de diseño de Parish-Hadley— y pensé mucho en cada detalle. No quería nada que se pareciera a la oficina en la que alguna vez había trabajado Sam Clark, en el último piso del edificio de la ABC. Pero quería que todos tuvieran esa sensación de sofisticación y elegancia que sentí cuando entré por primera vez a esa oficina.

Durante años, como representante, fui a trabajar en jeans. Ahora llevaba un traje y una corbata. No habría discos de oro en mi nueva oficina. Esos estaban afuera, en mi salón de música, alrededor de mi piano. El ambiente de esa oficina fue, para mí, otra forma de descamar la piel vieja y estrenar una nueva.

Muchos de los de la vieja guardia de CBS se escandalizaron y enfurecieron cuando supieron de la construcción de esa nueva oficina. Pero Walter lo entendió. Me estaba tratando de la misma forma que Steve Ross había tratado a Mo, Ahmet y Joe.

Uno de los primeros álbumes que me entregaron había sido grabado por Gloria Estefan. Estaba programado para ser lanzado pero inmediatamente intuí que algo andaba mal.

No me parecía que estuvieran reunidos todos los elementos

necesarios para crear la imagen de una super estrella global. Tan pronto como vi la carátula, los videos y las tomas de publicidad, vi que la carrera de Gloria iba por la vía equivocada.

El éxito de este álbum era demasiado importante tanto para la compañía como para Gloria y para mí. Por lo tanto, paré en seco el lanzamiento del disco. Al interior del edificio esto fue una señal de que los negocios habituales ya no iban a ser tan habituales.

Todos los álbumes anteriores de Gloria le habían dado crédito a su banda, la Miami Sound Machine, en la cubierta. Este sería el primero en el que sólo aparecería el nombre de Gloria. Por eso era crucial que la cubierta quedara bien. El álbum tenía que enfocarse de forma que no comprometiera a la persona que ella realmente era.

La esencia de Gloria Estefan, si le pedías a cualquiera que la definiera, era una sola canción: *Conga*. Era una mezcla distintiva de ritmo afrocubano con una orquestación muy bien hecha, algo de pop y un ritmo que podía hacer que cualquiera saliera a bailar en cualquier lugar del mundo. Cuando la escuchamos hoy es tan actual como el día que fue grabada, y seguirá siéndolo por siempre. Gloria lo tenía todo: las raíces latinas, la figura, el ritmo de su música. Sabía que si se posicionaba debidamente podía convertirse en la siguiente super estrella a nivel global.

El tiempo que estuve con la Savannah Band, por duro y agotador que fue, me había dado la experiencia de trabajar con una mezcla multicultural de personas. Latino, R&B, pop, varios ritmos musicales y un sentido del estilo y la imagen. Ese aprendizaje amplió mis conocimientos y me permitió aplicar algunas de las visiones de Gloria y su Miami Sound Machine, tomar su sonido pop latino y contribuir a convertirlo en música del mundo.

Por lo tanto, una de las primeras cosas que hice fue reunirme con Gloria y su esposo y representante, Emilio, y decirles cómo pensaba que debía reorientarse el álbum. Esa reunión se convirtió en mi plantilla para lo que sería después toda la Explosión Latina. Iniciaría, además, una amistad que cambiaría mi vida.

Gloria y Emilio eran muy sencillos. Ambos habían emigrado de Cuba. Faltó poco para que Emilio muriera en el mar al regresar a Cuba en una pequeña lancha para intentar sacar de allí a su hermano. Ni Gloria ni Emilio se disgustaron con la idea de posponer el lanzamiento del álbum ni con mi sugerencia de olvidarnos de todas las imágenes y de toda la campaña promocional. Parecieron más que satisfechos de tener a alguien que aceptara quiénes eran, que realmente los entendiera a todo nivel, y que estuviera dispuesto a invertir mucho tiempo, pasión, energía y dinero trabajando para ellos. Pude hablarles como músico y verlos con los ojos de un representante. Afuera de mi oficina había un letrero que decía: THOMAS D. MOTTOLA. PRESIDENTE DE CBS/SONY RECORDS, pero para Gloria y Emilio, yo era y sigo siendo simplemente Tommy.

De inmediato tomé un vuelo a Miami para sumergirme en el mundo de Gloria y Emilio. Estar en Miami fue algo tan natural como la noche que de niño vi a Sinatra en el Boom Boom Room, en el Fontainebleu, y como la noche que vi a Wayne Cochran levantar las vigas del techo del granero en el viaducto de la calle 79. Gloria y Emilio me hicieron sentir como en mi casa.

A través de los años hice tantos viajes para ir a verlos que ahora se confunden entre sí en mi memoria. Pero cuando me remonto a esa época, me veo entrando a su cocina en la mañana en sandalias y shorts mientras media docena de los dálmatas de Gloria me acorralaban contra la pared. La primera vez que vinieron hacia mí, el único indicio que tuve de que esos perros no iban a arrancar mis partes nobles fue cuando Emilio dijo con un acento que sonaba como el de Ricky Ricardo: "Gloria adora a esos perros. Gloria adora a esos perros…". También cometí el error de beber el café cubano que me sirvieron como si fuera un café americano —me di cuenta de que era una versión de Red Bull a la décima potencia—. El corazón me empezó a latir tan fuerte la primera vez que lo hice que estuve a punto de pedirle a Emilio que me llevara de urgencia al hospital. Pero al poco tiempo empecé a tomarlo a pequeños sorbos y lo disfrutaba. Me fascinó la comida cubana. Me fascinó su cultura. Se sentía como la esencia de aquello con lo que crecí en Arthur Avenue, allá en el Bronx. Me gustaba ver a Gloria y Emilio como pareja. Para ser totalmente sincero, a veces me detenía a observar la química que había entre ellos. Fuera lo que fuera, era lo que yo quería en mi propia vida, era lo que yo quería en mi propio matrimonio. Disfruté cada uno de los minutos que pasé con ellos.

Hubo algo de resistencia en la compañía por la cantidad de dinero que recomendé para el mercadeo del primer álbum. Yo simplemente pasé como una locomotora por encima de todo el mundo y agarré algunas solapas en el feudo internacional para asegurarme de que toda la compañía respaldara de lleno a Gloria en todas partes del mundo. A veces, cuando uno sabe que tiene la razón, simplemente tiene que poner en palabras la visión que tiene. No siempre se puede trabajar por consenso de grupo. A veces hay que seguir una sola visión, por muchas ramificaciones que tenga. Y, como es natural, nadie tuvo de qué quejarse después de que salió al mercado *Cuts Both Ways*. Tuvo media docena de éxitos. *Get on Your Feet* me produjo la misma sensación mágica que *Conga*. Si quieres ver su impacto imperecedero, todo lo que tienes que hacer es ir a YouTube y teclear *Steve Ballmer Going Crazy*. Es correcto: *Steve Ballmer*, el director ejecutivo de Microsoft inició unas palabras dirigidas a la compañía hace algún tiempo, saltando al ritmo de esa canción mientras hablaba del comienzo de la explosión latina.

Here We Are y *Don't Wanna Lose You*, del mismo álbum, llevaron a Gloria a ser parte del Top 40 de *radio darlings* de los Estados

Unidos y del mundo. El disco no sólo fue multiplatino en los Estados Unidos sino que también tuvo grandes éxitos en México y Brasil, en el Reino Unido y en Australia. Vendimos millones.

Habíamos abierto la puerta y habíamos creado un plano para la explosión que vendría después con Ricky Martin, Shakira, Mark Anthony y Jennifer Lopez. De hecho, se convirtió en el plano para todos los principales artistas que representamos durante los siguientes quince años.

Pensando en esos tiempos, creo que la experiencia fue más que la de abrir una puerta: se trató de tomarse el tiempo para hacerlo bien. Nunca sabremos qué habría pasado si ese álbum no se hubiera posicionado correctamente. Pero lo que sí sabemos es que unas cuantas decisiones equivocadas al comienzo pueden retrasar el progreso de la carrera de un artista o inclusive destruirla.

Las decisiones que tomamos y las decisiones que Gloria y Emilio siguieron tomando fueron la razón por la que ella llegó a cantar ante multitudes en el Super Bowl y por la cual sigue agotando las entradas a sus conciertos después de más de veinte años.

Además, como lo podrás ver, cualquier cosa que hiciera por ayudar a Gloria y a Emilio a centrar sus carreras en esa etapa inicial, se me retribuyó personalmente un millón de veces más.

Desafortunadamente es imposible cambiar la cultura de una corporación con un solo álbum.

Sabía que debían hacerse grandes cambios. Pero realmente no entendía a qué me estaba enfrentando hasta que comencé a verme atrincherado en el trabajo. Había muchos empleados motivados, pero había otros tantos que habían estado ahí por años, engordando y gozando sin hacer nada más que cobrar sus cheques.

Yo organizaba una reunión para promover un álbum y oía

muchísimos clichés pero ni una sola estrategia llamativa. Todo era brochazos, sin nada de trabajo duro, como si todos estuvieran recostándose simplemente en el talento del artista y la lealtad de los fans. Sí, era muy bueno contar con esa lealtad, pero era terrible avanzar a velocidad controlada. Y lo que era aún peor: no estábamos saliendo a conseguir contratos para grandes presentaciones futuras. La compañía tenía los mejores nombres de la música —artistas como Bob Dylan, Bruce Springsteen, Michael Jackson, Billy Joel, Barbra Streisand, Neil Diamond, Ozzy Osbourne y Wynton Marsalis, para nombrar sólo unos pocos—, pero no había artistas que estuvieran forjando un escenario musical alternativo. Esos artistas veían a CBS como una compañía que dormía sobre sus laureles y vivía en el pasado.

Y tenían razón. Teníamos un director ejecutivo financiero que llevaba grandes libros de contabilidad empastados, como si estuviéramos en los años cuarenta. Una cosa era que ese ejecutivo mantuviera su nariz en los libros. Pero lo que hacía era esforzarse al máximo para bloquear una de mis primeras iniciativas relativas a la reconstrucción de nuestra empresa musical.

Estoy seguro de que esta misma persona se alegró cuando dos días antes CBS, en una acción muy desafortunada, le vendió su propia compañía editora de música, CBS Songs, a Stephen Swid y sus socios. CBS obtuvo 125 millones de dólares a cambio de sus 250 mil títulos, en lo que se consideró entonces el mayor negocio de su clase. Pero permíteme decirte qué tan miope fue esa venta: apenas 3 años más tarde, no mucho tiempo después de que aceptara el trabajo con CBS/Sony, se vendió el mismo catálogo a EMI por 337 millones de dólares. Eso equivale a una utilidad del 170 por ciento que Swid y sus socios obtuvieron sobre esos títulos de CBS en apenas 3 años. Y eso no es todo: peor aún, CBS/Sony no pudo crecer a mayor velocidad debido a un acuerdo de no competencia que le prohibía entrar a la industria editorial por un determinado número de años en el futuro. Ésta es la ironía máxima: lo que comenzó como CBS Songs se convirtió en el mayor catálogo de publicaciones musicales bajo el nombre de EMI Music. Hace poco Sony le pagó a EMI, *2 mil 200 millones* de dólares por recuperar ese catálogo.

El tiempo que estuve en Chappell me enseñó la importancia de tener un sólido catálogo de publicaciones. El arte de componer canciones es la base de toda la industria y, en ese entonces, los derechos de autor eran los activos más valiosos del negocio, como lo son ahora. Una pequeña compañía de Nashville, Tree Music, tenía muchas joyas country que vendían por treinta y tres millones de dólares; ése fue un primer paso ideal para nosotros. Sin embargo, el director ejecutivo de finanzas no dejaba de pedirle a Walter que abandonara la idea. Logré que Walter no tuviera en cuenta sus objeciones y Tree se convirtió en parte de una empresa editorial conocida como Sony/ATV. Pero ¿quién tenía tiempo para obstrucciones absurdas? Si ese ejecutivo hubiera estado allí años después, estoy seguro de que también se habría opuesto a nuestra adquisición del catálogo de los Beatles en un negocio que hicimos por partes iguales con Michael Jackson. El director ejecutivo simplemente no lo entendió y yo no podía resistir estar en el mismo sitio con él. En una ocasión me dijo:

—Tommy, tú no entiendes. CBS es como un transatlántico gigantesco. Tú intentas cambiar de rumbo demasiado rápido.

—No sólo le voy a cambiar el rumbo lo más rápido que pueda —le dije disgustado—, sino que voy a convertirlo en un veloz torpedero PT.

Este director ejecutivo tuvo que marcharse: necesitábamos desbaratar los feudos que mantenían estreñida la compañía. Necesitábamos tener a bordo de ese torpedero tantas personas como fuera posible y dejar a esos otros atrás, para que se hundieran con el *Titanic*.

Como es fácil imaginar, esto puso muy nerviosos a muchos

de los que controlaban los antiguos feudos. Cuando me eligieron para el cargo, muchos en la compañía pensaron que duraría sólo seis meses. Cuando no fue así, varios de los antiguos ejecutivos empezaron a poner blancos imaginarios en mi espalda. Pero ninguno de estos ejecutivos sabía de la conexión directa que había establecido con Norio Ohga.

Ohga no sólo apoyaba la visión de sus ejecutivos de una forma que me recordaba a Steve Ross. Recuerda que él mismo había empezado como cantante de ópera. La música era su vida. Aunque manejaba el gigante de electrónica más grande de su época, su alma era la de un artista y es ahí donde los dos nos conectamos.

—Tenemos que desarrollar nuevo talento —le dije durante un almuerzo privado con Walter—. Tenemos que hacerlo de forma agresiva.

Le expliqué que para hacerlo tendríamos que reestructurar totalmente la corporación. Estaba pidiendo decenas de millones de dólares para ejecutarlo en un momento en el que la compañía estaba operando a pérdida. No muchas personas en su sano juicio se atreverían a pedirle a un nuevo jefe este tipo de financiación en momentos tan difíciles. Pero, después de pensarlo un momento, Ohga dijo: "Haz lo que tengas que hacer. Sólo tráenos éxitos y desarrolla las nuevas estrellas del futuro".

Walter observaba cómo se desarrollaba la relación entre Ohga y yo: como un padre orgulloso que deja libre al hijo en el que tiene fe. Y cuando Sony decidió que necesitaba hacer otra jugada en el negocio del entretenimiento, inmediatamente me llamó para que le ayudara.

En los años setenta, Sony había desarrollado una cinta magnética de videocasete conocida como Betamax que podía grabar películas caseras y también utilizarse en casa para reproducir los clásicos de Hollywood en equipos Sony. Fue un muy buen producto, superior en muchas formas a su competencia de diseño diferente: el VHS. Sólo había un problema: el consumidor quería un solo formato. Aunque el Betamax, en muchos aspectos, era más avanzado que el VHS, perdió la pelea porque no tenía un contenido propio que obligara al público a aceptar el hardware de Sony.

El fundador de Sony, Akio Morita, no quería que lo que pasó con el Betamax le pasara con ninguno de los futuros formatos de hardware de la compañía. Desde sus primeros días en la compañía, Morita comprendió la importancia tanto de crear nueva tecnología como de maximizar el valor de su marca. Cuando trajo por primera vez el radio transistor a América en 1955, todos le advirtieron que nunca se vendería en los Estados Unidos bajo el nombre de una compañía japonesa desconocida. Una compañía estadounidense le dijo a Morita que le haría un pedido de cien mil radios transistores con la condición de que esos radios se vendieran bajo el nombre de la compañía americana. Morita dijo que no. Su visión era crear tecnología de punta bajo el nombre Sony. Quería que todo el mundo reconociera ese nombre, que todo el mundo confiara en él y que buscaran productos de esa marca. Proteger la tecnología de la compañía y negarse a comprometer la marca fueron la esencia de la filosofía de Morita.

En ese entonces, la forma más sencilla de proteger el hardware del futuro era desarrollando y controlando el software, el contenido. Si Sony sacaba simultáneamente sus propias películas de éxito y su propia música en productos que sólo pudieran verse en equipos Sony, podría manipular el mercado para que aceptara y adquiriera su hardware.

Lo que ocurrió con el Betamax puede parecer un tema que ha quedado abandonado en la cesta de la basura de la historia. Pero es importante mencionarlo aquí. Porque la filosofía detrás de la reacción de Sony a la caída del Betamax representaría un obstáculo que inevitablemente entorpecería el funcionamiento de la compañía años después, cuando llegó Napster y Sony tuvo que abrirse a compartir la tecnología. Sony quería controlarlo todo.

El resultado final hasta el momento: Sony buscaba ahora un estudio cinematográfico. Ohga recurrió a Walter para que le ubicara el adecuado y Walter me llamó para que lo ayudara. Le sugerí lo que, para mí, era lo más lógico que podía hacer: traer a la compañía a la persona más poderosa de Hollywood. La misma que en una oportunidad me había pedido que rechazara el libreto de la película *Goodfellas*: Mike Ovitz.

Ovitz voló a Nueva York para reunirse con Walter y conmigo, y sugirió que intentáramos comprar Columbia Pictures porque estaba a la venta y tenía un catálogo excelente. Los tres comenzamos a reunirnos y a hablar con regularidad para definir la forma en que podríamos obtener ese estudio cinematográfico.

Por consiguiente, uno de mis días típicos en CBS/Sony era así:

> Implementar ideas sobre cómo cambiar la cultura de la compañía de música.
>
> Manejar el sello Columbia hasta conseguir la persona adecuada para hacerlo.
>
> Organizar la campaña del nuevo álbum de Gloria y lanzarlo al mercado.
>
> Ver cómo iban las ventas y la promoción del álbum *Bad* de Michael Jackson y su gira.
>
> Hacerle seguimiento al disco de Michael Bolton, *Soul Provider*.
>
> Diseñar una plataforma de lanzamiento para los New Kids on the Block.
>
> Presentarle al mundo a Harry Connick Jr.
>
> Y diseñar una estrategia para que Sony Corp. comprara Columbia Pictures.

Era como vivir en el ojo de un huracán veinticuatro horas al día, siete días a la semana, asistiendo a una reunión tras otra, respondiendo una llamada telefónica tras otra, luego yendo a los estudios de grabación toda la noche, después del trabajo. Todos los almuerzos eran de trabajo, todas las cenas eran de trabajo. No había tiempo suficiente en el día para hacer todo lo que había que hacer, por lo que el trabajo se acumulaba para los fines de semana; e inclusive así, no había tiempo suficiente.

Sabía que necesitaba ayuda de gente tan obsesiva y comprometida como yo para sacar todo esto adelante. Necesitábamos gladiadores para competir con todas las otras compañías de la industria y llevar esta compañía adonde debía estar. Afortunadamente tuve desde el comienzo tres cosas a mi favor.

En primer lugar sabía qué era lo que no sabía. Eso significaba que sabía que tenía que traer personas que pudieran guiarme en áreas en las que no tenía experiencia.

En segundo lugar, sabía exactamente dónde encontrar a las personas que necesitaba. Esto, porque el tiempo que me desempeñé como representante me dio la oportunidad de trabajar con casi todas las compañías disqueras del negocio.

Y en tercer lugar, los ejecutivos que necesitaba estaban apenas a unas cuadras de distancia de mi oficina.

Walter realmente no creía que yo fuera capaz de conseguir a las personas que quería en mi equipo ejecutivo.

Cuando le mostré el primer nombre de mi lista, me miró como si estuviera tratando de contratar a Yoda, sacándolo de *Star Wars*:

—¿Crees que puedes conseguir a Mel Ilberman?

Oye, nada se pierde con preguntar. El hecho es que conocía a Mel lo suficientemente bien como para preguntárselo. Yo tenía años de experiencia trabajando con Mel. La primera vez fue durante un período de casi diez años en RCA, entre mediados de los setenta y principios de los ochenta, cuando representaba a Hall & Oates, a la Savannah Band y a Odyssey. Mel era un hombre de negocios rudo que siempre decía no, especialmente a la mayoría de los representantes. Pero yo le caí bien y después de que me decía no, me llevaba a un lado y me daba consejos paternales: "Mira, muchacho, esto es lo que tienes que hacer…".

Mi segunda experiencia con Mel fue después de que se retirara de RCA y entrara a trabajar en PolyGram Records mientras yo representaba a John Mellencamp. Aunque Mel era un ejecutivo de la compañía disquera y yo era el representante del artista, a veces nos sentíamos como si perteneciéramos al mismo equipo —sobre todo en el caso de Mellencamp, con el que a ambos nos resultaba difícil trabajar—. Mellencamp nos unió de una forma en la que nadie lo habría podido lograr.

La verdad es que le tenía absoluta confianza a Mel como para poner mi vida en sus manos. Llegando a los sesenta años de edad, él sabía cómo manejar cada división de una compañía disquera: relaciones comerciales, servicios creativos, promoción, mercadeo, contabilidad, finanzas, ventas, distribución internacional, A&R. Yo mismo había trabajado en todas estas divisiones como representante. Pero Mel realmente las manejaba desde adentro y tenía una visión exacta sobre cómo manejar grupos de muchas personas.

Walter pensó que yo no tenía la menor probabilidad de que Mel se uniera a nosotros, en especial porque sabía que Mel estaba bajo contrato con PolyGram y trabajaba para alguien que una vez trabajó para Walter y con quien había tenido un problema: Dick Asher. Pero yo siempre había estado en contacto con Mel, y sabía algo que Walter no sabía. El momento era el preciso. Mel estaba desanimado trabajando con Asher. Entonces lo llamé y nos reunimos en una pequeña cafetería de la Séptima Avenida, muy cerca de las oficinas de PolyGram.

Le expliqué a Mel todo lo que quería hacer. Me escuchó con atención y comprendió de inmediato la situación. Pensó que sería un buen sitio donde detenerse. Tendría un cargo con mucho poder y, al mismo tiempo, podría ser mi mentor y guiarme a la cima. Eso me hizo sentir increíblemente bien; me hizo entender que él realmente creía en mí.

El contrato de Mel estaba a punto de terminar y tendría que pedirle a Asher que lo dejara ir. Pero parecía seguro de poder lograrlo. "Sellemos el trato con un apretón de manos", dijo. "Quiero hacerlo". Y se despidió.

Walter quedó asombrado cuando supo que Mel vendría a bordo. Walter y Norio Ohga realmente respetaban a Ilberman, y ya podrás imaginar la cara con la que me miraron cuando supieron que Mel había aceptado trabajar conmigo.

Me centré entonces en una aproximación a Warner. Si quería lograr que los sellos Epic y Columbia dejaran de ser simples marcas impresas para convertirse en sellos poderosos, iba a necesitar ejecutivos que compitieran con los altos directivos de Warner, Elektra y Atlantic. Por eso quería tener a Dave Glew. Dave era vicepresidente ejecutivo y gerente general de Atlantic Records. Era la mismísima columna vertebral de la compañía y tenía una enorme experiencia en ventas, mercadeo y distribución. Justo lo que yo necesitaba. Pensé que tenía una oportunidad de lograrlo porque sabía que Dave nunca tendría la oportunidad de llegar a la presidencia de la compañía en la que ahora trabajaba.

Al principio, Dave dijo que no. Pero organicé una cena secreta con él y con Walter, específicamente un viernes en la noche.

Poco después de que terminó la charla de costumbre, me lancé a la carga, lo miré a los ojos y le dije: "Ya sé que me dijiste que no. Pero ¿qué dirías de convertirte en el presidente de Epic Records?".

Quedó aturdido.

Yo aún no terminaba. "¿Qué necesitarías para que te pusiéramos en ese cargo?", le pregunté.

Ahora se había quedado boquiabierto.

Fue el momento preciso porque Dave estaba entre un contrato y otro. Su nuevo contrato con Atlantic estaba aún sin firmar sobre el escritorio de Sheldon Vogel. Dave se fue a su casa esa noche y habló con su esposa Ann. Sacó la horrible libreta amarilla tamaño oficio que casi nunca abandonaba y escribió todo lo que deseaba. Estoy seguro de que pensó que yo diría que no a muchas de sus exigencias. Cuando terminó de enumerar todo lo que había incluido en su lista, le dije: "¿Eso es todo?".

—Sí.

—Está bien. Lo tienes.

Pero le dije que si quería ese trabajo, tendría que firmar el contrato durante el fin de semana. Sabía que una vez que Ahmet Ertegun, Doug Morris y los altos ejecutivos de Warner se enteraran de lo que estaba ocurriendo, jamás dejarían ir a Dave. Y tenía razón.

El lunes por la mañana, Dave llegó a su trabajo y le contó todo a Ahmet.

—No te puedes ir —respondió Ahmet—, tienes un contrato.

—No —dijo Dave—, no lo tengo.

No pasó mucho tiempo antes de que los teléfonos comenzaran a timbrar como sirenas de alarma por todo lo alto y ancho del edificio de Warner Communications. Había estallado la guerra. Lo siguiente que supo Dave era que lo estaban llamando para que fuera a la oficina de Steve Ross. Ross intentó mejorar sus condiciones de trabajo e igualar lo que yo le estaba ofreciendo, agregando otras cosas como cincuenta mil acciones del capital de WCI, que en ese momento tenía un mayor valor debido al Atari.

Cuando Dave le dijo a Steve que ya había firmado un contrato con CBS/Sony y que se iba, de inmediato fue sacado del edificio por los guardias de seguridad.

Eso fue música para los oídos de Walter. Perfecto: una guerra con Steve Ross. Walter jamás había conocido un Goliat al que no le encantara tirarle piedras.

Después tuve que conseguir candidatos para llenar las vacantes a nivel ejecutivo en Columbia Records. Quería traer a Don Ienner. Don trabajaba para Clive David como jefe de promociones de Arista Records. Eran la combinación perfecta. Cleve hizo los discos de Whitney Houston. Don los llevó a las emisoras de radio. Esos dos componentes eran críticos para el éxito del negocio de la música en ese entonces. Fin de la historia.

Tuve la oportunidad de trabajar muy de cerca con Ienner cuando ayudé a cambiar a Hall & Oates de RCA a Arista, a finales de los ochenta. Ienner siempre estaba de mal humor. Era un matón —ruidoso y rudo—. Era algo así como el iracundo Sonny de *El Padrino* y, después de sus primeros años en Columbia, muchos de quienes trabajaban con él deseaban que se fuera al cuarto de las herramientas. Era, definitivamente, un toro en un almacén de vajillas de porcelana, y yo conocía cada aspecto de esa personalidad. Pero ésa era precisamente la clase de energía que necesitaba para sacar adelante en ese momento esa división de la compañía.

Don tenía un contrato con Arista pero tenía un acuerdo verbal y amistoso con Clive Davis: si realmente quería irse y buscar una oportunidad mucho mejor, podría hacerlo.

La oportunidad de convertirse en el presidente de Columbia Records era sin duda mucho mejor. Aunque Clive protestó y gritó, tuvo que dejar que Donny se fuera. Le había dado su palabra. Y ahora, mis dos principales sellos —Epic y Columbia— tenían un excelente liderazgo.

Estaba feliz de tener mi equipo básico ya armado. No me daba cuenta de que faltaba un personaje crucial hasta que la conocí unos pocos meses más tarde. A veces no vemos las cosas incluso cuando están al frente de nuestras narices.

VOCES

DOUG MORRIS
Ejecutivo del mundo de la música

Me pareció extraño. Al principio, cuando consiguió ese cargo, Tommy era un excelente representante y un hombre muy inteligente que lograba que sus discos y sus grupos se difundieran en MTV. Sabía cómo moverse y cómo trabajar dentro del sistema.

Lo que nadie sabía era que tuviera ese gusto por ser un alto ejecutivo. Él no es un hombre de finanzas. Pero ¿qué importa? Se pueden conseguir veinte contadores para que hagan eso. El que sabe seleccionar a los artistas y elegir las canciones es el que puede hacer que llueva. Y nadie sabía que podía hacerlo. Era imposible saberlo antes de que se le presentara la oportunidad. La encontró, y el resultado fue excelente.

BILLY JOEL

No me preocupó para nada que Tommy se hiciera cargo. Tiene la inteligencia del hombre que está enterado de todo lo que pasa. Ese verso viene de una canción: "Tommy Mottola vive de gira". Dedicó mucho tiempo a trabajar de primera mano con grupos en giras, por lo que conocía todo lo concerniente a la banda, los músicos y los compositores. Es algo que ha vivido.

Por lo tanto, pensé que sería una buena mezcla, un buen equilibrio. Walter era un ser corporativo, un abogado, y sabía enfrentar a los altos ejecutivos... a los que usaban los pantalones de golf, como solíamos decir.

Lo mejor de hacer negocios con Tommy es que es muy directo. Dirá: "No pensamos que haya tantos sencillos como había en sus otros álbumes". Es muy franco y, para mí, eso no es un problema. Me anima a que haga lo que debo hacer y sé que, por su parte, él se encargará de cumplir con lo que le corresponde.

Muchas veces, para mí era un absoluto misterio lo que él hacía. Yo no conocía muchos de los aspectos de esa parte del negocio. Conocía el negocio en general, pero él era el que podía lograr que se hicieran las cosas. Y entre más directo fuera uno con Tommy, más efectivo parecía. Llegué, por lo tanto, a tener total confianza en él.

MEL ILBERMAN

Había muchos aspectos de la operación de una compañía disquera en los que Tommy no tenía experiencia alguna. De los estados financieros no tenía la menor idea. Tampoco tenía experiencia dirigiendo una gran compañía con tantos factores interrelacionados. Lo que hizo, de forma muy inteligente, fue buscar la ayuda que necesitaba, gente como Dave Glew. Tommy siempre elegía personas excelentes. Y ése es el rasgo más importante que hay que tener en un cargo como el suyo.

Además, en una empresa corriente hay pocos jefes que estarían dispuestos a aceptar que alguien les dijera: "Se equivoca". Nunca tuve problemas al decírselo, o al decirle que dejara algo que yo creyera que iba en la dirección equivocada. Tal vez discutiría por uno o dos minutos, o tal vez se disgustaría por uno o dos minutos. Pero siempre escuchaba. Y nunca se mostraba disgustado después. No muchos jefes pueden aceptar eso de manera positiva.

JIMMY IOVINE

Ejecutivo del campo de la música

Había conocido a Tommy anteriormente, cuando era un editor y representante joven y agresivo. Cuando asumió el cargo en Sony, mi ex esposa dijo algo muy gracioso.

Comentó: "Ay, esto es interesante. La fiesta será en la casa de Tommy", a lo que respondí: "Sabes una cosa, es posible que tengas razón". Y él organizó una fiesta realmente increíble. Es decir, no pudo haber sido mejor. Se lo propuso y contrató a las personas correctas.

Éramos competidores —Doug Morris y yo competíamos con Tommy y con todos los de allá—. Tuvimos nuestros altibajos, como los Lakers y los Celtics. Las cosas siempre fueron calmadas.

El mayor atributo de Tommy —el mayor atributo de cualquiera de quienes han estado mucho tiempo en el negocio o que realmente han dejado una marca— es que pueden escuchar canciones y reconocer el talento. Es así de sencillo. Después hay que aprender a publicarlo y venderlo. Pero, para empezar, hay que tener un buen producto. Sin una excelente canción no se llega a nada, no es posible salir de la primera base. Es decir: ¿quién quiere oír a Elvis Presley cantando una mala canción? Nadie quiere oír canciones malas. Es por eso que los Beatles fueron los Beatles. Todo está en las canciones.

Y luego uno casa una excelente canción con el intérprete adecuado, o los intérpretes componen ellos mismos sus canciones, y ahí es donde se da la magia. Entonces uno ayuda a que esa magia crezca, que es la parte que nadie entiende porque es algo que simplemente ocurre en lo más íntimo de alguien. Es instinto. Y Tommy tiene ese instinto.

Love Shack • *The B-52's*

Like a Prayer • *Madonna*

Wind Beneath My Wings • *Bette Midler*

Funky Cold Medina • *Tone-Loc*

Smooth Criminal • *Michael Jackson*

You Got It (The Right Stuff) • *New Kids on the Block*

Get on Your Feet • *Gloria Estefan*

I Feel the Earth Move • *Martika*

Heaven • *Warrant*

We Didn't Start the Fire • *Billy Joel*

Don't Wanna Lose You • *Gloria Estefan*

I'll Be Loving You (Forever) • *New Kids on the Block*

Hangin' Tough • *New Kids on the Block*

I'm That Type of Guy • *LL Cool J*

Going Back to Cali • *The Notorious B.I.G.*

Fight the Power • *Public Enemy*

Keep on Movin' • *Soul II Soul*

Cherish • *Madonna*

Fast Car • *Tracy Chapman*

Woman in Chains • *Tears for Fears*

Wicked Game • *Chris Isaak*

Steel Wheels • *Rolling Stones*

U Can't Touch This • *MC Hammer*

Here and Now • *Luther Vandross*

Vogue • *Madonna*

Blaze of Glory • *Bon Jovi*

Step by Step • *New Kids on the Block*

Here We Are • *Gloria Estefan*

From a Distance • *Bette Midler*

Cherry Pie • *Warrant*

Janie's Got a Gun • *Aerosmith*

It Must Have Been Love • *Roxette*

Vision of Love • *Mariah Carey*

Love Takes Time • *Mariah Carey*

Freedom • *George Michael*

Cuts Both Ways • *Gloria Estefan*

Oye mi canto • *Gloria Estefan*

How Am I Supposed to Live without You • *Michael Bolton*

Tonight • *New Kids on the Block*

How Can We Be Lovers • *Michael Bolton*

I Go to Extremes • *Billy Joel*

Nothing Compares 2 U • *Sinéad O'Connor*

Groove Is in the Heart • *Deee-Lite*

Blue Sky Mining • *Midnight Oil*

(Everything I Do) I Do It for You • *Bryan Adams*

Gonna Make You Sweat Everybody Dance Now) • *C&C Music Factory*

O.P.P. • *Naughty By Nature*

Power of Love/Love Power • *Luther Vandross*

Black or White • *Michael Jackson*

When a Man Loves a Woman • *Michael Bolton*

I Touch Myself • *The Divinyls*

The Star Spangled Banner • *Whitney Houston*

Things That Make You Go Hmm • *C&C Music Factory*

Emotions • *Mariah Carey*

Someday • *Mariah Carey*

Coming Out of the Dark • *Gloria Estefan*

I Don't Wanna Cry • *Mariah Carey*

Where Does My Heart Beat Now • *Celine Dion*

All the Man That I Need • *Whitney Houston*

Live for Loving You • *Gloria Estefan*

One • *U2*

We Are in Love • *Harry Connick Jr.*

Blue Light, Red Light (Someone's There) • *Harry Connick Jr.*

Little Miss Can't Be Wrong • *Spin Doctors*

Man in the Box • *Alice in Chains*

Dangerous • *Michael Jackson*

Ten • *Pearl Jam*

No More Tears • *Ozzy Osbourne*

Love Shack • *The B-52's*

Like a Prayer • *Madonna*

Wind beneath My Wings • *Bette Midler*

Funky Cold Medina • *Tone-Loc*

Smooth Criminal • *Michael Jackson*

You Got It (The Right Stuff) • *New Kids on the Block*

Get on Your Feet • *Gloria Estefan*

I Feel the Earth Move • *Martika*

Heaven • *Warrant*

We Didn't Start the Fire • *Billy Joel*

Don't Wanna Lose You • *Gloria Estefan*

I'll Be Loving You (Forever) • *New Kids on the Block*

Hangin' Tough • *New Kids on the Block*

I'm That Type of Guy • *LL Cool J*

Going Back to Cali • *The Notorious B.I.G.*

Fight the Power • *Public Enemy*

Keep on Movin' • *Soul II Soul*

Cherish • *Madonna*

Fast Car • *Tracy Chapman*

Woman in Chains • *Tears for Fears*

Wicked Game • *Chris Isaak*

Steel Wheels • *Rolling Stones*

U Can't Touch This • *MC Hammer*

Here and Now • *Luther Vandross*

Vogue • *Madonna*

Blaze of Glory • *Bon Jovi*

Step by Step • *New Kids on the Block*

Here We Are • *Gloria Estefan*

From a Distance • *Bette Midler*

Cherry Pie • *Warrant*

Janie's Got a Gun • *Aerosmith*

It Must Have Been Love • *Roxette*

Vision of Love • *Mariah Carey*

Love Takes Time • *Mariah Carey*

Freedom • *George Michael*

Cuts Both Ways • *Gloria Estefan*

Oye mi canto • *Gloria Estefan*

How Am I Supposed to Live without You • *Michael Bolton*

Tonight • *New Kids on the Block*

How Can We Be Lovers • *Michael Bolton*

I Go to Extremes • *Billy Joel*

Nothing Compares 2 U • *Sinéad O'Connor*

Groove Is in the Heart • *Deee-Lite*

Blue Sky Mining • *Midnight Oil*

(Everything I Do) I Do It for You • *Bryan Adams*

Gonna Make You Sweat (Everybody Dance Now) • *C&C Music Factory*

O.P.P. • *Naughty By Nature*

Power of Love • *Luther Vandross*

Black or White • *Michael Jackson*

When a Man Loves a Woman • *Michael Bolton*

I Touch Myself • *The Divinyls*

The Star Spangled Banner • *Whitney Houston*

Things That Make You Go Hmm • *C&C Music Factory*

Emotions • *Mariah Carey*

Someday • *Mariah Carey*

7

El viento

En octubre de 1988 ofrecí una fiesta para un amigo que en una ocasión sintió que yo quería lanzarlo por la ventana.

Jerry Greenberg había sido víctima de los reclamos de todos sus jefes en Atlantic por haber dejado ir a Hall & Oates. Pero era un ejecutivo brillante que llegó a convertirse en el presidente más joven de Atlantic después de que Ahmet Ertegun ascendiera a director ejecutivo. No había resentimientos entre Jerry y yo. Los negocios son los negocios. Y eso no impidió que, con los años, llegáramos a ser muy buenos amigos. Jerry había salido de Atlantic para independizarse, pero su nueva compañía no dio resultado. A mí no me importó: seguía siendo un gran experto en música. Vivía en Los Ángeles y estaba seguro de que sería una presencia muy buena para nosotros en la Costa Oeste.

Le dimos su propio sello, un pie de imprenta. Era una *joint venture* pero utilizaba los servicios de Epic para promover, mercadear y vender. Fue también un muy buen arreglo porque Jerry había trabajado en Atlantic al menos durante diez años con Dave Glew. Tal vez parezca una decisión menor si se compara con todo lo demás que estaba sucediendo. Pero también me resulta imposible calcular el impacto de la decisión de traer a Jerry al negocio, así como el impacto que tuvo la noche en la que esto sucedió, en octubre del ochenta y ocho.

La fiesta de esa noche era para celebrar el lanzamiento del nuevo sello de Jerry y la firma de una banda de pop inglesa llamada Eighth Wonder, que tenía como cantante a Patsy Kensit (ella se convertiría más adelante en la actriz y estrella en *Lethal Weapon II*). Cuando llegué, parecía una más de las típicas fiestas del mundo de la música. Pero cuando salí, llevaba en mi mano algo que cambiaría mi vida.

Una antigua amiga, una cantante llamada Brenda K. Starr, estaba en la fiesta. De repente se me acercó y me entregó la cinta de un demo.

—¿Qué es esto? —le pregunté.

—Sólo óyelo —respondió. Luego señaló con la cabeza a una muchacha rubia que estaba en el otro lado del salón. Me quedé mirando fijamente sus ojos café, que también me miraban de una forma que exigía toda mi atención.

—Ella es mi amiga —me dijo—. Se llama Mariah.

Mariah había sido una de las coristas de Brenda. El saludo fue realmente corto. Un "hola" común y corriente. Hay muchísimas fiestas, muchísimos holas y muchas cantantes hermosas. Y muchos demos.

Cuando salí de la fiesta y llegué a mi auto, algo en mi interior se preguntaba si esa muchacha realmente podía cantar. Introduje entones la cinta en el reproductor. Al principio creí que era un error. La música tenía cualidades de R&B y de góspel que hacían que pareciera que Brenda me había dado la grabación equivocada. "Ésa no puede ser la muchacha rubia que conocí", pensé. Esperé la siguiente canción. Me fascinó. La música era sorprendente, la voz era sorprendente, pero me sentía sobre todo confunido porque pensé que había un error. Oí luego la tercera canción y luego la cuarta. Para entonces, ya no estaba confundido. No importaba de quién fuera la voz que estaba oyendo, una increíble energía recorría todo mi interior gritando: "¡Dale la vuelta al auto! ¡Esa podría ser la mejor voz que hayas escuchado en toda tu vida!".

Me tomó unos tres días encontrar a Mariah y concertar una reunión en mi oficina. Llegó con una mujer mayor que usaba anteojos oscuros y no dijo una palabra: su madre. Mariah tenía dieciocho años.

—¿Esa eres tú en la cinta? —le pregunté.

—Sí —respondió.

—Me gusta —dije—. Quiero que firmes un contrato con nuestra compañía.

Ella vivía en el apartamento de una amiga, dormía en un colchón en el suelo y había estado trabajando como mesera y recepcionista de abrigos. Sobra decir que estaba emocionada. Desarrollar a Mariah iba a ser un largo proceso y me pareció que sería mejor conectarla con algunas personas —como Grubman y el equipo de representantes de Champion— que sabrían cómo tratarla.

Había un problema: Mariah me dijo que había firmado un acuerdo de producción que enlazaba su música y sus utilidades al tecladista del demo, Ben Margulies.

—¿Puedo conocerlo? —le dije.

—Claro —respondió.

—¿Cuándo?

—Sólo venga a Woodshop.

Esa misma noche fui al pequeño estudio donde ella y Ben trabajaban. Se llamaba Woodshop y en realidad era una carpintería llena de máquinas para cortar y tornear madera para hacer muebles. Había aserrín por todo el piso y el ambiente olía a pegamento y a madera recién cortada. En la parte de atrás de la carpintería había un pequeño espacio donde trabajaban Mariah y Ben con un par de teclados.

Mariah, parada frente a mí, cantaba a capela, y después Ben entró con uno de los teclados. Cuando una voz te llega de esa forma, a sólo unos dos pies de distancia, ocupa por completo tu espacio, tus oídos, tus ojos y tu universo. Era como oír ese demo a la décima potencia. Quedé sobrecogido por la amplitud y la potencia de su voz. Tenía un rango de siete octavas que llegaba hasta un silbido agudo y que por poco me hace caer al piso.

Me trajo a la memoria las emociones que experimenté la primera vez que oí a Daryl Hal y a John Oates tocando y cantando acústicamente en una sala, en la parte de atrás de Chappell Music. Sólo que esta vez esa sensación se amplificó. Era cruda, pero ésa era su belleza. Su voz era el diamante Hope.

Al día siguiente volví a la oficina y les dije a todos los del departamento de relaciones comerciales: "No me importa si tienen que encerrar al abogado de esta muchacha en la sala de conferencias, no lo dejen salir hasta que hayan cerrado un negocio".

Una vez que firmó, Mariah recibió un anticipo para que pudiera mudarse del departamento de su amiga, conseguir un lugar propio y comenzar a trabajar en su primer álbum. No había cronograma. Mi objetivo era que saliera bien. No importaba si demoraba un año, año y medio, o dos años porque estábamos creando a la siguiente super estrella del mundo. Si el primer álbum no salía bien, toda su carrera podía derrumbarse antes de empezar. Pero si lográbamos que toda la música del primer álbum fuera la correcta y lo posicionábamos como debía ser, todo lo que yo estaba previendo podría hacerse realidad. Así de simple.

La única complicación era la forma como funcionarían los

acuerdos con Ben Margulies. Él había compuesto unas cuantas buenas canciones con Mariah, pero estaba seguro de que él no tendría cómo producirlas. Sabía que, eventualmente, tendría que liberar a Mariah del acuerdo que tenía con Ben, y el primer paso para hacerlo era dejar que Ben intentara hacer el primer álbum, aunque no hubiera posibilidad de que lo lograra. Empecé a pensar de inmediato en un plan de respaldo, sabiendo que tomaría algunos meses resolver la situación.

Mientras sucedía todo esto, estábamos finalizando los detalles para traer a Ienner a Columbia, de Arista Records. Don y yo estábamos en el auto y metí el casete del demo de Mariah en la casetera. Cuando Don oyó la voz de Mariah, enloqueció.

—Además de darte todo lo que pediste —le dije—, además de darte un negocio que es, sin lugar a dudas, inédito, éste va a ser el primer proyecto en el que trabajarás. Entre tú y yo haremos que Mariah llegue a ser más grande que Whitney.

Fue un momento decisivo. Don había promocionado a Whitney y sabía exactamente qué tan talentosa era Mariah con sólo oír su voz en el demo.

Yo iba constantemente a Woodshop para ver el progreso de Mariah. Había muy buena química entre los dos cuando hablábamos de la música y, en cuanto al trabajo, era tan obsesiva y fanática como yo. Mariah me había coqueteado desde el momento en que la vi en esa fiesta de lanzamiento. Hice todo lo que pude por resistirme a ese coqueteo. Pero, unos pocos meses después, hubo un momento en el que todo comenzó a cambiar.

Yo acababa de regresar de un viaje de negocios a Miami. Había estado cuatro o cinco días trabajando con Gloria y Emilio y, en mi tiempo libre, había podido disfrutar un poco del sol. Vestía chaqueta y corbata y estaba bronceado cuando llegué a Woodshop a ver cómo les iba a Mariah y a Ben. Mariah me miró y dijo: "¡Te ves fantástico!". El tono de su voz iba más allá de mi atuendo y mi bronceado, y todo empezó a suceder en cámara lenta. La miré a los ojos y ella me miró, y luego volvimos de inmediato a ocuparnos del trabajo.

Esas tres palabras —"¡Te ves fantástico!"— tuvieron un efecto intoxicante en mí. Esas tres palabras —y la forma como las dijo— abrieron la puerta de una crisis típica de los cuarenta años y yo simplemente entré por ahí. No hubo tiempo de pensarlo. Todo lo demás en mi vida estaba avanzando a mil millas por hora. Esto no era la excepción.

Después de un tiempo fui adonde mi terapeuta para consultárselo. Le conté cómo nos habíamos conocido Mariah y yo, cómo me había mirado, cómo me hacía sentir. Le dije: "Creo que me estoy enamorando de esta muchacha".

Con frecuencia, los terapeutas te escuchan y luego ponen lo que les has dicho dentro de un marco de referencia para que puedas ver el panorama completo y llegar a tus propias conclusiones. Pero esta terapeuta era una mujer sabia y mayor.

—Tom —me dijo—, para ahí. ¡Olvídalo! ¡No funcionará!

Intentó hacerme ver que me había enceguecido e hizo una lista de las razones por las cuales esto no podría funcionar. Pero yo no quería aceptar que Mariah tenía aproximadamente la misma edad que yo tenía la primera vez que entré al hogar de Sam Clark con un revólver 45 en la mano. No quería entender que Mariah venía de una familia disfuncional, que había crecido sin la presencia de su padre y que prácticamente se las había arreglado sola.

Lo que no funcionaba, según yo lo veía, era el matrimonio que tenía en ese momento. Y lo que sí funcionaba era el estrecho vínculo, basado en la música, que había visto entre Gloria y Emilio Estefan. También había visto ese vínculo entre Sharon y Ozzy Osbourne. Y más tarde, vería cómo funcionaba con Celine Dion y René Angélil. René es veintiséis años mayor que Celine. Él fue quien la lanzó y es su representante. La edad no importa cuando las cosas funcionan. Cuando las cosas funcionan, funcionan. Punto.

—¡*Definitivamente* olvídalo! —mi terapeuta insistió—. ¡Esto no va a funcionar jamás!

La terapeuta siguió haciendo esfuerzos para hacer que viera a Mariah como alguien que había tenido una niñez difícil. Todo lo que yo podía ver era aquello en lo que Mariah estaba a punto de convertirse.

—Usted no me entiende —le dije a mi terapeuta—. Mariah será la más grande estrella del mundo. Va a ser tan grande como Michael Jackson.

La terapeuta respiró profundo y me miró fijamente, como si estuviera totalmente loco.

—Magnífico —dijo—. Entonces desarróllela como cantante. Ésta es una muchacha que ha tenido muchos problemas familiares. Recuerde que la manzana no cae lejos del árbol. Tom, no lo haga.

No me gustó oír que me dijera la palabra "no". El sonido de esa palabra hizo exactamente lo que ella no pretendía hacer. Era como si hubieran lanzado querosene sobre un incendio. Romper ese "no" y atravesarlo fue la gran razón de mi éxito. Recuerda: no tenía un MBA y era el director de CBS Records ¿Quién habría dicho que sí a *eso* veinte años atrás? Así como yo había logrado que todo funcionara en mi carrera, a fuerza de voluntad, estaba seguro de que también podría lograr que lo que había entre Mariah y yo funcionara.

—Tom —me dijo la terapeuta—, usted está en negación.

Debe haberse dado cuenta de que realmente tenía que mostrarse muy enérgica porque llegó hasta el punto de hacerme ver que estaba intentando arreglar mis problemas al tratar de arreglar los de Mariah.

Esa vez logró que me sonara la campana. Esa noche volví a ver a Mariah y en un determinado momento le dije que no sabía si era bueno para ella, bueno para mí, o bueno para ambos que siguiéramos con nuestra intimidad. Mariah me miró, confundida, pero realmente no dijo mucho. Me fui temprano.

Ese sentimiento duró unos dos días. Luego mis emociones, obsesiones y mi negación me abrumaron de nuevo. Pensé: "La vida es corta. Qué demonios. Esto es lo que siento. Esto es lo que voy a hacer".

Realmente no hubo tiempo para reflexionar. Todo en mi vida estaba desarrollándose muy rápidamente. En el sentido comercial eso era perfecto porque alimentaba de manera inmejorable mi maquinaria. Así es como funciona mi cerebro: en un minuto estaba tratando de darle la vuelta a la compañía e intentando ayudar a Sony a comprar un estudio cinematográfico. Al minuto siguiente, estaba dedicado a convertir a Gloria Estefan en una súper estrella mundial. Después pasaba toda la noche en Woodshop.

Me fui con Mariah sin pensar en las posibles consecuencias y repercusiones, y en el efecto que estos dos aspectos podrían llegar a tener en mis hijos.

¿Cómo demonios le estaba pasando esto al astuto muchacho del Bronx que habría agarrado por las solapas a un amigo que estuviera en su misma situación y cacheteado hasta dejarlo inconsciente? Eso algo que nunca sabré.

Todo a mi alrededor era tan nítido que era imposible entender que estaba cometiendo un error. No mucho después de haber conocido a Mariah, descubrí un talento excepcional en otra mujer. Esta mujer no me buscaba con un demo. No me buscaba en absoluto. De hecho, en ese momento, no quería trabajar con nosotros. Pero tan pronto como la conocí supe que la quería a mi lado.

Esto fue lo que ocurrió: como parte de una estrategia global para ser competitiva en el desarrollo de nuevas marcas, Columbia intentaba entrar en el campo del rock y en escenarios alternativos en Los Ángeles y en Seattle, firmando un contrato con una banda llamada Alice in Chains. Pero simplemente no pudimos cerrar el negocio.

Cuando preguntaba por qué, oía el mismo nombre una y otra vez.

—Bien, Michele Anthony…

—Michele Anthony dice…

—Michele Anthony…

Llegó a un punto en que tenía ganas de gritar: "¿Quién es esta Michele Anthony y cuál es su problema?". Las únicas dos cosas que sabía de ella eran que: uno, Michele Anthony era la hija de Dee Anthony y, dos, que Dee Anthony, quien había avanzado en el negocio tal y como yo lo estaba haciendo, era un dios para mí. Bueno, si es que un dios midiera más o menos cinco pies con cinco pulgadas y pesara trescientas libras.

Dee era un carismático hombre del Bronx que representó a Tony Bennet en sus primeros años y después trabajó con algunas de las mejores bandas británicas, con talentos como Jethro Tull, Traffic y Peter Frampton. Tenía una personalidad de dimensiones mayores que la vida misma por lo que, naturalmente, sentía curiosidad de esta hija suya. Quería saber por qué insistía en negarse a que firmáramos con Alice in Chains y fui a Los Ángeles a conocerla.

Lo que se suponía que sería un encuentro casual con unos cuantos tragos se convirtió en una cena de cuatro horas. Michele y yo hicimos una conexión inmediata desde el punto de vista musical, histórico, emocional, de negocios. Esto, sin mencionar todo su historial ítalo-judío —su madre era judía y su padre era católico—. Fue como conocer a alguien de la familia que, por alguna razón, nunca llegaste a conocer en tu juventud. De inmediato supe que podía confiar en ella como si la hubiera conocido de toda la vida (y aún lo siento así, veinticinco años después).

Hablamos de todo. Michele creció entre los músicos que su padre representaba porque con frecuencia se quedaban en su casa. Cuando niña, acompañaba a Dee a reuniones con Ahmet Ertegun, Chris Blackwell y Jerry Moss. Había ido a las giras con Dee cuando era adolescente y a las tres de la mañana él le empacaba en la cartera lo que había ganado durante la noche, antes de irse del Fillmore, suponiendo que nadie iba a sospechar que una niña de catorce años llevaba el efectivo. Michele vio la industria de la música a través de los ojos de un representante —como yo—, sólo que ella no era representante. Había estudiado derecho y trabajaba para una importante firma en Los Ángeles, al lado de abogados como Lee Phillips y Peter Paterno, mientras hacía las veces de mamá gallina de las bandas que se encontraban en el centro del escenario de rock alternativo en Los Ángeles y Seattle.

La combinación de sus experiencias, sus puntos de vista, sus habilidades y sus conexiones en el mundo de la música alternativa era tan excepcional como la voz de Mariah. No quería que se levantara de la mesa hasta que hubiera aceptado trabajar con mi equipo.

—Está bien, escucha —le dije por fin—. Quiero hacerte una oferta.

—¿Qué dices? —preguntó.

—Quiero que trabajes para mi compañía.

—¿Estás bromeando? Todos los que trabajan en CBS viven en el pasado. Sé que intentas cambiar la cultura. Pero nunca trabajaría en esa compañía, ¡por nada en el mundo!

A continuación soltó una serie de críticas de lo horrible que era trabajar con las compañías cuando se trataba de nuevas bandas jóvenes y habló de cómo nadie en Los Ángeles o Seattle quería hacer negocios con ella. "No hay A&R en tu compañía", continuó. "Y tu departamento de negocios es draconiano". Intenté disimular una sonrisa. Pero no me pude contener. Seguía insistiendo. Cada una de sus críticas a la compañía era exactamente lo que yo estaba tratando de cambiar.

Mi mente se desbocó.

—No sólo quiero que trabajes para la compañía —le dije—. Quiero que entres revólver en mano.

—¿Eso qué significa? —me preguntó.

—Quiero que seas vicepresidenta de la compañía, justo debajo mío y de Mel Ilberman, quien supervisa las actividades de todos los sellos. Quiero que cambies la forma de hacer negocios. Quiero que traigas gente de A&R.

—¿Estás bromeando?

—No, hablo en serio.

Eso no la convenció en lo absoluto. Siguió diciendo que no.

—No quiero dejar a mis artistas —me dijo—. Estoy comprometida con ellos.

—¿Y tú qué crees que vendemos aquí, zapatos? Si piensas que estás tratando bien a tus artistas ahora, espera a ver lo que podrás hacer por ellos desde *adentro* de la compañía.

Entonces me dijo que no quería involucrarse en la política de una empresa disquera.

—Al menos con mi práctica —dijo—, si no me entiendo con un artista, tomamos caminos diferentes. En una empresa quedo atrapada.

—No hay políticas en la compañía —le dije—. No hay políticas.

Bien, teníamos a Walter, pero él estaba más allá de las políticas. *Claro* que había políticas. Pero los dominios feudales que crearon la tensión política en CBS eran exactamente lo que yo quería erradicar.

No iba a detenerme hasta traer a Michele a la compañía. Sabía, por instinto, que ofrecerle cuatro veces lo que fuera que estuviera ganando en esa oficina de abogados podría ser la mejor inversión que la compañía hiciera jamás. Pero estaba totalmente feliz como estaba y totalmente apegada a sus artistas, por lo que tuve que buscar otra forma de convencerla.

—¿Por qué no vienes y conoces a todo el mundo, antes de tomar una decisión?

La cena terminó, pero no la conversación, que se prolongó durante semanas. La llamaba todos los días, no me daba por vencido. Por último, Michele aceptó venir a nuestras oficinas. Mel y yo hablamos durante un par de semanas antes de su llegada, y teníamos la reunión bien programada. Justo antes de entrar a mi oficina, fue a ver a Mel.

—No voy a aceptar el puesto —le dijo Michele—. Simplemente no soy tan arrogante como para pensar que sé cómo manejar una compañía de este tamaño. Hay áreas de esta operación que simplemente no conozco.

Mel le respondió: "Esto es lo que haremos. Vas a venir a esta compañía y harás exactamente lo que sabes hacer tan bien. Y después te voy a enseñar cualquier cosa y todo lo que no sepas".

Recuerda, Mel era como Yoda. Vio la curiosidad en sus ojos y entendió que podía ir a toda una serie de nuevos lugares y llevar a sus artistas con ella.

—No sólo eso —dijo Mel—, sino que después de que te entrene, podrás quedarte con mi puesto.

—¡No quiero tu puesto! —dijo Michele.

Pero Mel había dejado en claro su posición. En un instante, el temor que Michele le había tenido al horror de la compañía y a las políticas viciadas había desaparecido. Lo que Michele vio fue la absoluta generosidad de Mel y una educación que nunca podría recibir en ningún otro sitio.

Antes de salir del edificio, aceptó el trabajo. Tenía apenas treinta y cuatro años. Fue una contratación fuera de lo común, y la comunidad de directivos del mundo de la música quedó asombrada. Pero yo sabía que nuestra compañía acababa de ganar una credibilidad instantánea y una integridad en el área de la música en la que nunca antes había podido poner un pie. Michele nos abrió el acceso a artistas y productores que simplemente no estaban interactuando con la compañía. Alice in Chains firmó con CBS/Sony. Luego, Michele trajo a un especialista en rock A&R, Michael Goldstone. A continuación vino Pearl Jam. Luego Race Against the Machine. Uno tras otro.

Pero éste fue más que un cambio enorme para la compañía en una sola rama. Fue como si me hubieran dado otro brazo. Mel era mi mano derecha. Michele se convirtió en mi mano izquierda.

Ahora mi equipo estaba completo. De aquí en adelante navegaríamos de verdad. Fue justo entonces cuando Walter Yetnikoff empezó a mecer el bote, aunque yo tuviera el timón. Todo comenzaba a sentirse como si el Capitán Ahab estuviera caminando por la cubierta.

Walter ya no dependía de Larry Tisch ni de William Paley. Había recibido un bono de veinte millones de dólares por firmas y un nuevo contrato con Sony, y Tokio estaba ya muy, muy lejos. Comenzó a comportarse como si tuviera poder absoluto.

Una noche, Walter y yo estábamos comiendo en el Café Central cuando llegaron Bruce Springteen y su futura esposa —Patti Scialfa— con Sting y su futura esposa, Trudie Styler. Se sentaron en una mesa en el centro del restaurante.

Bruce procuraba evitar a Walter. Pero era un lugar social y estaba seguro de que en algún momento Bruce se levantaría y vendría a saludar. No lo hizo. En cambio, Walter se levantó de la mesa, fue a la mesa de Bruce y le dio un golpe en la nuca. No fue un golpe mal intencionado. Fue más bien como si le estuviera diciendo: "¿Y tú por qué no vienes a saludarme?".

"Ohhhhhh, demonios", pensé. Estaba preparado para meterme debajo de la mesa. Primero que todo, uno no golpea a un hombre en la nuca cuando su novia está sentada a su lado. Eso es una locura. ¿Pero hacérselo a alguien que jamás te ha dado problemas? ¿A la persona que te trajo éxito tras éxito a lo largo de los años y quien, por mucho tiempo, fue uno de tus artistas más fieles?

Claro está que los artistas se dan cuenta de que quien está a cargo es quien gira los cheques, y con eso viene un respeto. Pero como en cualquier acuerdo de negocios, el buen espíritu de lado y lado es lo que hace que la relación funcione. Y aquí estaba Walter ¡golpeando al Jefe frente a todo un restaurante!

Desde el otro lado del salón vi con claridad que la cara de Bruce se iba poniendo roja. Al comienzo quedó obviamente aturdido. Pero no reaccionó aunque estaba a punto de estallar. Bruce era una persona prudente y no se trenzaría en una pelea con Walter. No sabía qué iba a pasar, pero algo me decía que no sería bueno. Por lo tanto me dirigí hacia la mesa para tratar de apagar la mecha y aplacar los ánimos. Antes de que llegara allí, Bruce miró directamente a Walter y le dijo: "Jamás vuelvas a hacer algo así. Ya no soy el muchachito que solías manejar a tu antojo. ¿Me entiendes?".

Ahora Walter estaba asombrado. Él creía que *él* era el jefe, no Bruce, y no podía comprender la reacción de éste último. Fue un momento decisivo y una ruptura permanente en su relación. Yo había estado tanto tiempo con Walter que me había acostumbrado a este tipo de comportamiento. Pero el golpe fue un mal augurio innegable. Tuve la sensación de que Walter Yetnikoff podría caer pronto por la borda. Y comencé a preguntarme si me arrastraría con él.

Me encontraba en una situación muy difícil. Era imposible distanciarme de Walter. No sólo me había dado una gran oportunidad sino que estábamos a punto de concertar un negocio aún más audaz que el que maniobró la venta de CBS Records a Sony. Walter y yo estábamos orquestando el negocio de la compra de un estudio cinematográfico por parte de Sony y, si lo lográbamos, sería monumental para él, y cualquier cosa que fuera monumental para Walter lo sería también para mí.

El negocio del estudio cinematográfico hizo que mi perfil en Tokio subiera de inmediato. Estaban impresionados de que hubiera identificado el candidato correcto y hubiera traído a Mike Ovitz a las conversaciones. Ya habíamos identificado las piezas; parecía fácil y maravilloso unirlas todas. Mike, Walter y yo podríamos hacer una sinergia entre nosotros, formar una empresa de entretenimiento realmente grande.

Quedaba mucho por hacer en ese negocio. Si teníamos éxito, Walter estaría más cerca de la jerarquía ejecutiva en Tokio, y yo también.

Era sorprendente pensar cómo habían ido saliendo las cosas en tan poco tiempo. No hacía mucho que yo había levantado de la nieve, en Indiana, la plata de John Mellencamp e intentado convencer a Carly Simon de que cantara en el escenario. Ahora, a medida que este negocio iba tomando forma, estaba sentado con Walter y con el fundador de Sony, Akio Morita, en el Restaurante Chasen's, el lugar que se hizo famoso por enviar su chili a Roma, al set de la película *Cleopatra,* por solicitud de Elizabeth Taylor.

Todo estaba listo. Sony había traído al mismo abogado que había utilizado para negociar la adquisición de CBS Music, Mike Schulhof, para que trabajara en el posible negocio del estudio cinematográfico. Ovitz estaba a punto de llegar con una oferta para manejar el estudio. Y luego sucedió lo inesperado.

Ovitz se sentó a conversar con el japonés y le pidió una exorbitante suma de dinero, simplemente para cumplir su parte del negocio. Cuando el japonés escuchó la cifra, debimos haber llamado a pedir oxígeno. La reunión terminó de inmediato y el japonés puso fin a la negociación. Nadie pensó en la posibilidad de que Ovitz pidiera una suma de dinero tan alta ni que el japonés se negara a negociar. Fue lo peor que pudo haber pasado. Los japoneses se sintieron ofendidos y Ovitz se fue.

Tan pronto como Walter supo lo que había pasado, me llamó y fui a su oficina. Estaba aterrado. Era como si se le hubiera escapado toda la sangre del cuerpo. Ambos estábamos aterrados. Claro está, la culpa no era *nuestra*. Ovitz esencialmente se había autoexpulsado de un negocio que habría podido ser el más grande de su vida. Walter no sabía qué hacer. No voy a decir que esto lo llevó al límite, pero sí es cierto que aumentó su frustración y su ansiedad, y a partir de entonces sus abusos crecieron.

—¡Debemos pensar en otro plan! —dijo—. ¡No podemos perder este negocio!

Walter buscó a Jon Peters, el exnovio de Barbra Streisand que había producido éxitos como *Flahsdance*, *Batman* y *Rain Man* junto con su socio Peter Guber. En ese momento estaban ambos en la cima y parecían ser la solución perfecta. Guber era especialmente encantador, el mejor de los vendedores, y no era probable que alejara a los japoneses.

Guber fue a Japón, se entendió de maravilla con los ejecutivos de Sony y desarrolló rápidamente el negocio. Durante ese tiempo, Mickey Schulhof entró a la fusión de Sony Tokio y Sony Entertainment. Era un buen amigo de Norio Ohga —ambos eran fanáticos de la aviación y pilotos, y a veces entraban a la cabina de los vuelos de línea— y tenía toda su confianza. Parecía que Walter había evitado el desastre al hacer esa llamada a Jon Peters, pero aún había un gran problema que debía ser resuelto. Guber y Peters tenían una obligación contractual con Warner Films. Sacarlos del contrato significaba una guerra con Steve Ross. Normalmente Walter sabía cómo manejar esa situación, excepto que esta vez era Steve Ross quien tenía todas las municiones.

Warner demandó a Sony por mil millones de dólares por la pérdida de Guber y Peters. Steve Ross empezó a presionar a Walter en las negociaciones del arreglo y Walter no era el tipo de persona a la que le gustara que lo presionaran. Él era el que presionaba. Pero esta vez estaba en una situación vulnerable y lo dejaron de lado en las negociaciones. Para liberar a Guber y Peters, Sony tuvo que entregar la mitad del Columbia Record Club, entregarle a Warner una muy buena propiedad inmobiliaria a cambio de otra de menor valor y darle a la televisión por cable de Warner los derechos de la biblioteca de Columbia Pictures. Cualquiera que hubiera visto *Variety* habría leído que Sony tuvo que gastar cerca de mil millones de dólares simplemente para liberar a Guber y Peters. Toda la compra de Columbia Pictures fue considerada en la industria como un negocio realmente malo para Sony, y fue durante este período que Walter empezó a perder el control. Hablo de conductas extrañas: lo vieron caminando por la oficina con una fusta en la mano y gritando, y todos llegaban al trabajo preguntándose si alguna secretaria iba a recibir un golpe de fusta en el trasero.

El negocio que Walter soñaba se cerró al fin en el otoño de 1989. Sony adquirió Columbia Pictures por 3.400 millones de dólares y recibió dos estudios cinematográficos, una unidad de televisión y la cadena de teatros Loews. Peters y Gruber recibieron uno de los contratos más jugosos que jamás se hayan firmado para manejar un estudio. Y el arreglo con Warner se firmó. Disculparás que no me detenga a describir la celebración. Por una parte, Walter no estaba para celebrar: su comportamiento había empeorado, al punto de que tuvo que internarse en el Hazelden Treatment Center en Minnesota para rehabilitarse.

En segundo lugar, la compra llegó a conocerse como uno de los mayores fracasos de Hollywood después de que el estudio requirió inversiones de dinero que se esfumó como si hubiese sido quemado con un soplete. Cinco años después, Sony tuvo que declarar pérdidas por cerca de cuatro mil millones de dólares. Y eso tendría un impacto sobre muchas personas de ahí en adelante.

Mantuve mi enfoque. Todos los obstáculos y turbulencias que me rodeaban, pronto se desvanecerían con el lanzamiento de una gran canción o álbum. Aún recuerdo momentos de esa época con mucha claridad. Recuerdo haberme encontrado con Billy Joel en el estudio de grabación Hit Factory para escuchar las pistas de su nuevo álbum, *Storm Front*.

A la mayoría de los artistas les gustaba estar presentes cuando mi equipo escuchaba su trabajo. A otros no. Otros preferían dejarnos escuchar, digerirlo y luego conocer nuestras reacciones. Pero recuerdo que Billy no dejó de mirar nuestras caras cuando comenzó a sonar una canción en especial. Ojalá una cámara de video hubiera enfocado mi cara en ese momento porque quisiera ver mi expresión cuando escuché la letra.

"Dios mío", pensé, "debes estar bromeando".

Billy rapeaba y cantaba titulares de los periódicos como sólo él lo podía hacer. Era como una combinación de Walter Cronkite y LL Cool J. La canción era como una lección de historia, un disco de rap, *rock 'n' roll* y pop, todo mezclado en un sorprendente himno, acompañado de una pista musical increíble, de alto voltaje.

We Didn't Start the Fire me pareció absolutamente genial. Hice que la repitieran en el estudio, al menos otras seis veces, para digerirla en su totalidad. Creo que con cada repetición quedábamos más sorprendidos. Entre más le pedía que la repitiera, más contento se ponía. Momentos así eran hitos para mí: haber llegado a entender totalmente a Billy ese día, apreciar toda la visión de su trabajo y ver lo orgulloso que se sentía mostrándonoslo.

Cuando mi equipo salió de Hit Factory, estábamos sobrecogidos y felices. Uno de nuestros artistas acababa de crear una de las mejores obras de toda su vida y estábamos a punto de presentarle al público algo especial.

Billy era un ícono reconocido y lanzaba su álbum número doce, pero acababa de llevar su arte a un nuevo nivel. Ese fue nuestro punto de partida. Sabíamos perfectamente quiénes conformaban su audiencia. Pero ahora estábamos llamados a reenergizar el núcleo de su audiencia y a ampliarla sin comprometerla. Tan pronto como se lanzó el disco, llegó a la cima del Top 100 de *Billboard*. Los muchachos de octavo grado buscaban las referencias de la letra y escribían trabajos de historia sobre:

Little Rock, Pasternak, Mickey Mantle, Kerouac
Sputnik, Chou En-Lai, "Bridge on the River Kwai"

En medio de toda esta emoción y este entusiasmo alrededor de *Storm Front*, no podíamos perder de vista una responsabilidad mucho más amplia. Teníamos, además, cerca de cuatrocientos artistas que habían firmado con el sello a nivel mundial y muchos de ellos merecían la misma atención. Podrían ser clásicos, country o R&B. Cada uno era diferente y cada cual necesitaba ser manejado, promocionado y vendido de forma diferente.

El punto es el siguiente: todos los detalles que rodearon el lanzamiento de *Storm Front* se diferenciaron de las estrategias utilizadas para el lanzamiento del siguiente álbum de Gloria. En ese caso, estábamos considerando seriamente al mercado latino. Y naturalmente no aplicaríamos las estrategias que usábamos para Gloria al lanzar un álbum de New Kids on the Block.

Los New Kids estaban estancados cuando llegué y se requirió una gira por centros comerciales para abrirles camino. Esa gira llegó directamente a la audiencia de New Kids. Todos sus fans se congregaron en centros comerciales y los unimos a un fenómeno pop del momento llamado Tiffany, quien tenía una canción exitosa en ese momento. Al principio sólo vinieron once muchachos y muchachas. Eventualmente fueron mil y luego fueron llegando miles más. De pronto las estaciones de radio comenzaron a recibir llamadas telefónicas pidiendo que trasmitieran *Hangin Tough* y los muchachos salían de los conciertos para ir directo a los almacenes de discos a comprar el álbum.

Después de unos meses, *Hangin Tough* llegó al primer puesto en todas las listas. Los New Kids terminaron vendiendo más de ochenta millones de CDs y ganaron dos American Music Awards; hicieron una gira por cuarenta y cuatro ciudades patrocinada por Coca-Cola, un especial de televisión por cable —*pay-per-view*— que rompió todos los récords en ese entonces, y un show de dibujos animados transmitido los sábados por la mañana. En unos pocos años estaban en el primer lugar de la lista *Forbes* de artistas mejor pagados, por encima de Michael Jackson y Madonna.

Las estrategias que llevaron al éxito de esta banda probablemente nunca más vuelvan a mencionarse y las personas que lo lograron tal vez no serán recordadas. Es una lástima, porque en este proceso hubo verdadero talento y destreza, sobre todo si se compara con la forma como se infla ahora a un cantante de la noche a la mañana en un concurso de canto de una hora en la televisión. Lamentablemente, al año siguiente ni siquiera es posible recordar el nombre del artista.

Después de unos meses de trabajo en el álbum de Mariah, era evidente que iba a necesitar un nuevo productor.

Ben había escrito muchas canciones con Mariah, y al comienzo fue un buen colaborador. Pero el público nunca habría podido reconocer qué tan buenas eran esas canciones porque él no tenía las destrezas de un productor ni de un arreglista. Simplemente no era capaz de llevar las canciones más allá de lo que oí por primera vez en el demo. Además, el álbum necesitaba más variedad en la composición de canciones.

Recurrí a mi plan de respaldo. Hicimos un acuerdo con Ben en el que ambas partes salían ganando: le dimos a él un generoso cheque y a Mariah la libertad de grabar con cualquier productor que quisiera. Ben fue nombrado coautor de muchas de las canciones que salieron en ese primer álbum y recibió regalías. Lo justo es justo. Ben había creído en ella, había trabajado con ella y recibió su recompensa. Para cuando salió el segundo álbum de Mariah, había recibido pagos de millones de dólares.

Una vez que Mariah quedó libre, llamé a Narada Michael Walden —uno de los mejores productores y bateristas de pop que jamás haya oído— para que fuera el productor. Cuando escuchas las canciones de Whitney Houston *How Will I Know* y *I Want to Dance with Somebody*, también escuchas el trabajo de Narada Michael Walden. Había ganado un Grammy por componer la canción de Aretha Franklin *Freeway of Love* en 1985 y otro en 1987 como productor del año. Narada estaba en el tope de su carrera. Sólo hubo un problema al comienzo: cuando le pedí que trabajara con Mariah, se negó. Pensaba que Mariah era verdaderamente talentosa pero no quería hacerse cargo de una artista desconocida. No es frecuente que el director de una importante compañía de música llame directamente a un productor. Sin embargo lo llamé y le dije que para nosotros era una prioridad fundamental y que se trataba de algo especial. También le dije que todos, como compañía, creíamos en ella verdaderamente. Para ser honesto, prácticamente le torcí el brazo. Más adelante me agradecería profundamente haberlo hecho.

Ya teníamos *Vision of Love*, que es un tipo único de balada. De hecho, es una de las canciones más excepcionales que haya oído jamás. Le permitió a Mariah mostrar todas sus habilidades vocales y le dio a la audiencia una idea de la amplitud de su registro. Sabíamos que sería nuestro primer sencillo.

Pero queríamos algo más. No queríamos sacar una canción corriente como un segundo sencillo. Evidentemente queríamos otro éxito, pero también queríamos hacer una declaración. Queríamos que las personas supieran que Mariah sería una de las mejores cantantes de todos los tiempos. Queríamos que el segundo sencillo fuera otra balada. Eso era muy poco común y altamente arriesgado. Nadie sacaba dos baladas una tras otra. Podría representar la muerte. Pero me gustó el enfoque no convencional. Una vez que el mundo tuviera una idea de la excelencia de Mariah, entonces podríamos sacar un éxito más movido.

Mariah no se sentía a gusto con el cambio a Narada Michael Walden. Ahora, en retrospectiva, me doy cuenta de que todos sus problemas relativos a la represión de sentimientos comenzaron justamente ahí. Debido a la separación de sus padres, pasaba mucho tiempo sola y estaba habituada a hacerlo todo a su manera. Mientras trabajó con Ben, hacía prácticamente todo lo que quería.

Yo intentaba darle la libertad de perseguir sus sueños. Pero esa libertad tenía un componente de responsabilidad, algo a lo que no estaba habituada en lo absoluto. Después de todo, tenía diecinueve años. Tenía ahora un productor extremadamente exitoso que le decía cómo quería que cantara. Narada era el tipo de productor que le diría a Whitney Houston que incluyera una leve risa en *How Will I Know* —y hacía que esa leve risa fuera inolvidable—. Sus sugerencias también dieron resultado con Mariah, y aunque ella no estaba contenta de tener que satisfacer muchas de sus exigencias, el álbum comenzó a tomar forma. Le pedí que, por favor, fuera paciente con el proceso porque la realidad era que Narada estaba haciendo un trabajo excelente.

Todo el plan del juego estaba saliendo a la perfección. Se estaba organizando un *tour* promocional para presentar a Mariah a la radio y a los puntos de venta. El concepto era que la gente de la radio y de los puntos de venta tuvieran la misma experiencia que yo había tenido cuando la oí por primera vez en el Woodshop. La llevaríamos de ciudad en ciudad y haríamos que Mariah cantara para ellos en lugares íntimos, cuidadosamente preparados, con sólo un pianista y tres cantantes de góspel como apoyo. Nuestro equipo internacional estaba preparado y a bordo. Nuestra estrategia estaba lista, pero justo cuando todo estaba empezando a funcionar con el álbum del debut de Mariah, recibí una llamada. Naturalmente, la vida siempre toma su propio rumbo y uno nunca sabe qué puede pasar de un minuto a otro. Como dice el adagio: "El hombre propone y Dios dispone".

Había pedido a Gloria y a Emilio que hicieran una gira prolongada para promover el álbum *Cuts Both Ways* y ellos habían aceptado la idea. Iban de camino a una presentación en Siracusa, en marzo de 1990, cuando recibí una llamada en mi oficina. Había habido un terrible accidente. Gloria, Emilio y su hijo Nayib, que tenía nueve años en ese momento, quedaron gravemente heridos en la carretera, en su autobús de giras.

Intenté sin descanso comunicarme con Emilio, pero no fue posible. Durante las primeras horas todo fue confusión. Empezaron a llegar noticias y eran devastadoras. Su autobús de giras se había quedado atascado en el tráfico, en una carretera interestatal de Pensilvania cubierta de nieve, detrás de un camión con un remolque articulado que simplemente los aplastó. Hubo una explosión. Tuvo que ser algo equivalente al golpe de un tanque de guerra.

Gloria salió del vagón donde estaba durmiendo y fue a dar al otro lado del autobús. Se rompió la espalda. La puerta del autobús quedó a unas pulgadas de un desbarrancadero y los paramédicos tuvieron que sacar a Gloria subiendo por el parabrisas delantero. Nos dijeron que era posible que quedara parapléjica.

Nayib tenía una clavícula rota. Emilio tenía lesiones menores en la cabeza y una costilla fracturada, y estaba muy afectado. Finalmente pude comunicarme con un hermano de Emilio, que estaba manejando sus negocios en ese entonces. Después hablé con Emilio. Era evidente que estaba bajo el efecto de medicamentos y parecía que estuviera en shock.

—Los doctores dijeron que Gloria tendrá que ser operada mañana —me dijo—. Dicen que hay una alta probabilidad de que no pueda volver a caminar.

Tan pronto como dijo esas palabras, le rogué que esperara.

—Por favor, dame un momento para analizarlo todo. Dame una hora. Déjame ver si hay mejores alternativas y si puedo conseguir mejores opciones para tener en cuenta.

Emilio dijo que esperaría y yo me comuniqué con todos los doctores que conocía hasta que logré encontrar al hombre que era considerado el mejor cirujano de columnas de Nueva York: el doctor Michael Nuewirth.

Llamé de nuevo a Emilio.

—Mira —le dije—, estás en un hospital comunitario que no hace normalmente este tipo de cirugías. La Universidad de Nueva York tiene un instituto ortopédico especializado en estos procedimientos, y tiene a uno de los mejores cirujanos del mundo. Ése es el lugar para practicar la cirugía.

Al comienzo Emilio no dijo que sí. Estoy seguro de que fue a hablar con Gloria, quien naturalmente también estaba medicada y probablemente aún en shock. Pero después de llamar de nuevo, una y otra vez, los convencí de que subieran a un helicóptero-ambulancia que teníamos preparado y volaran a Nueva York al día siguiente. Aterrizaron en un helipuerto en el East River.

Esperé a la ambulancia en el hospital y vi a Gloria amarrada a una camilla, con la cabeza en una jaula protectora. Pasar de *Get on Your Feet* a esa camilla… No quiero detenerme más de lo necesario en esa imagen.

Entramos y esperamos a que el doctor Neuwirth nos diera un diagnóstico y dijera qué podía hacer. Salió de nuevo y nos dijo que Gloria había tenido suerte: la fractura era cerca de la cintura. Pero los nervios que controlaban el movimiento de la parte inferior de su cuerpo estaban pellizcados, doblados y por poco cortados cuando el impacto fracturó y luxó las dos vertebras. La cirugía sería delicada pero, si teníamos suerte, podría volver a caminar y posiblemente recuperaría la totalidad del movimiento. No podía saberse cuál sería el resultado. Pero sin duda era mejor que pensar en que podría quedar inválida de por vida.

La espera durante la cirugía, al día siguiente, fue agotadora. Nunca imaginé que cuatro horas pudieran ser tan largas. El doctor Neuwirth salió y nos dijo que estaba muy seguro de que todo había sido un éxito, lo que fue un gran alivio. Pero luego nos quedamos pasmados cuando nos explicó cómo le había insertado dos barras quirúrgicas de ocho pulgadas para alinearle las vertebras y fijárselas. Nunca olvidaré el momento en el que entré a la sala de recuperación y vi a Gloria ahí acostada, indefensa, a través de mis lágrimas.

¿Qué podíamos hacer? Nos valimos de los pequeños detalles para poder sacarle una sonrisa. Emilio podía salir y lo llevé a uno de mis restaurantes favoritos en ese entonces: Sal Anthony's, en Irving Place. Le encantó la comida. Tanto así que todas las noches llevaba al hospital bolsas con comida de Sal Anthony's para él y para Gloria.

Después de un par de semanas en el hospital, Gloria estaba lo suficientemente estable como para sentarse en una silla de ruedas y ser trasladada a un avión privado que la llevó a su casa en Miami. La rehabilitación sería muy dolorosa. Tendría que reentrenar prácticamente todos los músculos de su cuerpo y lo hizo: le tomó más de un año. Durante su siguiente visita a Nueva York pudo entrar a Sal Anthony's caminando. Por años y años —hasta que el restaurante cerró—, siempre que Emilio y ella visitaban Nueva York, iban a ese lugar.

VOCES

EMILIO ESTEFAN

He tenido la suerte de contar con un gran número de amigos —la relación con algunos de ellos se remonta a más de cuarenta años—. Tommy es especial.

Tommy fue la persona idónea en el momento del accidente. Es el tipo de persona que sabe lo que quiere y consiguió el doctor, el hospital, el helicóptero sin demora, en el término de una hora. Tommy nunca hace las cosas a medias. Si llamas a Mottola, él se pondrá a cargo. Y siempre hace lo debido. Lo quiero como a un hermano.

End of the Road • *Boyz II Men*

Baby Got Back • *Sir Mix-A-Lot*

I Will Always Love You • *Whitney Houston*

Remember the Time • *Michael Jackson*

Mr. Loverman • *Shabba Ranks*

Tears in Heaven • *Eric Clapton*

Always Tomorrow • *Gloria Estefan*

I'll Be There • *Mariah Carey y Trey Lorenz*

Make It Happen • *Mariah Carey*

Don't Let the Sun Go Down on Me • *Elton John y George Michael*

Can't Let Go • *Mariah Carey*

Damn I Wish I Was Your Lover • *Sophie B. Hawkins*

57 Channels (And Nothin' On) • *Bruce Springsteen*

If You Asked Me To • *Celine Dion*

To Love Somebody • *Michael Bolton*

Jump • *Kris Kross*

Creep • *Radiohead*

Crossover • *EPMD*

Head Banger • *EPMD*

If I Should Fall Behind • *Bruce Springsteen*

Love Deluxe • *Sade*

The Chronic • *Dr. Dre*

Diva • *Annie Lennox*

Whoomp! (There It Is) • *Tag Team*

That's the Way Love Goes • *Janet Jackson*

Dreamlover • *Mariah Carey*

River of Dreams • *Billy Joel*

I Have Nothing • *Whitney Houston*

I'd Do Anything for Love (But I Won't Do That) • *Meat Loaf*

Real Love • *Mary J. Blige*

Cryin' • *Aerosmith*

Insane in the Brain • *Cypress Hill*

C.R.E.A.M. • *Wu-Tang Clan*

Loser • *Beck*

In the Still of the Nite (I'll Remember) • *Boyz II Men*

Two Princes • *Spin Doctors*

A Whole New World (banda Sonora de Aladino) • *Peabo Bryson y Regina Belle*

Runaway Train • *Soul Asylum*

I'm Gonna Be (500 Miles) • *The Proclaimers*

I Don't Wanna Fight • *Tina Turner*

What's Up? • *4 Non Blondes*

Angel • *Jon Secada*

Vs. • *Pearl Jam*

Grave Dancers Union • *Soul Asylum*

I'll Make Love to You • *Boyz II Men*

The Power of Love • *Celine Dion*

Hero • *Mariah Carey*

Without You • *Mariah Carey*

Can You Feel the Love Tonight • *Elton John*

The Most Beautiful Girl in the World • *Prince*

Now and Forever • *Richard Marx*

When Can I See You • *Babyface*

Said I Loved You... But I Lied • *Michael Bolton*

Anytime You Need a Friend • *Mariah Carey*

Streets of Philadelphia • *Bruce Springsteen*

Endless Love • *Luther Vandross y Mariah Carey*

U.N.I.T.Y. • *Queen Latifah*

Here Comes the Hotstepper • *Ini Kamoze*

Gangsta Lean • *DRS*

Sour Times • *Portishead*

(I Could Only) Whisper Your Name • *Harry Connick Jr.*

She • *Harry Connick Jr.*

Can It Be All So Simple • *Wu-Tang Clan*

Waterfalls • *TLC*

Have You Ever Really Loved a Woman? • *Bryan Adams*

You Gotta Be • *Des'ree*

You Are Not Alone • *Michael Jackson*

Turn the Beat Around • *Gloria Estefan*

High and Dry • *Radiohead*

Fake Plastic Trees • *Radiohead*

How Do U Want It? / California Love • *2Pac*

Someone Else Is Steppin' In (Slippin'Out, Slippin' In) • *Buddy Guy*

Kiss from a Rose • *Seal*

I Know • *Dionne Farris*

Creep • *TLC*

Strong Enough • *Sheryl Crow*

Only Wanna Be with You • *Hootie & the Blowfish*

If You Love Me • *Brownstone*

Red Light Special • *TLC*

Someone to Love • *Jon B*

I'm the Only One • *Melissa Etheridge*

Big Poppa • *The Notorious B.I.G.*

Back For Good • *Take That*

No More 'I Love You's' • *Annie Lennox*

Give It 2 You • *Da Brat*

Run-Around • *Blue Traveler*

HIStory Past, Present and Future Book 1 • *Michael Jackson*

CrazySexyCool • *TLC*

Under the Table and Dreaming • *The Dave Matthews Band*

End of the Road • *Boyz II Men*

Baby Got Back • *Sir Mix-A-Lot*

I Will Always Love You • *Whitney Houston*

Remember the Time • *Michael Jackson*

Mr. Loverman • *Shabba Ranks*

Tears in Heaven • *Eric Clapton*

Always Tomorrow • *Gloria Estefan*

I'll Be There • *Mariah Carey y Trey Lorenz*

Make It Happen • *Mariah Carey*

Don't Let the Sun Go Down on Me • *Elton John y George Michael*

Can't Let Go • *Mariah Carey*

Damn I Wish I Was Your Lover • *Sophie B. Hawkins*

57 Channels (And Nothin' On) • *Bruce Springsteen*

If You Asked Me To • *Celine Dion*

To Love Somebody • *Michael Bolton*

Jump • *Kris Kross*

Creep • *Radiohead*

Crossover • *EPMD*

Head Banger • *EPMD*

If I Should Fall Behind • *Bruce Springsteen*

Love Deluxe • *Sade*

The Chronic • *Dr. Dre*

Diva • *Annie Lennox*

Whoomp! (There It Is) • *Tag Team*

That's the Way Love Goes • *Janet Jackson*

Dreamlover • *Mariah Carey*

River of Dreams • *Billy Joel*

I Have Nothing • *Whitney Houston*

I'd Do Anything for Love (But I Won't Do That) • *Meat Loaf*

8

Nada que pudiera hacer

Cuando miro atrás, no puedo recordar un solo momento en el que me haya aburrido. Justo cuando las cosas empezaban a calmarse y a volver a la normalidad, empezaba otra tormenta. Durante ese período estábamos preparando otros dos huracanes: el Huracán George y el Huracán Terence. Es decir, George Michael y Terence Trent D'Arby.

La música de George Michael me gustaba mucho. *Faith* me parecía uno de los mejores álbumes pop de todos los tiempos. Componía y cantaba las canciones, tocaba varios instrumentos y producía prácticamente todas las pistas. La simplicidad y el sonido con el que grababa eran geniales. Era algo tan espectacular y completo que me sirvió de modelo de referencia para grabar más adelante excelentes álbumes de música pop. No hay palabras para describir mi entusiasmo cuando estaba preparando un nuevo álbum de George Michael.

George era una suerte de versión británica y moderna de Elvis, y lo había sido desde que tenía veinte años, cuando alcanzó el éxito en Wham!, un dúo. Tuvo hits como *Wake Me Up Before You Go-Go,* tenía una presencia fantástica en el escenario y una figura extremadamente atractiva. Más tarde se separó de Wham!

y sacó su álbum *Faith*. Para George Michael, el cielo era el límite.

Estábamos dejándolo preparar solo su nuevo álbum, por lo que no teníamos ni idea del concepto, de cómo sonaría la música o de cómo sería la parte visual. Entonces comenzamos a recibir pequeños indicios de nuestra gente en el Reino Unido, que se dedicaba a consentirlo; nos dijeron que algo no estaba bien y que teníamos que prepararnos para el nuevo rumbo que estaba tomando George.

Mis antenas se activaron. Cuando un artista llega a ser tan grande en tan poco tiempo y luego quiere hacer cambios abruptos, lo más probable es que dé un giro desafortunado. Lo había visto pasar desde el comienzo de mi carrera al observar a docenas de artistas hacer lo mismo.

La carrera de George Michael había despegado como un cohete de la NASA y por eso no tenía los beneficios que un artista como Bruce Springsteen obtiene mientras se desarrolla durante un largo tiempo. Durante los primeros cinco años de presentaciones en vivo y de componer música desde su corazón y desde su alma, Bruce tuvo la oportunidad de evolucionar hacia una visión clara de sí mismo. Esa claridad le permitió cambiar de dirección con el tiempo y desarrollar otra visión clara. A medida que Bruce seguía creciendo, fue haciendo más cambios y aumentando cada vez más la diversidad de su música y presentaciones. Permitía que su audiencia creciera con él. Sin embargo, siempre había lo suficiente de lo que la audiencia había escuchado desde el comienzo como para permitirle seguirlo en cualquier nuevo camino que emprendiera.

A George Michael no le fue permitido darse ese lujo. Todo lo que tenía era una veloz trayectoria de éxito, y creo que eso lo abrumó. Vivir en Londres es como vivir en un pueblo pequeño lleno de tabloides, y la fama que le cayó encima se adueñó de su vida. Todo lo que hacía aparecía publicado cinco veces al día.

Las cámaras lo seguían adondequiera que fuera, y esto se convirtió en algo insoportable para él. Fue algo que lo abrumó tanto que decidió darle un vuelco total a todo lo que lo había llevado al éxito. Estaba convencido de que la única forma de avanzar era sacando su nuevo álbum sin imágenes. Nada. Nada visual. Ahora bien, imagina a Elvis Presley sacando un álbum o haciendo una película sin que su cara aparezca en la carátula o en los afiches. Hacia allá se dirigía George Michael. Peor aún, con los elementos que estaba eligiendo, era evidente que estaba abandonando a su principal audiencia. Todos los artistas pueden decidir reinventarse —Madonna lo hace todo el tiempo— pero jamás le falta al respeto a sus antiguos fans.

Cuando nos enteramos de esto, algunos nos fuimos de inmediato para Londres, para estar con él, para entender lo que estaba pensando, para analizarlo y para oír la música. Yo salí varias veces a caminar con él por las calles y traté de explicarle lo que había creado y cuáles serían las expectativas de su audiencia. Fui muy directo. "Lo que quieres hacer va a ser problemático", le dije. "Estamos muy preocupados de que tu audiencia no responda de forma positiva. Pensamos que podría salir el tiro por la culata".

No le importaba. Quería cambiar. Punto. No utilizó esas palabras, definitivamente no estaba abierto a discusión.

Hall & Oates me habían convertido en un experto en cambios abruptos, pero éste era muy grave. Sin embargo, a fin de cuentas, estaba de vuelta al mismo lugar. Aunque no creíamos que esto pudiera beneficiar la carrera del artista, nos mantuvimos unidos y apoyamos las ideas de George Michael. Mi equipo y yo regresamos a Nueva York para dar la noticia a la tropa. "No hay forma de hacer que George cambie de idea. Pensemos en todo lo que podemos hacer para apoyarlo y lograr que el álbum sea un éxito".

Recibimos el arte para la carátula del álbum en Nueva York

y todos nos quedamos mirándola sorprendidos. La carátula era una fotografía recortada de una película famosa de 1940 llamada *Crowd at Coney Island*. Toda la fotografía era una aglomeración de gente. Era como si George Michael hubiera desviado el lente de la cámara para que no se enfocara en él sino en las multitudes que lo habían estado buscando. Después llegó el video del primer sencillo. La única aparición de George Michael era dando la espalda; llevaba una chaqueta negra de cuero. Sin rostro, sin cabeza, sin cuerpo. Este hombre era un símbolo sexual ¡y todo lo que había de él en el álbum era la espada de su chaqueta! Tal vez ni siquiera se daba cuenta de lo que hacía pero para nosotros era evidente. George le estaba dando la espalda a su audiencia, figurativa y literalmente. El video parecía una pesadilla de Kafka y una película de Fellini al mismo tiempo. "Este no es realmente el video, ¿verdad? Hay alguna otra parte de esto en algún lugar, ¿no es cierto?". Había otro elemento esencial: la música. La música en este álbum era muy buena. Sin embargo, era evidente que no tenía esa claridad distintiva e innegable de sus éxitos pop en el álbum *Faith*.

Entonces se lanzó el álbum. Se llamaba *Listen Without Prejudice, Vol 1*. Decir que no le fue bien sería poco. Salió y se estrelló contra un muro de ladrillo. Hubo reacciones de todas partes —desde sus fans hasta MTV— y el álbum, como se había previsto, vendió sólo una tercera parte de las ventas que tuvo *Faith*.

George Michael sólo podía señalar un culpable: Sony. ¿Qué hizo entonces? Intentó salirse de su contrato de grabación demandando a la compañía como si ésta fuera responsable por las malas ventas de su álbum. Si puedes imaginar cuán decepcionante fue esta experiencia para mí, personalmente, te puedo decir que las cosas sólo empeoraron para los dos. Hablaré de todo esto un poco más adelante.

Mi equipo sufrió un desengaño similar con Terence Trent D'Arby, pero por razones diferentes. Todos esperábamos muchísimo de él, y a mí su música me gustaba sobremanera. Consideraba que Terence estaba posicionado y destinado para convertirse en una de las mayores estrellas del mundo. Tenía el potencial de llegar al nivel de Michael Jackson y Prince. Como compositor, cantante y artista, este hombre era uno de los talentos más sobresalientes de todos los tiempos.

Había nacido en Manhattan y crecido en Florida con un padre que era ministro pentecostal y una madre que era cantante de góspel. Luego fue a Europa a prestar el servicio militar y se mudó a Londres. Absorbió completamente a Inglaterra y adquirió un acento británico. Cuando lo conocí, jamás habría pensado que fuera de Nueva York. Una increíble homogeneización de estilos y mezclas de música llenaban su mente y sus sueños y terminó creando una música maravillosa y unos clásicos sorprendentes. Sacó su primer álbum, *Introducing the Hardline According to Terence Trent D'Arby,* a mediados de 1987. Vendió un millón de álbumes en los primeros tres días, pero yo tenía la impresión de que aún estaba al comienzo de su trayectoria cuando llegué a CBS/Sony, unos meses después. Me tomé el tiempo de conocerlo y de conectarme con él. Entre más lo conocía, más me impresionaba. Su calidad de estrella era evidente desde el momento en que llegó al estudio: era un hombre joven, bien parecido, con una presentación impecable, con una apariencia meticulosa. Al verlo en el escenario, con su banda de R&B y una sección de trompetas, parecía un cruce entre una versión masculina de Tina Turner y Michael Jackson —aunque, tal vez, con mayor alcance aún—. Había en él una frescura que me hacía sentir también como cuando tenía catorce años y estaba en el Canada Lounge, en Mamaroneck, viendo a los Orchids. Uno escuchaba una balada clásica como *Sing Your Name* y luego una canción rítmica como *Wishing Well* y luego recordaba que ambas salían de su primer álbum. Uno ya podía comenzar a ver lo que este hombre podría lograr a lo largo de una prolongada carrera.

Estaba impaciente por oír su segundo álbum. Lo llamé y le pedí que lo trajera a Nueva York. Nos sorprendió a todos al presentarse con el *look* de Lou Reed después de *Walk on the Wild Side*, con el cabello teñido de rubio amarillo. Al verlo tuve un desagradable *flashback* de una noche en el Capital Theatre en Passaic, Nueva Jersey, años atrás, cuando Hall & Oates habían abierto el espectáculo para Lou Reed. El director escénico y el director de la gira corrían frenéticamente buscando a Lou mientras su banda comenzaba a tocar en el escenario. Nadie podía encontrar a Lou. Al final, sus representantes abrieron la puerta de un camerino que estaba a oscuras y lo vieron de pie, bajo la ducha, de cara a la pared.

Ninguno quiso que el aspecto físico de Terence nos hiciera olvidar su música. Pero cuando empezamos a oír su próximo álbum, todos los que estábamos ahí presentes lo pensamos: "La misma persona que sacó ese primer álbum no puede ser la misma que hizo éste". La música era un desastre. Desafortunadamente, también lo era su vida personal en ese momento. Era claro que algo estaba influyendo su mente y su proceso creativo. Algunas de las canciones no eran más que puro ruido. Para cuando terminamos de escuchar el álbum, lo supe en los huesos: "Está bien, tenemos problemas. Enormes".

Al terminar la sesión, todos quedamos boquiabiertos. Mi equipo y yo lo dijimos directamente a Terence: "Mira, tienes todas estas cosas maravillosas en ti, todos los ingredientes que te harán llegar a la cima. Y no hablamos de la visión que tenemos de ti. No estamos tratando de convertirte en algo y de llevarte a algún sitio al que no quieras ir. Sólo te pedimos que mires lo que has creado antes y lo que tienes en este álbum. La visión de tu primer álbum era pura y clara, y esto es algo totalmente borroso ¿Qué pasó?".

Nos miró con ojos inexpresivos y dijo: "Oigan, así es como me siento ahora. Eso es lo que estoy oyendo".

Se veía y se oía como un ser humano totalmente distinto. Sólo podía pensar: "Caray, aquí vamos de nuevo". Sólo que esto no era nada más que un giro a la izquierda. Y tenía la sensación de que éste podría ser un giro a la izquierda sin retorno.

Neither Fish nor Flesh salió en octubre de 1989 y el álbum simplemente no tenía lo que se necesitaba. Ahí estábamos, con la suerte de contar con estos grandes artistas y con la sensación de que tendríamos la oportunidad de ayudarles a llegar aún más alto. Pero en casos como los de George Michael y Terence Trent D'Arby, a pesar de todos nuestros esfuerzos por promover sus álbumes a nivel mundial, terminamos viéndolos caer, sin que hubiera absolutamente nada que pudiéramos hacer.

Entre más se acercaba el momento en que el álbum de Mariah estaría listo, más lo analizaba a fondo. Mariah había producido el primer sencillo (*Vision of Love*) y teníamos el tercer sencillo (*Someday*), que yo consideraba necesario. Pero aún no teníamos el sencillo que quería lograr para nuestra estrategia, esa segunda balada excelente.

Entre más escuchaba las canciones producidas por Narada, más intuía que había algo más que estaba ocurriendo con esa música. Parecía haber un ingrediente que agregaba algo a la composición en general, pero no era fácil identificarlo. Era más que sólo el trabajo de Narada. No sabía qué era, pero lo intuía.

Yo seguía escuchando y escuchando y planteándome interrogantes, y eventualmente me di cuenta de que ese ingrediente era un tecladista que aparecía en todos los arreglos y sonidos. Se llamaba Walter A.

Ése no era su nombre completo; todos lo llamaban así. Su nombre completo era Walter Afanasieff. Pero nadie tenía tiempo de pronunciar ese trabalenguas. Entonces lo llamé y le pedí que viniera a Nueva York para hablar conmigo. Al principio sólo sabía que era un tecladista talentoso que ayudaba a Narada en algunos de los arreglos. Entre más hacía preguntas sobre él, más maravillas oía de personas como Michael Bolton y de quienes trabajaban con Whitney Houston. Era un hombre callado y, cuando nos conocimos, no habló mucho de su pasado. No tenía el menor rastro de acento extranjero. Podía estar hablando con alguien nacido en San Francisco. Sólo después me enteré de que sus padres eran rusos y que había nacido en Brasil, y que tenía una educación musical clásica. Había sonidos y ritmos rusos y brasileños en su ADN que salían de él de una manera inesperada. No tenía la menor idea de que lo volveríamos uno de los más talentosos y originales productores con los que haya trabajado jamás. Pero desde el comienzo fue como si reconociera en él muchos de los talentos de David Foster, cuando era sólo un pianista de sesiones de grabación y lo traje para que hiciera su primera producción en un álbum de Hall & Oates. Todo lo que te puedo decir es que, desde el momento en que comencé a hablar con Walter A, tuve una buena impresión. Le ofrecimos un negocio exclusivo de producción y lo aceptó. Su mentor era Narada, pero ahora tendría libertad financiera para desarrollarse más por su propia cuenta.

El primer trabajo que le di fue reunirse con Mariah y encontrar nuestro segundo sencillo, esa balada excepcional. Quedó fascinado con Mariah, y ella con él. Tuvieron buena química desde el comienzo.

—Necesito que compongan la balada y la graben en una semana —les dije—. Y tienen que sacarla del estadio.

Decir que estábamos trabajando contra reloj es un chiste. El reloj ya había dado las doce. Ya habíamos presentado a Mariah a los minoristas en nueve ciudades, con el famoso pianista de R&B Richard Tee, y había sido una sensación. No había elementos llamativos, ni telones de fondo ni vestuario. Sólo ella, el pianista y tres cantantes de gospel en segundo plano. Nuestra división de distribución había preparado a los minoristas indicándoles que debían abrir espacio para mercadeo. Toda la compañía tenía el mandato de hacer del lanzamiento del álbum de Mariah, en junio de 1990, nuestra prioridad número uno. Todo estaba listo, a excepción de una cosa: la segunda balada. El CD ya estaba en prensa, listo para ser fabricado y lanzado a tiempo para las nominaciones al Grammy. Estábamos arriesgando ese cronograma cuando llamamos a Walter A para que compusiera una segunda balada.

Unos días más tarde fui a los estudios Hit Factory, donde los dos componían. Walter A puso sus manos sobre el teclado y Mariah comenzó a cantar *Love Takes Time*. No puedo describir lo que sentí, pero cuando uno oye un éxito, lo reconoce. Ahora tenían dos días para grabarlo. Volví y le pedí a Mariah que hiciera un último cambio vocal en el puente, y se alegró de haberlo hecho porque realmente resaltó la canción. De ahí el CD se fue directo a la planta de prensado. Ahora teníamos nuestros tres éxitos, nuestros tres golpes. Uno, dos, tres.

Queríamos que el primer golpe fuera a dar directamente a Arsernio Hall. *The Arsenio Hall Show* era uno de los programas de opinión más populares del momento, y sin duda el más entretenido y animado de los últimos programas de la noche. Por lo general, no habría habido forma de que Mariah apareciera en ese tipo de programa antes de tener ya un álbum de éxito. Mariah era totalmente desconocida, jamás en su vida había cantado ante un gran auditorio. Era tímida y había en ella una cierta expresión de cervatillo deslumbrado por las luces de un auto. Pero después de ver la forma como conmovió a los minoristas y a la personas de la radio, estaba dispuesto a correr el riesgo. Por lo tanto llamé a Arsenio, le pedí que la incluyera en el programa y le envié el álbum. Nos dieron luz verde.

Se alzó el telón en el escenario oscurecido. Mariah cantó *Vision of Love* y enloqueció a la audiencia. La respuesta empezó como un murmullo que fue en un *crescendo*. A los pocos días cantó *America the Beautiful* en las finales de la NBA. Jugaban los Detroit Pinstons y los Portland Trailblazers en la Palace, a las afueras de Detroit. Durante un par de minutos conmovió no sólo a quienes estaban en el estadio sino también a los televidentes de costa a costa. Cuando su voz llegó al registro más alto, similar a un silbido, hacia el final de la canción, las cámaras enfocaron a los basquetbolistas, que se miraban unos a otros con expresiones de incredulidad. Y cuando terminó, el maestro de ceremonias dijo simplemente: "Ahora *el palacio* tiene una reina".

Estábamos justo en el camino en el que esperaba estar. Todo salió tal como lo planeé y parecía casi demasiado bueno para ser cierto. La respuesta del público fue como haber encontrado un pozo de petróleo. El álbum vendió millones y me sentía como si estuviera caminando en el aire. Y si *yo* me sentía caminando en el aire, sabía que jamás podría imaginar lo que estaba pasando por la mente de Mariah.

Habiendo sido representante y habiendo visto la facilidad con la que todo se puede enfriar, me esforcé por mantener el equilibrio lo mejor que pude. "Mantén tus pies en el suelo", le repetía una y otra vez. "Éste va a ser un largo viaje y, si no tenemos cuidado, podría terminar muy pronto. No podemos perder el rumbo. Sólo mantén los pies en el suelo".

Sabía también dónde estaba ese suelo exactamente: en el estudio de grabación. Cuando terminara la primera ronda de publicidad, habría mucho que hacer. Teníamos un plan para evitar el trauma del principiante impactando tan rápido al público de tal forma que éste no supiera que había recibido un impacto.

Fue muy bueno haber podido lanzar a Mariah en ese momento porque pronto la compañía entraría en un período de estancamiento. Por alguna razón, las cosas empeoraron cuando Walter Yetnikoff regresó de Hazelden. El centro de tratamiento había logrado eliminar el alcohol y las drogas de la vida de Walter, pero no los problemas subyacentes que él intentaba anestesiar con las drogas y el alcohol.

Ahora que estaba sobrio, andaba paranoico y furibundo —más que todo esto último—. Pero para la compañía eso no fue lo peor. El problema inmediato era que Walter era quien daba la autorización final para todos los negocios que estábamos haciendo, y dejó de firmar contratos para dedicarse a desarrollar proyectos. La compañía estaba totalmente paralizada. La oficina estaba tan tranquila que daba miedo, como ocurre justo antes de que se avecine un tornado y no sabes si lo que estás viendo es la oscuridad al final de la ciudad o una tormenta que va a afectarte directamente. Todo dependía del lado de la cama del que Walter se levantara. Pero sabíamos que iba a suceder: eventualmente la locura iba a aflorar y nos afectaría a algunos o a todos. Todo lo que Walter quería era armar discusiones de tres horas, buscar pelea y derribar cualesquier puente que aún le quedara.

Estaba utilizando a Steve Ross, quien estaba reemplazando a Larry Tisch, como su saco de boxeo favorito. Estaba gritándole a Michael Jackson y peleando con el representante de Bruce Springsteen, Jon Landau. Inclusive se enfrentó a alguien con quien nadie en la industria se hubiera querido meter: David Geffen.

"Contrata un detective privado y consigue alguna prueba de algo malo que Greffen haya hecho", me decía. Naturalmente me limitaba a escucharlo y nunca lo hacía. Entonces me llamaba y me decía que investigara a Michael Jackson. Claro está, eso tampoco lo hacía. Entonces me llamaba diez veces al día siguiente para ver si ya había conseguido los detectives y las pruebas que necesitaba.

Regañaba a Grubman cada vez que se encontraban. Allen tenía que soportarlo porque representaba a muchísimos artistas de CBS y había mucho dinero en juego. Pero llegó a un punto en el que ya no resistía ver cómo Walter abusaba de él. Entonces Walter dio órdenes al departamento de manejo de negocios de no volver a hablar con Grubman. Luego le prohibió a Grubman la entrada al edificio. Después me ordenó que no hablara con Grubman ni tuviera nada que ver con él. Grubman representaba a muchas super estrellas de nuestra compañía. ¿Cómo no iba a hablar con él? Era una locura, y fue mucho más lejos. Walter me puso en la peor de las posiciones. El hombre que me había dado mi gran oportunidad me estaba ordenando que no hablara con mi apreciado amigo. Walter estaba aferrado a mi lealtad.

Llegó un punto en el que había cerros de memorandos de negocios y contratos sobre el escritorio de Walter por más de un mes, esperando ser firmados. Ahí estábamos: intentando desesperadamente desarrollar la compañía de música del futuro para competir y conseguir nuevos artistas, y todos los que estaban trabajando al máximo veían cómo su trabajo se les devolvía a la cara como un búmeran. Cuando Walter no firmaba los contratos, la compañía quedaba como si estuviéramos insultando a los representantes y a los abogados de los nuevos artistas. La gente me preguntaba una y otra vez: "¿Qué pasa? ¿Por qué tanta demora?". Y llegó un momento en que ya no sabía qué decirles. Walter era mi jefe y todo lo que yo podía decir era: "Los contratos están en el escritorio de Walter". Todos los abogados en nuestro departamento de relaciones de negocios se estaban arrancando el cabello. Todos en la compañía se daban cuenta de la situación y no pasó mucho tiempo antes de que esto se supiera en toda la industria, de costa a costa, y luego atravesara seis mil millas de océano, hasta Japón.

Yo intenté hacer que Walter se mirara en el espejo. Le instaba, le rogaba en algunos casos que intentara enfrentar la situación por su propio bien, haciéndole ver que la compañía estaba paralizada por completo.

—Déjame solo —me respondía furioso.

Las cosas nunca habían sido así entre nosotros. Walter había impuesto una pared entre él y todos los demás a su alrededor, y ahora estaba alzando una pared entre él y la última persona que lo apoyaba: yo. Su oficina se convirtió en un búnquer. Cerró las puertas y no permitía que nadie entrara, ni siquiera yo, que estaba acostumbrado a entrar a su oficina diez veces al día.

Esto iba sólo en una dirección: yo podía ver que él estaba en el borde del abismo y no quería estar junto a él cuando se despeñara.

No había forma de llegar a Walter. Mickey Schulhof, el representante de Sony en los Estados Unidos, intentó concertar reuniones con él para entender lo que estaba ocurriendo. Walter se enfurecía con él y lo llamaba Mickaleh Pickaleh. Walter tenía un nombre especial para todos en Yiddish. A veces, estar cerca de él era como oír a Jackie Mason en crack. Pero no fue gracioso cuando le dijo a Mickaleh Pickaleh que lo dejara en paz y se largara a hacer sus cosas a otra parte. Ya puedes imaginarte cómo le cayó eso a Mickey. Walter no sólo estaba en un estado de negación sino que nada le importaba.

Comenzaron a llegar historias a la gerencia en Japón a través de Schulhof. Mickey era más que el representante de Sony. Era el confidente de Norio Ohga. Aproximadamente un mes después de que saliera el álbum de Mariah, Ohga vino a Nueva York para hablar con Walter acerca de su comportamiento. Ahora ya había recibido una advertencia formal, aunque todos sabíamos que de nada le iba a servir.

Para entonces intentaba mantenerme alejado de Walter lo más posible. Lo único que conseguiría sería meterme en problemas si no lo hacía. Walter había disgustado a muchas de las personas equivocadas, y se estaba creando una reacción generalizada en su contra para retirarlo de su cargo. Cuando todos los que trabajan con Michael Jackson se enfurecen y el representante de Bruce Springsteen se disgusta y Allen Grubman se siente humillado; y cuando Walter no deja tranquilo a Steve Ross y conspira para despedir a David Greffen, básicamente está empezando un maremoto.

Schulhof me dijo que Ohga vendría a Nueva York para tener algunas reuniones en septiembre y no era difícil adivinar lo que ocurriría. A medida que se aproximaba la fecha, toda la oficina pareció silenciarse. Era como si toda la compañía se hubiera cerrado.

Mickey ya le había dicho a Ohga que había que hacer un cambio. Pero cuando me llamaron para reunirme con Ohga y con Schulhof, Ohga fue muy explícito: me preguntó si todas las quejas eran ciertas y si la compañía estaba realmente paralizada. Luego Ohga y Mickey llamaron a reunión a todo mi equipo y preguntaron variaciones de la misma pregunta: "¿Pueden hacer negocios? ¿Pueden decirme qué pasa?". Todo el mundo le dijo que la compañía estaba básicamente muerta.

Una hora después de estas reuniones, llamaron a Walter para que se reuniera con Ohga. Norio salió de esa reunión con aire muy solemne, como si estuviera saliendo del funeral de su mejor amigo. Al día siguiente, él y Schulhof me llamaron a una reunión con todo mi equipo.

Éramos unos seis en la sala. "Lamento muchísimo tener que decirles esto", dijo Ohga. "Algo terrible ha ocurrido. Debo decirle a mi buen amigo de más de veinte años que ya no trabajará para esta compañía". Respiró profundo y continuó. "Aprecio mucho a Walter, siempre lo he hecho. Pero ésta no es mi propia compañía privada. Tengo una obligación con nuestros accionistas".

No se necesitaron más de sesenta segundos para que Ohga dijera esas palabras. Se detuvo y no dijo nada más. Era una situación muy incómoda. Tampoco se levantó para irse ni nos pidió que nos fuéramos. Simplemente se quedó allí sentado, en silencio. Por último, todos nos miramos unos a otros, nos pusimos de pie y salimos de allí.

Los medios hicieron un gran despliegue del despido de Walter. Lo llamaron "un golpe de Estado en el Palacio". Llegó a conocerse como la Masacre del Día del Trabajo porque ocurrió justo cuando todo el mundo volvía a la oficina después del feriado de septiembre.

Los medios me echaron toda la culpa. Éstas son cosas que he aprendido a aceptar. Ya sabes cómo es. Cuando alguien es despedido, siempre es fácil señalar como culpable al que está más cerca. Y especialmente si su apellido termina en una vocal. Eso hizo que los titulares fueran mucho más sensacionalistas.

Sony Tokio quedó sorprendida con la reacción de la prensa, confundida y sin saber qué hacer. Entonces Ohga puso de inmediato a Mickey en el puesto que Walter ocupaba en la compañía. Esta locura realmente asustó a los ejecutivos en Tokio, y era hora de que las cosas se calmaran.

De verdad fue terrible lo que ocurrió con Walter. Pero no había absolutamente *nada* que yo pudiera hacer. Al final se trataba de él o de todos nosotros. Yo sólo quería que la compañía funcionara de nuevo.

Nadie de la industria que recuerde los titulares tiene idea de lo que realmente ocurrió. La mejor forma de describirlo es también la más triste: Walter Yetnikoff se echó la soga al cuello.

VOCES

MEL ILBERMAN

Quiero decirles algo: Walter Yetnikoff fue un hombre brillante. No son demasiados los que han tenido la genialidad o las agallas que tuvo Walter Yetnikoff para contratar a Tommy. Si Walter no hubiera estado trabajando para una compañía japonesa, probablemente esto no habría sido posible. Nadie sería capaz de darle ese cargo a alguien sin experiencia trabajando dentro de la estructura de una gran compañía. Pero Walter tuvo la intuición de que Tommy lo podría hacer. Walter era un hombre maravilloso. Sólo que tenía sus cosas. Esas cosas lo hicieron pasar tiempos difíciles y le causaron muchos problemas.

JON LANDAU

Tuve una relación muy compleja con Walter Yetnikoff durante los catorce años que trabajamos juntos. Doce de esos años fueron muy, muy, muy buenos. Los últimos dos fueron un deterioro que no quiero revisitar.

SHARON OSBOURNE

Walter Yetnikoff no sabía absolutamente nada de música. No era más que un abusador de estrellas. Trataba a los artistas como si fueran objetos, no seres humanos. Además, era el prototipo de la misoginia.

Yetnikoff consumió más drogas que cualquier artista con el que jamás haya trabajado; incluso hizo que Ozzy pareciera un verdadero principiante.

Tommy nunca se dejó enredar en esa idiotez de la droga; era demasiado inteligente. Cuando Tommy se hizo cargo de Sony, era el único ejecutivo en la industria que realmente se preocupaba por la música y los artistas. Lo primero que hizo fue poner un piano en su oficina. Los demás ejecutivos tenían calculadoras, pero Tommy tenía un piano.

RANDY JACKSON

Empresario de la música / Juez de *American Idol*

Para referirme a Tommy suelo valerme de este ejemplo porque él era muy inteligente.

Lo conocí cuando éramos aún muy jóvenes. Yo trabajaba con Narada Michael Walden —ese productor legendario— y Tommy vino a San Francisco con esta gran artista, Mariah Carey. Empezamos a trabajar en su primer álbum.

En estos equipos de productores siempre hay unos tras bambalinas que hacen la mayor parte del trabajo mientras el jefe crece. Cuando uno comienza como productor, le toca hacer todo el trabajo solo; se encarga de uno o dos proyectos, de lo que sea.

Pero uno empieza a crecer y ya luego tiene diez proyectos encima y es imposible hacerlo todo, por lo que hay que recurrir a un equipo B y a un equipo C.

Los que son realmente inteligentes van a los estudios y buscan por ahí: "Está bien: sé quién es el jefe, pero ¿quién es el que está haciendo que esto realmente ocurra?".

Tommy fue lo suficientemente astuto como para ver que Walter A y yo estábamos haciendo gran parte del trabajo. Vio algo en nosotros que definitivamente podía utilizar para ayudar a madurar la carrera de Mariah. Walter se convirtió en productor ejecutivo de Sony. Yo me convertí en el director musical del programa de Mariah y luego —yo, un músico de A&R— en vicepresidente *senior* de Columbia Records.

Todo fue creciendo como una avalancha de ahí en adelante. Tommy creyó en nosotros y en nuestro talento, y creyó que sabíamos algo que podía enriquecer a Mariah. De modo que me quito el sombrero ante él y le presento mis respetos por haber tenido fe.

P. DIDDY (AKA SEAN COMBS)

Cuando fui a ver a Tommy por primera vez, me sentí como si estuviera conociendo al Padrino. Algo que tenemos en común Tommy y yo es nuestro origen. Venimos de una ciudad interior, de los barrios bajos de Nueva York: él viene de un barrio italiano y yo de un barrio de negros, y todos tratamos de salir adelante. Todos procuramos encontrar algo mejor.

Algo que la gente no tiene en cuenta sobre Tommy Mottola es la manera como está pendiente personalmente de todo. Hay muchos ejecutivos que permanecen en su torre de marfil. Nunca van al estudio. Nunca se ensucian las manos. No hablan con el productor que aún no es exitoso. Pero Tommy siempre era accesible. Siempre estaba ahí, siempre escuchaba la música y era lo suficientemente inteligente como para hacer preguntas. Entendía la importancia de la melodía, la estructura de un disco que pudiera llegar a ser un éxito.

Creo que uno de sus mayores atributos era el de trabajar con la música en el estudio, cultivar realmente la música, impulsar a los artistas hasta llevarlos a ser grandes figuras, y ayudándolos de verdad. A veces se le puede decir a alguien que queremos más, y dejarlo ahí con el problema. Tommy podía decir que quería más y luego encontraba la solución para conseguirlo.

CORY ROONEY
Ejecutiva de la música

Tommy realmente conocía los instrumentos. A veces me sorprendía. Decía: "¿Sabes qué necesita esto? Esto necesita un violonchelo, justo aquí. Necesitamos este tipo de línea de cuerdas". Levantaba el teléfono: "Consiga a alguien que nos traiga esto". Y yo pensaba: "Esto es una locura". Pero cuando lo que había pedido aparecía y empezaba a dar resultado, me decía:

"Realmente sabe lo que hace". A veces se sentaba frente al teclado y mezclaba él mismo los discos. A veces se sentaba en el estudio con nosotros y escribía melodías y letras. No podía obtener crédito por eso porque él era el presidente de la compañía, pero realmente se sentaba y escribía las letras con nosotros.

HARVEY WEINSTEIN

Tommy es un imán de talento. Es alguien que se asemeja a los íconos de la industria del entretenimiento. En mi negocio, sería como Irving Thalberg o David O. Selznick, alguien que podría hacer una película.

Es un artista. Puede llegar y decirle al productor lo que no funciona en una canción. No es una de esas personas que simplemente dice: "Oye, muchas gracias por el disco. Haremos nuestro mejor esfuerzo para venderlo". No, puede hablar cara a cara con alguien y decir: "Se trata de esto".

En nuestro mundo, esos son los hombres que crearon este negocio. Los que lo heredaron son diferentes, pero quienes crearon nuestra industria son personas como Tommy Mottola.

One Sweet Day • *Mariah Carey y Boyz II Men*

Because You Loved Me • *Celine Dion*

Always Be My Baby • *Mariah Carey*

Tha Crossroads • *Bone Thugs-n-Harmony*

Not Gon' Cry • *Mary J. Blige*

Fantasy • *Mariah Carey*

Gangsta's Paradise • *Coolio*

Lady • *D'Angelo*

Wonderwall • *Oasis*

Ironic • *Alanis Morissette*

Whenever, Wherever, Whatever • *Maxwell*

Virtual Insanity • *Jamiroquai*

Shadowboxer • *Fiona Apple*

Macarena • *Los del Río*

Give Me One Reason • *Tracy Chapman*

Who Will Save Your Soul • *Jewel*

Missing • *Everything But the Girl*

Change the World • *Eric Clapton*

No Diggity • *Blackstreet*

Fastlove • *George Michael*

Just a Girl • *No Doubt*

Crush • *The Dave Mathews Band*

Doin It • *LL Cool J*

If I Ruled the World (Imagine That) • *Nas*

The Score • *Fugees*

It Was Written • *Nas*

Un-Break My Heart • *Toni Braxton*

Candle in the Wind 1997 • *Elton John*

Foolish Games • *Jewel*

I'll Be Missing You • *Puff Daddy y Faith Evans*

Can't Nobody Hold Me Down • *Puff Daddy*

I Believe I Can Fly • *R. Kelly*

How Do I Live • *LeAnn Rimes*

Mo Money Mo Problems • *The Notorious B.I.G.*

I Want You • *Savage Garden*

Every Time I Close My Eyes • *Babyface*

All by Myself • *Celine Dion*

It's All Coming Back to Me Now • *Celine Dion*

Secret Garden • *Bruce Springsteen*

Karma Police • *Radiohead*

Angels • *Robbie Williams*

Guantanamera • *Wyclef Jean*

Criminal • *Fiona Apple*

Building a Mystery • *Sarah McLachlan*

Fly Like an Eagle • *Seal*

Buena Vista Social Club • *Buena Vista Social Club*

You're Still the One • *Shania Twain*

"Truly Madly Deeply • *Savage Garden*

All My Life • *K-Ci and JoJo*

No No No • *Destiny's Child*

My Heart Will Go On • *Celine Dion*

Gettin' Jiggy Wit It • *Will Smith*

My All • *Mariah Carey*

Been around the World • *Puff Daddy*

I Don't Want to Miss a Thing • *Aerosmith*

This Kiss • *Faith Hill*

Ray of Light • *Madonna*

Uninvited • *Alanis Morissette*

Brick • *Ben Folds Five*

Car Wheels on a Gravel Road • *Lucinda Williams*

Deeper Underground • *Jamiroquai*

Doo Wop (That Thing) • *Lauryn Hill*

Can't Take My Eyes Off of You • *Lauryn Hill*

Gone Till November • *Wyclef Jean*

The Boy Is Mine • *Brandy y Monica*

Adia • *Sarah McLachlan*

My Way • *Usher*

What You Want • *Mase*

"Feel So Good" • *Mase*

Spice Up Your Life • *Spice Girls*

A Rose Is Still a Rose • *Aretha Franklin*

Vol. 2... Hard Knock Life • *Jay-Z*

Surfacing • *Sarah McLachlan*

One Sweet Day • *Mariah Carey y Boyz II Men*

Because You Loved Me • *Celine Dion*

Always Be My Baby • *Mariah Carey*

Tha Crossroads • *Bone Thugs-n-Harmony*

Not Gon' Cry • *Mary J. Blige*

Fantasy • *Mariah Carey*

Gangsta's Paradise • *Coolio*

Lady • *D'Angelo*

Wonderwall • *Oasis*

Ironic • *Alanis Morissette*

Whenever, Wherever, Whatever • *Maxwell*

Virtual Insanity • *Jamiroquai*

Shadowboxer • *Fiona Apple*

Macarena • *Los del Río*

Give Me One Reason • *Tracy Chapman*

Who Will Save Your Soul • *Jewel*

Missing • *Everything But the Girl*

Change the World • *Eric Clapton*

No Diggity • *Blackstreet*

Fastlove • *George Michael*

Just a Girl • *No Doubt*

Crush • *The Dave Mathews Band*

Doin It • *LL Cool J*

If I Ruled the World (Imagine That) • *Nas*

The Score • *Fugees*

It Was Written • *Nas*

Un-Break My Heart • *Toni Braxton*

Candle in the Wind 1997 • *Elton John*

Foolish Games • *Jewel*

I'll Be Missing You • *Puff Daddy y Faith Evans*

Can't Nobody Hold Me Down • *Puff Daddy*

I Believe I Can Fly • *R. Kelly*

How Do I Live • *LeAnn Rimes*

Mo Money Mo Problems • *The Notorious B.I.G.*

I Want You • *Savage Garden*

Every Time I Close My Eyes • *Babyface*

All by Myself • *Celine Dion*

It's All Coming Back to Me Now • *Celine Dion*

Secret Garden • *Bruce Springsteen*

Karma Police • *Radiohead*

Angels • *Robbie Williams*

Guantanamera • *Wyclef Jean*

Criminal • *Fiona Apple*

Building a Mystery • *Sarah McLachlan*

Fly Like an Eagle • *Seal*

Buena Vista Social Club • *Buena Vista Social Club*

You're Still the One • *Shania Twain*

Truly Madly Deeply • *Savage Garden*

All My Life • *K-Ci & JoJo*

No No No • *Destiny's Child*

My Heart Will Go On • *Celine Dion*

Gettin' Jiggy Wit It • *Will Smith*

My All • *Mariah Carey*

9

Un amor fuera de
lo común

Dos días después estaba yo sentado en la nueva oficina de
Mickey Schulhof revisando todos los memorandos y contratos. En el transcurso de veinticuatro horas, firmamos todo lo
que había que firmar y nuestra compañía empezó a trabajar a
todo vapor.

Mi relación laboral con Mickey era fácil y extraordinaria.
Era un hombre sin complicaciones. No sabía de música así que
me daba espacio para hacer lo que yo sabía hacer. El momento
no pudo ser más oportuno. Imagínate trabajar allí durante la
época en que Gloria Estefan, Mariah Carey y Celine Dion estaban
empezando a florecer.

Después de todo lo que había pasado con Walter, era fenomenal estar de vuelta a la normalidad. En enero de 1991, estaba
sentado en primera fila en la ceremonia de los American Music
Awards. Era una noche muy importante: Gloria Estefan regresaba al escenario después del accidente. Antes de su presentación, tanto el público televidente como el que estaba presente
en el Shrine Auditorium de Los Ángeles vio un video del acci-

dente que mostraba imágenes del autobús destrozado y de Gloria transportada en camilla hasta la ambulancia. Terminado el video, un solo reflector azul iluminó la oscuridad y bañó a Gloria, que se encontraba en el centro del escenario. El auditorio entero se puso de pie para darle una ovación. A medida que el aplauso aumentaba, miré a Emilio, sentado junto a mí, y a Nayib, que entonces sólo tenía diez años, sentado junto a él, y luego miré a Gloria, y no pude controlar las lágrimas. Uno de los momentos más emocionantes de mi vida fue escuchar a Gloria cantar *Coming Out of the Dark*.

Menos de un mes después acompañé a Mariah a la ceremonia de los Grammy; la habían nominado a cinco premios. Por respeto a mis hijos, procuraba no mostrarme mucho en público con ella mientras me estaba divorciando de su madre. Desgraciadamente, nuestro matrimonio terminó como empezó: comenzó en las páginas sociales del *New York Times* con el anuncio de nuestra boda y finalizó con un gran despliegue en todos los diarios. Al término del proceso de divorcio, me sentí más tranquilo estando en público con Mariah, y la ceremonia de los Grammy fue un primer gran paso en esa dirección.

Mariah escuchó su nombre dos veces. La primera fue para recibir el premio que anhelábamos: Mejor Nueva Artista. Y la segunda, por el premio a Mejor Vocalista Pop por su canción *Vision of Love*. Ganar un Grammy en tu primer disco es una experiencia surreal, casi un cuento de hadas. Y para cuando Mariah estaba alejándose del podio, ya nos habíamos asegurado de que el cuento de hadas siguiera su curso. No cometeríamos errores de principiante con su segundo álbum. Todo estaba planeado para evitar caer en los problemas que muchos artistas enfrentan en su segundo esfuerzo.

Los cuatro primeros sencillos que lanzamos del primer álbum de Mariah llegaron al número uno. Ahora nos preparábamos para lanzar el primer sencillo de su nuevo álbum, *Emotions*, tan rápido que el público creería que la canción pertenecía al primer álbum. Cuando por fin se dieran cuenta de que no era así, ya estarían prendados y querrían comprar el segundo álbum de inmediato. Pum. Pum. Pum. Pum. Pum. Lo mismo que había visto hacer a Elvis a mis ocho años. Hasta el día de hoy, Mariah es la única artista cuyos cinco primeros discos sencillos llegaron al número uno en la cartelera de *Billboard Hot 100*, y ningún otro solista —incluyendo a Elvis— ha tenido más discos que hayan llegado al número uno, que Mariah.

Me pregunto cuál sería la cara que puso mi psicóloga cuando vio los premios Grammy por televisión y vio a Mariah dándole gracias a Dios por su primer Grammy y a Tommy Mottola por haber creído en ella. Aunque la psicóloga tenía razón en decir que yo estaba en negación, no podía seguir diciendo que yo desvariaba, al menos en lo que se refería al éxito de Mariah. Mi instinto no se había equivocado en cuanto a su talento; lo que sí es cierto es que mis sentimientos y el torbellino de emociones me confundieron e hicieron que bajara la guardia.

También me reconfortaba la unión que veía entre Gloria y Emilio, y todo lo que tenían en común gracias a la música. Celine y René Angélil compartían una conexión similar y, aunque ellos se mostraban juntos en público cuando los conocí, la magia entre los dos era innegable.

Conocí a Celine y a René en 1989, cuando ella estaba dejando de cantar en francés para grabar su primer álbum en inglés: *Unison*. En ese entonces, Celine no hablaba mucho inglés —sólo unas cuantas palabritas— pero cantaba como un ángel y mucho más. Ella tiene un oído tan fino y es una vocalista tan increíble que podía estudiar el fraseo y las letras de las canciones fonéticamente y luego cantar en inglés con mucha claridad, a pesar de no dominar el idioma. Recuerdo estar en el estudio oyéndola cantar *Where Does My Heart Beat Now* por primera vez. Fue imponente. No cabía la menor duda de que el éxito de Celine sería enorme.

Ella creó su propio camino y un estilo musical inigualable. Era diferente del de Whitney y Mariah —más moderado, más puro—. Tenía un oído asombroso, por eso creo que es la mejor cantante que he conocido en mi vida. Hay algo en su voz que va a perdurar a pesar de los años. Cuando oigo cantar ahora a Tony Bennett, a sus ochenta y tantos años, siento que la voz de Celine va a tener esa misma magia cuando llegue a esa edad.

La pregunta que nos hacíamos era: ¿Cómo vamos a presentar al mundo esta voz tan especial? Necesitábamos un plan maestro para lanzarla. Unos cuantos meses después se nos presentó una oportunidad fantástica: Disney nos contactó porque tenía una película animada muy importante: *Beauty and the Beast* (*La bella y la bestia*). Podíamos escoger a la cantante que quisiéramos de las que grababan con nuestro sello, así que, por supuesto, escogí a Celine y traje a Walter A como productor. La canción, escrita por Alan Menken, precisaba ser cantada a dúo, así que juntamos a Celine con un artista fantástico llamado Peabo Bryson. No podríamos haber encontrado una mejor oportunidad de comercialización a gran escala. Disney invirtió muchos millones de dólares en el mercadeo de esta producción, que terminó siendo nominada a un premio Oscar como mejor película.

Recuerdo asistir al preestreno, escuchar el tema principal de la película y pensar: "Perfecto". Unas semanas después, la canción se convirtió en un éxito mundial. Fue una época extraordinaria, y el futuro se veía muy prometedor. Mientras todo esto ocurría, nos preparábamos para el lanzamiento del primer álbum en cuatro años de aquel titán que fue Michael Jackson.

———————

Respetábamos y queríamos tantísimo a Michael Jackson que hicimos hasta lo imposible cuando le renovamos el contrato con Sony en 1991. No puedo afirmar que haya sido *el contrato más grande* que se le hubiera ofrecido a alguien hasta ese entonces, como se informó en los medios, pero sí fue uno de los más grandes.

Esto es lo que necesitas saber, ya que te ayudará a entender todo lo que vino después: aunque Michael estuvo satisfecho con las negociaciones finales, no quería firmar el contrato a menos de que el comunicado de prensa lo anunciara como un trato por mil millones de dólares. No le estábamos pagando a Michael mil millones de dólares, de ninguna manera, pero si eso era lo que él quería que dijera el comunicado de prensa, nos ingeniamos la manera de hacer que así sonara. Claro, si sus álbumes vendían como lo habían hecho *Thriller* y *Bad*, se podía extrapolar que las ventas de dichos álbumes equivaldrían a mil millones de dólares. Así que lo hicimos sonar en la prensa de tal manera que Michael quedara satisfecho. Pero si mal no recuerdo, el avance que le dimos fue de aproximadamente treinta y cinco millones dólares. Supongo que esto era un día normal en la vida de Michael Jackson, quien vivía en un mundo de fantasía donde todos los sueños se hacen realidad.

Recuerdo ir a ver a Michael en la *suite* presidencial del Four Seasons. Cuando entré a su *penthouse* de cuatro mil pies cuadrados, no podía dar crédito a mis ojos. La *suite* estaba repleta de maniquíes de escaparate, vestidos de pies a cabeza. Había veinticuatro en total, y todos tenían atuendos diferentes. Era espeluznante, como entrar a un museo de cera. Me ponían nervioso. Le pregunté a Michael por qué los tenía y respondió: "Me gustan. Son mis amigos". Los llevaba consigo a todas partes. Cuando cometí el error de felicitarlo por sus amigos, al día siguiente me mandó dos, completa y elegantemente vestidos. Los mandé derecho a un depósito.

La gente que osaba reventar los globos que Michael mantenía inflados a su alrededor no pasaba mucho tiempo alrededor suyo. Dicho de otra manera, si alguien le decía a Michael que "no" una vez, porque era lo correcto, ese alguien quedaba despedido. Durante los quince años que supervisé la carrera de Michael en Sony, creo que despidió por lo menos a cinco representantes y a diferentes abogados, sin mencionar que el príncipe Al-Waleed bin Talal de Arabia Saudita fue su mentor temporal. Me tuve que reunir con Al-Waleed en numerosas ocasiones para hablar de la carrera de Michael, por absurdo que parezca, y pasar por dos pisos de personal de seguridad en el hotel Plaza sólo para llegar a la suite del príncipe. También me tenía que reunir con Mohamed Al-Fayed, el propietario de Harrods, quien de verdad estimaba a Michael y se ocupó de él muchas veces cuando lo necesitó.

Pero no había casi nadie que pudiera hablarle con sinceridad a Michael porque él era Michael Jackson, Rey del Pop, y era él quien pagaba. Se rodeaba de gente que le decía que "sí" sólo para poder estar cerca de él, o porque recibían dinero de él: "Michael, ¿qué quieres? Michael, ¿cómo lo quieres? Michael, ¡sí se puede! Michael, ¡por supuesto que se puede! ¡Sí, Michael, sí Michael, sí Michael, sí!". Esto me ponía en una situación un poco excepcional. Yo estaba a cargo de Sony Music, y Sony era quien le pagaba *a él*. Yo no me enfrentaba a él con frecuencia, pero creo que fui la única persona en el mundo que le pudo decir a Michael Jackson: "No creo que eso esté bien". Desde un principio, le amargaba que las cosas fueran así, pero sobre todo le infundía respeto.

En noviembre de 1991, Michael lanzó *Dangerous*. El álbum tuvo dos sencillos enormes —*Black or White* y *Remember the Time*— y sería casi imposible que alguien considerara que ese álbum no fue un éxito colosal. *Dangerous* llegó a vender treinta y dos millones de unidades, pero todos los que escucharon el disco en

Mariah y yo en los Buenos tiempos… *Crédito: Sony Music*

A comienzos de los noventa después de una fiesta de los Premios Grammy en Los Ángeles en el Restaurant Jimmy's: qué buenos recuerdos. En la fila de abajo (de izquierda a derecha): Walter Afanasieff, Celine Dion, Mickey Schulhof, Mariah Carey, yo, Michael Jackson, Brooke Shields, Dave Glew, Tracey Edmonds, Babyface. Acuclillado frente a Brooke Shields está Daryl Simmons y junto a él está LA Reid. En la fila de atrás (de izquierda a derecha): Richard Griffiths, Michele Anthony, Tony Bennett, Peabo Bryson, Mary Chapin Carpenter, Regina Belle. En el extremo derecho está Shelly Lazar, aka MFTQ (motherfucking ticket queen). *Crédito: Sony Music*

Madonna y yo en la fiesta previa a los Oscar en Asia de Cuba, Los Ángeles, en marzo de 1998. *Crédito: Sony Music*

Con el fundador, presidente y CEO de Sony, Akio Morita, y la violinista Midori.
Crédito: Sony Music

De izquierda a derecha: el Presidente Corporativo y CEO de Sony, Norio Ohga, mi mentor y padrino japonés, yo y Nobuyuki Idei en Tokyo, febrero de 1996.
Crédito: Sony Music

En Nueva York, en la fiesta después de los Grammy: Robert De Niro, Billy Joel y yo.
Crédito: Sony Music

George Michael y yo en su presentación del álbum *Faith* en el Madison Square Garden.
Crédito: Sony Music

Durante la fiesta de Vanity Fair en el Tribeca Film Festival, en abril de 2011, con Michael Douglas y Robert De Niro. *Crédito: Dick Corkery*

Con Billy Joel y Michael Jackson en una de nuestra fiestas después de una presentación.
Crédito: Sony Music

Michael Jackson y yo: ¡más de 100 millones de álbumes vendidos!
Crédito: Sony Music

Michael en uno de sus mejores momentos ese año durante nuestra fiesta de los Grammy. *Crédito: Sony Music*

Buenos muchachos: Nick Pileggi, Chazz Palminteri, el Comisionado de Policía Ray Kelly, Harvey Keitel, Robert De Niro, yo, Jerry Inzerillo y Quincy Jones en la fiesta de Vanity Fair durante el Tribeca Film Festival en abril de 2011.
Crédito: Dick Corkery

Presentación de Música de Vanity Fair 2000 con el entonces presidente de Universal, Doug Morris, y Allen Grubman. Tomada en Sony Music Studios en la Calle 54 Oeste, en Nueva York.
Crédito: Jonas Karlson

Mi fiesta sorpresa por mi cumpleaños número cincuenta en Miami, organizada por Gloria y Emilio Estefan en el Cardozo Hotel.

Con Jennifer Lopez en la presentación de su álbum *On the 6. Crédito: Sony Music*

Shakira y yo en la fiesta después de los primeros Latin Grammy Awards.

Julio Iglesias inició la explosión latina.

Ricky Martin, yo y Marc Anthony después de los MTV's Video Music Awards, 1999.
Crédito: Sony Music

Lauryn Hill y yo en 1999, el año en el que ella ganó cinco Grammys. *Crédito: Sony Music*

Joe Pesci y yo. "Omertà." *Credit: Sony Music*

Con la incomparable
Barbra Streisand.
Crédito: Sony Music

Con Joe Perry, Tony Ben-
nett y Steven Tyler en una
fiesta de Sony Music por los
Grammy.
Crédito: Sony Music

Yo, Jada Pinkett Smith y Will
Smith en el estreno de la
película *Hombres de negro*, al
exterior de Planet Hollywood
en la Calle 55 Oeste en Nueva
York.

En la fiesta después de los primeros Latin Grammy Awards, en septiembre de 2000. De izquierda a derecha: Michele Anthony, Justin Timberlake, Jennifer Lopez, yo, Gloria Estefan, Melanie Griffith y Antonio Banderas. *Crédito: Sony Music*

Mi cena de cumpleaños en el Restaurante Da Silvano con Will Smith a la izquierda y Thalia a la derecha.

De derecha a izquierda: Yo, Diddy, Patti Scialfa y Bruce Springsteen en el Spy Bar en Soho, Nueva York. *Crédito: Sony Music*

Thalia y yo en Los Ángeles en la fiesta de Sony, después de los Grammy, con las Destiny's Child. De derecha a izquierda: Michelle Williams, Kelly Rowland, Beyoncé.
Crédito: Sony Music

Como un rolling stone…
Crédito: Sony Music

Thalia, el amor de mi vida, y yo, recién casados, saliendo de la Catedral de San Patricio en Nueva York, el 2 de diciembre de 2000. *Crédito: Jimmy Inner Jr.*

Thalia y yo en el rancho en Aspen para una publicación en Architectural Digest... "El Vaquero del Bronx". *Crédito: David Marlowe*

Celine Dion oyendo una sesión de grabación con los Bee Gees en Hit Factory, Nueva York. De izquierda a derecha: Robin Gibb, Barry Gibb, Maurice Gibb, Celine, yo, Billy Joel, Joe Pesci. *Crédito: Sony Music*

Una de nuestras grandes fiestas de Halloween: Donald, yo y Steve Stoute como Don King. *Crédito: Jimmy Inner Jr.*

De izquierda a derecha: Andy Garcia, yo y Elton John con mis buenos amigos Danny DeVito (al frente) y Joe Pesci (extremo derecho) durante una fiesta después de los Grammy.
Crédito: Sony Music

Un pequeño consejo del "Otro Jefe", George Steinbrenner (sentado), y el gurú de las relaciones públicas Howard Rubenstein.
Crédito: Kevin Mazur

En una cena con mi amigo John O'Neill, un ex agente especial del FBI y experto en contraterrorismo, "el hombre que sabía".

El presidente Bill Clinton, Tony Bennett y yo en el evento anual de Peace Memorial en Washington, D.C. *Crédito: National FOP*

Con Gloria y Emilio Estefan. El Presidente Clinton tiene un increíble sentido del humor y el don de hacer que todo el mundo se sienta como en familia. *Crédito: National FOP*

Una vez más en el evento anual Peace Memorial en Washington, D.C., con (de izquierda a derecha) el comisionado de policía de la Ciudad de Nueva York, Ray Kelly, yo, saludando al Presidente George W. Bush, y Marc Anthony. *Crédito: National FOP*

En la cumbre del Monte Aspen con "mi adorada familia": Sabrina y Thalia, que tiene alzado a Matthew.

Con nuestra hermosa pequeña, Sabrina, en su primera exposición equina en Greenwich, donde ganó una cinta azul.

África, un sueño hecho realidad.

Sony sabían que no iba a tener el mismo impacto que *Thriller* o *Bad*. Cuando se trataba de números de ventas, Michael no conocía el equilibrio, y es fácil entender por qué. Sólo basta seguir su trayectoria desde que comenzó con los Jackson 5, pasando luego por el *moonwalk* hasta llegar a *We Are the World*. El mundo nunca antes había visto a un artista como él. Y fue *Thriller* el disco que lo apartó de todos, e incluso de sí mismo, porque no sólo ganó ocho premios Grammy —estableciendo un nuevo récord— sino que se convirtió en el álbum más vendido de todos los tiempos. Los videos y el componente teatral de la gira mundial eran asombrosos. Yo sabía que *Thriller* iba a ser un gran éxito desde el mismo instante que lo escuché, pero nadie se imaginó que terminaría vendiendo cien millones de unidades. ¡Nadie! ¡El que diga que alguien lo vio venir, miente!

Mientras presenciábamos el ascenso meteórico de éste álbum con una cierta distancia, nos dimos cuenta de la gran sorpresa que se llevaron los ejecutivos ante el furor que desató, y cómo las ventas crecían como una avalancha día tras día. Empecé en CBS/Sony poco después del lanzamiento de su disco siguiente. *Bad* vendió cuarenta y cinco millones de unidades. *Cuarenta y cinco millones* es un número alucinante y, aún así, era una cifra aterradora para Michael. "Tienes que hacer algo", me suplicaba, "para que venda más que *Thriller*". Era una situación poco realista, pero no había nada en Michael ni en su universo que fuera realista, y sus expectativas estaban cifradas en lo que la compañía pudiera hacer.

Cuando *Dangerous* salió al mercado cuatro años después de *Bad*, no tuve otra opción que decirle a Michael que había mandado un destacamento promocional para anunciar su álbum y que tenía que mirar las cifras de modo realista. No había ningún otro álbum vendiendo 32 millones de copias en las listas ¡ni por asomo! Así que es fácil ver cuán diferente era nuestra manera de mirar las mismas cifras desde el comienzo.

Cualquiera habría contratado a Michael Jackson por una cantidad enorme de dinero. Casi sin lugar a dudas, él era la estrella más grande del mundo, en cualquier categoría, y le haría ganar un dineral a la compañía. Así que sólo tenías que saber manejar las peticiones extravagantes cuando uno de sus representantes pedía más millones de dólares para grabar cortometrajes —porque MJ se rehusaba a llamarlos "videos"— y para hacer más decoraciones para las tiendas de discos y más anuncios para la televisión. Más, más, más, más, más…

Tenía que ser paciente cuando Michael me despertaba a las tres de la mañana a pedirme que le prometiera que iba a vender más de cien millones de copias. Y no me refiero a una sola llamada a las tres de la mañana, sino a decenas, sin contar las llamadas a las tres de la mañana que le hacía a Dave Glew. Pero no importaba. Yo entendía el temor y la inseguridad habiendo conocido las emociones de tantos artistas desde el comienzo.

Lo único que podía hacer era enfrentar la situación, aún cuando salían historias de que Michael estaba tratando de comprar los huesos del Hombre Elefante y de que vivía con su chimpancé, Bubbles. Y ni qué decir de los rumores de que invitaba a niños a dormir en su casa. Sólo podíamos hacerle frente a la situación, sobrellevarla y manejarla como mejor pudiéramos día a día. Quedaba claro que aquellos rumores y su comportamiento extraño arruinaban su popularidad. Llamaban desde Tokio: "¿Es cierto lo que dicen? ¿Está todo en orden?". Lo único que podía contestarles era: "Por lo menos en materia de música, todo está bien. Aquí estamos intentando manejar las cosas".

Pero Michael tenía mucha razón en una cosa: por más que las cifras de venta fueran muy altas, y por más que significaran muchas ganancias para la compañía, cada vez *eran* menores.

Mariah estaba en la posición perfecta. Era una amalgama de esencia *soul* y éxitos pop: ése era precisamente el atractivo que Berry Gordy utilizó cuando hizo que los intérpretes negros cantaran canciones pop para dar a conocer el sonido de Motown.

Todo había salido a pedir de boca en su corta carrera, como siguiendo una perfecta coreografía. Su debut en *Arsenio*. La promoción de mercado que contribuyó a que su primer disco vendiera más de treinta millones de unidades. Los dos premios Grammy. El lanzamiento del sencillo *Emotions* meses antes de que saliera en su segundo álbum, lo que contribuyó a que hubiera un gran deseo de escuchar sus nuevas canciones y le permitió esquivar los problemas que suelen plagar el lanzamiento de un segundo álbum.

Queríamos que se quedara un tiempo más en el estudio después del lanzamiento del álbum *Emotions* para que escribiera unos cuantos éxitos más, ya que ella tenía tanto impulso. No se trataba de vender más CDs solamente. Soy un creador y un constructor, y he visto situaciones similares muchas veces. Cuando aparece un artista tan prolífico, es siempre de importancia crítica aprovechar esa energía creativa y documentarla tanto como sea posible. Además de eso, queríamos cimentar aun más la solidez de su carrera, que habíamos planeado meticulosamente. Si hacíamos bien las cosas, sus fans la apoyarían sin importar el género musical que decidiera explorar o la dirección en la que quisiera seguir.

Le expliqué que esa base de fans le iba a dar una oportunidad poco común. "Mira, si continúas grabando música tan diversa y triunfas", le dije, "te vas a convertir en un ídolo como Barbra Streisand". Le expliqué que si Barbra quería grabar un álbum de canciones de Broadway o un álbum producido por los Bee Gees, poseía la amplitud suficiente para hacerlo en cualquier momento de su carrera. "Si puedes llegar a ese punto, todo lo que hagas va a ser un nuevo hito". Además de todo, tendría la ventaja de llegar a un público más diverso: jóvenes, blancos y negros, madres y adultos. En pocas palabras, la carrera que estábamos construyendo le permitiría tenerlo todo.

Pero Mariah sentía que la carga de trabajo no le estaba dejando el suficiente tiempo libre para salir a celebrar su éxito. En retrospectiva, lo entiendo muy bien. Ella tenía veinte años y no había tenido una niñez muy feliz; tampoco había tenido dinero ni conocido el éxito. Era perfeccionista en el estudio, puliendo y corrigiendo cada nota si era preciso, y cambiando cualquier verso o palabra si no estaba completamente a su gusto. Cuando ella se sumergía en su música no sabía cómo frenar y quedaba agotada al final. Era un régimen arduo y yo entendía por qué lo hacía. Yo la amaba y la respetaba, y apoyaba todos sus sueños y ambiciones, pero también había visto cómo el éxito instantáneo había destruido la vida y la carrera de tantos otros artistas —todos los casos clásicos que conocemos, y los que no conocemos también—. El proceso es tan exigente, tan disparatado, tan desconectado de la realidad, y te encuentras en una burbuja tan aislada, que a menos de que seas muy disciplinado y tengas personas que te bajen los humos, es imposible sobrevivir. No importa quién seas: esa fuerza arrolladora te va a arrollar. Es imposible negar la historia, y la historia se repite una y otra vez.

Conociendo, como conocía, tantos casos diferentes, me parecía que Mariah iba a tener tiempo suficiente para celebrar poco tiempo después. No me refiero a esperar diez años, sólo unos cuantos. Yo la animaba a que pusiera las cosas en perspectiva. Esas sugerencias empezaron a crear pequeñas fisuras entre los dos, aunque al principio eran invisibles porque de otra manera ésta fue una de las mejores épocas.

Por ese entonces vivíamos juntos y, por primera vez en su vida, Mariah tenía estabilidad en casa así como apoyo, familia, una situación económica más sólida; verdadero amor y cariño. Hablo aquí con conocimiento de causa y no estoy revelando nada nuevo. Ella ha contado su historia en la prensa y en televisión una y otra vez, como si el proceso de ir de entrevista en entrevista fuera terapéutico. Su crianza está bien documentada por los medios de comunicación y en sus propias palabras. Creció en un lugar y en una época en la que ser parte de una familia interracial no era muy bien aceptado. Ha contado la historia de cuando era niña y vivía en Long Island y una maestra le pidió que dibujara a su familia, pero cuando coloreó a su padre negro y a su madre blanca, la maestra le dijo algo así como: "¡No, no, no! ¿Por qué hiciste eso?", como si su dibujo fuera algo incorrecto. A su padre lo alienaban. Unos vecinos de Long Island les incendiaron el coche, y todas esas tensiones culminaron en la separación de sus padres. Esto dejó a Mariah con cicatrices interiores y viviendo en el abandono.

He visto tantos escritos en la prensa que me pintan como un Svengali, un personaje malvado que quería dominarla y controlarla, y muchas cosas más. ¡Es mentira! Pero yo tenía que aguantar la mala prensa porque era el jefe de Sony Music y prefería mantenerme al margen y no decir nada. Cuando me ponían contra la pared, sólo decía: "Sigo siendo su fan número uno. Ella es uno de los mejores talentos en el mundo del entretenimiento. Siempre la apoyaré en todo lo que haga".

La ironía de mi situación era que yo era quien estaba bajo control. Pero ahora sí puedo hablar con entera libertad. Si has leído la novela *Trilby* de George du Maurier, sabrás que Svengali es un personaje ficticio que hipnotizaba a la gente y la controlaba con fines nefastos, así que decir que yo era un Svengali era una estupidez. Yo no hipnoticé a Mariah. No la hipnoticé para que vendiera doscientos millones de álbumes. No, no la encadené al estudio de grabación que teníamos en la mansión que construimos después de casarnos. Yo había derribado toda clase de obstáculos por ella y había tratado de compartir con ella todo lo que había aprendido desde el día aquel en que vi a Elvis Presley, a mis ocho años de edad. Pero, bueno, todo el mundo tiene su manera de ver la vida, y eso también me incluye.

En un comienzo, nuestra relación tuvo todas las cosas buenas que vienen de una familia cariñosa. El amor y la bondad que me habían dado mis padres cuando era chico se los ofrecía yo a Mariah, empezando por las comidas caseras que mi abuelita me había enseñado y que yo mismo le preparaba. Aunque mis padres no sabían qué pensar de mi nueva situación, recibieron a Mariah con los brazos abiertos. Eso la hizo sentir bien, y ella les correspondió con calidez. Nadie, ni la misma Mariah, puede decir que en ese entonces ella no disfrutara todo eso ni lo apreciara ni lo quisiera.

Mira, no estoy tratando de evadir mi responsabilidad. Sé que estuvo mal y fue inapropiado haber establecido una relación íntima con Mariah. Y no sólo lo digo por nuestra diferencia de edades, porque Thalia y yo tenemos una diferencia de una generación. Y ese ángel caído del cielo y yo todavía estamos juntos y hasta ahora hemos disfrutado los mejores catorce años de nuestras vidas. Celine Dion y su marido René también tienen una diferencia de una generación completa y han estado juntos por más de veinte años. Cuando te encuentras en los brazos de la persona correcta, la edad no importa.

Debería haber hecho caso a la voz chillona de mi terapeuta y haberme alejado de Mariah. Aún hoy en día, más de veinte años después, cuando oigo a Mariah hablar del mismo tema en entrevistas, le quiero decir cuánto siento haberle causado dolor y molestia con mis buenas intenciones, pero en especial cuánto siento haber herido a mis dos hijos mayores. Era algo confuso para mí porque yo entré en la relación de todo corazón, y además Mariah fue la que me propuso matrimonio *a mí*.

Teníamos una conexión *musical*. Ella tenía el talento

—una habilidad enorme en el aspecto vocal y para componer canciones— y yo sabía cómo ayudarle a sacar el mejor partido a ese talento. Tenía, además, la fortuna de contar con el poder y los medios para ponerlo todo en marcha. En un principio, nuestros sueños y nuestras conversaciones diarias eran casi idénticos. Es muy posible que ella habría sido igualmente exitosa si nuestra relación hubiera continuado siendo entre Mariah Carey, cantante, y Tommy Mottola, jefe de Sony Music. Pensándolo con cabeza fría, ésa habría sido la colaboración ideal para ambos. Ojalá hubiera tenido a la mano a algún gorila grande y fuerte como yo para que me encerrara en un cuarto y, a bofetadas, me hiciera entender el error antes de que me lanzara a ciegas a esa relación. Muchos trataron de advertírmelo. Pero con todos los elementos que rodeaban mi vida personal y profesional, seguí con mi decisión acríticamente, sin examinarla —y ahora advierto a gritos a todos que jamás hagan eso—. Para lo único que tenía ojos era para ver una colaboración como de cuento de hadas y un gran triunfo.

Al comienzo de 1992, Mariah y yo estábamos completamente de acuerdo con lo que debía ser nuestro próximo paso. Su manera de cantar en *Emotions* era algo fuera de lo común: había segmentos de la canción en los que Mariah llegaba a unas notas tan altas que sonaba como un pajarito, lo que llevó a los críticos a preguntarse si su voz era una creación del estudio.

Una de las razones por las cuales estos rumores se intensificaron fue porque Mariah no había salido de gira. Los críticos y el público no la habían visto cantar en vivo, así que no había manera de refutar los rumores. Por supuesto, yo sabía lo increíble que era la voz de Mariah, y lo sabían todos los demás en Sony. Pero eso no importaba porque la opinión pública te puede llevar a lo más grande y también te puede destruir. Yo siempre me he preocupado intensamente por las cosas que tengan que ver con la opinión del consumidor, ya sea buena, mala o indiferente. Y siempre me ha gustado eliminar las cosas que sean preocupantes, así que no perdimos ni un segundo.

Sólo teníamos que demostrarle al mundo que la voz de Mariah era una de las mejores, y encontramos la manera perfecta de hacerlo: *MTV Unplugged*.

MTV era la fuerza promocional más grande de la industria por ese entonces, y la serie llamada *Unplugged* se había convertido en uno de los shows más sintonizados de su época. Su meta era mostrar a los artistas fuera del estudio de grabación y brindarle al público una actuación realista en un estado natural, donde sólo se oyera talento puro. El programa había hecho su debut en 1989 y había ganado popularidad cuando Paul McCartney fue el invitado en 1991. Así que hicimos un trato para exhibir la voz de Mariah ante un público pequeño en MTV.

Había ciertos riesgos. Mariah había salido de la nada y se había vuelto increíblemente famosa de la noche a la mañana. No tuvo la oportunidad de crecer y cultivarse en clubes y auditorios pequeños. Todos los años que les tomó a artistas como Bruce Springsteen, Billy Joel y Bob Dylan saber quiénes eran y lo que querían hacer en esos lugares pequeños, ruidosos y llenos de humo, les dieron experiencias invaluables que los convirtieron en los pilares de la música que hoy son. Mariah tenía que desarrollar su propio estilo en vivo, y eso iba a tomar tiempo. Pero la compañía la apoyaba, y nos lo jugamos todo.

Entró al escenario de *MTV Unplugged* vestida con una chaqueta de cuero y unos jeans negros. Apenas empezó a cantar, echó por tierra los rumores de que su voz era "fabricada en el estudio" haciendo una interpretación de *Emotions* con unas notas tan altas que llegaron a las nubes. Cantó todos sus éxitos armada sólo con un micrófono y acompañada de un piano, violines, guitarras, batería y un coro. Su número final fue su versión de *I'll Be There*, de los Jackson 5, que es la segunda mejor versión de esa canción en la historia, y en mi opinión siempre lo será.

Los fans inundaron a MTV con peticiones para que volvieran a transmitir el concierto y la cadena terminó mostrando ese programa con tres veces más frecuencia que cualquiera de los otros shows de *Unplugged*. Gracias a esta aparición en vivo, nadie cuestionó más la voz de Mariah.

Hubo momentos en los que me detenía a reflexionar por un instante, pero tan sólo un instante porque nunca me quedaba tiempo para más: siempre tenía que hacer malabares con mil pelotas en el aire y tratar de tapar cien hoyos al mismo tiempo.

Pero me acuerdo de un día en particular cuando me dirigía al estudio a reunirme con Bruce Springsteen. Mientras caminaba, recordé una noche muchos años atrás cuando vi a Bruce enloquecer a un pequeño grupo de sólo cien personas en Max's Kansas City con una de sus primeras interpretaciones de *Rosalita*. Después pensé en la primera vez que oí *Born to Run* y la energía que encerraba la imagen evocada por la letra: "Aférrate a mi motor". Cuando oí ese verso me tuve que pellizcar para ver si soñaba. Y ahora nos dirigíamos al estudio a escuchar las nuevas canciones de Bruce Springsteen y yo no iba en calidad de invitado ni como representante de Hall & Oates —los teloneros del show en Max's Kansas City— ni como observador, sino como el jefe de la compañía y el conducto para ayudar a que su música llegara a un público más amplio.

Bruce y Jon Landau decidieron lanzar dos álbumes al mismo tiempo a comienzos de 1992: *Human Touch* y *Lucky Town*. No tenía idea de lo que iba a escuchar, pero estaba muy animado y emocionado. Esto era lo primero que recibíamos de Bruce desde que yo había empezado en Sony.

Oímos muchas canciones extraordinarias durante esa sesión. Pero una canción en particular atrapó mi atención: *If I Should Fall Behind*. La letra de la canción resumía lo que siento por mis seres más queridos de un modo tan perfecto que casi me pongo a llorar y tuve que pararme a tomar un descanso. Me fascinó, y tanto me conmovió que siempre la llevaré en mi corazón. Si me preguntas qué es lo que me impulsaba a levantarme todas las mañanas a moverme y a pensar a mil millas por hora para intentar convertir a Sony en la compañía disquera más grande del mundo, la respuesta está en canciones como ésa.

Una de nuestras muchas estrategias era pensar de manera diferente y usar la creatividad para hacer conexiones. Una de las mejores conexiones que hicimos con Bruce Springsteen vino en esa misma época. TriStar pictures estaba rodando una película con Tom Hanks y Denzel Washington titulada *Philadelphia* y el director, Jonathan Demme, necesitaba un tema principal para la banda sonora. Así que le presentamos la idea al representante de Bruce, Jon Landau.

Es importante hacer una pausa aquí para hablar de Jon, porque no se puede hablar de Springsteen sin hablar de Landau. Además, es imposible hablar *con* Bruce sin hablar *con* Landau. Bruce tuvo la buena suerte de encontrar como representante y filtro a alguien tan dedicado y obsesionado como él; compartían, además, su modo de pensar y tenían una visión artística muy similar. Nadie le podía presentar una idea a Bruce sin antes haberla discutido con Jon Landau y sin que él pensara que el proyecto le convenía a Bruce: sólo así, tal vez, de pronto, *posiblemente* Jon se la mencionaba a Bruce.

Al principio, Landau se burló en nuestra cara.

"Mira", le dije. "Esta película es fenomenal. Es la historia de un hombre que se está muriendo de sida. ¿No sería posible que Bruce asistiera por lo menos a un preestreno?".

Bruce fue al preestreno y se conmovió muchísimo. Acto seguido, Bruce y Jon conocieron a Jonathan Demme y a Tom Hanks. Fue una unión bendecida por Dios. El tema de Bruce elevaba la película a un nivel superior y hacía que *Streets of Phi-*

ladelphia (*Calles de Filadelfia*) tuviera un significado aún más profundo. Cuando piensas en la película, piensas en la canción, y cuando oyes la canción, piensas en la película. Es como si todo se juntara íntegramente. La sensación que me produjo la unión de la música con la película se convirtió casi en una adicción para mí. No podía esperar para hacerlo de nuevo.

Ese momento llegó por la misma época y, gracias a un golpe de suerte, pudimos hacer lo mismo con Sade cuando se presentó la oportunidad de crear el tema para la película *Indecent Proposal*.

La música suave y sexy de Sade era una paradoja desde el punto de vista comercial. Sus canciones casi nunca llegaban al número uno, pero al mismo tiempo parecían sonar por todas partes, y no sólo en la radio. Cuando *Smooth Operator* salió al mercado era casi imposible evadirla. No podías entrar a una pequeña boutique, a un buen restaurante o a un *spa* sin escucharla. Hasta el día de hoy, siempre pongo los grandes éxitos de Sade en mi casa, ya sea que esté en plan de descanso o cenando o a la hora que sea. Creo que he puesto *No Ordinary Love* tres mil veces a lo largo de los años. Y no es exageración.

Recuerdo la expresión en los ojos de Sade cuando se lo conté una noche mientras cenábamos. Estábamos sólo ella y yo, y hablábamos del lanzamiento de su nuevo álbum. Sade se puso feliz pero también se sintió un poco avergonzada cuando se lo dije. A ella no le gustaba ser el centro de atención ni mucho menos estar en medio de la ostentación ni bajo las luces de los reflectores. Era una persona introspectiva. Grababa un álbum y luego se desaparecía por años. Así era Sade. Pero para su nuevo álbum, *Love Deluxe*, buscábamos un instrumento que nos permitiera hacer un lanzamiento y una campaña de mercadeo muy por lo alto. Cuando se presentó la oportunidad de conectarla con una película, no lo pensamos dos veces, y Sade ni siquiera tuvo que hacer nada, pues la canción ya estaba grabada y encajaba perfectamente con el tema. Lo único que había que hacer era conectarlas.

Siguiente escena: Robert Redford, Woody Harrelson y Demi Moore en *Indecent Proposal*. La trama era ideal para la canción. Harrelson y Moore son marido y mujer y lo pierden todo jugando en un casino de Las Vegas. Redford se presenta y le ofrece a Harrelson un millón de dólares por pasar una noche con su mujer. Harrelson acepta el trato. Es casi imposible describir la emoción que la canción *No Ordinary Love* le inyecta a la escena en el yate de Redford, cuando la cámara se detiene en él y en Demi Moore. La música electrificó la escena, avivó los sentidos cien veces más de lo que cualquier diálogo podría lograr. Cada vez que oyes la canción ves a Demi bañándose en billetes.

Tan pronto como vimos la película por primera vez, supimos que sería el mejor combustible para el lanzamiento del álbum de Sade. Y así fue. El álbum salió al mercado antes que la película. Después del estreno de *Indecent Proposal*, la radio empezó a tocar el álbum y los teléfonos empezaron a sonar. Esa sola escena de la película hizo que se vendieran muchos más millones de CDs de Sade en todo el mundo.

Estábamos teniendo un éxito fenomenal conectando nuestra música con películas. Sin embargo, la mayoría de las conexiones ocurrían con otros estudios y no con Columbia Pictures, la compañía cinematográfica de Sony. La sinergia que Walter, Ohga, Morita y yo esperábamos lograr cuando organizamos la compra de Columbia funcionó con *Philadelphia*, pero no fue mucho más allá. Pero los éxitos que tuvimos —desde *Dances with Wolves* (*Danza con lobos*) con Kevin Costner hasta el lanzamiento de Celine con *Beauty and the Beast* (*La bella y la bestia*), pasando por *Indecent Proposal* y *Philadelphia*— nos dio la idea de formar nuestra propia división dedicada a crear bandas sonoras, una que no tuviera igual en la industria. Sony Soundtrax vino al mundo bajo la dirección de Glen Brunman y llegaría a convertirse en una de nuestras divisiones más rentables. ¿Cómo fue posible? La canción que Celine Dion cantó años después para la película *Titanic* ganaría más de *mil millones* de dólares en ventas.

Algunas veces, hacer las conexiones entre los puntitos me llevó a sitios que nunca habría podido imaginar. Por ejemplo, la canción *Hero*...

Una noche, cuando Mariah y Walter A se encontraban en una sesión creativa para el próximo álbum de Mariah, pasé por el estudio para verlos antes de salir a cenar.

Ese día había recibido una llamada de Columbia Pictures. Estaban filmando una película llamada *Hero,* con Dustin Hoffman y Geena Davis, y Epic estaba a cargo de la música. Estábamos pensando en pedirle a Gloria que cantara la canción-tema.

Les conté a Mariah y a Walter A cuál era la trama de la película y luego les pregunté si podían componer el tema musical. Él y Mariah arrancaron y parecían ir por buen camino; entonces los dejé y me fui a cenar.

Cuando regresé, a eso de las once de la noche, los dos estaban trabajando todavía. Ya casi habían terminado una canción y querían que yo la escuchara. Tan pronto como Mariah empezó a cantar comencé a sentir una especie de escalofrío. A la mitad de la canción tuve que interrumpirla.

—¡Detente! ¡Detente! Detente por favor.

Me miraron como si estuviera perdiendo el juicio.

—¿Qué está mal?

¿Mal? Nada estaba mal. Era demasiada emoción.

Confusos, seguían sin quitarme los ojos de encima. Para mí, era como haber estado ahí cuando Frank Sinatra cantó los primeros versos de *My Way* o cuando Barbra Streisand interpretó *People* por primera vez o cuando Elton John encontró la melodía perfecta para la letra de *Candle in the Wind*. Inmediatamente sentí que, aún pasados cincuenta años, esta canción en voz de Mariah seguiría escuchándose.

"Ésta puede ser una de las mejores canciones que jamás he oído", les dije. Se pusieron felices. Pero yo tenía algo más que decir: "Esta canción es tan buena que no va a ser para la película. Nadie más va a cantarla. Mariah, ésta es tu canción. Tienes que cantarla. Será parte de tu legado musical. Tienes que incluirla en tu próximo álbum. Ésta será una de las canciones más importantes de tu carrera; tal vez la más grande. Se convertirá en un clásico".

La sonrisa se borró de los labios de Mariah: "Estoy escribiendo esta canción para otra persona. Yo no puedo cantar un tema como éste. Es demasiado aburrido, no es mi estilo".

Mariah siempre luchaba contra su deseo de inclinarse hacia un estilo mucho más hip-hop. Y es comprensible. Ella había crecido oyendo gospel y R&B, y el hip-hop se había convertido en la música de su tiempo y de su generación. Era parte de su identidad. Eso yo lo entendía muy bien. Aunque ella había estado dispuesta a componer *Hero*, no necesariamente quería ser quien la interpretara.

—Escúchame, por favor —le dije—. Hazla tuya. Cántala a tu estilo, con tu pasión y tu alma. Hazla tuya.

Ella y Walter A se pusieron a trabajar de nuevo e hicieron eso exactamente, y luego, ella la grabó. Trajimos al mejor ingeniero de mezcla de esa época, Mick Guzauski, que trabajó con nosotros en muchos de los grandes éxitos. Recuerdo que me senté junto a él ante la consola de grabación durante toda la sesión de mezcla.

Era difícil imaginar que Mariah no sintiera realmente una pasión fuerte por la canción, considerando la manera como la cantaba. Ella ponía todo su ser en esa canción. Letra Maravillosa. Melodía maravillosa. Cantante maravillosa. Producción maravillosa. No sólo lo tenía todo, sino que lo tenía todo para todo el mundo, y el mensaje era fuerte y universal.

La canción podía ser sobre una niña cuyo padre era su héroe. Podía ser sobre un adolescente pasando por una prueba difícil. Podía ser sobre cualquier persona que diera la talla cuando fuera preciso. Podía llegarle a *cualquiera*. Una niña de seis años podía encontrar inspiración en ella lo mismo que un hombre de setenta. Mariah y Walter habían creado una obra de arte que contenía todos los ingredientes: una vez se pusiera en marcha la maquinaria Sony, podríamos llevarlos a su máxima expresión y convertir a *Hero* en un clásico de la música popular.

Era claro como el agua para todos, excepto para Mariah. Cuando escuchó la grabación, se puso inquieta. En el fondo del alma creo que le gustaba pero tal vez se sentía un poco avergonzada ante la comunidad hip-hop. Mi intuición me decía que era más eso que sus sentimientos con respecto a la canción o el disco. La cosa es que nadie le estaba poniendo palabras en la boca. La canción le había salido del alma, sólo que no era ésa la dirección que ella quería tomar. Su próximo álbum, *Music Box,* fue una gran mezcla de estilos. Pero para ella *Hero* no era ni siquiera una pequeña tajada de ese pastel.

Yo veía a *Hero* como la pieza que le faltaba a Mariah. Era la pieza mágica que iba a abrirle todas las franjas demográficas. Ahora todo el público en todo el mundo quedaría prendado de su música.

En general, es casi imposible que cualquier artista lo tenga todo. Siempre caen en una u otra categoría, ya sea pop, *pop and adult contemporary*, R&B o hip-hop. Nadie, absolutamente nadie, tenía la capacidad de abarcar todos los formatos radiales ni las franjas demográficas. Esta canción le daba a Mariah lo que sólo en sueños podrías imaginar si estabas forjándote una carrera como intérprete de la canción. Todos en Sony se enamoraron de *Hero*, o sea que no era yo el que estaba siendo obsesivo con la canción ni desvariando por querer incluirla en su próximo álbum. En mi opinión, no incluir a *Hero* en *Music Box* equivalía a que nadie nunca hubiera oído a Tony Bennett cantar *I Left My Heart in San Francisco*. Mariah no estaba contenta con la decisión, pero *Hero* quedó incluida en su próximo álbum. Éste tuvo que ser para ella otro ejemplo de mi deseo de controlarla.

Creo que no lo entendió sino hasta cuando *Hero* se convirtió en un éxito en todos los países del mundo y cuando los adolescentes empezaron a escribirle cartas en las que le decían que habían pensado en suicidarse antes de oír esa canción y reconocer que había en ellos algo más grande por lo que podían luchar. O hasta cuando le pidieron que cantara *Hero* a dúo con Luciano Pavarotti en un programa especial para recaudar fondos para las víctimas de Kosovo. O hasta cuando le pidieron que la cantara para ayudar a sobrellevar la tristeza de los afectados por los terribles ataques del once de septiembre en Nueva York. O hasta cuando le pidieron que la cantara durante la ceremonia de toma de posesión del presidente Barack Obama. O tal vez hasta cuando, en un especial de televisión, le cantó esa misma canción a sus mellizos cuando aún estaban en su vientre.

Era apenas una niña cuando escribió esa canción, pero quizás la entendió tan sólo cuando se volvió una adulta.

Es importante que veas la otra cara de la moneda porque, en muchas ocasiones, un artista se impuso sobre mi intuición. Déjame darte un ejemplo: más o menos por la misma época, fui a Miami y me reuní con Gloria Estefan. Esta reunión fue diferente a todas las que había tenido antes con ella.

Durante varios meses, Emilio y yo habíamos estado hablando de la dirección que Gloria iba a tomar en su próximo álbum. Era un momento decisivo. Habíamos ido tomando impulso. Con cada nuevo álbum que salía al mercado, obtenía más respuestas apasionadas, alcanzaba más franjas demográficas y mayores ventas. Como se dice comúnmente: "La cosa estaba en su mejor momento". Gloria estaba lista para lanzar un álbum pop, juntarlo con una gira mundial y duplicar fácilmente las ventas de su último álbum. Pero Emilio me llegó con un enfoque diferente: un álbum completamente en español que sería un homenaje a sus raíces cubanas.

Había oído a Gloria cantando una canción llamada *Mi Tierra* y pensé que era fantástica. Pero sacar un álbum sólo en español era una movida arriesgada. Podría encoger su público justo en el momento en que planeábamos ampliarlo de manera radical. Era mucho más lógico lanzar un álbum así luego de su siguiente éxito pop. Siempre que mencionaba el álbum en español —ya fuera en nuestras oficinas de Nueva York o a los ejecutivos que trabajaban en nuestros territorios en otras partes del mundo— había mucha negativa.

Yo sabía que tendríamos que llegar a alguna conclusión la próxima vez que visitara a Gloria y a Emilio en Miami, y Emilio también lo sabía. Cuando me vino a saludar estaba un poco nervioso. "Gloria quiere hablar contigo a solas", dijo.

Éramos como de la familia, pero Emilio manejaba la producción y la parte comercial, y Gloria nunca tenía razón alguna para hablar de un tema como éste conmigo, y mucho menos a solas. La atmósfera se sentía un tanto extraña y silenciosa cuando nos sentamos en el solar de su casa en Star Island. Estábamos bajo unas palmeras mirando hacia el agua, pero la brisa tropical estaba un poco fría y tan pronto empezamos a conversar, un aura indescriptible se hizo presente en ella. Trataré de ponerlo en palabras pero no sé si lo logre. Era una convicción férrea, algo que tal vez siempre había llevado dentro de sí pero que se había materializado después del accidente. La energía mental y la fuerza interior que había demostrado durante esa experiencia, aunada a la resistencia física que había desarrollado con los ejercicios agotadores, le habían dado otra dimensión. Fue directo al grano: me dijo que quería hacer su próximo álbum totalmente en español.

—Mira, Gloria —le dije—. Es una idea fabulosa. Me parece genial. La música es fantástica, pero saquemos otro álbum de música pop mientras todavía tengamos el impulso. Lancemos el álbum en español inmediatamente después. El álbum pop impulsará al álbum hispano.

—Quiero sacar el álbum en español *ahora mismo* —respondió.

La manera como lo dijo no fue agresiva, pero me hizo sentir como si yo fuera una barra de pesas que ella estaba resuelta a levantar.

Yo no quería que ella me viera así. Quería que entendiera todos los riesgos potenciales que un artista corre cuando cambia de dirección. Tenía que ponerme guantes de seda.

—Gloria —le dije—, algunas veces la obra de un artista y el deseo del público no están alineados. Puedes llevar al consumidor a un lugar diferente, pero funciona mejor y sin contratiempos si el nuevo sonido surge de algo que le es familiar. Esa sensación es lo que le hace sentirse a gusto cuando escucha tu álbum. Si te desvías demasiado, corres el riesgo de perder tu público.

Hablamos de los diferentes matices de la situación durante una media hora. Al final me dijo: "Entiendo, Tommy. Te lo agradezco y te quiero mucho por haber dedicado tanto tiempo a considerar todas las posibilidades. Pero este álbum lo es *todo* para mí. Y es lo que tengo dentro de mí *ahora mismo*".

Sentí en ese instante que el álbum que ella quería hacer era la culminación de todo lo que le había ocurrido: no sólo el accidente sino todo lo demás también, desde el momento en que había emigrado de Cuba a los Estados Unidos cuando era apenas una niña. Gloria no huía de un cierto estilo de éxitos porque estuviera aburrida y tuviera que experimentar. Corría al encuentro del fuego que ardía en su interior.

Para ella no se trataba de un giro a la izquierda. Era un giro a la derecha. Y así lo entendí.

—Muy bien —dije. La compañía nunca había respaldado un álbum en idioma extranjero como si se tratara de un álbum pop. Sabía que tendría que quitarme los guantes de seda tan pronto como salí de casa de Gloria porque habría muchos muros que derribar para que este álbum pudiera triunfar.

Nos pusimos de pie y nos abrazamos.

—Creo en ti —le dije—. Y creo en esta música. Lo lograremos. Nada podrá detenernos. Adelante.

Mi Tierra fue no solamente una preciosa obra de arte premiada con un Grammy. No sólo llegó a ser el álbum de mayores ventas en España en toda su historia. El *single* alcanzó la lista Top 40, incluso en Australia. *Mi Tierra* se convirtió en el álbum en español con el mayor volumen de ventas entre los que se produjeron en esa época; vendió millones de copias. Nunca sabremos qué habría ocurrido si lo hubiera sacado luego de un enorme éxito pop. No importa. Me complace decir que Gloria tenía razón.

VOCES

GLORIA ESTEFAN

Estaba tan emocionada, tan nerviosa cuando salí al escenario. Tommy estaba allí sentado al centro y en primera fila. Fue la primera persona que vi. Lloraba como un niño y en ese momento olvidé mis nervios por completo.

CELINE DION

Tommy sabía del negocio pero era también muy sensible. Lo he visto llorar más de una vez. Eso es importante para mí porque he basado gran parte de mi vida y de mi carrera en las emociones.

No quiero trabajar con alguien que no sea sensible y emotivo. Es bueno trabajar con alguien que tenga mucho poder pero que también tenga sentimientos. No sé si existe esta expresión en otros idiomas, pero en francés decimos: *Une main de fer dans un gant svelours.* Significa: "Una mano de hierro en un guante de terciopelo". Así es Tommy. Entendió desde el momento en que nos conocimos que yo era tímida, nerviosa, y que me sentía algo intimidada. Hablaba de negocios con René, pero hacía todo lo posible por hacerme sentir lo más tranquila posible.

JON LANDAU

¿Sabes? Puede ser difícil cuando el artista y el manager tocan nueva música para la compañía discográfica.

Ha habido veces en que un ejecutivo se me ha quedado mirando luego de escuchar un álbum para decirme: "¿Ah? ¿Qué fue eso?". Simplemente no lo entienden y, cuando es así, ni siquiera pueden disimular.

Tommy escuchaba con inteligencia. Algunas veces la emoción le brotaba a flor de piel y podía expresar muy bien sus sentimientos.

Lo que era diferente en el caso de Tommy es que había sido representante también y entonces me entendía muy bien cuando, por ejemplo, estábamos negociando sobre un aspecto en particular y el artista estaba allí aunque a cierta distancia.

Una de las cosas que le podía decir a Tommy era: "Veámoslo desde el punto de vista de Bruce". Si había algo que nos desfavorecía, yo era el que tenía que anunciárselo a Bruce.

Y Tommy lo entendía muy bien porque sabía por experiencia propia lo que era ser representante. Eso era muy útil. No es que dijera: "Ah, pues bien. Entonces te voy a dar mil millones de dólares porque entiendo tu punto de vista", pero nos permitía tener una conversación bastante espontánea.

GLORIA ESTEFAN

Tommy y yo tuvimos nuestra primera y única pelea por *Mi Tierra*. Pero a fin de cuentas entendió lo importante que era para Emilio y para mí rendirle un homenaje a Cuba, y nos dio su apoyo incondicional.

No hay término medio con Tommy. Ve algo que le gusta y sabe qué luz le debe poner. Pone a toda su gente a apoyar sus proyectos. Él creyó en nosotros y corrió el riesgo. Otra cosa que debo agregar sobre ese álbum: Tommy hizo maravillas con la cubierta.

Cuando Tommy da el sí, hace todo lo que está a su alcance para que el artista triunfe.

CORY ROONEY

Una de las cosas que aprendí de la experiencia con *Hero* es cómo te puedes pasar de la raya. En un momento dado, Mariah trató de sabotear la canción poniéndole demasiado estilo *soul* y gospel. Y Tommy dijo: "Muy bien. Genial. Ahora cántala como se debe".

Si simplemente la cantas con moderación, la haces más amplia, y la canción te da todo lo que realmente tiene para dar. Cuando escuché las dos versiones de *Hero*, la A y la B, y vi el resultado final, me di cuenta de que Tommy realmente sabía de lo que estaba hablando. Y no es que no respetara la música gospel: escuchar gospel es una de las cosas favoritas de Tommy. Pero también sabía cómo debía cantarse esa canción para que le llegara a todo el mundo.

DAVE MARSH

Para tener éxito en el negocio discrográfico tienes que entender las sutilezas de las relaciones interraciales en los Estados Unidos. Por ejemplo, Tommy supo cómo colocar a Mariah en el vértice de tres grupos étnicos y raciales: los negros, los blancos y los latinos. Ése era el genio de Tommy. Hizo maravillas con Mariah, y no fue fácil. Mucha gente tiene buena voz. Pocos triunfan. Y aún menos llegan a triunfar como lo hizo Mariah.

DAVE GLEW

Hay una pieza muy importante del rompecabezas que no recibe suficiente atención. Uno de los problemas principales del sistema de Warner, Atlantic y Elektra —que yo vi con mis propios ojos después de trabajar casi veinte años allá— era que tenían dos compañías: una compañía en los Estados Unidos, con muchos ejecutivos muy poderosos, y una compañía internacional.

Cuando yo trabajaba en Atlantic, teníamos muy poco control desde Nueva York del mercadeo y los lanzamientos en Alemania, Francia y el resto del mundo. A raíz de eso, no podíamos hacer estrenos mundiales. Por ejemplo, si lanzábamos un disco de Phil Collins en los Estados Unidos, a veces ese disco se lanzaba en el mercado internacional un poco más tarde. De manera que era imposible que el lanzamiento fuera una prioridad global.

Yo le decía y repetía: "Mira, Tommy, si podemos tener un álbum de Mariah Carey, uno de Gloria Estefan y uno de Celine Dion, y apretar un botón para lanzarlos todos al mismo tiempo en cada país del mundo, el impacto que eso tendrá en nuestras ganancias va a ser enorme. ¡Enorme!".

Al principio no podíamos hacer eso porque, cuando Tommy empezó, no tenía el control de la rama internacional. Pero apenas Tommy se hizo cargo de esa rama, podía comercializar y darle impulso a nuestros discos a nivel global, y así conquistó el mundo. Si vendías trescientas mil copias en Corea y dos millones en Japón, las cifras aumentaban de una manera vertiginosa. Los costos de grabación ya estaban pagados, en la mayoría de los casos, por la compañía de los Estados Unidos. Los videos los mostraban por todas partes, así que las ganancias totales eran enormes.

La gente nunca sabrá lo que Tommy Mottola hizo por Mariah. No creo que la propia Mariah lo sepa.

Pero es bueno mirarlo de la siguiente manera: estoy en Epic considerando lanzar un CD de Michael Jackson, pero retrasaría la fecha de lanzamiento con el fin de darle a Mariah y a Columbia una ventana de una semana para que Columbia y Epic no tuvieran que competir por todo el mundo. Porque hay que tener en cuenta que si un álbum de Michael Jackson y uno de Mariah Carey salían al mismo tiempo, se pelearían por la programación en la radio.

Tommy hacía malabares con las fechas de lanzamiento, se aseguraba de que cada artista tuviera su propia ventana de oportunidad por todo el mundo, y ponía todos los recursos de la compañía detrás de cada lanzamiento. Su visión global fue lo que hizo que Sony Music fuera tan poderosa en los noventa.

Believe • *Cher*

No Scrubs • *T L C*

...Baby One More Time •
Britney Spears

Genie in a Bottle •
Christina Aguilera

Livin' La Vida Loca • *Ricky Martin*

If You Had My Love •
Jennifer Lopez

I'm Your Angel • *R. Kelly and
Celine Dion*

Bills, Bills, Bills • *Destiny's Child*

Last Kiss • *Pearl Jam*

Fortunate • *Maxwell*

Bailamos • *Enrique Iglesias*

Heartbreaker • *Mariah Carey
and Jay-Z*

I Still Believe • *Mariah Carey*

Can I Get A . . . • *Jay-Z con Amil
and Ja Rule*

Mambo No. 5• *Lou Bega*

It's Not Right, But It's Okay •
Whitney Houston

From This Moment On •
Shania Twain

Ex-Factor • *Lauryn Hill*

I Need to Know • *Marc Anthony*

How Forever Feels •
Kenny Chesney

Music of My Heart • *'N Sync and
Gloria Estefan*

When You Believe •
Whitney Houston and Mariah Carey

(You Gotta Walk) Don't Look Back
• *Peter Tosh with Mick Jagger*

Come by Me • *Harry Connick Jr.*

Beautiful Stranger • *Madonna*

Praise You • *Fatboy Slim*

Right Here, Right Now •
Fatboy Slim

I Will Remember You •
Sarah McLachlan

Mirrorball • *Sarah McLachlan*

The Writing's on the Wall •
Destiny's Child

Breathe • *Faith Hill*

Say My Name • *Destiny's Child*

I Wanna Know • *Joe*

Jumpin', Jumpin' • *Destiny's Child*

What a Girl Wants •
Christina Aguilera

You Sang to Me • *Marc Anthony*

I Try • *Macy Gray*

That's the Way It Is • *Celine Dion*

Be with You • *Enrique Iglesias*

The Way You Love Me • *Faith Hill*

The Real Slim Shady • *Eminem*

Oops!...I Did It Again •
Britney Spears

I Wanna Love You Forever •
Jessica Simpson

Cowboy Take Me Away •
The Dixie Chicks

Waiting for Tonight •
Jennifer Lopez

Independent Women Part 1 •
Destiny's Child

Sail Away • *D avid Gray*

This Year's Love • *D avid Gray*

Beautiful Day • *U 2*

Elevation • *U2*

Country Grammar (Hot...) • *Nelly*

Try Again • *Aaliyah*

I Knew I Loved You •
Savage Garden

Bye Bye Bye • *'N Sync*

Bring It All to Me • *Blaque*

My Love Is Your Love •
Whiney Houston

Big Pimpin'• *Jay-Z con UGK*

Thank God I Found You • *Mariah
Carey con Joe & 98 Degrees*

Lovers Rock • *Sade*

Fallin' • *Alicia Keys*

Drops of Jupiter (Tell Me) • *Train*

I'm Real (Murder Remix) •
Jennifer Lopez y Ja Rule

Survivor • *Destiny's Child*

Love Don't Cost a Thing •
Jennifer Lopez

Bootylicious • *D estiny's Child*

Izzo(H.O.V.A.) • *J ay-Z*

Nobody Wants to be Lonely •
Ricky Martin y Christina Aguilera

Loverboy • *Mariah Carey
con Cameo*

The Blower's Daughter •
Damian Rice

New York, New York • *Ryan Adams*

When the Stars Go Blue •
Ryan Adams

Superman (It's Not Easy) •
Five for Fighting

Ain't It Funny (Murder Remix) •
Jennifer Lopez con Ja Rule

Hella Good • *N o Doubt*

Music • *Erick Sermon con
Marvin Gaye*

Play • *Jennifer Lopez*

Songs I Heard • *Harry Connick Jr.*

But for the Grace of God •
Keith Urban

South Side • *Moby con
Gwen Stefani*

Money Grabber • *Fitz and
the Tantrums*

Thank You • *Dido*

Laundry Service • *Shakira*

Believe • *Cher*

No Scrubs • *TLC*

...Baby One More Time •
Britney Spears

Genie in a Bottle •
Christina Aguilera

Livin' La Vida Loca • *Ricky Martin*

If You Had My Love •
Jennifer Lopez

I'm Your Angel • *R. Kelly and
Celine Dion*

Bills, Bills, Bills • *Destiny's Child*

Last Kiss • *Pearl Jam*

Fortunate • *Maxwell*

Bailamos • *Enrique Iglesias*

Heartbreaker • *Mariah Carey
y Jay-Z*

I Still Believe • *Mariah Carey*

Can I Get A . . . • *Jay-Z con Amil
and Ja Rule*

Mambo No. 5• *Lou Bega*

It's Not Right, But It's Okay •
Whitney Houston

From This Moment On •
Shania Twain

Ex-Factor • *Lauryn Hill*

I Need to Know • *Marc Anthony*

How Forever Feels •
Kenny Chesney

Music of My Heart • *N'Sync y
Gloria Estefan*

When You Believe •
Whitney Houston y Mariah Carey

(You Gotta Walk) Don't Look Back
• *Peter Tosh con Mick Jagger*

Come by Me • *Harry Connick Jr.*

Beautiful Stranger • *Madonna*

Praise You • *Fatboy Slim*

Right Here, Right Now •
Fatboy Slim

I Will Remember You •
Sarah McLachlan

Mirrorball • *Sarah McLachlan*

The Writing's on the Wall •
Destiny's Child

Breathe • *Faith Hill*

Say My Name • *Destiny's Child*

I Wanna Know • *Joe*

Jumpin', Jumpin' • *Destiny's Child*

What a Girl Wants •
Christina Aguilera

You Sang to Me • *Marc Anthony*

I Try • *Macy Gray*

10

Los cuentos de hadas no se hacen realidad

Cuando pienso en toda la música que publicamos en 1993 y considero todas las demás cosas que sucedieron durante sus 365 días, no puedo menos que rascarme la cabeza y preguntarme cómo hubo tiempo suficiente para todo. Con sólo ese año de mi vida podría llenar un libro.

Fue el año en que Mariah sacó su canción *Hero* en *Music Box,* que terminó vendiendo más de treinta millones de copias y se convirtió en uno de los álbumes más vendidos de todos los tiempos.

Fue el año en que Celine abarcó el mundo entero con *The Color of My Love,* que incluía tres sencillos que llegaron al primer lugar de las listas.

Fue el año en que Gloria salió con *Mi Tierra.*

Y el año en que el álbum *Back to Broadway* de Barbra Streisand llegó al primer lugar en el Top 200 de *Billboard.*

Esos cuatro discos podían haber definido un muy buen

período de tres años para cualquier compañía de música del mundo.

Pero ahora agreguemos el mayor logro de la carrera de Billy Joel: *River of Dreams*.

Y Pearl Jam, que ahora era el ejemplo de nuestra fuerza en el género de rock alternativo, cuando *Vs.* no sólo llegó a ser número uno en el Top 200 de *Billboard* sino que rompió el récord de Sound Scan al vender más que cualquier otro artista en una semana.

Además, Michael Bolton agregó a su serie de éxitos *The One Thing*.

Y Harry Connick Jr. cerró el año con su álbum de Navidad, el más vendido en Estados Unidos: *When My Hearth Finds Christmas*.

Todo lo que se había puesto en movimiento desde el día que comenzamos a hacer nuestros planes en 1988, empezó a galvanizarse a la vista del público y de los altos ejecutivos de Tokio durante este mismo año. No sólo estábamos en el primer lugar en todas las listas sino que nuestras cifras rompían récords. Las utilidades aumentaron cuarenta por ciento en 1993, y la gerencia de Sony en Japón respondió ascendiéndome de presidente de Sony Music en América del Norte a presidente de Sony Music Entertainment a nivel mundial. Los dominios feudales estaban ahora todos bajo la misma sombrilla. Ahora podíamos mandar y centrarnos, sin fronteras, en un ejército de catorce mil personas en todo el mundo para entrenar y crear más artistas, y tener éxitos mayores.

1993 fue también el año en que me casé con Mariah y el año en que tuve que ir a Inglaterra a declarar en el juicio instaurado por George Michael contra Sony Music. Y fue también el año en el que Michael Jackson fue acusado por primera vez de pedofilia.

Pero quisiera detenerme un poco en otro momento definitivo de 1993, momento que le dejó claro al mundo que apenas comenzábamos nuestro ascenso. Fue el año en que lanzamos los Estudios Sony Music, las instalaciones de grabación más creativas del mundo.

El estudio Sony tenía mucho sentido desde el punto de vista creativo y desde el punto de vista financiero: permitiría que muchos dólares que se estaban gastando en estudios independientes se gastaran ahora internamente. Una vez que se difundió la noticia del estudio Sony, se convirtió en *el* destino de los artistas en todos los lugares y sitios más recónditos del mundo.

Recuerdo el día que le presenté los planos a Norio Ohga. Le dije que ésta era una joya inmobiliaria en la Calle 54 con la Décima Avenida, justo debajo de la calle del renombrado estudio Hit Factory. Era el antiguo estudio cinematográfico de Twentieth Century Fox, con una piscina cubierta que se utilizó en las películas protagonizadas por Esther Williams en los años cuarenta. Las instalaciones que teníamos en mente serían dramáticamente diferentes. Nuestras instalaciones tendrían salas de preproducción, además de estudios de grabación e instalaciones de mezcla con tecnología de punta. También tendría uno de los mejores auditorios con techos lo suficientemente altos como para instalar luces de concierto que permitieran a los artistas ensayar sus presentaciones en vivo en el escenario, antes de salir de gira. Además, los artistas podían hacer sus videos en el estudio y luego subirlos a uno de los mejores servicios de edición de video de cualquier parte del mundo. El propósito era que los artistas pudieran realizar la totalidad de sus procesos creativos bajo el mismo techo. Casi antes de que pudiera terminar mi explicación, Ohga respondió: "¡Me encanta! Esto nos hará totalmente únicos y nos diferenciará de todos los demás. Ésta siempre debe ser nuestra filosofía ¿Cuánto costará?".

Respiré profundo, lo miré directo a los ojos y le dije: "Entre cuarenta y cincuenta millones".

Entonces fue el turno de Ohga de respirar profundo, pero

no parpadeó. Me miró directo a los ojos e hizo un ademán de asentimiento con la cabeza. Una vez más, Ohga había entendido.

Poco después de cortar la cinta, entraron por la puerta muchos artistas importantes. El estudio se había convertido también en un lugar de reunión de los creativos, donde los actores de la lista A venían a reunirse con algunos de los músicos. Esto iba mucho más allá de la celebridad. Además, también terminaban haciendo allí sesiones de postproducción porque les gustaba mucho. La gente de MTV y todos los mejores directores de videos y músicos se encontraban constantemente unos con otros, día tras día, noche tras noche, iniciaban amistades y compartían ideas brillantes. Salieron muchos éxitos de las conversaciones casuales que se llevaban a cabo en esos corredores.

Ahí iba a parar cada día antes y después de la cena. Muchos de esos artistas estaban grabando para otras compañías de discos y ocasionalmente me invitaban a asistir a sus sesiones de grabación. Yo escuchaba su música semanas antes de que lo hicieran los ejecutivos que manejaban el sello del artista.

Si sus contratos estaban por vencerse o si no estaban contentos por cualquier razón con sus sellos discográficos, nuestro estudio sin duda los hacía pensar que éramos un mejor equipo y un mejor hogar para ellos, debido a la forma única como atendíamos a nuestros artistas.

A veces me divertía un poco con los ejecutivos de otros sellos que eran mis amigos mientras conversaba con ellos por teléfono. Yo les decía algo así como: "Oye, a propósito, felicitaciones, tienes un verdadero éxito en camino".

—¿De qué hablas? —me preguntaban.

—Lo oí anoche —decía.

Cuando recuerdo el matrimonio con Mariah, todo lo que queda en mi memoria es una imagen congelada, el tipo de foto publicitaria que podría aparecer en el periódico al día siguiente o que aún veo flotando por Internet.

Simplemente no recuerdo la boda como si fuera una película con imágenes en movimiento. De hecho, no puedo recordar a nadie bailando. Sé que hice lo mejor por crear un cuento de hadas. Pero a pesar de los planes meticulosos, no puedo ni siquiera recordar el nombre de la banda ni de ninguna —y quiero decir *ninguna*— de las canciones que se interpretaron durante la recepción, de manera que, en realidad, fue sólo un cuento de hadas.

Te puedo decir que nos casamos en la Iglesia Episcopal Saint Thomas en la Quinta Avenida. Recuerdo que había muchas niñas con flores y que Mariah hizo que mi amiga Vera Wang le diseñara el vestido de novia. Parecía que toda la industria de la música estaba presente. La recepción, después de la ceremonia, tuvo lugar en el Metropolitan Club, con vista al Central Park —un poco estirado y formal—. Pero cuando me esfuerzo por recordar, las imágenes que ahora me vienen a la mente son lo que no vi en ese momento sino todo lo que vino después. Una de esas imágenes es la de mi hija Sarah, llorando durante la ceremonia, y mi hijo Michael abrazándola para intentar consolarla. Sarah tenía doce años. Michael tenía trece. Se sentían totalmente fuera de lugar e incómodos, y sentían en los huesos lo que yo simplemente no pude sentir.

Fueron muchas las personas que entendieron de antemano que esto simplemente no era lo correcto e intentaron decírmelo una y otra vez de la mejor forma que pudieron. Recuerdo haber hablado con Mickey Schulhof en su oficina apenas una semana antes de la boda y recuerdo que me dijo: "Permíteme ser muy franco contigo. Es una artista del sello y tú le llevas veinte años.

Si el matrimonio dura cinco años, nadie te criticará. Pero si termina en doce meses...

Es cierto: quería casarme, pero tampoco estaba obligando a nadie. No había nada en el pasado de Mariah que la inclinara en lo absoluto hacia el matrimonio. De hecho, la idea del matrimonio era algo muy lejano a su universo y, para ella, la palabra "matrimonio" era probablemente uno de los términos más aterradores que podían existir. Anteriormente, cualquier referencia al tema en una conversación no llevaba a nada. Por lo tanto esperé, la dejé tranquila y no volví a hablar de eso. Ahora sólo puedo preguntarme si el matrimonio fue su forma de cerrar algunas de las grietas que habían comenzado a abrirse en nuestra relación, porque me tomó completamente por sorpresa cuando me propuso la idea. A eso de la medianoche, cuando vivíamos en una casa arrendada en la Florida, simplemente me miró con una sonrisa y dijo: "Oye, ¿por qué no nos casamos?".

Siendo como soy, habría comprado un anillo de compromiso para declarármele. Pero no fue así. Me tomó por sorpresa y me dejó perplejo, con las manos vacías.

Aunque, debido a su crianza, el matrimonio sólo significaba para ella ansiedad y angustia, creo que, al pensar en esto, imaginó que me haría feliz. A ambos nos importaba realmente satisfacer los deseos del otro. Y podría haber sido su forma de retribuirme todo lo que había hecho por ella para llevarla a donde estaba.

No había por qué preocuparse de un rechazo al interior de la compañía. Las ventas se habían disparado por el techo y Mariah no sólo estaba en la cima del mundo sino que era una de las artistas de mayor venta en Japón. La idea de casarnos pronto nos condujo al sueño de crear un cuento de hadas: cada detalle, uno tras otro, estaba siendo manejado por un pequeño ejército.

La idea de elaborar un bolsillo especial, oculto, en uno de

los zapatos de Mariah en el que pudiera introducirse una pequeña moneda para la buena suerte, provino de aquella vieja costumbre británica: "Algo viejo, algo nuevo, algo prestado, algo azul y una monedita en su zapato". ¡Hablar de buena suerte!

Las cincuenta floristas eran todas fans de Mariah. Mariah participó en el diseño de su torta de boda.

Todo lo que puedo decirte acerca de esos detalles ya olvidados, que trato de buscar y sacar a la superficie, es que sólo intentaba hacer feliz a Mariah de la forma como mejor pudiera. Y cuando la ceremonia del matrimonio terminó, creí que ambos estábamos felices. Lo único que faltaba para completar el cuento de hadas era construirle un castillo.

Eso fue entonces lo siguiente que intenté hacer, ignorando completamente que los cuentos de hadas no se hacen realidad.

Apenas había terminado mi luna de miel cuando surgieron dos situaciones muy desagradables. La primera fue cuando aparecieron las denuncias en todos los medios de comunicación de que Michael Jackson había abusado a un muchacho de trece años. Unos meses después tuve que ir a Inglaterra a declarar en un juicio contra un artista cuya música disfrutaba mucho: George Michael.

Pocos son los cargos más graves que el cargo de abuso infantil y, en el caso de Michael Jackson, era poco lo que podíamos hacer en Sony, excepto esperar y preguntarnos a dónde nos llevaría todo esto. Nuestra responsabilidad era manejar las relaciones públicas en lo concerniente a su música y su carrera como artista, pero no podíamos hacer nada en estos asuntos legales fuera de apoyarlo de cualquier forma cuando nos lo pidiera. Ahora, al mirar atrás, es evidente que la carrera de Michael, para este momento ya había llegado a la cima, aunque él se negara a aceptarlo. Vivir en una burbuja imaginaria le permitía pensar que estas acusaciones y los informes de prensa no iban a afectar lo que la gente pensaba de él. La realidad es que su carrera no volvió a ser la misma desde el momento en que la acusación salió en los medios de comunicación.

Con anterioridad, en 1993, habíamos intentado revivir la pasión por su álbum *Dangerous* con una presentación durante el medio tiempo del Super Bowl. Apareció de pronto en la parte superior del tablero del puntaje, sólo unos segundos antes de ser lanzado a través a la mitad del campo, entre una lluvia de fuegos artificiales. Un par de semanas después tuvo una entrevista con Oprah Winfrey que fue vista por noventa millones de personas. Pero los temas de los que todos hablaban al día siguiente poco tenían que ver con la música, como era apenas de esperarse, teniendo en cuenta su fama, sino con los huesos del Hombre Elefante y los abusos físicos que Michael soportó de su padre cuando era pequeño. Las ventas de *Dangerous* sí aumentaron con estas presentaciones y la publicidad que las rodeó, pero no llegaron nunca al nivel de ventas que vimos cuando entramos a representarlo en 1988 con mi equipo y dimos una segunda vida a *Bad*, su álbum anterior.

No sabíamos cuál sería exactamente el impacto que los cargos tendrían en su carrera y sólo llegamos a entender su alcance cuando salió su siguiente álbum. Aunque sabíamos que sus fans más fieles seguirían apoyándolo, no había duda de que las noticias que salieron sobre los hechos, rumores e insinuaciones detrás del arreglo monetario entre el corredor de seguros de Michael y la familia del muchacho, comenzaban a alejar a muchas personas.

Mientras todo esto ocurría, tuve que viajar a Londres en el otoño del noventa y tres para declarar en un juicio contra George Michael. Nunca habríamos ido a un juzgado para declarar en contra de un artista de nuestro estudio de grabación, a menos de que no hubiera absolutamente ninguna otra alternativa; y en este caso, no había alternativa. Trabajamos durante meses intentando dirimir el desacuerdo con George, aunque sabíamos que teníamos la razón. Pero George simplemente llevó las cosas demasiado lejos y nos demandó, y en lo más profundo de mi ser creo que, realmente, lo aconsejaron mal su representante y sus abogados, que adoptaron una actitud arrogante y pomposa creyendo que íbamos a permitir que se salieran del contrato con Sony para obtener una enorme suma de dinero de otra compañía disquera. Sabía que eso sencillamente no iba a ocurrir.

De alguna forma, George se las arregló para describir la situación de las ventas de su álbum *Listen without Prejudice, Vol 1* como "esclavitud profesional". Su demanda sostenía que él era una víctima según las leyes europeas relativas al impedimento de comercio ya que no tenía nada que decir en cuanto a la forma como Sony había promocionado su último álbum y podría promocionar otros álbumes en el futuro.

La forma como veíamos esto en Sony era así: George nos trajo un álbum transicional —interpreta esto como quieras— y diferente de *Faith*. Eso está muy bien; después de todo, él es el artista y es su música. Pero si el disco no tiene éxitos, la culpa no es nuestra. En nuestro concepto, George era el paquete completo, que incluía la excelente música de *Faith* y la apariencia jovial de un apuesto muchacho que vestía chaqueta de cuero y jeans. Este paquete lo llevó a la cima, tal como había ocurrido con Elvis tiempo atrás. George tenía sencillamente una rebelión emocional hacia su éxito y se desahogaba rechazando todo lo que había hecho antes. Era como ver a alguien que inconscientemente deseaba hacerse daño. Al final, el álbum sólo terminó vendiendo la misma cantidad que *Faith* y, naturalmente, la culpa nunca es del artista. Tanto él, como todos los representantes ineptos que lo rodeaban, pensaban que la culpa era de Sony. Buena suerte, amigo.

Fue algo desafortunado porque, como dije desde el comienzo, George era un artista al que tanto yo como todos los demás en Sony habíamos colocado sobre un pedestal. Amaba y respetaba la música de este hombre y estaba más que dispuesto a ayudarle a encontrar nuevas plataformas y a alcanzar mayores alturas.

Pero no podemos obligar al público a que le encante un producto, ni podemos hacer que el consumidor vaya a la tienda y lo compre. Nadie mejor que nuestro equipo en Sony cuando se trataba de mercadear, promover y presentar un nuevo álbum de un artista. Éramos mundialmente reconocidos por nuestra muy amplia distribución y, por lo tanto, este álbum estaba en todos los lugares donde el público pudiera verlo. Hicimos que se trasmitiera en todas partes del mundo, su posicionamiento en los almacenes de discos era perfecto, aparecía en los programas de televisión y los críticos escribían acerca de él en los periódicos. Pero, en últimas, algo tenía que atraer la atención del público para que fuera lo suficientemente *llamativo*, de modo que muchísima gente lo comprara. No podemos negar esta simple verdad: el hecho es que el consumidor debe estar realmente deseoso de comprarlo.

La música no es como un saco que uno pueda necesitar en un frío día de otoño. No es algo que uno pueda tocar, sentir, examinar y probárselo. No se puede preparar como un *steak* y comérselo. La música es algo que está en el aire. Tiene que atraer todos los sentidos. Necesitábamos intuir cómo se vendería este producto etéreo y después teníamos que preparar la forma más meticulosa y detallada de venderlo.

Organizamos docenas de sesiones de audición en todos los rincones del mundo, donde hasta cien personas se sentaban en un salón para escuchar la música que estaba punto de salir al mercado. Durante todo este tiempo, respaldábamos y acompañábamos a nuestros artistas, en especial a George Michael. Aunque George nos hubiera quitado tantas herramientas de nuestro arsenal promocional, nunca nos dimos por vencidos ni por un segundo. Estaban en juego millones de dólares, por lo que motivamos e inspiramos a nuestro equipo de promotores a vender por todos los medios el nuevo álbum de George.

Aunque estábamos manejando a los artistas más talentosos del mundo —con frecuencia con guantes de seda—, dándoles todo el respeto, el tiempo y el apoyo que merecían, en último término seguíamos siendo un negocio. Un *gran* negocio. Un negocio con siete mil millones en ventas todos los años. Mi responsabilidad no sólo era tener satisfechos a todos estos artistas sino rendir cuentas a la junta directiva. A la junta sólo le preocupaba una cosa: las cifras. Si mis cifras no coincidían con las proyecciones, o las superaban, entonces el puntaje en mi tarjeta de informe no sería bueno. Por consiguiente, me enfrentaba al duro oficio de hacer malabarismo minuto a minuto, noche y día, con esas dos dinámicas. Por un lado, estaba lidiando con la presión de las directivas: "Haz números". Y por el otro, me daba cuenta de que estaba vendiendo un producto que llevaba el alma de alguien en su interior.

Pasado un tiempo, Sony llegó a tener unos cuatrocientos artistas quienes, a propósito, buscaban, en conjunto, los dólares promocionales de la empresa. Éramos como cualquier otro negocio. Y al igual que cualquier otro negocio, cuando veíamos que uno de nuestros lanzamientos o de nuestros productos nuevos no prosperaba, nos veíamos obligados a tomar decisiones frías, duras, sobre la forma como gastaríamos nuestro presupuesto de mercadeo y promoción en otros productos que podrían ir camino a los primeros lugares en las listas. Así era como funcionaba nuestro negocio porque, de lo contrario, no habría negocio alguno.

Sin embargo, cuando fui a Inglaterra para declarar en el juicio, había muchas dudas en mi mente. Aunque la evidencia es muy clara en muchos casos de asesinato, a veces el asesino sale libre. ¿Cómo es el dicho? "Si los hechos no concuerdan sólo queda el perdón". Además, no sabíamos cómo las diferencias culturales podrían afectar el caso porque, en el Reino Unido, George Michael estaba caminando sobre el agua. Tampoco sabíamos cómo se vería la evidencia en una corte que me hacía sentir como si estuviera viendo una película de la Edad Media en HBO. ¿Cómo podría alguien predecir lo que podría ocurrir cuando hay que mirar hacia arriba a un juez que lleva una larga peluca blanca en la cabeza y decirle "mi señor"? ¿Puedes imaginar a un muchacho del Bronx en esta película? Todo lo que podía hacer era declarar, decir la verdad y presentar nuestro caso.

Meses después estaba de nuevo en mi oficina en Nueva York, cuando mis asistentes comenzaron a llamar incesantemente por mi intercomunicador y alguien comenzó a llamar con insistencia a mi puerta. Era mi asesor principal. Estaba en la mitad de una importante discusión, pero imaginaba de qué me quería hablar. Había salido la decisión de los tribunales del Reino Unido y nos favorecía ampliamente. Las personas que habían asesorado mal a George realmente se habían equivocado en todo. No sólo había perdido el caso sino que, según la decisión del juez, debía pagar todos los costos del juicio: los honorarios de nuestros abogados en el Reino Unido superaban los quince millones de dólares.

Claro que estaba feliz de haber ganado. Pero había algo en esta situación que me impedía estar totalmente contento. Sabía que George no lo estaba y, después de todo, yo sólo quería sacar lo mejor de esta situación. Hubo un período de silencio durante unos meses. Luego sus abogados nos preguntaron si podían comprar la liberación de George de su contrato de grabación. Consideramos que el sismo había sido tan grande que probablemente sería mejor para el negocio y para la carrera de George hacer eso. Sabía que David Geffen estaba ansioso de contratarlo. Luego, al poco tiempo, arreglamos todos los aspectos del negocio y George Michael terminó yéndose a Geffen Records. Desde el punto de vista del negocio y de las cifras en dólares, nos fue muy bien. No sólo ganamos el caso y cobramos nuestros honorarios legales sino que ganamos decenas de millones al vender el contrato a Geffen conservando nosotros los derechos a todo el catálogo de George, incluyendo uno de los mejores álbumes de todos los tiempos: *Faith*. Así, nos quedamos con lo mejor del antiguo George Michael y el nuevo George Michael consiguió justo lo que quería: quedó en libertad para vivir su vida y continuar su carrera en otro lugar. Sin embargo, y personalmente, fue triste para mí perder un gran artista como George.

Años después, tuvimos una situación similar cuando Michael Jackson intentó zafarse de su contrato con Sony después de que las ventas de su álbum cayeran de forma dramática y nos culpara a nosotros por la forma como lo promovimos. Incluso fue un paso más allá y me tildó de demonio durante una protesta pública y levantó una pancarta con fotos de su rostro y del rostro de George Michael con unas "X" pintadas sobre sus bocas, como si Sony hubiera intentado silenciarlos.

Todo eso es falso. Fuimos nosotros en Sony quienes tuvimos que mantenernos en silencio ante el público. Ahí no puede haber el más mínimo malentendido. Jamás habíamos atacado a un artista en público, y jamás lo haríamos. En el mundo de la música, cualquiera sabe que eso sería un suicidio.

Nuestra responsabilidad era encontrar, desarrollar, promover y entregar al consumidor la mayor cantidad posible de música extraordinaria y, en último término, venderla al mayor número de personas posible. Cuando los artistas comienzan a descender, es difícil para ellos verlo de esa forma.

Para mí, había algo de ironía melancólica en el hecho de que George Michael se hubiera ido. Esto, porque nos habíamos reestructurado completamente para convertirnos en la mejor compañía del mundo, y la más amable para los artistas.

Sí, éramos una corporación enorme y teníamos fabricación y distribución a nivel mundial. Pero también podíamos actuar como una *boutique* que se ocupaba de atender específicamente a cada persona de acuerdo con sus necesidades. Lejos estaban ya los días en los que las bandas de Seattle se negaban a hablarnos. Ahora teníamos a Eddie Vedder de Pearl Jam que entraba por nuestras puertas días tras día e inclusive tomaba prestadas mis guitarras para hacer una presentación acústica. Bob Dylan no dejaba de golpear en mi oficina para saludar. Vamos, Bob Dylan, uno de mis héroes. ¿Bromeas? Éste era un giro de 180 grados desde los días de la antigua CBS, antes de que se convirtiera en Sony Music Entertainment. Recibíamos a nuestros artistas con los brazos abiertos, con cariño y amor, y nos esforzábamos constantemente por ayudarlos a alcanzar nuevos niveles.

Uno de los mejores logros que tuvimos, y algo de lo que me enorgullezco hasta el día de hoy, fue haber podido reposicionar a Tony Bennett. El hijo y representante de Tony, Danny, había diseñado una nueva y sorprendente estrategia. En 1994, Tony estaba cerca a los setenta, pero su voz siempre fue la de un muchacho de veinte años. El concepto de Danny era que las grandes canciones, los grandes cantantes y los grandes discos seguían atrayendo a cualquier generación y vivían por siempre. En el caso de su padre, esto no pudo haber sido más cierto.

Así fue como, en colaboración con Danny, posicionamos a Tony en un *MTV Unplugged* para presentarlo a una audiencia más joven. Fue una noche histórica. Tony dedicaba canciones a Duke Ellington y cantaba a dúo con k.d. lang y Elvis Costello. Salió bien bajo cualquier punto de vista porque Tony nunca había cantado para una generación o un grupo en especial. Él era auténtico, y esa sinceridad era captada por todas las generaciones.

¡Tony Bennett en un *MTV Unplugged*! ¿Puedes creerlo? Este concierto estuvo acompañado de videos musicales en blanco y negro junto con un increíble álbum. De pronto, algo viejo se convirtió en algo totalmente nuevo. Los niños estaban viendo al mismo Tony Bennett a quien yo había escuchado con mis padres cuando era pequeño, y les gustaba mucho. Y pensar que Michele Anthony, quien había crecido con Tony Bennett porque su padre era su representante, era ahora mi primera vicepresidenta ejecutiva —y también estaba cantando simultáneamente las canciones de las más candentes bandas de rock y música alternativa del mundo—. Para qué hablar de contrastes. Esto es exactamente lo que hace grande a una compañía de música. La capacidad de hacerlo todo y hacerlo con autenticidad, sin oler a lo que huelen las grandes corporaciones.

Todos tuvimos que caminar con mucho cuidado por una cuerda floja con Pearl Jam. El grupo no pretendía llegar a ser famoso. Eddie Vedder no quería aparecer en la cubierta de la revista *Time*, y se horrorizó al ver su fotografía en la cubierta después de que él y Kurt Cobain se prometieran mutuamente que no participarían en una historia *grunge*. A Eddie le pareció de mal gusto que los diseñadores comenzaran a copiar sus camisas de franela y su chaqueta de pana café, y que las vendieran a 750 dólares: era la representación de todas las cosas de las que él estaba en contra. No quería levantar un muro delante de su casa, pero tuvo que hacerlo, y le salvó la vida cuando algún curioso se subió a un auto e intentó estrellarlo contra su casa. Todo lo que Eddie y Pearl Jam querían hacer era componer música e interpretarla para sus fans a un precio razonable. Eso era todo. Punto. Por consiguiente, teníamos que hacer siempre un acto de equilibrismo cuando se trataba de promover la banda. Pero todo salió siempre sin contratiempos porque Kelly Curtis, la representante de Pearl Jam desde el primer día, y cualquiera de los miembros de la banda, podían ir a hablar directamente con Michele y con el especialista de A&R que había traído Michele —Michael Goldstone—, a quien conocían y en quien confiaron desde el primer momento.

Después de *Vs.*, Pearl Jam sacó en 1994 otro mega éxito llamado *Vitalogy*. Todos los que trabajaban en la industria vieron lo que estaba sucediendo.

Aerosmith, que había comenzado en nuestro sello Columbia a comienzos de los setenta, pero que luego se fue para Geffen Records a mediados de los ochenta, pronto regresaría y firmaría otra vez con nosotros, en los noventa, gracias de nuevo a Michele Anthony y al equipo. Un testimonio más de la importancia de contar con las personas *correctas,* dispuestas a esforzarse por alcanzar un objetivo y teniendo fe en él. Todos estos hechos convergen en un momento muy significativo y, claro está, el momento lo es todo. Creo que con la muerte de Steve Ross en 1992, con la que se perdió su liderazgo y su estilo de representación, comenzaron a debilitarse las compañías de música en Warner, justo cuando Sony estaba entrando en pleno auge. Warner comenzó a estancarse debido a las personas que contrataban para mejorar la gobernabilidad corporativa: ejecutivos que no sabían nada del negocio. Nosotros nos encontrábamos en la cima y ahora éramos los número uno, no sólo en los Estados Unidos. Comenzamos a dominar todos los territorios alrededor del mundo y, por último, alcanzamos nuestra meta final: llegar a ser *la* compañía número uno en participación de mercado *rentable* a nivel mundial, no únicamente por ventas.

Pero, en este negocio, si nos dormimos sobre los laureles, así sea por un minuto, estamos quemados. Sí, así de rápido. Sabíamos que a fin de continuar siendo la mejor compañía de música del mundo, teníamos que competir en lugares donde no hubiéramos estado antes, por lo que desarrollábamos constantemente nuevas ideas y profundizábamos más en la historia de nuestra compañía. Así, encontramos leyendas representativas como Robert Johnson, Bessie Smith y Johnny Cash, al tiempo que desarrollábamos con fuerza nuevos artistas. Estábamos siempre bajo la presión constante de poder sacar volumen mientras buscábamos a ese nuevo artista excepcional que podríamos implantar en la escena mundial.

Reinventar nuestro catálogo era sencillamente un buen negocio, puesto que ya teníamos a todos los grandes. Prácticamente no teníamos que incurrir en ningún costo para producirlo, a excepción del de reempacar el contenido y el mercadeo. Pero además, era algo que continuaba dando una tremenda credibilidad e integridad a nuestra compañía, rica en historia. Retomar su importante legado era casi tan importante como avanzar a grandes pasos en su promoción. Tanto los artistas que firmaban con Sony como los que no, lo notaron y, como músicos de alto nivel, realmente apreciaban lo que estábamos haciendo. Esto, sin mencionar a los consumidores, que simplemente amaban la música que perseveraría por siempre.

El *MTV Unplugged* de Tony Bennett tuvo tanto éxito que aún hoy, casi veinte años después, tiene resonancia. Hace poco Tony hizo un álbum de duetos con artistas más jóvenes, como Lady Gaga, que llegó al primer lugar en la lista *Billboard*. Y actualmente está haciendo otro álbum de duetos con todos los grandes cantantes latinos en inglés y en español, incluyendo a Thalia. A los ochenta y siete años sigue avanzando…

Así que el cuento de hadas continuó. Mariah y yo construimos un castillo en Bedford, Nueva York. Tenía prácticamente todo lo que alguien podía desear. Estudiamos juntos las mansiones de Georgia y las casas de Newport, y después lo construimos con la ayuda de mi mejor amigo Ronny Parlato. Tenía un salón de belleza para que Mariah se peinara; un estudio de grabación de primer nivel, con lo último en tecnología para que cantara allí; y una piscina interior cubierta por un techo pintado con nubes, donde podía nadar. Todas mis mejores intenciones trabajaban en mi contra. Desafortunadamente no lo pude ver.

De hecho, una noche me dijo: "Dentro de unos años, vayámonos, escapémonos a una isla y compremos un pequeño club nocturno. Yo seré la cantante de ese club y el resto del tiempo podemos estar en la isla y refrescarnos". Me lo dijo con tanta determinación que, por un segundo, realmente le creí. Después de todo el esfuerzo que habíamos hecho, vaya final para el cuento de hadas. Es gracioso cómo los caminos de la vida nos llevan hacia abajo, aún cuando pensamos que lo sabemos todo.

Es extraño que justo aquello que nos había unido —la música— comenzara ahora a ser motivo de enormes desacuerdos entre los dos. Poco tiempo después del éxito de *Music Box* le dije a Mariah: "¿No sería una muy buena idea que hicieras un álbum de Navidad?".

A fin de cuentas, todos los grandes artistas —y con esto quiero decir *cada* gran artista de la época de mi juventud— sacaron un álbum de Navidad. Era simplemente parte de su repertorio. Phil Spector grabó uno de los mejores álbumes de Navidad de todos los tiempos —aún se escucha en mi hogar año tras año—. Inclusive Bruce Springsteen hizo una de las mejores versiones que jamás haya oído de *Santa Claus Is Coming to Town*. La Navidad fue siempre una de las mejores épocas de mi niñez y una de las épocas del año más felices para Mariah, por lo que era apenas natural, para mí, que aceptara la idea sin pensarlo dos veces. Todos en Sony la apoyaban y estaban dispuestos a sacarla adelante. Sólo una persona se oponía: Mariah.

No estaba de acuerdo, probablemente porque pensaba que un álbum de Navidad sería algo muy pero muy poco atractivo para sus fans de hip-hop. Lo discutimos muchas veces. Por último, comenzó a aceptar la idea y después, se sumergió en el proyecto con Walter A, componiendo algunas canciones nuevas e incluyendo las clásicas. En mi opinión, este álbum terminó siendo el único y mejor álbum de Navidad moderno. Cuando ella terminó, hicimos un video casero con imágenes de un trineo, renos vivos y las mejores decoraciones luminosas de todos los tiempos, provenientes del Bronx. ¿No adivinas quién se vistió de Santa Claus? La fotografía de la carátula del álbum sería un trineo con los renos y Mariah en un sexy traje de Santa. Esa fue su idea, y una muy buena. Todo el equipo de Sony se entusiasmó al máximo cuando llegó la foto de la cubierta. Pero cuando Mariah la vio, me miró y dijo: "¿Qué tratas de hacer, convertirme en Connie Francis?".

En vez de pelear con ella, salí de allí. Aunque tuve que aguantar la risa hasta que entré a la sala de al lado y pensé: "¿Cómo demonios sabe ella quién es Connie Francis?".

Su interpretación de *All I Want for Christmas Is You* se ha convertido en un clásico moderno, que se escucha en estas épocas con la misma frecuencia de todas las canciones que conocemos, y tal vez con mayor frecuencia aún que *White Christmas*. Todos los noticieros de la televisión la usan como música de introducción y de cierre. También fue incluida recientemente en álbumes de Michael Bublé y Justin Bieber. La rendición gospel de *Joy to the World*, de Mariah, que se incluyó en un especial de Navidad para televisión filmado en la Catedral Saint John the Divine, me sigue pareciendo la interpretación vocal en vivo más grande de todos los tiempos. La primera edición de *Merry Christmas* vendió cerca de quince millones de copias y hoy esa cifra ha aumentado a más de veinte millones. Sólo en Japón vendió casi tres millones, y ¡Japón es un país budista!

Además del éxito del álbum, lo único bueno de esta historia para mí es un artículo publicado no hace mucho tiempo en una revista, en el que Mariah le dijo a un periodista que había pensado que yo estaba loco cuando le pedí que hiciera ese álbum; le contó cómo se negó inicialmente a hacerlo y dijo que, en retrospectiva, se ha convertido en uno de sus proyectos favoritos y que estaba realmente feliz de que yo lo hubiera hecho realidad. Ese mismo año, hubo un especial de televisión en el que interpretó canciones navideñas con su madre, y me sentí muy bien al saber que podrá atesorar todas esas canciones de Navidad y cantarlas con sus hijos por el resto de su vida.

Estoy divagando, y esto se debe a los inevitables conflictos que se presentaron entre los dos, que en términos musicales me hicieron sentir miedo. Pero no sólo a mí sino a todos en Sony, que también se interesaban en la carrera de Mariah, quien deseaba cada vez más tomar un rumbo diferente. Elegir el camino por el que ella quería seguir sólo podría resultar en una audiencia más restringida y en menor número de formatos de reproducción mediática. Existía, pues, la posibilidad de alejar el amplio espectro de consumidores a quienes gustaba su música y la compraban.

Las sugerencias acerca de la música que debía grabar eran discusiones muy normales entre los artistas y la parte comercial del negocio, y los desacuerdos eran frecuentes. El artista es el artista. Pero el lado del negocio está integrado por muchas personas creativas, cada una con sus propias ideas. Es por eso que al sumarlos surgió el término "negocio de la música". Yo había presenciado el desarrollo de estos mismos conflictos desde la época en que representaba a Hall & Oates y cuando inicialmente Celine Dion no quería cantar *My Heart Will Go On*. Sólo esa canción generó mil millones de dólares de utilidad. Por lo tanto, no era nada nuevo que surgieran estos mismos desacuerdos con Mariah. De hecho, hay otra historia que me viene a la memoria sobre este tema que vale la pena contar, y que tiene que ver con Luther Vandross.

Luther era uno de los mejores cantantes de R&B de todos los tiempos. Su voz era como un potente instrumento que tenía un sonido suave, aterciopelado. Únicamente desde el punto de vista de interpretación vocal —hablando solamente de sus cuerdas vocales— habría que considerarlo como el primero en la lista.

Siempre tuvo éxito pero era terco y quería interpretar sólo material compuesto o seleccionado personalmente por él. Por lo general, nunca estaba abierto a aceptar sugerencias. Y no teníamos problemas con eso. Pero, naturalmente, él nunca estaba completamente satisfecho porque quería vender mucho más de lo que estaba vendiendo.

También nosotros como compañía pensamos siempre que Luther tenía la capacidad de vender más de un millón con cada nueva edición. Sabíamos que era capaz de vender al menos cinco millones. Le dijimos que la única forma de hacerlo era haciendo un cruce de R&B para llevarlo a la lista del Top 40. Pero para lograrlo, tendría que experimentar y ensayar nuevas cosas. Jamás pudimos y *jamás* quisimos obligarlo. Pero siempre lo instábamos a intentarlo. "Si no te gusta", le aseguraba, "no lo sacaremos. Respetaremos tu decisión".

Por fin, hacia 1994, Luther aceptó. Y un día después de que él aceptara, mientras Mariah y yo íbamos en mi auto, le dije que Luther estaba haciendo un álbum llamado *Songs* que rendía tributo a algunos de los éxitos clásicos que lo habían inspirado a través de los años. Le pedí que me sugiriera algunas canciones y sin pensarlo dos veces me dijo: "¿Por qué no cantamos *Endless Love* juntos? Él es uno de mis cantantes favoritos de todos los tiempos y yo lo haría con él si pudieras lograr que lo aceptara".

La idea me atrapó. *Endless Love* es un clásico interpretado originalmente por Diana Ross y Lionel Richie. Sólo había dos riesgos, y el primero tenía que ver con Luther: tendría que hacerle la consulta con el mayor de los tactos, como si estuviera caminando de puntillas sobre huevos quebrados o sobre vidrios, para preguntarle si querría interpretar ese dúo, cosa que hice al pie de la letra. El segundo riesgo era que Sony estaría arriesgando a su artista de mayor número de ventas realizando este experimento.

Luther compró por completo la idea: le encantaba Mariah y la respetaba como cantante, y quedó totalmente sorprendido de que se lo hubiera propuesto. Mi equipo en la compañía también se subió al bote para convertir la idea en un esfuerzo colaborativo entre dos sellos diferentes. Mariah grababa con Columbia y Luther con Epic. Por consiguiente, sacamos el álbum y el sencillo. El sencillo llegó al Top 40 de las listas de la radio directamente al segundo lugar, puso a sonar todos los teléfonos y terminó vendiendo millones. Luther quedó muy, muy, muy satisfecho. Pero las demás canciones del álbum —casi todas elegidas por Luther— no tuvieron el mismo éxito. Por consiguiente, ninguna buena acción queda sin su castigo. Luther pensó que habíamos llevado *Endless Love* a un lugar muy alto sólo porque Mariah cantaba con él.

Mariah estaba teniendo éxito tras éxito tras éxito, y cada álbum se convertía en una especie de hito. Se sumergió por completo en su siguiente proyecto, *Daydream,* y la compañía se esforzó al máximo por reunir los elementos, los productores, las canciones y los músicos que estuvieran inclinados hacia donde ella deseaba ir, y que le gustaran.

Trajimos a Dave Hall, quien trabajaba con Mary J. Blige. Pude ordenar al grupo más famoso de ese entonces, Boyz II Men, que viniera y la acompañara en *One Sweet Day.* Y Jermaine Dupri, el más joven y mejor productor del momento, vino a trabajar en *Always Be My Baby.* El álbum quedó tan bien conformado que le dio a sus fans todo lo que querían, sin dejar de ser novedoso.

Tengo que admitir que no me convenció la idea de incluir

a Ol' Dirty Bastard como rapero principal en una versión remezclada de *Fantasy* que Sean Combs (también conocido como Puff Daddy o como Diddy) terminó produciendo. Este artista, ODB —que en paz descanse—, tenía problemas terribles de drogas y alcohol, y evidentemente contrastaba con la imagen de niña buena de Mariah. Yo simplemente no veía cómo podía ser incluido en el álbum con la princesa del pop. Pero al final, su poesía callejera es innegable. Fue una decisión atrevida y peligrosa. Y la opinión de Mariah resultó totalmente acertada: funcionó.

El video de *Fantasy* fue el primero que Mariah dirigió sola, así que la rodeamos de todos los mejores técnicos y luminotécnicos para que no tuviera obstáculos que le impidieran crear la visión que tenía en su mente. La canción tenía el sonido de las brisas frescas del verano, de los caminos costeros, de la rueda de un parque de diversiones, y todo eso. Por consiguiente, sugerí que se filmara en Rye Playland, el viejo parque de mi niñez. Se podía oler el aire salado del verano mientras Mariah corría por el camino de tablones de madera mientras cantaba. Luego dobló con los labios la canción mientras montaba en la montaña rusa. Después se paró y bailó sobre una Hummer en el estacionamiento, con las luces del parque de diversiones a su espalda. La presencia de Ol' Dirty Bastard resultó ser el complemento perfecto.

Tan pronto como oí y vi el video, supe que estaba ciento por ciento en el lugar correcto, y bajo el reflector principal. Naturalmente, el álbum fue un rotundo éxito. *Fantasy* llegó directamente al primer lugar. Siempre aplaudo lo que funciona y esto no sólo funcionó… fue un éxito sin precedentes. Mi sentimiento al respecto fue muy sencillo: "¡Genial! Ahora hemos captado también a toda la audiencia hip-hop".

Mariah lo veía de forma muy diferente. Sentía como si este disco hubiera roto un muro de contención para ella; pensó: "Esto es lo que yo había querido hacer desde hace mucho tiempo ¿Ves lo que pasa cuando lo hago? Ésta es la única dirección en la que debería seguir".

Esto nos preocupaba a todos en Sony. Aunque tuvo, sin duda, toda la razón en incluir a ODB en la versión de remezcla de *Fantasy*, otra cosa era que quisiera enmarcar toda su carrera de esa forma. Por lo tanto, una vez más, nos encontrábamos ante una bifurcación en el camino. Ella estaba convencida de la dirección en la que quería avanzar. Lo que todos en Sony le aconsejaban era algo muy distinto. Le dijimos: "Sí, haz lo que tu corazón te dicte", pero le seguíamos insistiendo: "Puedes tenerlo *todo*. Todos los mercados. Todos los públicos. Lo puedes tener todo como ningún otro artista ha podido tenerlo".

La grieta cada vez más amplia entre nosotros se ensanchó mucho más. Yo era el presidente de Sony Music y ella era la estrella de mayores ventas del sello. Estábamos casados y no había cómo evitar el roce porque llegábamos a casa cada noche.

VOCES

GLORIA ESTEFAN

Tommy quería proteger a Mariah, quería hacer lo que fuera mejor para su carrera. Tommy creía mucho en ella. Pasó de ser una corista a convertirse en la mayor estrella del mundo. Pero la experiencia no puede trasmitirse. Ella era demasiado joven.

La fama es muy traicionera. Es dada y puede ser igualmente quitada. Una estrella que está en un punto muy alto de su carrera musical sólo es tan buena como su más grande éxito. El consumidor tiene el control; es un camino difícil, a menos de que tengas los pies bien puestos sobre la tierra.

MICHELE ANTHONY

Ejecutiva del mundo de la música

Siempre me pareció raro que Tommy tuviera la imagen del malo en esa relación, cuando todo lo que hizo fue sacarla de la nada, enamorarse de ella y darle todo lo que posiblemente le podía dar.

Porque lo que pasa con Tommy es lo siguiente: puede resultar molesto, pero si uno lo ama, lo considera encantador. Tommy es un tipo demandante de tiempo, y eso puede ser desgastador. Podemos estar con él durante horas y, después de que uno de los dos se va, él llamará a los veinte minutos. No es que me esté controlando. Así es él: "¿Me perdí de algo? ¿Qué ocurre?".

Él es entusiasmo, exuberancia. Se obsesiona con las cosas. Supongo que, en algunas situaciones, eso puede verse y sentirse como un deseo de control. Pero en realidad es pasión y obsesión.

No Such Thing • *John Mayer*

A New Day Has Come • *Celine Dion*

Hot in Herre • *N elly*

Turn Off the Light • *N elly Furtado*

Always on Time • *J a Rule con Ashanti*

Cleanin' Out my Closet • *Eminem*

A Thousand Miles • *Vanessa Carlton*

Work It • *Missy Elliott*

A Woman's Worth • *Alicia Keys*

I Need a Girl • *P. Diddy con Usher and Loon*

All I Have • *Jennifer Lopez con LL Cool J*

Hero • *Enrique Iglesias*

Whenever, Wherever • *Shakira*

I'm Gonna Be Alright • *Jennifer Lopez*

Can't Get You Out of My Head • *Kylie Minogue*

Lose Yourself • *Eminem*

Underneath It All • *No Doubt con Lady Saw*

No Shoes, No Shirt, No Problems • *Kenny Chesney*

Somebody Like You • *Keith Urban*

Perfect Gentleman • *Wyclef Jean*

Let Me Down Easy • *Chris Isaak*

Come Away with Me • *Norah Jones*

God Put a Smile on Your Face • *Coldplay*

Clocks • *Coldplay*

In Da Club • *50 Cent*

Crazy in Love • *Beyoncé con Jay-Z*

BabyBoy • *Beyoncé con Sean Paul*

Shake Ya Tailfeather • *Nelly, P. Diddy y Murphy Lee*

Beautiful • *Christina Aguilera*

I'm with You • *Avril Lavigne*

P.I.M.P. • *50 Cent*

Into You • *Fabolous con Tamia*

Where Is the Love • *The Black Eyed Peas con Justin Timberlake*

Cry Me a River • *Justin Timberlake*

Rock Your Body • *Justin Timberlake*

Frontin' • *Pharrell con Jay-Z*

Landslide • *The Dixie Chicks*

Never Leave You (Uh Oooh, Uh Oooh) • *Lumidee*

Beautiful • *Snoop Dogg con Pharrell y Uncle Charlie Wilson*

Your Body Is a Wonderland • *John Mayer*

I Want You • *Thalia con Fat Joe*

Jenny from the Block • *Jennifer Lopez con Styles y Jadakiss*

Forever and for Always • *Shania Twain*

I Can • *Nas*

It's Five O'Clock Somewhere • *Alan Jackson y Jimmy Buffett*

The Seed (2.0) • *The Roots con Cody Chestnutt*

Seven Nation Army • *The White Stripes*

Hey Ya! • *Outkast*

The Way You Move • *Outkast con Sleepy Brown*

Almas del Silencio • *Ricky Martin*

Who Wouldn't Wanna Be Me • *Keith Urban*

A Man Like Curtis • *The Best of Curtis Mayfield* • *Curtis Mayfield*

The Black Album • *Jay-Z*

Arcade Fire • *Arcade Fire*

The Diary of Alicia Keys • *Alicia Keys*

If I Ain't Got You • *Alicia Keys*

This Love • *Maroon 5*

Walked Outta Heaven • *Jagged Edge*

Lose My Breath • *Destiny's Child*

My Band • *D12*

Drop It Like It's Hot • *Snoop Dogg con Pharrell*

Breakaway • *Kelly Clarkson*

Are You Gonna Be My Girl • *Jet*

100 Years • *Five for Fighting*

Live Like You Were Dying • *Tim McGraw*

Let's Get It Started • *The Black Eyed Peas*

99 Problems • *J ay-Z*

Ch-Check It Out • *The Beastie Boys*

Jesus Walks • *Kanye West*

Take Your Mama • *The Scissor Sisters*

My Boo • *Usher y Alicia Keys*

Toxic • *Britney Spears*

White Flag • *Dido*

Just Lose It • *Eminem*

Dirt off Your Shoulder • *Jay-Z*

Only You • *Harry Connick Jr.*

When the Sun Goes Down • *Kenny Chesney and Uncle Kracker*

She Will Be Loved • *Maroon 5*

Vertigo • *U2*

You Had Me • *Joss Stone*

Fell in Love With a Boy • *Joss Stone*

American Idiot • *Green Day*

Good News For People Who Love Bad News • *Modest Mouse*

The College Dropout • *Kanye West*

Musicology • *Prince*

Valió la Pena • *Marc Anthony*

Confessions • *Usher*

No Such Thing • *John Mayer*

A New Day Has Come • *Celine Dion*

Hot in Herre • *Nelly*

Turn Off the Light • *Nelly Furtado*

Always on Time • *Ja Rule con Ashanti*

Cleanin' Out my Closet • *Eminem*

A Thousand Miles • *Vanessa Carlton*

Work It • *Missy Elliott*

A Woman's Worth • *Alicia Keys*

I Need a Girl • *P. Diddy con Usher and Loon*

All I Have • *Jennifer Lopez con LL Cool J*

Hero • *Enrique Iglesias*

Whenever, Wherever • *Shakira*

I'm Gonna Be Alright • *Jennifer Lopez*

Can't Get You Out of My Head • *Kylie Minogue*

Lose Yourself • *Eminem*

Underneath It All • *No Doubt con Lady Saw*

No Shoes, No Shirt, No Problems • *Kenny Chesney*

Somebody Like You • *Keith Urban*

Perfect Gentleman • *Wyclef Jean*

Let Me Down Easy • *Chris Isaak*

Come Away with Me • *Norah Jones*

God Put a Smile on Your Face • *Coldplay*

Clocks • *Coldplay*

In Da Club • *50 Cent*

Crazy in Love • *Beyoncé con Jay-Z*

Baby Boy • *Beyoncé con Sean Paul*

Shake Ya Tailfeather • *Nelly, P. Diddy y Murphy Lee*

Beautiful • *Christina Aguilera*

I'm with You • *Avril Lavigne*

P.I.M.P. • *50 Cent*

Into You • *Fabolous con Tamia*

Where Is the Love • *The Black Eyed Peas con Justin Timberlake*

11

La canción de los
mil millones

Aproximadamente por esa época las cosas estaban cambiando rápidamente al otro lado del océano en Sony Tokio. Akio Morita, el fundador, tuvo un derrame cerebral mientras jugaba tenis y había dejado su cargo de director ejecutivo a Norio Ohga. Hablaba con Ohga constante y directamente pero, desafortunadamente, también él estaba enfermo. Había sufrido múltiples infartos. Afortunadamente fueron lo suficientemente leves como para que sobreviviera, pero cada vez que venía a Nueva York se veía más y más agotado. Era evidente que se estaba debilitando más y más.

Tanto Morita, el fundador de Sony, como su mano derecha, Ohga, habían creado la mejor marca de elementos electrónicos del mundo con una filosofía brillante, tan apartada de lo común que abarcaba otros universos. Pero su principal falla surgió del pensamiento convencional. Jamás habían preparado ni desarrollado a uno o dos ejecutivos que pudieran reemplazarlos. Había algunos gerentes individuales buenos en las distintas unidades —electrónica, semiconductores y PlayStation—, así como en las áreas de seguros y finanzas del negocio. Pero cuando Morita le entregó las riendas a Ohga, este debió haber prestado mucha más atención al desarrollo de alguien que tuviera una visión paralela para Sony. Si Ohga lo hubiera hecho, Sony no estaría donde se encuentra ahora: en una posición muy lejana a la de la marca más importante que era cuando compró a CBS Records en 1988.

La reacción fue de impacto y sorpresa cuando Ohga, como director ejecutivo, eligió a dedo a Nobuyuki Idei para reemplazarlo como presidente. Idei no se había destacado de ninguna forma dentro de Sony Corp., y Ohga lo eligió entre otros catorce directores ejecutivos. Ninguno sabía cómo se desarrollarían las cosas. El hecho era que nadie tenía la menor idea de que una década más tarde, Idei sería debidamente calificado por *Business Week* como uno de los peores gerentes del 2005. Lo único que esperábamos en ese entonces era que Idei tuviera más en cuenta las gigantescas utilidades que estaba generando Sony Music y nos dejara hacer lo que sabíamos hacer mejor. Pero mis antenas estaban atentas, y tenía una extraña sensación de intranquilidad porque presentía que vendrían cambios.

Uno de los primeros objetivos de Idei fue Sony Pictures (anteriormente llamada Columbia Pictures), que había estado perdiendo dinero bajo Peter Guber y Jon Peters. Guber era uno de los hombres más inteligentes de la industria del cine y también uno de los mejores conversadores y vendedores que jamás haya encontrado, pero la compañía entró en descenso y él pudo hacer frente a estas increíbles pérdidas financieras sólo haciéndose amigo de Mickey Schulhof, quien era el principal responsable de la compañía cinematográfica, y ofreciéndole su ayuda. Mickey estaba enceguecido por las luces de Hollywood y simplemente permaneció ahí a medida que las películas se hacían más costosas y las pérdidas aumentaban. Pudo hacerlo por su amistad de larga data con Ohga. Pero había demasiadas banderas rojas a las que Mickey debería haber reaccionado. Cuando tu compañía pierde miles de millones de dólares y resulta más barato cerrarla que respaldar las pérdidas, es casi seguro que ocurrirá algo drástico a pesar de que seas muy amigo del director ejecutivo. Yo permanecí alejado de esta situación; nada podía hacer al respecto y, de hecho, no era mi problema. Pero, definitivamente, la casa estaba en llamas.

La compañía se vio obligada a perder cerca de cuatro mil millones de dólares en pérdidas en 1994, y comenzó a hacer implosión un año después. Guber obligó a Peters a saltar por la borda y luego él también abandonó el barco. Alguien debía pagar los platos rotos. A diferencia de Norio Ohga, Idei no tenía ninguna relación con Schulhof. De hecho, conociendo muy bien la lealtad de Schulhof y su amistad con Ohga, rápidamente obligó a Mickey a renunciar a fines de 1995, para decepción de Ohga. Idei sabía que Ohga no haría nada en su contra, básicamente porque era el nuevo nominado de Ohga y cualquier reacción podría enviar una señal equivocada a la compañía en Tokio.

Fue una lástima que Mickey se hubiera ido porque siempre había sido muy bueno y generoso conmigo. Pero la jugada estaba totalmente justificada y era comprensible. Era una señal de que el poder de Ohga realmente estaba desapareciendo. Mis ojos, como los de casi todos los demás en la compañía, estaban bien abiertos.

Durante todo el tiempo que conocí a Michael Jackson, el concepto de trabajar dentro de presupuesto para crear su arte era algo inexistente. Michael gastaba lo que fuera necesario en sus proyectos sin preocuparse y sin que le importara. Los costos de grabación elevados para otro artista podrían estar dentro de un millón de dólares por álbum. Los álbumes de Michael podían costar cuarenta millones cada uno. El estándar de la industria para un video era de aproximadamente 200.000 dólares en ese entonces. Los "cortometrajes" de Michael —te corregía si utilizabas la palabra "video"— podían llegar fácilmente a costar varios millones de dólares. Dave Glew ponía un tope de un millón de dólares a los gastos de estos cortos, pero eso no preocupaba a Michael.

Él sacaba anticipos sobre las grabaciones más antiguas y quedaba él mismo comprometido con el dinero. Lo que pensaba era: "Lo obtendré de nuevo cuando se venda el CD".

La capacidad de mantenerse en una posición alta a través del tiempo, ya sea en el arte, en la moda, en los deportes o en la música, es imposible en la mayoría de los casos. La cosa es determinar cuáles serán esos siguientes niveles y mesetas, y cómo mantenerse en ellos. Uno puede mantener su nivel de super estrella; puede ser, sin lugar a dudas, una celebridad mayor; puede seguir creando arte de alto nivel, pero siempre habrá una disminución en las ventas después de que trascurra un tiempo suficiente.

Michael Jackson no solamente se negaba a reconocer esa eventual disminución en las ventas sino que la negó de la forma más audaz que pudo. Después de que se aclararon las acusaciones por abuso infantil, Michael preparó un álbum para su regreso que esperaba que vendiera cien millones de dólares. Se trataba de un álbum de dos CDs que salió a mediados de 1995 llamado *HIStory: Past, Present and Future, Book I.*

Los costos de la producción fueron astronómicos porque alquilaba estudios completos en los que grababa y tenía productores en seis estudios de grabación alrededor del mundo trabajando simultáneamente. Hicimos todos los esfuerzos posibles por sugerirle los mejores nuevos productores para mantener su música actualizada. Pero cuando las cosas son tan difusas, resulta difícil mantener un enfoque en lo que realmente importa.

No cabe duda que mucha de la música de *HIStory* reflejaba la reciente turbulencia en su vida.

Era su voz interior la que hablaba. Los artistas siempre expresan su yo más íntimo —hablan de dolor, amor, conflicto, la vida, la sociedad— y nunca juzgamos lo que intentan comunicar. Juzgamos la música desde dos puntos de vista: si la canción es buena y si será comercial.

Uno de los CDs del álbum doble contenía las canciones favoritas de Michael, escogidas por él mismo. Sus fieles seguidores quedarían seguramente felices con este regalo adicional. Pero sería sin duda el nuevo material del otro CD lo que realmente impulsaría las ventas. La nueva música incluía una canción que él cantaba con su hermana Janet, llamada *Scream*. Tal vez la mejor forma de comprender cómo se sentía Michael en ese momento sea viendo de nuevo el video de *Scream*, cuya producción tuvo un costo de siete millones de dólares. La letra, *"¡Stop pressurin' me! ¡Stop pressurin' me! ¡Stop pressurin' me!"*, lo dice todo, al igual que las imágenes de los techos de cristal que caen en pedazos alrededor de Michael.

Había también una versión de la obra maestra de Charles Chaplin, *Smile*, incluida en el nuevo material, que fue una de las interpretaciones vocales más profundas que haya escuchado en toda mi carrera. La canción, que habla todo el tiempo de seguir adelante con una sonrisa, a pesar del dolor, es conmovedora y emotiva. Inclusive diría que lo que Michael logró con ella fue la perfección. Entre todo el caos interno y todo el caos a su alrededor, no podíamos dejar de sentir empatía por él. Especialmente porque sabíamos que detrás de todas las cosas por las que pasó, había realmente un buen hombre.

Pero era también una de las personas más complicadas que jamás haya conocido y su necesidad de ser adorado, en ese momento de su vida, no tenía límites. Todo el material promocional del álbum, que se presentó en las salas de cine antes de las películas, mostraba lo que parecía una marcha de diez mil hombres de un ejército militar de Europa del Este. La marcha estaba encabezada por Michael —que lucía todas sus galas y su característico guante blanco— y la observaban niños, que daban gritos de adoración. Fue filmado en Budapest y terminaba con la develación de lo que parecía una estatua de Michael de 500 pies de alto. Este corto introductorio fue sorprendente y espectacular, y debe haber costado otros cinco millones. Pero aún con toda esa grandiosidad, si la música, en general, no es totalmente buena de principio a fin, el lanzamiento tendrá problemas.

Hicimos cuanto pudimos para promover *HIStory*. Es probable que nos hayamos esforzado diez veces más en la publicidad de este álbum que en la de *Thriller*, algo así como treinta millones de dólares. En nuestro concepto, el álbum alcanzó buenos resultados en cifras y fue un buen negocio: se vendieron veinte millones, convirtiéndolo así en el primer álbum doble más vendido de la historia. Sin embargo, al final, para Michael, las cifras iban descendiendo en comparación con *Thriller*. Su siguiente gira con *HIStory* fue un negocio fenomenal. Se realizaron ochenta y dos conciertos a nivel mundial, que atrajeron en conjunto entre cuatro y cinco millones de personas. Sin embargo, una vez más, el espectáculo estaba tan recargado de cantantes de apoyo, efectos especiales, un masivo ejército de técnicos, un convoy de camiones, escenarios elaborados que debían ser transportados de ciudad en ciudad y enormes estatuas de Michael que aparecieron por todo el mundo, cerca de los sitios de los conciertos. Esto, sin duda, tenía que representar un porcentaje significativo de sus utilidades. Era simplemente adicto a los éxitos que llegaban al primer lugar y a las multitudes rugientes. Y no le importaba lo que tuviera que pagar para conseguirlos. Además, nadie le decía que no lo hiciera.

Seis meses después del lanzamiento de *HIStory*, Mel Ilberman contribuyó a cerrar un negocio que a todo el mundo le pareció muy bueno. En 1985, Michael había pagado 47.5 millones de dólares por el catálogo de ATV Music, que contenía la mayoría de la música de los Beatles hasta el momento de la separación de John Lennon y Paul McCartney. Sony, como mencioné, había cometido el error de vender su propio catálogo justo antes de mi llegada. Después del lanzamiento de *HIStory*, nos tomó unos cuantos meses concertar un negocio en el que Sony le pagaría a Michael noventa millones de dólares para fusionar nuestro catálogo con el catálogo de ATV de Michael.

Fue un magnífico negocio para Michael. Básicamente había renunciado al control de sólo la mitad del catálogo, a cambio del doble del dinero que había pagado por él. Además, la forma como Sony y ATV comercializarían el catálogo completo sería altamente rentable y serviría a los mejores intereses de Michael a largo plazo. Además, Michael, como socio, tendría participación en los intereses de publicación de Sony. Si Michael hubiera sido sólo un empresario, esto habría resultado fabuloso para todos.

El único problema era que el negocio amarraba a Sony y a Michael en un momento en el que su faceta como artista estaba en descenso, lo que podía hacer que gastara cualquier cantidad de dinero para demostrar lo contrario.

Mariah y yo nos fuimos a Los Ángeles en febrero de 1996 para los premios Grammy, entusiasmados por lo que sería una gran noche. Mariah tenía nominaciones en seis categorías, con base en el éxito de su álbum *Daydream*, lo que representaba el mayor número de nominaciones que hubiera recibido en un año. Naturalmente, nunca se sabe cómo saldrán estas cosas pero nos imaginamos que tenía una gran probabilidad de ganar al menos tres de ellas, incluyendo la categoría de Álbum del Año.

La estrategia que habíamos preparado no podía ser mejor. Habíamos acordado con Ken Ehrlich, el productor de los Grammy, que Mariah y Boyz II Men abrieran el show en el Shrine Auditorium con *One Sweet Day*. Una encuesta en *Rolling Stone* calificaría su colaboración como la mejor de todos los tiempos. Esa noche fue muy conmovedora porque la letra y el mensaje de la canción —"Te veré en el cielo"— eran muy personales y encapsulaban los sentimientos de Mariah después de la pérdida de David Cole, uno de sus productores. Al mismo tiempo, la canción expresaba lo que había significado para los Boyz II Men la pérdida de su director de gira. Cuando se tiene éxito con la presentación de apertura de un show como éste, todos los ojos y los oídos estarán atentos a lo que uno diga y haga durante el resto de la noche. *One Sweet Day* rompió los récords de Elvis y de los Beatles al permanecer en el primer lugar de las listas durante dieciséis semanas consecutivas. De las seis nominaciones, la de Mejor Colaboración Pop Vocal parecía ser un premio seguro.

Pero cuando llegó el momento de ese premio, no oímos que llamaran al podio a Mariah ni a los Boyz II Men. La ganadora en esa categoría fue una banda irlandesa tradicional con una trayectoria de más de tres décadas, los Chieftains, junto con Van Morrison, por *Have I Told You Lately That I Love You?*

Era una canción maravillosa y, aceptémoslo, no hay una forma determinante que permita decir que una canción extraordinaria merece un premio por encima de otra canción extraordinaria. Pero cuando uno no gana, es como recibir una patada en el estómago, especialmente cuando la inversión ha sido grande. Yo me quedé tranquilo. "Está bien, no obtuviste éste", le dije a Mariah. "Te quedan muchas más posibilidades aún".

Mariah también le había dedicado gran cantidad de tiempo a su canción *Fantasy*. Consideraba que la canción establecía definitivamente lo que quería, más que cualquier otra cosa —la credibilidad en el hip-hop— y estaba nominada para un premio en la categoría Pop Vocal. Esta vez, vimos a Annie Lennox subir al escenario por *No More I Love You's*.

Hay momentos en los premios Oscar en los que una película que ha sido un éxito de taquilla pierde ante una pequeña película independiente. Hay a quienes les gusta apoyar al que tiene menos probabilidades de ganar. Pero me pareció que aquí estaba pasando algo más. Comencé a preguntarme si esto no sería una señal evidente de aquello en lo que se convertiría la noche: un verdadero golpe al éxito de Mariah lanzado por la misma organización Grammy, que la había llevado al podio dos veces por su primer álbum.

Para entender por qué me sentía así, es importante saber exactamente quiénes votan para elegir a los ganadores de los Grammy. Los votos son depositados por los miembros de la NARAS —la National Academy of Recording Arts and Sciences— y eso, sin duda, suena imparcial. Pero lo cierto es que los electores son muy poco objetivos. Todo lo contrario. Los que eligen a los ganadores son artistas, productores, compositores de canciones y ejecutivos de A&R en constante e intensa competencia unos con otros. Todos quieren que se les reconozca su creatividad, y todos quieren alcanzar posiciones más altas en las listas y mayores ventas.

Quienes votaron para la adjudicación de los premios que se presentaron esa noche parecían estar enviando un mensaje que decía: "Te podemos llevar muy alto, pero no olvides, Señora Princesa del Pop, que cuando llegas a ser muy grande, también tenemos el poder de hacerte bajar. Queremos que nos devuelvas algunas de estas oportunidades. No te lo vamos a dar todo. Siempre lo obtienes todo. Ahora se lo daremos a otras personas".

Tercera categoría: nada. Cuarta categoría: nada. Quinta categoría: nada. Podía sentir a Mariah erizada a mi lado. Yo tenía deseos de esconderme debajo de mi silla cada vez que se anunciaban los ganadores y las cámaras grababan nuestras caras para ver nuestras reacciones. Después me dijeron que me veía más y más preocupado cada vez que perdíamos. En lo más profundo de mí sabía que, de alguna forma, me culparían por esto, aunque no tenía nada que ver conmigo. ¿Qué otra interpretación le podría dar Mariah a lo que estaba pasando? Ella pensaba que el resultado tenía que ser un golpe contra la gran maquinaria que la estaba propulsando al primer lugar. Y ¿de quién era el rostro de esa gran maquinaria? Del hombre que estaba sentado al lado de ella.

El premio para Álbum del Año le fue otorgado a Alanis Moristette por *Jagged Little Pill*. Era, sin duda alguna, un álbum extraordinario, y cualquiera podría afirmar que merecía el premio. Alanis era la nueva chica del año y se robó el show con cuatro Grammys. Su éxito fue el titular de la tarde, junto con otro que decía: MARIAH CAREY QUEDÓ POR FUERA.

Mariah internalizó su humillación y su ira mientras volvíamos al Beverly Hills Hotel. Se podía oír cómo la grieta entre los dos continuaba abriéndose cada vez más, en una noche en la que esperaba que pudiéramos recordar todos los buenos tiempos que nos habían traído hasta aquí. ¡Ilusiones!

En lugar de eso, permanecimos en silencio mientras llegábamos a la fiesta del cierre de los Grammys, donde la incomodidad de la situación continuó. Sony tenía siete ganadores en total. Nuestra compañía iba en un vertiginoso ascenso y la celebración era de esperarse. Pero, al mismo tiempo, le pedí en secreto a uno de los técnicos que sacara la reproducción de la trasmisión de los Grammys de los monitores que rodeaban el salón y la reemplazara con videos de nuestros artistas para no echarle incienso a Mariah. ¿Lo puedes creer? Este tipo de situaciones no se pueden inventar. Pero realmente me sentía terrible por ella.

Si hubiera ganado cuatro o cinco Grammys, la noche tal vez habría cubierto las heridas más profundas de nuestra relación. Pero haber quedado por fuera creaba una dinámica muy distinta. Ambos estábamos tensos y las cosas no iban bien cuando llegamos a casa. Inclusive la palabra más sencilla que yo hubiera considerado una felicitación, la habría hecho explotar. Los medios habían citado las palabras de un ejecutivo de Columbia Records, que se había referido a Mariah como una "franquicia". Lo dijo en el contexto más amable —para decir que era una gran estrella, querida por todos en todo el mundo—. Pero así no fue como lo interpretó Mariah. "Todos ustedes me están impidiendo ser yo misma", dijo. "Están tratando de convertirme en una franquicia. ¿Qué creen que soy, McDonald's?".

Esa frase era tal vez mejor que el chiste sobre Connie Francis y el álbum de Navidad, y a veces, cuando estaba en su círculo de amigos, reía y le daba a nuestra casa de Bedford el nombre de Sing Sing. Como si la mansión se hubiera convertido en una prisión y ella estuviera obligada a cantar y cantar y cantar (*sing… sing… sing… sing…*) en el estudio de grabación que *ella misma* había diseñado y construido con todo lo que *quería* que tuviera. Escribía y producía nuevas canciones constantemente y le gustaba grabarlas en el estudio, por lo que al oír lo de Sing Sing, yo también me reí, como lo hice cuando me dijo que, debido a su álbum de Navidad, la verían como a Connie Francis.

Era como si todo el ánimo y la dirección que le había dado a Mariah y a todos los que la rodeaban en Sony y le ayudaron a crear este enorme éxito, ahora la hicieran sentir como un pájaro enjaulado. La niña que creció sin guía, sin dirección, sin restricciones, ahora se sentía totalmente atada con grilletes por la responsabilidad de su éxito. Hasta sus asistentes habían adoptado una actitud. "Nos vamos de viaje", decía alguno, "y Sony no va con nosotros".

Mira, ésta es la realidad: quienes trabajaban con ella comenzaron a inventar historias, diciendo que Mariah estaba encerrada y que había guardias de seguridad a su alrededor, cuando la verdad era que muchas noches, mientras yo estaba durmiendo en casa, preparándome para mi siguiente día de veinte horas, ella estaba en los clubes y regresaba al amanecer. La desconfianza y mi ansiedad iban en aumento. No había cómo salir airoso. Desde cualquier ángulo que pretendiera considerar, sin importar cuántas buenas intenciones tuviera, yo perdía.

Es lo suficientemente difícil enfrentarse a la situación de una relación que se derrumba, pero cuando llega a los medios, adquiere un nivel totalmente nuevo. Naturalmente, y justo a tiempo, *Vanity Fair* solicitó hacer un perfil mío. Era una historia que se iba a hacer con o sin mi cooperación, por lo que sabía que si aceptaba lo más probable es que me cortaran la cabeza. Pero no podía negar el éxito que estaba teniendo Sony Music. Seis de los sencillos y de los álbumes más vendidos en los Estados Unidos eran de artistas de Sony, así que acepté cooperar y permitir que el escritor Robert Sam Anson entrara a mi casa. Pensé que por más indirectas que me echara el escritor, al menos resonaría la verdad en algunas de mis propias palabras. Claro está que tergiversó todo lo que dije para adaptarlo a la historia que él quería escribir.

Yo estaba deseoso de hablar del papel que la compañía estaba desempeñando, pero "Son of Sam" Anson parecía tener un propósito muy distinto. Quería desenterrar basura acerca de los conflictos que había entre Mariah y yo. Peor aún, cada tres preguntas había una insinuación étnica. Mi radar supo que algo iba a suceder cuando el fotógrafo me pidió que posara en mi escritorio con las persianas abajo. Dijo que se vería terrible si el contraste era demasiado fuerte. Era un fotógrafo muy conocido, experto y con un alto nivel de credibilidad, por lo que le seguí el juego. Pero luego llamé al editor de la revista, Graydon Carter, y le pregunté qué era exactamente lo que estaba pasando. "Eres un personaje *runyonesco*", dijo. "¿Qué te preocupa? Va a salir muy bien".

Debía haber hecho caso a mis instintos porque, en último término, la fotografía estaba diseñada para hacerme ver como algún "Don" siniestro y la historia me describía como si yo me hubiera asegurado de que aparecieran las cabezas de caballos decapitados en las sábanas de cada uno de quienes me habían hecho enfadar alguna vez.

Cierto: en una ocasión derramé una bebida sobre la cabeza de un imbécil. Se lo merecía. Y hasta el día de hoy, sigo avergonzado de haberlo hecho. Pero si quieren hablar de insultos étnicos, la historia de esta revista fue el epítome. Y yo no tenía a ningún Al Sharpton cerca para denunciar este "asesinato de personaje".

Oye, yo puedo soportar una indirecta. He recibido muchas. Pero que el escritor malinterpretara a mi padre por haberse asociado supuestamente con "empresarios inusuales" fue algo que me ofendió especialmente. Mi padre era uno de los hombres más buenos, más amables, uno de los mejores hombres de familia que haya vivido, y todo lo que hizo en su vida fue trabajar para sacar adelante su negocio y mantener a su familia. La historia era páginas y páginas de mierda que alguien hubiera dejado en la puerta de mi casa, justo antes de tocar el timbre y salir corriendo. No bromeo cuando digo que "salió corriendo" porque tiempo después, cuando me encontré con el escritor en un supermercado, rompió el récord olímpico saliendo por la puerta.

Pero una de las partes más dolorosas de esta historia vino después, cuando Mariah no hizo el menor comentario al respecto, y era evidente que quienes la rodeaban habían participado en él. Yo atravesé paredes por Mariah, sobre todo para protegerla de tantas situaciones como ésta. Pero, oye, si no estás a gusto…

Ahora, cuando lo pienso, puedo entender lo abrumadora que tuvo que ser toda esta situación para ella, sobre todo haber llegado de un lugar sin reglas ni normas a esta relación que la hizo entrar a un mundo que nos puso ambos pies sobre el acelerador, con la aguja del velocímetro pegada a las 100 millas por hora, día tras día. Navegar por este huracán de responsabilidades —con personas experimentadas que constantemente estaban tomando decisiones inmediatas relativas a su vida, y todos a su alrededor sugiriéndole y diciéndole lo que debía hacer— podría haber sido abrumador y haberla hecho sentir realmente como si hubiera perdido el control de su vida. Si en algún momento pareció como si yo tuviera el control, quiero disculparme de nuevo. ¿Fui obsesivo? Sí. Pero eso también fue parte de la razón de su éxito. Su éxito y mi éxito. Y si no estás controlándolo todo cuando estás manejando una compañía de cuatrocientos artistas y catorce mil empleados, jamás tendrás éxito —y no permanecerás en ese trabajo mucho tiempo—. El problema estaba en que yo era presidente de Sony y su esposo al mismo tiempo.

Su resentimiento fue aumentando. Yo era la persona que estaba allí en la mañana. La que estaba allí en la noche. Todo su resentimiento se volcaba en mí. Las cosas se fueron poniendo más difíciles y tensas a medida que pasaban los días. Una mañana, antes de salir para el trabajo, le escribí una pequeña nota y la dejé en la mesa de noche. Era la letra escrita por Bernie Taupin para una canción de Elton John llamada *Someone Saved My Life Tonight*:

Butterflies are free to fly…
Fly away…

(Las mariposas pueden volar libremente…
Vuela…)

Semanas más tarde nos habíamos separado, y esa separación llevó, en último término, al divorcio y a la venta del hogar de cuento de hadas. Había tantos sentimientos profundos involucrados de parte y parte... Pero al final, el cuento de hadas terminó como ningún otro cuento de hadas había terminado antes. Años después de haberla vendido, la casa se incendió literalmente y quedó convertida en cenizas.

Intenté no permitir jamás que las dificultades de mi vida personal afectaran mi trabajo. Pero ésta no fue, ni mucho menos, una época fácil. El periódico era un recordatorio diario: las páginas sociales llenas de informes sobre Mariah en los clubes nocturnos hasta las cinco de la mañana y andando por la ciudad con algunos beisbolistas. Me sumergí más intensamente que nunca en mi trabajo. No sé si fue ironía o coincidencia, pero más o menos por esa época salió una canción que me llamó la atención y que supe que tendría un enorme impacto: *My Heart Will Go On*.

Habíamos recibido una llamada acerca de una película que estaba programada para estrenarse en unos seis meses. Se llamaba *Titanic* y los protagonistas eran dos jóvenes: Leonardo DiCaprio y Kate Winslet. Había mucho ruido a su alrededor. El director era James Cameron, y James Horner había compuesto la banda sonora. La película no tenía canciones, todo era música orquestal. Pero Horner pensó que era realmente importante tener una canción temática.

Cameron no estaba de acuerdo. No quería que lo criticaran por una actitud demasiado comercial. Pero también quería a toda costa dejar contentos a los directores del estudio y sabía que una canción temática que llegara a ser un éxito sólo ayudaría a garantizar el atractivo taquillero de la película. Por consiguiente, estaba abierto, aunque algo reacio a aceptar.

Habíamos lanzado la carrera de Celine Dion con una película, *Beauty and the Beast*. Ahora era una de las más importantes artistas discográficas del mundo y Horner quería a Celine —y sólo a Celine— para que cantara el tema de esta película. Entonces fui con algunos ejecutivos de Sony a ver una presentación de la película sin la música. Si querían utilizar uno de nuestros mayores activos para ayudar al éxito de su producción, teníamos que ver de qué se trataba.

Yo estaba muy entusiasmado cuando salí de esa presentación. Pero pronto me di cuenta de que la mayoría de las personas de la compañía que habían venido conmigo tenían sentimientos encontrados. Muchos de ellos pensaban que era demasiado exagerada y a otros simplemente no les gustó. Pude escuchar a un grupo en una pequeña cafetería haciendo duras críticas de la película.

Me apresuré a intervenir. "Ustedes están locos", dije. "No lo entienden. Estos son Romeo y Julieta en un barco que se hunde. ¿Me creen tonto? ¡Es un éxito, es un monstruo!".

Cuando James Horner le hizo escuchar por primera vez la canción a Celine, a ella no le gustó. Así es que teníamos a un director que realmente no quería una canción en su película y a una cantante a la que no le gustaba la canción que había sido compuesta para ella —y no quería cantarla—. René y yo tuvimos que persuadir a Celine para que al menos hiciera un demo.

Recuerdo muy bien la noche que Celine llegó al estudio después de tomar un vuelo para hacer el demo. Todos —Horner, René, Celine y yo— entramos al enorme Estudio A de la Hit Factory. Celine entró a la cabina de voz, repasó rápidamente la canción y luego dijo: "Bien, estoy lista para cantarla. Hagámoslo". Se puso los audífonos y comenzó la reproducción de la pista. Celine abrió la boca y empezó a cantar, y me ericé de pies a cabeza. Cuando uno sabe, sabe. Estaba oyendo la grabación de una de las interpretaciones vocales clásicas de todos los tiempos. Dejó de cantar y eso fue todo. Una sola toma. ¡Una sola toma! Sin arreglos. Sin cambiar nada. Ese demo se convirtió en la grabación que escuchamos en todos los países del mundo y que seguiremos escuchando durante lo que quede de tiempo.

Sólo me preocupaba su ubicación. Volvimos adonde James Cameron y le preguntamos dónde iba a incluir la canción en la película. "Si es que la incluyo", dijo Cameron, "irá al final, mientras pasan los créditos".

Le respondí disgustado. "A nadie le va a importar un carajo", le dije. "Todos estarán saliendo del teatro en ese momento".

Lo discutimos una y otra vez pero, para no alargar el tema, cedimos. Después de todo, era la película de James Cameron y él ganó fácilmente la batalla porque era a su manera o de ninguna manera. Aproveché, entonces, la oportunidad, porque para mí era evidente que esto iba a ser muy importante. Ahora, mirando atrás, tengo que decir que la decisión de James Cameron fue ciento por ciento acertada. La canción no habría quedado bien en ningún otro momento de la película. Es emotiva, provoca llanto. Salí de la presentación final del film consciente de que sería un éxito aún mayor de lo que inicialmente había imaginado.

Decidimos poner todas las fichas sobre la mesa.

Celine estaba grabando un nuevo álbum para el estudio, que debía salir al mismo tiempo que el álbum de la banda sonora de *Titanic*. Su título era *Let's Talk about Love*. Trajimos a Walter A. para que regrabara *My Heart Will Go On*, con la misma orquestación que Horner había compuesto junto con la versión vocal original de Celine. Incluimos esa pista en su álbum del estudio para que pudiera salir en cada uno de los álbumes. La idea era sacarlos ambos el mismo día: noviembre 18 de 1997.

Casi todos los que trabajaban en la compañía me miraban

como si estuviera loco: "Tommy ¿Por qué se te ocurrió hacer algo así? ¡Los dos álbumes se van a canibalizar mutuamente!".

—En lo absoluto —respondí—. Esta película será un éxito enorme y los dos discos tendrán audiencias diferentes.

Además, yo sabía algo más. Hacía ya cuatro años que había sido nombrado presidente mundial de Sony y estaba a cargo de todas las operaciones internacionales. Para ese entonces habían quedado destruidos todos los dominios feudales. La compañía entera se estaba manejando de forma diferente. Ya no se trataba de "Entremos a Inglaterra, Francia o Alemania individualmente y después entremos a Bélgica y a Holanda. Veamos cómo nos va en Asia y…". Eso ya no. Había una operación unificada, una compañía global que podía desarrollar estrategias y comercializar un mandato mundial. Cuando queríamos presentar algún tipo de música al mundo entero, ya no había dudas relacionadas con los obstáculos internos de la compañía. Estábamos organizados para desencadenar un *tsunami* de mercadeo. Y teníamos a la sorprendente Polly Anthony, que se abriría camino desde su cargo de secretaria hasta convertirse en presidente del sello Epic, totalmente enfocada en ayudarle a triunfar a Celine. Todos los de la competencia se preguntaban: "¿Por qué, cuando tenemos uno de los mayores éxitos en el mundo, vendemos cinco millones de unidades, mientras que los mayores éxitos de Sony venden veinte?". No había nada de magia. Todo era un diseño bien planeado, y *Titanic* es uno de los mejores ejemplos.

En un período de doce meses, *Let's Talk about Love* vendió más de treinta millones de copias y alcanzó el primer lugar en el mundo. Al mismo tiempo, la banda sonora vendió también más de treinta millones de álbumes. Además, *My Heart Will Go On* ganó un premio de la Academia al año siguiente, y la canción recibió cuatro Grammys. Quisiera explicar lo que esto significó desde el punto de vista financiero. Vender más de sesenta millones de copias significaba casi mil millones de dólares en ventas para Sony Music —y esto, sólo con una artista—. Hoy, dada la situación en la que se encuentra la industria de la música, es fácil predecir que esto no es algo que se volverá a ver.

Nuestra última mitad del noventa y siete fue como ver rápidos cortes de una película. Las ventas de los dos álbumes de Celine siguieron aumentando vertiginosamente. Además, el álbum de Bob Dylan, *Time out of Mind,* fue como un Picasso. De hecho, fue uno de esos Picassos que le recuerdan al mundo lo sorprendente que puede ser un Picasso. A la siguiente entrega de los Grammys, tuve el placer de mostrar la repetición de la trasmisión de televisión de Dylan recibiendo su premio por el mejor álbum. Pero no había tiempo para detenerse y mirar las más importantes producciones de nuestra compañía. Si no avanzábamos, retrocederíamos.

Las compañías disqueras tienen ciclos de éxito. Por esa razón, lo que lo que el púbico vio y oyó en el noventa y tres, pudo haber sido firmado y desarrollado desde los noventa. Y lo que pasó a finales del noventa y siete, por lo general, habría comenzado a incubarse en el noventa y cuatro. Cada cierto número de años hay un gran auge de creatividad, y después de los períodos de éxitos suelen venir pausas de inactividad transicional. Esto no significa de ninguna forma que la compañía se haya enfriado. Es simplemente una transición. Es parte del proceso de este negocio extraordinario que llamamos música. Cuando lo entiendas, sabrás que ese proceso de calma tiene que ser confrontado de inmediato con un nuevo período de desarrollo de un gran número de artistas.

Estábamos totalmente preparados para 1998. No sólo habíamos hecho gran énfasis en la búsqueda de nuevo talento joven sino que estábamos enfocados también en todos los géneros musicales. Esto nos permitió hacer frente a este período de transición con un éxito tras otro.

Habíamos establecido un sistema regional A&R de cazatalentos, entrevistando docenas y docenas de muchachos universitarios y jóvenes amantes de la música en todo el país, y estábamos contratando los mejores cazatalentos para que buscaran artistas en las universidades y los clubes y nos presentaran informes mensuales al respecto. Estos cazatalentos eran adicionales a los cazatalentos A&R de cada uno de nuestros sellos. Fue nuestra cazatalentos en Texas, Teresa LaBarbera Whites, quien encontró a Jessica Simpson y, aún más sorprendente, a un joven grupo de niñas llamado Destiny's Child.

Naturalmente, en ese entonces, Beyoncé Knowles era la estrella y cantante principal del grupo. Pero el grupo tenía cuatro miembros cuando grabó su primer álbum en 1998. Se conectaron algunos puntos importantes cuando trajimos a Cory Rooney, el sorprendente productor que había trabajado con Mariah y con Wyclef Jean de los Fugees, para ayudar a desarrollar su primer álbum. El sencillo *No, No, No* llegó al primer lugar y el álbum vendió tres millones de copias a nivel mundial.

Hubo mucho movimiento en cuanto a los aspectos legales y los cambios de intérpretes en el grupo y, para el tercer álbum, Destiny's Child ya se había consolidado con Beyoncé, Kelly Rowland y Michelle Williams. Seguimos conectando puntos y, en una medida muy sabia, pusimos su canción *Independent Women Part I* en la película *Charlie's Angels*. Eso también ayudó a llevar las ventas del álbum *Survivor* a la estratósfera.

Era evidente en todo este proceso que algún día Beyoncé surgiría como la super estrella solista que es hoy, no muy diferente a lo evidente que fue el caso de Diana Ross cuando se separó de los Supremes. Otro sorprendente acto de solista, que tomó un poco más de tiempo, fue el de Lauryn Hill, que surgió de los Fugees. Lauryn era una de las intérpretes más excepcionales que haya visto, pero todos en la oficina se pusieron algo nerviosos cuando supieron que quería hacer un álbum como solista.

Los Fugees tenían gran éxito y habían vendido casi quince millones de copias de su último álbum. Simplemente no parecía haber ninguna razón para mecer el bote y posiblemente poner un fin prematuro a la carrera del grupo si ella se separaba y triunfaba. Nos reunimos entonces con el grupo para ver si Lauryn se esperaba y hacía primero otro álbum con los Fugees. Pero unos meses después, Lauryn llamó y dijo: "¿Por qué no vienen y oyen el proyecto de solista en el que estoy trabajando?".

Algunos de nosotros fuimos al estudio, nos sentamos y escuchamos varias canciones que había grabado. Quedamos totalmente asombradoss. Cada pista era mejor que la anterior. El álbum lo tenía todo: R&B, soul, hip-hop y reggae. Estábamos sentados ahí, pensando: "Cielos, aquí vamos. Ella será definitivamente nuestra próxima gran súper estrella mundial".

El álbum que surgió de esas canciones se llamó *The Miseducation of Lauryn Hill*. Salió en 1998 y después ganó cinco premios Grammy, incluyendo el de Álbum del Año y el de Mejor Nueva Intérprete. Cuando sales del escenario con cinco Grammys por tu primer álbum como solista, la fuerza que se siente puede ser como la de pisar a fondo el acelerador de un camión de dieciocho ruedas, o como ser golpeado por uno. Afecta todos los aspectos y todos los detalles de tu vida. Los aspectos positivos son obvios: tienes una carrera más grande, ganas muchísimo dinero y alcanzas la fama —ya sea por el resto de tu vida o por quince minutos solamente—. Los aspectos negativos pueden ser enormes presiones que acompañan todo lo anterior. Te siguen a todas partes. La prensa escribe cualquier cosa: todo lo que haces, aún si no lo hiciste. Los fotógrafos vendrán a tu casa y tomarán fotografías de tus hijos desde las ventanas. Te siguen hasta el punto en que llegas a preguntarte: "¿Vale la pena todo esto?". El resultado final: tu vida no volverá a ser tuya.

Simplemente no hay forma de saber quién puede manejar la presión de este tipo de éxito, aunque todo comience como el sueño de una vida. Sólo se podrá saber después de que el sueño se convierta en una realidad demente. Si ganas un montón de Grammys como miembro de un grupo y hay muchísimas personas a tu alrededor que pueden servir de amortiguadores, tal vez tengas una oportunidad. Desafortunadamente, estoy seguro de que Lauryn no sintió que ningún apoyo que tuviera a su alrededor fuera suficiente para protegerla de la avalancha de atención que se le vino encima.

Más aún, fue demandada por un par de compositores y productores con quienes había trabajado, que sostenían que deberían haber recibido crédito en el álbum. Le aconsejamos que hiciera un arreglo relativamente modesto, pero se negó, y cuando el caso llegó al tribunal, se deshizo en llanto al declarar ante el juez y por último tuvo que pagar millones. Poco después pareció bloquearse emocionalmente. Lo único que quería era alejarse de todo. Y lo hizo. Creo que tomó una decisión muy consciente: la de salvar su vida personal. Todo lo que puedo decir es que, por un tiempo, no pudimos comunicarnos con ella por ningún medio. Simplemente desapareció. Por lo tanto, a veces, aún cuando tengas la suerte suficiente de desarrollar y manejar a un gran talento, al planear el negocio y los presupuestos nunca podrás saber si puedes contar con que el artista siga adelante como tú tal vez lo estabas pensando. Lo que la mayoría de los empresarios ignoran es que éste es un proceso extremadamente frágil y delicado, por lo cual el mandato imperativo para todos nosotros era el desarrollo continuo y constante de los artistas, días tras día.

Un caso contrastante fue tomar a un gran talento como el de Will Smith, que ya era una estrella cuando firmó con nosotros:

había comenzado como rapero en Filadelfia, luego como actor tuvo un gran éxito con *The Fresh Prince of Bel-Air*, y estaba ascendiendo en la escena cinematográfica. Con él no teníamos que preocuparnos de que pudiera ser afectado por el éxito. *Big Willie Style* fue una mezcla sorprendente de pop y hip-hop que lanzamos a finales de 1997 y lo llevó a vender más de catorce millones de copias. La música era divertida, fresca y callejera. En su caso, la celebridad y la notoriedad sólo fueron una ayuda para él.

Al mismo tiempo, una de nuestras historias más grandes del desarrollo de artistas la tuvimos en 1998 con un grupo de música country. Las Dixie Chicks eran como una bocanada de aire fresco, totalmente diferentes de cualquier cosa que jamás hubiéramos oído. Todo lo que había que hacer era escuchar a Natalie Maines y sus vocalistas de apoyo, y la forma como el grupo mezclaba sus armonías, letras y melodías en *Wide Open Spaces*, para entender lo excepcionales que eran. Individualmente eran músicas excelentes. Pero había algo más. Tenían enormes personalidades y puntos de vista realmente inteligentes. Y además, su actitud física era alerta, vivaz y franca.

Las presentamos a los ejecutivos de la compañía en una de nuestras convenciones mundiales de músicos. Había allí miles de empleados de todo el mundo, además de minoristas, programadores de radio y vendedores. Cualquier acto que tuviera un excelente álbum nuevo y pudiera conseguir una presentación en nuestra convención, tenía garantizado un puesto de alta prioridad ordenado por toda la compañía.

La presentación de las Dixie Chicks fue tan sorprendente que nadie pudo resistirse a ellas. Se convirtieron en uno de los mayores descubrimientos en la historia de la música country, adaptando su estilo a la música pop y abriendo la puerta para lo que llegaría más de una década después con algunos de mis artistas favoritos de ahora, como Taylor Swift y Lady Antebellum. Ellos, aunque son totalmente distintos desde el punto de vista musical, son considerados como grandes estrellas de pop y no sólo estrellas de música country.

Los éxitos salían rápida y furiosamente en esta transición, y empujaban a nuestra compañía hacia el futuro. Nos sentíamos como niños en una confitería. Y justo cuando pensamos que ya no nos cabía ni un chocolate más, llegó una delicia extra que no pudimos rechazar: el sorprendente álbum en español de Shakira llamado *¿Dónde están los ladrones?*

Cuando la conocí, no tenía más de dieciséis años. Prácticamente no hablaba inglés y *parecía* muy tímida. Su capacidad vocal y su dominio de la música eran sorprendentes. Más adelante, descubriría que no era en lo absoluto tímida. De hecho, es extremadamente inteligente, totalmente concreta y, lo digo con cariño, algo demandante.

Después de un par de años de convencerla para que cantara en inglés, recuerdo el día en que me trajo su nuevo álbum. Me recosté en mi silla, leí las letras y quedé fascinado por la sorprendente poesía que había creado. Me hizo intuir que habíamos encontrado algo muy especial y a la vez muy diferente, que la sensación de que podríamos desarrollar a otra super estrella estaba en el aire, rodeándonos a todos. Porque cualquiera que fuera capaz de crear estas letras, de convertirlas en preciosas canciones y de cantarlas, era lo suficientemente atractiva como para llamar la atención de millones de personas en todo el mundo. Sentí que se aproximaba una explosión.

Y hasta aquí lo que se refiere al período transicional.

VOCES

CELINE DION

René y Tommy me tuvieron que convencer de cantar *My Heart Will Go On* y ahora, cuando miro hacia atrás, me alegra que lo hayan hecho. Los cantantes siempre deben involucrarse en elecciones importantes como éstas, pero también hay que confiar en quienes conocen el negocio.

Recuerdo cuando fui a grabarla. Supuestamente iba a ser un demo. Viajé en avión a Nueva York y, en realidad, no estaba lista para grabar —ni vocal, ni emocional, ni físicamente lista—. Pero no importaba: era sólo un demo. En ese momento no habían hecho la pista e imaginé que haría un par de tomas para verificar que el registro y el ritmo estuvieran bien.

Decidí pedir entonces un café negro, con azúcar, cosa que jamás hago cuando voy a hacer una grabación definitiva. El café puede cambiar un poco el vibrato y la cafeína puede sacarte por el techo, y no de buena forma, al menos no para mí.

Entonces me tomé un café en el avión y luego otro, después de aterrizar. ¿Qué importaba? Era sólo un demo, ¿verdad?

Fui al estudio de grabación, saludé a todo el mundo y comencé a cantar.

La canción que grabé ese día es la misma que aún se oye en la radio, totalmente cubierta de café y azúcar.

RENÉ ANGÉLIL

A veces un cantante encuentra una excelente canción, pero la compañía disquera no sabe cuándo la va a lanzar, cómo la va a vender, dónde la va a mostrar. En esos aspectos es en los que Tommy es el mejor de todos.

MICHELE ANTHONY

Sí, estuve en esa muestra. Lo admito: a muchos de nosotros no nos gustó *Titanic*. Pensamos que era demasiado larga y un poco dulzona. Entonces llegó Tommy diciendo: "Esta será la película más importante de la década", y algunos de nosotros miramos al techo, pero tenía razón.

Vender decenas de millones de discos de Celine fue también muy importante para Tommy porque eso demostró que había otra vocalista cuya carrera había ayudado a desarrollar y a entrenar, y que ahora estaba vendiendo más que Mariah. El hecho de poder repetir lo que había hecho con Mariah fue verdaderamente importante para él.

Demostró que podía volverlo a hacer. Y luego lo hizo con Shakira. Y después, una vez más, con toda la explosión latina.

ROBERT DE NIRO

La historia de Tommy es una de las muchas grandes historias de éxito en Estados Unidos. El muchacho que sale de un barrio, que tiene algunas destrezas aprendidas en la calle y que sale adelante para llegar a ser alguien.

Luego vienen unas épocas difíciles. Pero lo que realmente pone a prueba a un hombre es la forma como las soporta y las supera.

JOE PESCI

Tommy estaba profundamente herido por su separación de Mariah. Muchos no lo notaron. Pero todos pasamos por ese tipo de cosas. Se sintió herido antes, cuando se separó de su primera esposa y de sus hijos. Quiere muchísimo a sus hijos, y son excelentes chicos.

Uno no se acostumbra a pasar por situaciones así. Es algo muy doloroso cada vez que ocurre. Hay quienes piensan que odias a la otra persona. No, no es así. Lo que odias es lo que ocurrió. No se trata de culpar a tu cónyuge. Él sólo estaba muy herido. Lo sé porque hablamos mucho al respecto.

Luego regresó más fuerte que nunca, y mucha de esa fortaleza proviene del barrio, ya lo sabes. Tienes que levantarte o dar un paso atrás. Pero Tommy jamás retrocedió. Siguió adelante. Porque eso es lo que hay que hacer para convertirse en Tommy Mottola.

We Belong Together • *Mariah Carey*

Since U Been Gone • *Kelly Clarkson*

Gold Digger • *Kanye West con Jamie Foxx*

Candy Shop • *50 Cent con Olivia*

Shake It Off • *Mariah Carey*

Mr. Brightside • *The Killers*

Soldier • *Destiny's Child con T.I. and Lil Wayne*

Switch • *Will Smith*

My Humps • *The Black Eyed Peas*

Feel Good Inc. • *Gorillaz*

Collide • *Howie Day*

La Tortura • *Shakira con Alejandro Sanz*

Cater 2 U • *Destiny's Child*

1 Thing • *Amerie*

It's Like That • *Mariah Carey*

Because of You • *Kelly Clarkson*

These Words • *Natasha Bedingfield*

Get Right • *Jennifer Lopez*

Daughters • *John Mayer*

OrdinaryPeople • *John Legend*

Wonderful • *Ja Rule con R. Kelly y Ashanti*

Mississippi Girl • *Faith Hill*

Don't Bother • *Shakira*

You're Beautiful • *James Blunt*

This Is How a Heart Breaks • *Rob Thomas*

Fix You • *Coldplay*

It's Hard out Here for a Pimp • *Three 6 Mafia*

The Breakthrough • *Mary J. Blige*

Unwritten • *Natasha Bedingfield*

Devils & Dust • *Bruce Springsteen*

Me & U • *Cassie*

When the Sun Goes Down • *Arctic Monkeys*

SOS • *Rihanna*

One • *Mary J. Blige and U2*

Smile • *Lily Allen*

Suddenly I See • *KT Tunstall*

Fergalicious • *Fergie con will.i.am*

LondonBridge • *Fergie*

Steady, As She Goes • *The Raconteurs*

Irreplaceable • *Beyoncé*

Crazy • *Gnarls Barkley*

Put Your Records On • *Corinne Bailey Rae*

Laffy Taffy • *D4L*

Don't Forget about Us • *Mariah Carey*

Bad Day • *Daniel Powter*

Hips Don't Lie • *Shakira con Wyclef Jean*

The One That Got Away • *Natasha Bedingfield*

I Wasn't Kidding • *Angie Stone*

Ooh La La • *Goldfrapp*

The Long Way Around • *The Dixie Chicks*

What Hurts the Most • *Rascal Flatts*

Back to Black • *Amy Winehouse*

FutureSex/LoveSounds • *Justin Timberlake*

Dreams: The Ultimate Corrs Collection • *The Corrs*

Bleeding Love • *Leona Lewis*

Beautiful Liar • *Beyoncé y Shakira*

Give It to Me • *Timbaland con Nelly Furtado y Justin Timberlake*

Love Like This • *Natasha Bedingfield y Sean Kingston*

Do It Well • *Jennifer Lopez*

Apologize • *Timbaland con OneRepublic*

Home • *Daughtry*

Taking Chances • *Celine Dion*

The Sweet Escape • *Gwen Stefani con Akon*

Big Girls Don't Cry • *Fergie*

Glamorous • *Fergie con Ludacris*

The Way I Are • *Timbaland con Keri Hilson*

Crank That (Soulja Boy) • *Soulja Boy*

Cupid's Chokehold/Breakfast in America • *Gym Class Heroes con Patrick Stump*

Stronger • *Kanye West*

Runaway Love • *Ludacris con Mary J. Blige*

Lost without U • *Robin Thicke*

Shut Up and Drive • *Rihanna*

No One • *Alicia Keys*

We Were Dead before the Ship Even Sank • *Modest Mouse*

Undiscovered • *James Morrison*

Life in Cartoon Motion • *Mika*

Call Me Irresponsible • *Michael Bublé*

We Belong Together • *Mariah Carey*

Since U Been Gone • *Kelly Clarkson*

Gold Digger • *Kanye West con Jamie Foxx*

Candy Shop • *50 Cent con Olivia*

Shake It Off • *Mariah Carey*

Mr. Brightside • *The Killers*

Soldier • *Destiny's Child con T.I. y Lil Wayne*

Switch • *Will Smith*

My Humps • *The Black Eyed Peas*

Feel Good Inc. • *Gorillaz*

Collide • *Howie Day*

La Tortura • *Shakira con Alejandro Sanz*

Cater 2 U • *Destiny's Child*

1 Thing • *Amerie*

It's Like That • *Mariah Carey*

Because of You • *Kelly Clarkson*

These Words • *Natasha Bedingfield*

Get Right • *Jennifer Lopez*

Daughters • *John Mayer*

OrdinaryPeople • *John Legend*

Wonderful • *Ja Rule con R. Kelly y Ashanti*

Mississippi Girl • *Faith Hill*

Don't Bother • *Shakira*

You're Beautiful • *James Blunt*

This Is How a Heart Breaks • *Rob Thomas*

Fix You • *Coldplay*

It's Hard out Here for a Pimp • *Three 6 Mafia*

The Breakthrough • *Mary J. Blige*

Unwritten • *Natasha Bedingfield*

Devils & Dust • *Bruce Springsteen*

Me & U • *Cassie*

When the Sun Goes Down • *Arctic Monkeys*

SOS • *Rihanna*

One • *Mary J. Blige and U2*

Smile • *Lily Allen*

Suddenly I See • *KT Tunstall*

Fergalicious • *Fergie con will.i.am*

LondonBridge • *Fergie*

Steady, As She Goes • *The Raconteurs*

Irreplaceable • *Beyoncé*

Crazy • *Gnarls Barkley*

Put Your Records On • *Corinne Bailey Rae*

Laffy Taffy • *D4L*

12

La explosión latina

Ya era evidente que Nobuyuki Idei, el nuevo presidente, no sabía nada ni tenía experiencia práctica en el manejo de una compañía del tamaño de Sony. Era innegable que no entendía las divisiones de música, cine o televisión. Y definitivamente no comprendía ni quería entender cómo manejar y tratar a los empleados, especialmente a los ejecutivos que estaban haciendo dinero para él.

Ohga e Idei venían de dos escuelas de pensamiento tan diferentes como el día y la noche. Aunque Norio Ohga vivía a seis mil millas de distancia al otro lado del océano y era culturalmente distinto a Steve Ross, había muchas similitudes en sus estilos de desarrollar ejecutivos para convertirlos en empresarios. Ohga venía de una escuela basada en preparar, desarrollar y recompensar. Él se sentaba y le sonreía al éxito mientras pensaba: "Yo ayudé a plantar esta semilla, y ahora se ha convertido en una flor". Esto sólo embellecía más su jardín.

La diferencia con Idei era que éste había ascendido desde las filas del trabajo en comunicación, que me imagino es una forma elegante de decir que estaba a cargo de las relaciones públicas. Algo interesante, porque le resultaba muy difícil comunicarse. Venía de una filosofía cultural japonesa, muy diferente de la de Morita y Ohga, y sostenía que cualquier gerente exitoso de una unidad —por ejemplo, de electrónica o de seguros— podría ser transferido, en igualdad de condiciones, para encargarse de la compañía de música en Japón o de su división de cine. No tenía sensibilidad para entender todos los intrincados y delicados aspectos de dirigir un negocio creativo, altamente especializado, y empezó a tomar decisiones de acuerdo con esos lineamientos.

La persona que Idei eligió para reemplazar a Mickey Schulhof, Howard Stringer, tampoco sabía mucho del negocio de la música o de la cinematografía, ni de electrónica, ni tenía experiencia práctica en el manejo de un negocio de entretenimiento. Había sido director de CBS News —una unidad de periodismo— antes de abrirse camino para llegar a dirigir CBS, cargo que había dejado para trabajar con una tambaleante y nueva empresa de televisión llamada Tele-Tv. Pero eso era distinto a convertir el talento en super estrellas de talla mundial, comercializar, hacer el mercadeo o crear un hardware que dominara la escena en todo el mundo. Sin embargo, Sir Howard era un hombre muy cordial, el invitado ideal para tu próximo cóctel, porque le gustaba alardear y hablar indefinidamente de temas intrascendentales. En lugar de nombrarlo caballero en 1999, la Reina Isabel debería haberlo nombrado Director General de Protocolo del Imperio. De todas formas, me gustaba.

Stringer nació y creció en Gales, emigró a Estados Unidos, fue reclutado por el ejército y estuvo en Vietnam. El galés entró al campo de las comunicaciones y terminó como productor ejecutivo del noticiero CBS Evening News con Dan Rather; luego se abrió camino hasta llegar a la oficina de la presidencia de CBS News. Tenía historias geniales y te podía hacer creer que realmente sabía lo que estaba pasando en el negocio de la farándula. Si no conocías la verdadera historia del tema al que se refería, podrías pensar que Howie era una de las personas más inteligentes del salón. En realidad, habría sido una buena elección para la edición de noticias. Sir Howard no daba motivos para que alguien pusiera en duda lo que realmente sabía porque le caía bien a todo el mundo, por su actitud amistosa y jovial. Después de pasar a trabajar a una compañía de tecnología de televisión, fue elegido a dedo por Idei. Por lo tanto, teníamos ahora a nivel ejecutivo a dos personas que no sabían absolutamente nada acerca de lo que estaban haciendo y menos aún del negocio de la música. Lo que era aún peor: seguían adquiriendo más poder.

Mientras Ohga se iba debilitando cada vez más físicamente, se vio abrumado por la necesidad de cuidar su salud y fue trasfiriendo cada vez más autoridad a Idei. En 1998, Idei fue nombrado codirector ejecutivo. Pero era fácil ver su inseguridad por los términos despectivos en los que se refería a Stringer en público. Howard se limitaba a sonreír. Recuerdo una importante conferencia administrativa en la que presentó a Stringer en el podio, diciendo algo así como: "Y, naturalmente, esta noche traje conmigo a mi catador de vinos, Howard Stringer". Parecía como cuando el jefe no está seguro de lo que está haciendo, y de lo único de lo que sí está seguro es de hacerle entender a su subalterno quién es el jefe.

Yo me limitaba a verlo todo. Haz lo que sabes hacer. Procura mantenerte fuera de la línea de fuego. Y si las órdenes vienen de arriba, haz lo que te indiquen. Pensaba que al jugador que saca la bola del estadio una y otra vez nunca lo sacan del juego, ¿cierto? Y con todo lo que teníamos en desarrollo, sabía que vendrían muchos más jonrones.

Además de las llamadas de negocios que me hacía, Emilio Estefan me llamaba constantemente para decirme que había alguien que Gloria y él querían presentarme. Yo aún estaba afectado por la separación de Mariah y ellos estaban siempre ahí, pendientes de mis sentimientos.

—¿Quién es? —le pregunté la primera vez que me lo dijo.

—Es una cantante y actriz mexicana que Gloria y yo conocemos —me dijo—. Se llama Thalia.

Thalia es una gran superestrella de la Ciudad de México, conocida en toda América Latina por sus actuaciones en telenovelas. También es la sensación como cantante, por todos sus discos de éxito y, para ese entonces, era además la estrella más famosa de un país tan remoto como Filipinas.

—Ay, no —le dije—. No me voy a *volver* a exponer a eso. Ya filmé esa película.

Pero Emilio no dejaba de insistir.

—Mira, creo que te va a gustar. Sólo tómate un trago con ella —dijo—. Eso es todo, sólo un trago.

Gloria y Emilio intentaron convencer de la misma forma a Thalia por cerca de año y medio. "Ustedes son como dos gotas de agua", le decía Emilio. "Están hechos de la misma forma". Pero cada vez que le mencionaban mi nombre, Thalia respondía de forma muy parecida a como yo le respondía a Emilio: "No, no me interesa. Él acaba de terminar un matrimonio con una celebridad. Divorciado. Con hijos. No quiero nada de eso".

Thalia fue a Nueva York por unos días a fines de 1998 y, por fin, Gloria y Emilio me convencieron de reunirme con ellos para un trago. Acordamos encontrarnos en uno de mis restaurantes favoritos, Scalinatella, que tenía un comedor subterráneo, en la Calle 61 Este. Realmente no estaba seguro de desear una cita a ciegas, por lo que llevé a tres de mis amigos de Sony conmigo y los senté a la mesa, por si acaso la situación no resultaba cómoda para Thalia o para mí. Naturalmente, si las cosas se estaban dando, yo podía pedirles a mis amigos que se fueran.

Así que estaba en mi mesa tomando un Martini cuando

entró Thalia bajando la escalera con un abrigo de cachemira blanco, con un extraordinario pelo crespo color caramelo. No quiero describirte una escena de Hollywood pero para mí fue como si un ángel hubiera caído de una nube y estuviera bajando la escalera. Yo estaba allí sentado con un suéter de cachemira negro —¿qué más?— y fue como si la oscuridad del restaurante que me rodeaba se hubiera llenado súbitamente de luz.

Me puse de pie y le di la mano, pero ella se acercó hacia mí y me dio un beso en la mejilla, el saludo acostumbrado en México. "Siéntate, por favor", le dije. "Dame tu abrigo". Pero parecía que no supiera cómo recibírselo. "Cielos". Hice un ademán con la cabeza para indicarles a mis amigos que se fueran.

Thalia y yo comenzamos a hablar, pero no fue realmente una conversación porque hablaba muy poco inglés y mi español era escasamente el básico. Esa semana estaba terminando su actuación en una película en Nueva York y había memorizado su parlamento en inglés fonéticamente, sin entender la totalidad de lo que significaba, y de una forma muy graciosa intentaba incluir esas líneas en lo que pensaba que eran los lugares adecuados de nuestro diálogo. Pero nuestra conversación se limitó prácticamente a expresiones faciales, movimientos de manos y frases entrecortadas. Tuvimos que utilizar todas las formas físicas de comunicación que se nos ocurrieron para hacernos entender. Fue fantástico. Simplemente fantástico. Tal vez no hayamos comprendido claramente las palabras que estábamos oyendo, pero fue la conversación más apasionada, sensual, cautivadora e inspiradora que he tenido. La distancia entre nosotros fue un regalo de Dios.

Thalia dijo que debía ir a una fiesta para celebrar la finalización de la película que acababa de hacer. Ésta era su última noche en Nueva York.

—Está bien —le dije—. ¿Cuándo podré volver a verte?

—Bien, debo hacer una novela —respondió.

—¿Qué significa eso?

—Estaré filmando en la Ciudad de México durante ocho meses.

—¿Qué? ¿Quieres decir que no voy a verte en unos ocho meses?

—Nos comunicaremos —me dijo—. Ya miraremos la forma.

Al menos creo que eso fue lo que dijo. Así que la dejé en su hotel y quedé aturdido en mi auto, pensando: "No puedo creer que esto me esté pasando". Llamé de inmediato a Emilio y le dije: "¿A ti qué te pasa? ¿Por qué no me habías dicho nada de esta mujer antes?".

—Eres un tonto —me respondió—. He estado tratando de decírtelo durante un año y tú no dejabas de decir: "No quiero conocer a nadie. No quiero conocer a una actriz ni a una cantante". Siempre que quería decirte algo de ella me decías: "¡Cállate, olvídalo!".

—Es la mujer más maravillosa que he conocido —le respondí.

—¡Te lo dije! ¡Te lo dije!

Hablando de la explosión latina...

Eso sucedió la primera semana de diciembre y la Navidad estaba cerca. Fui corriendo calle abajo a FAO Schwarz. Busqué un enorme oso de peluche y se lo envié a su casa en la Ciudad de México. Uno nunca se equivoca con un oso de peluche, ¿cierto? Aunque no le *gustes*, le gustará el *oso de peluche*.

Se lo envié con una nota en la que le decía que tomaría unas vacaciones de Navidad en un yate que había contratado por charter, que estaría en Saint Barths con mi hijo y mi hija, y que la llamaría cuando volviera a Nueva York. A los pocos días, justo antes de que me fuera, llegó un paquete y vi que era de México. Realmente me emocioné. Lo abrí y encontré dos regalos:

unos anteojos de sol y una bata de toalla con mi nombre bordado al frente y en la pequeña oreja para colgarla, en la parte superior de la espalda. Detalles, detalles —algo en lo que siempre me fijo y de lo que me enorgullezco—. Había también una tarjeta y leí pausadamente la nota que Thalia había escrito en inglés. Decía: "Estos anteojos son para proteger tus ojos del sol, y la bata para mantenerte caliente cuando salgas del mar".

¡Cielos! ¿A quién se le ocurriría decir eso? ¿O decirlo en esa forma? Era algo que le salía del alma y del corazón. Tantos cuidados. Otra mujer habría escrito: "Oye, éstas son unas cositas para que las uses en el barco. Feliz Navidad". Pero así es la cultura latina, cálida y acogedora. Las palabras de esa nota me dijeron muchas cosas. Me dijeron que el primer instinto de Thalia era protegerme. Y ¿cómo hizo para marcar la bata con mi monograma con tanta rapidez?

Cuando volví a Nueva York, comenzaron las llamadas diarias. A veces los dos nos quedábamos dormidos al final de nuestros días de trabajo de dieciocho horas, mientras hablábamos por teléfono. Tomábamos fotografías durante nuestros días de trabajo y nos las enviábamos como amigos de colegio. La distancia y la barrera del idioma sólo intensificaban nuestros sentimientos.

Para ese entonces, estaba por producirse otra explosión latina. La musical. Se había venido preparando durante años y estábamos trabajando en ella día y noche. Sin embargo, la mecha realmente se prendió una noche especial: el 24 de febrero de 1999, la noche en la que apareció Ricky Martin en el escenario durante la versión cuarenta y uno de los Premios Grammy.

Ricky había estado en el escenario desde muy pequeño. En 1984 entró a una banda de niños puertorriqueños llamada Menudo, tan exitosa y organizada que llegó a tener su propio avión privado para giras mundiales, y cambiaba de miembros cuando estos llegaban a los dieciséis años y sus voces evolucionaban. Ricky se convirtió en el miembro más famoso del grupo y, cuando salió de él, se mudó a la Ciudad de México para actuar en telenovelas y obras teatrales. Su excepcional talento, sus increíbles movimientos al bailar y su apariencia deslumbrante le permitían contar con todos los ingredientes para convertirse en el Elvis Presley latino. Cuando estaba en la cima de su carrera como cantante en español, comenzamos a hablar con él acerca de la posibilidad de venir a los Estados Unidos a producir álbumes en inglés.

Se le había pedido que compusiera una canción para el campeonato mundial de fútbol y con la ayuda de Desmond Child creó *La copa de la vida* para el Mundial de 1998, que tuvo como sede a Francia. La canción fue un éxito inmediato en todo el mundo, al igual que el álbum en el que apareció, *Vuelve*, que se disparó en ventas en todas partes, excepto en los Estados Unidos. Eso hizo que el potencial de Ricky apareciera en nuestro radar. Todos los que habían visto el mundial de fútbol ya estaban fascinados con Ricky. Todos empezamos a imaginar lo que podría pasar si Ricky tuviera la guía y el desarrollo adecuados para cantar en inglés.

Aparentemente no había obstáculos. Ricky había trabajado en el mundo del espectáculo desde los nueve años, y era un muchacho enfocado y disciplinado, especialmente por todo lo que aprendió en Menudo. Hablaba un inglés perfecto y no era un extraño para el éxito. *Vuelve* vendió diez millones de álbumes y fue nominado para un Grammy. Teníamos planeado empezar a convencerlo en ese momento, convirtiendo su tema del campeonato mundial de fútbol en el mayor cruce musical de la historia.

Apalancamos toda nuestra fuerza en Sony para llevarlo al escenario de los Grammys esa noche. La competencia por esos lugares es intensa y a veces puede inclusive tornarse sangrienta. Cuando recuerdo esa noche, me sorprende la gran cantidad de talento que Sony Music tenía en ese lugar. Estaba Lauryn Hill, quien, como ya dije, saldría con cinco premios. Las Dixie Chicks ganaron dos Grammys esa noche, lo que creó un enorme entusiasmo y ayudó a que *Wide Open Spaces* vendiera más CDs en el año que todos los demás grupos de country. Naturalmente Celine se llevó a su casa dos Grammys por la canción de *Titanic*, y su álbum recibió también otros dos premios. Por lo tanto, nos sentimos con el derecho de pedirle a los Grammys que nos permitiera presentar a alguien que nunca había sacado un álbum en inglés. Fue una jugada sorpresiva pero, sin duda, para nada tímida, y sabíamos lo que representaría para la carrera de Ricky.

Ken Ehrlich, el productor del programa, sabía de la capacidad de Ricky y de lo atinada que sería su aparición en el show, pero tenía que obtener la aprobación de su obstinado jefe, Mike Greene, a quien le gustaba decirle a todo el mundo que no para hacer que lo llamaran y le suplicaran que lo hiciera. Buena persona. Y luego había que enfrentarse al resto de los ejecutivos de CBS y a los patrocinadores. El hecho era que, por bueno que fuera Ricky Martin, todavía era prácticamente un desconocido para los televidentes estadounidenses.

Entonces llamé al presidente de CBS, Les Moonves, como lo había hecho tantas veces antes, en nombre de las personas en las que creíamos, y le dije lo seguro que estaba de que la presentación de Ricky elevaría el nivel del show. Les sabía que cuando recibía mis llamadas era porque contábamos con la garantía de todo un ejército para respaldarlas. Aceptó. Aceptó también Ken Ehrlich. Mike Greene capituló. Y nosotros persistimos.

Muchos piensan que la canción que cantó Ricky esa noche fue *La vida loca*. No fue así. *La vida loca* salió en su primer álbum grabado en inglés después de ese show. La canción que interpretó esa noche fue la que le había dado fama internacional: *La copa de la vida*. Como pieza musical, era mucho más dinámica que *La vida loca* y le permitió a Ricky alternar sin interrupción el inglés y el español. Conocía el poder de esa táctica. Nosotros también. Todos los que lo habían visto durante los ensayos sabían la fuerza que tenía. Lo que no sabíamos, naturalmente, era la magnitud de la reacción del público ante esa canción.

Yo estuve ansioso y nervioso hasta cuando Ricky comenzó. Pero de inmediato convirtió la canción en una *stravaganza*, en una fila de conga de músicos batiendo panderetas y tocando tambores que bajaron por los pasillos del teatro haciendo que todo el auditorio sintiera que se encontraba en medio de una enorme fiesta. Ricky realmente echó la casa abajo. Nadie podía creer lo que estaba viendo y oyendo. En muchos años, esto no había sucedido en los Grammys ni en ningún otro programa musical de variedades en la televisión.

Madonna, que estaba en la primera fila, subió corriendo al escenario y comenzó a aplaudir, vociferando y gritando como la mayor fan de Ricky. Luego, inmediatamente después de la presentación, fue al camerino sólo a saludar a Ricky. Justo ahí hice un trato con ella para que cantara un dueto con él en su próximo álbum. Eso lo hizo oficial. La explosión había comenzado.

Cuando Ricky Martin apareció en la portada de la revista *Time*, pudimos de pronto afirmar que seríamos capaces de hacer lo mismo con cualquiera de nuestras grandes estrellas latinas. Ya no era tema de discusión. La explosión latina estaba ya en pleno auge. Durante los seis meses siguientes lanzamos álbumes de Jennifer Lopez y Mark Anthony que vendieron millones de copias. La explosión fue tan repentina que pocas personas entendieron realmente cuánto tiempo había estado ardiendo la mecha.

Los sonidos latinos habían estado en mis oídos y en mi conciencia desde niño, cuando pasaba por las tiendas de discos y oía los ritmos de Tito Puente que salían de los apartamentos del Bronx. Cuando era un trompetista de ocho años, uno de mis solos en la banda en la Iona Grammar School fue una canción llamada *Cherry Pink and Apple Blossom White,* que Pérez Prado hizo famosa. Como guitarrista, a los quince años, golpeaba el cuello de mi guitarra y luego tocaba acordes para lograr ese sabor latino. Tenía diecinueve años cuando Frank Sinatra sacó todo un álbum de ritmos brasileños con Antonio Carlos Jobim. Canciones como *Tequila,* y grupos como el Sergio Méndez & Brasil '66 tuvieron también sus momentos de éxito. Además, antes de que yo llegara a Sony, Julio Iglesias y Willie Nelson sacaron una canción titulada *To All The Girls I've Loved Before.* Pero realmente nunca me di cuenta de cómo todas estas cosas iban rodando subliminalmente en mis oídos, en mi mente y en todos mis sentidos, ni lo que todo esto iba a influir en mi futuro. Pero las estrellas estaban alineadas.

Teníamos la base y el apoyo de la división latina más exitosa y poderosa del mundo —Sony Latin en Miami— y, coincidentemente, una de las primeras personas que conocí en 1988 cuando entré a la compañía fue el hombre que estaba haciendo un muy buen trabajo como director de la división, Frank Welzer. Después de esa reunión quedé muy entusiasmado con esa división sin tener la menor idea de lo que iba a representar en mi vida.

Después de mi llegada, seguimos teniendo a Julio Iglesias como una de las principales piedras angulares. Luego vino Gloria, que mezclaba ritmos y sonidos afrocubanos y cantaba letras bellísimas en inglés para abrir camino a la llegada de los latinos. Sacamos paquetes y CDs especiales para el mercado latino, e hicimos que nuestras más grandes super estrellas, como Mariah y Celine, grabaran una o dos canciones en español para poderlas comercializar y desarrollar en América Latina y en España, permitiendo así que esas audiencias disfrutaran de las canciones en su idioma natal. El cruce era ya de doble vía, estableciendo estrellas latinas en inglés y haciendo que algunas de nuestras super estrellas cantaran ahora en español. El resultado fue ventas de millones y millones de álbumes.

Forjamos además importantes alianzas corporativas en todo el mundo. En especial con Pepsi, que en tándem con Sony trabajó para promover en el mercado la música del campeonato mundial de fútbol. Evidentemente el resultado fue muy bueno para Pepsi, que en los hogares latinos se consume más que la Coca-Cola. Todos en la compañía se motivaron y presentaban constantemente nuevas ideas, siempre buscando y proponiendo técnicas no convencionales. Nuestro vicepresidente de promoción del sello Columbia, Jerry Blair, ideó muchas de las primeras estrategias para Ricky Martin. Tantos años de esfuerzo y una mecha encendida parecían haber convergido en un mismo punto a un mismo tiempo.

Esa mecha lenta llevó a la explosión latina. Pero lo que yo ignoraba era que eventualmente encontraría a mi alma gemela en una mexicana.

La mecha que me llevó a Thalia no fue tan lenta ni duró tanto tiempo, aunque la distancia entre los dos le dio una apariencia de lejanía. Ocasionalmente, Thalia tenía libre un fin de semana mientras grababa su telenovela *Rosalinda,* y venía a Miami, donde pasábamos juntos dos gloriosos días. Fue una estupenda forma de enamorarnos y de establecer un vínculo que duraría por siempre.

En ese entonces, Thalia tenía veintiocho años. Su madre y sus cuatro hermanas se habían casado con hombres mucho mayores que ellas. Thalia creció en un área de la Ciudad de México similar al Bronx. Emilio tenía toda la razón. Había muchas similitudes entre los dos.

Después de meses de dieciocho horas de trabajo en el set, Thalia estaba exhausta y, tan pronto como terminó la telenovela, vino a verme a Nueva York por "un par de semanas". Yo estaba dándole los últimos toques a la renovación del viejo granero de Sag Harbor, adonde Billy Joel me había llevado diciendo que podría convertirse en una casa increíble. Fui al aeropuerto JFK para recoger a Thalia y la vi entrar a la aduana con nueve maletas y su perro.

El hombre que la atendió en la aduana me dijo, en secreto: "Oiga, mi esposa es extranjera. Un día apareció así y nunca volvió a su casa". Me lo dijo como para advertirme que tuviera cuidado, pero fue música para mis oídos. Sonreí de oreja a oreja porque eso era exactamente lo que esperaba.

El granero se convirtió en una muy buena casa y fue muy especial. Tenía vista al muelle y a la marina, y me recordaba un poco al sur de Francia, especialmente al amanecer y al atardecer, con el reflejo de la luz en el agua.

Thalia entró por la puerta principal, dejó sus maletas en el piso y respiró hondo. De pronto la expresión de su cara cambió por completo, se veía relajada y dijo: "Me siento como en casa". Había trabajado mucho por tanto tiempo: empezó a los siete años de edad. Cuando digo que estaba casi exhausta, no bromeo: su doctor en México le había ordenado que descansara por todo un año.

Al tercer día de su llegada, yo me levanté antes de las cinco de la mañana y fui a la sala de mi oficina, en el último piso de la casa, que tiene una vista espectacular de 360 grados sobre el puerto. Poco después, entró Thalia y me encontró contemplando el amanecer. Había una sorprendente luz púrpura que nunca había visto en ninguna paleta de colores. Qué regalo. No lo podíamos creer. Nos sentimos como si hubiera sido hecho para nosotros. El mejor pintor del mundo nunca podría haber captado esta escena en un lienzo. En ese momento, yo ya no estaba moviéndome a mil millas por hora. Me sentía muy tranquilo, y nos abrazamos estrechamente en esa quietud.

Comencé a sentir realmente que aquí era donde Dios quería que estuviera: junto a ella. Nuestra relación siguió fortaleciéndose cada vez más y comenzamos a pensar y a hablar más seriamente de nuestro futuro.

Un día, en medio del trabajo, decidí saltarme el almuerzo para encontrarme con alguien que no me traía un nuevo artista para grabar un disco sino unos anillos de diamantes de compromiso. Encontré justamente el que pensé que le iba a gustar a Thalia. Sin embargo, sabía que debía esperar el momento preciso para entregárselo. De hecho, me tomó tres meses encontrar ese momento y saber que había llegado.

Fue en un fin de semana, en un viaje a Miami, y nos estábamos quedando en la casa de huéspedes de Emilio y Gloria en Star Island. La madre de Thalia y su hermana también estaban allí. Nos preparábamos para salir a comer con la familia y algunos amigos.

Uno de esos atardeceres preciosos de Miami estaba reflejado en el agua, y Thalia y yo caminamos hasta el muelle para contemplarlo. Nos besamos y ella dijo: "Éste es un momento hermoso". Naturalmente, procuré mantenerme calmado pero mi mente se aceleró al máximo y me gritaba: "¡Éste es! ¡Éste es!".

—Espera aquí —le dije—. Espera aquí.

—¿Qué ocurre? —preguntó. Me miró desilusionada, pero ya estaba en camino.

Corrí a la casa a toda velocidad, subí las escaleras hasta nuestra alcoba, saqué el estuche negro del anillo de donde lo tenía escondido, bajé las escaleras de nuevo y salí corriendo hacia el muelle. Estaba sin aliento cuando llegué. Miré sus orejas y se las toqué suavemente.

—Siempre has querido unos lindos pendientes —le dije—. Por lo que quise conseguirte estos.

Funcionó. No tenía la menor idea de lo que iba a pasar. Abrió el estuche y vio el precioso anillo de compromiso y comenzó a llorar, abrazándome y gritando tan fuerte que su madre y su hermana vinieron corriendo desde la casa, y luego todos nos rodearon, abrazándonos y gritando de emoción.

Había comenzado otra fiesta.

Por primera vez en mi vida comencé a pensar que todo estaba encajando. Mi vida personal y mi hogar no podían estar mejor, y Sony Music estaba produciendo las más altas utilidades año tras año. Pero había señales de humo en el horizonte. Señales de alarma.

Allen Grubman, mi dosis diaria de realidad, me envió la primera señal de alarma. Había recibido una llamada de Sir Howard Stringer y repitió exactamente lo que Sir Howard le había dicho: "Sabes, fui a los Grammy esta semana y no me pareció que la compañía de música me estuviera tratando bien", le había dicho en tono de queja. "Fui después a la fiesta y no me sentí parte de ella".

—Allen —le dije—. ¿Qué estás diciendo? Estuvo allá. Le teníamos buenos puestos ¿Cuál es el problema?

Lo que Stringer intentaba decirme realmente era que quería un mejor puesto en el evento y que quería estar sentado cerca de mí después de la fiesta, mientras yo conversaba con los artistas.

Viéndolo bien, habría sido fácil sin duda hacerlo sentir más a gusto, por lo que debo aceptar la plena responsabilidad de esa situación. Pero, después de que Idei había obligado a Mickey a irse, todos en Sony Music teníamos una cierta sensación de inseguridad al aproximarnos demasiado a las personas de la compañía. Por lo que me pareció más prudente mantener a Stringer a una distancia cordial. Por otra parte, la compañía cinematográfica Sony intentaba recuperarse de la devastadora debacle y los nuevos ejecutivos en Hollywood, nombrados por Stringer, hacían cuanto podían para extender el tapete rojo ante su nuevo jefe. Por esto, Sir Howard tenía un muy notorio punto de comparación.

También empecé a sentir que cuando me esforzaba al

máximo por hacer sentir bien a Sir Howard, mi hospitalidad funcionaba en mi contra. Recuerdo haberlo invitado un año a mi casa en Westchester para la fiesta de Navidad, junto con un gran número de amigos, algunos de los intérpretes más famosos del sello y actores reconocidos. Quiero que quede claro que se trataba de una fiesta de Navidad, pero eso significaba trabajo para mí. Parte de mi responsabilidad era seguir cultivando las relaciones que teníamos con los artistas y con la comunidad del mundo del espectáculo. Era una parte de la forma como manejaba mi negocio día a día, parte de la forma como hacía las cosas. El lunes siguiente por la mañana, Grubman recibió una llamada de Sir Howard, quien le dijo: "Vaya, Allen, Tommy *realmente* se está dando la gran vida".

Era evidente que no lo había dicho para elogiarme. El comentario, en el fondo, se refería a muchas disparidades. Tal vez le resultaba incómodo verme tan cerca de todos esos famosos en mi casa, cuando supuestamente él debía ser el rey de la compañía.

Y, claro está, por ser nuevo en el cargo, había una disparidad en nuestras compensaciones. Yo recibía una compensación y unos incentivos que se basaban en los resultados de las ventas de la compañía, y Sony Music había crecido de mil millones de dólares en 1988 a casi siete mil millones en 1997. Cuando Celine Dion, por sí sola, vendió mil millones de dólares de música, todos los miembros del equipo responsable de la planificación y del mercadeo recibieron un incentivo justificable. Así administraba Norio Ohga la compañía y así era como Steve Ross cuidaba de Ahmet, Mo y Geffen.

Pero Stringer ciertamente no era Steve Ross, y tampoco un visionario como Norio Ohga. Creo que mi éxito, el éxito de Sony Music y mi estilo de vida personal crearon un tremendo resentimiento. Más aún, creo que inclusive si le hubiera llevado a su oficina té con panecillos, seguiría sintiendo ese resentimiento. Pero no lo dudes: acepto plena responsabilidad de todo esto. De hecho, yo podría haberlo hecho mucho mejor —debí hacerlo mucho mejor— para mantenerlo contento. Pero mi equipo en Sony estaba más preocupado que yo por su intervención a nivel corporativo. Por consiguiente, intentábamos dentro de términos muy cordiales proteger nuestro territorio. Después de todo, estábamos llevando miles de millones de dólares en utilidades a los cofres de Sony Tokio. Y yo había llevado a Sony Music a ocupar la primera posición a nivel mundial. Eso debería tener cierta importancia, ¿no es verdad?

Por otra parte, empezaban a salir chispas en Internet que eventualmente se convertirían en una verdadera fogata: nos llegaban a todos en Sony, y a la industria en general, advertencias de Al Smith, el director de nuestro nuevo grupo de tecnologías y una persona esencial en la construcción y manejo de Sony Studios. Smith siempre había estado conmigo desde los comienzos de Champion y tenía completa confianza en él, aunque su mensaje fuera difícil de entender.

En ese tiempo, Al tenía un hijo estudiando en Carnegie Mellon, por lo que se encontraba a la vanguardia de la tecnología y sabía la forma como los jóvenes la estaban utilizando. Me decía que los estudiantes estaban descargando gráficas y compartiéndolas entre sí de una universidad a otra. Y eso no era todo: estaban compartiendo también la música.

Esto fue mucho antes de que Napster se hiciera popular. Mientras saltaba de una cartelera a otra en la red, Al se dio cuenta de una conexión entre la pornografía —que normalmente había estado a la vanguardia en la tecnología— y la música. Con mucha frecuencia, los sitios que promovían pornografía ofrecían música y, por extraño que parezca, algunos de los sitios que ofrecían música gratis, ofrecían también pornografía. En cualquiera de los dos casos, todo lo que había que hacer era simplemente descargar la música. El resultado era que no había un resultado para nosotros en esto. Se estaba ofreciendo música gratis por Internet y Smith de inmediato advirtió a dónde nos podría llevar esto. Sin embargo, en ese momento parecía que estuviera exagerando su preocupación. Llegó hasta decirme que estábamos en un negocio de carretas de caballo y que pronto seríamos obsoletos. Para cualquiera en la industria de la música esto era algo difícil de entender. ¿Yo veía subir vertiginosamente las cifras en ventas y él me estaba diciendo que pronto seríamos una compañía obsoleta?

Al comienzo, todos nosotros —la totalidad de la industria— veíamos esto como un mosquito. Sólo un mosquito que zumbaba en nuestros oídos. Todos pensamos que era simplemente otra forma de contrabando. Teníamos un pirata más en cubierta. "Está bien", dije, "veamos cómo acabar con la piratería". Pero es difícil dispararle a un pirata invisible. Podríamos estar intentando apuntarle a un fantasma.

Ninguno podía creer que, al final de todo, los consumidores no querrían comprar música como lo habían hecho en los últimos cincuenta años. Sacar de la caja un disco de vinilo recién prensado —y luego un CD— y acercarse a los exhibidores de los almacenes de discos para conocer lo último en música era culturalmente parte de toda la experiencia.

Sony Music tenía las ventas más exitosas de su historia cuando apareció un revolucionario sitio para compartir archivos de igual a igual. Tan pronto como Al Smith conoció Napster, supo que ya no era un mosquito zumbando en la oreja de nadie. Lo vio como un elefante a punto de aplastarnos con su pata. Todos levantamos la cabeza y prestamos atención.

Napster fue fundado por Shawn Fanning, John Fanning y Sean Parker. Cuando Parker tenía siete años, su padre le enseñó a programar un atari. Como adolescente, pirateó una compañía de las Fortune 500 y atrajo la atención del FBI. Ahora había ayudado a crear un sistema que básicamente ofrecía una librería cada vez más extensa de canciones que cualquiera podía descargar con facilidad. Claro está que no era legal. No se hacían pagos ni había regalías para los artistas o los compositores. Pero, aparentemente, esto no parecía importar a quienes hacían estas descargas: sólo estaban sentados en sus habitaciones. Napster aún estaba empezando y al principio no hizo mucha mella en nuestras cifras. Entonces adoptamos lo que parecía una medida correcta: dimos instrucciones a Al Smith y a su grupo de nuevas tecnologías de que se encargaran de esto y se comunicaran con todas las demás disqueras de la industria para ver si encontraban algunas soluciones conjuntas que pudieran ser útiles y productivas. También le pedimos que verificara con Sony Tokyo y con su división de R&D para ver si podíamos crear una nueva tecnología que protegiera nuestro producto y que pudiera ser una fuente de ingresos para nosotros.

Como lo supimos después, era más fácil decirlo que hacerlo.

Desde muy corta edad, el sueño de Thalia era casarse en la Catedral de San Patricio. Así que, cuando llegó el momento de hablar de nuestra boda, me dijo que ahí era donde siempre había deseado casarse algún día.

Yo me limité a mirarla a los ojos y le dije: "Está bien, no hay problema".

No sabía cómo entrar en contacto con la arquidiócesis, por lo que conseguí la ayuda de dos amigos para que hicieran algunas presentaciones. Uno fue el Comandante del Departamento de Policía de la ciudad de Nueva York, Howard Safir, y el otro, John O'Neil, encargado de la oficina del FBI en Nueva York y uno de sus mayores expertos en contraterrorismo. Ambos tenían muy buenas relaciones con el cardenal y concertaron una reunión para que yo fuera a hablar con Monseñor Anthony Dalla Villa, otro italiano de la Calle 187 en el Bronx. Tan pronto como me senté a hablar con monseñor, sentí que había vuelto a casa. Qué hombre tan sorprendente. Le conté que en una época había sido monaguillo, y le encantó. No porque hubiera algún tipo de aureola sobre mi cabeza, pero estaba feliz de que quisiera regresar a la iglesia. Hablé con él de los sólidos sentimientos que tenía hacia Thalia y de cómo ella había dejado su casa y su familia en la Ciudad de México para casarse e iniciar una familia conmigo, y le dije que quería darle la boda de sus sueños en San Patricio.

Dalla Villa me miró a los ojos y dijo: "Tommy, tenemos un problema muy, muy, muy, muy grande. Tú te casaste en una ceremonia judía y tu segundo matrimonio fue en una iglesia episcopal. Bajo la ley católica, no te podemos casar, no se pueden casar aquí, a menos de que se declaren nulos tus dos matrimonios anteriores".

—Está bien —le respondí—. No hay problema. Entonces que los declaren nulos.

Esto llevó al famoso comentario burlón de David Geffen: "Cada vez que Tommy se casa, se convierte".

Ahora, yo había cerrado el círculo. Hubo varias reuniones y un par de ceremonias en la iglesia —ya sabes, la Iglesia Católica es misteriosa—. Después, me llegó un mensaje que decía que convendría que hiciera una contribución en serio. Me ocupé de todo ese negocio y ahí estaba, de vuelta adonde había empezado.

Thalia y yo comenzamos a hacer nuestros planes para la boda y nos concentramos en la logística. La administración de la catedral de San Patricio sólo tenía una fecha disponible antes de que finalizara el año 2000: el dos de diciembre. Mi mente trabajaba a toda velocidad. "Cielos", pensé. "Es época de Navidad, un sábado en la noche. El tráfico es tremendo y hace mucho frío". Pero de inmediato mi línea de pensamiento cambió y se centró en el ambiente festivo y en lo bueno que sería, dado que se realizaría prácticamente al frente de la calle donde estaba el majestuoso árbol de Navidad del Rockefeller Center. Casi que podíamos pensar que había sido iluminado exclusivamente para nosotros. Así que, con la aprobación de Thalia, reservé la fecha en la iglesia y comenzamos a buscar el lugar para nuestra recepción. Había un edificio estupendo, ahora de un viejo banco en el centro de Nueva York, y estaba a punto de ser inaugurado. En ese entonces se llamaba el Regent Wall Street. Fuimos a conocerlo y ambos estuvimos de acuerdo en que era muy, muy especial. Ya estaba resuelto. Después, sabía que tenía que sacar otro conejo del sombrero cuando hubiera que decidir sobre la música.

No podíamos tener una de las habituales bandas que tocan en las bodas, ¿cierto? Llamé entonces a una de las artistas favoritas de Thalia, y mi amiga de tiempo atrás, Donna Summer.

"Donna", le dije, "Thalia te ama. Le encanta cada una de tus canciones. Eres la única persona a la que le pediría que hiciera esto porque eres la única que conozco que puede convertir esta recepción en una fiesta. Tienes que hacerme este favor. ¿Cantarías en mi boda?".

Naturalmente le ofrecí pagarle pero antes de que terminara la frase, Donna me detuvo y dijo: "Será un placer para mí. Y será mi regalo para ti y para Thalia". Lo mantuve en secreto, así como Thalia mantuvo también en secreto su vestido de boda. Trabajó en él durante meses con la famosa diseñadora latina Mitzi, y no me permitieron conocer el más mínimo detalle hasta el momento en que entró a la iglesia y fue avanzando hacia el altar.

La noche anterior a nuestra boda fui a visitarla a su suite del Mark Hotel. Estaba muy nervioso. Quería que todo saliera a la perfección. Cuando comencé a hablar de todo lo que pasaría al día siguiente, Thalia me tomó por la mano y dijo: "Déjalo. ¿Por qué no rezamos? Nos hará bien a ambos".

De manera que nos arrodillamos en el piso de su alcoba y nos tomamos de la mano. Hubo tanta intensidad y claridad en ese momento, que nuestros ojos se llenaron de lágrimas. Mi mente acelerada al fin se calmó. Quedé tranquilo. Entendí todo aquello por lo que debía estar agradecido, con esta mujer hermosa que me tomaba de la mano. Unidos, nos limitamos a pedir la bendición de Dios ahora que estábamos a punto de comenzar juntos nuestro recorrido. No había invitados, no había trajes hechos a la medida, no había músicos, no había preocupaciones por el tráfico frente a la catedral, no nos preocupaba la prensa ni todo lo que dirían… Fue sólo un momento muy puro en el que los dos le pedimos a una fuerza superior que nos ayudara a encontrar nuestro camino juntos por el resto de nuestras vidas. Hasta el día de hoy, Thalia dice que fue en ese momento cuando realmente sintió que estábamos casados.

Todo lo que siguió fue sólo la cubierta del pastel.

Desafortunadamente, mis padres ya estaban entrados en años y se habían ido a una casa para personas de la tercera edad. Sacarlos de su rutina en ese lugar para llevarlos a cenar a alguna parte era ya algo que los tensionaba, y sin duda habría sido extremadamente difícil llevarlos a San Patricio y luego a la recepción. Al fin estaba haciendo las cosas bien, y ahora las dos personas que más quería en la vida, que me habían educado de forma tan maravillosa, no podrían presenciar el evento. La buena noticia era que habían estado varias veces con Thalia, y podía ver por su expresión que estaban felices por mí. Además, mis dos hijos Michael y Sarah representaron a mis padres y estuvieron a mi lado cuando entré a la iglesia esa tarde.

Por lo general, es el padre quien da a los hijos todas las oportunidades que necesitan en la vida para encontrar el camino correcto. Pero ahora yo les estaba pidiendo a mis hijos otra oportunidad. Habían sufrido mucho y estaban muy lastimados por mi divorcio de su madre y por el impacto negativo de mi matrimonio con Mariah. Llevaré ese dolor conmigo por el resto de mi vida. Pero también ellos habían tenido la oportunidad de pasar algún tiempo con Thalia y de ver lo cariñosa y acogedora que era. A Thalia le gustaba la familia, y ellos eran mi familia, por lo que los amaba. Nunca podré describir lo orgulloso y feliz que me sentí cuando Michael y Sarah me acompañaron ese día a la iglesia.

Tal vez fuera porque estaban conmigo, pero me sentí muy a gusto desde el momento en que entré por la puerta. Estaba totalmente tranquilo en la grandiosidad de la catedral de San Patricio. Tal vez fuera, además, porque todo estaba bien esta vez. Hasta me reí en un momento cuando alguien me dijo que uno de nuestros invitados, Ozzy Osbourne, casi se enloquece porque no tenía un traje para venir a la boda.

Estaba en su suite del Plaza con su esposa Sharon, que no dejaba de asegurarle que había pedido su traje y que se lo traerían muy pronto. Pero veinte minutos antes de la hora en la que debían salir para asistir a la ceremonia, aún no le había llegado.

Ozzy le gritó a Sharon: "¿Dónde está mi traje? ¡Necesito ese bendito traje! No puedo asistir a esa boda en traje de baño".

Poco después golpearon a la puerta. Un mensajero con una gran caja estaba allí. Cuando Ozzy la abrió encontró tres trajes.

—Sharon —gritó Ozzy—.¿Con cuántas mujeres se va a casar Tommy hoy?

Mientras me dirigía al altar, vi a Ozzy sentado cerca de la nave central, y estiré la mano para tocar su traje.

—Hola, Ozzy —dije—. Qué buen traje.

Es gracioso lo que recordamos.

Llegué al altar. Emilio estaba allí parado con una enorme sonrisa. Era el Cupido, el que lo había arreglado todo, por lo que lo nombré padrino.

El órgano comenzó a sonar y empecé a ponerme muy nervioso. Fijé la mirada en el piso. No quería mirar a nadie. Cuando al fin levanté la vista, vi algo mejor que cualquier película que pudiera imaginar jamás. Allá, a la entrada de la catedral, estaba Thalia, más bella y radiante que nunca. Cuando ya se aproximaba al altar, su madre se acercó, le levantó el velo y le dio un beso antes de entregármela.

Yo estaba temblando. Tomé el brazo de Thalia y los dos nos acercamos al altar. Yo prácticamente tuve que arrastrarla porque su vestido debía pesar la mitad de lo que ella pesaba. Jamás se me olvidará la perfección y claridad del inglés de Thalia cuando repitió las palabras que Monseñor Dalla Villa le indicaba que me dijera. Era como si ese juramento estuviera saliendo de su corazón y de su alma.

La ceremonia fue tal como la queríamos. Salimos de la catedral sonriendo a todos nuestros invitados y familiares, hasta llegar al fin a la enorme puerta que daba a la calle. Justo en ese momento nos golpeó una ráfaga de viento e hizo flotar el velo de Thalia. Había diez mil fans suyos sobre la Quinta Avenida —toda la calle había sido cerrada y todos gritaron al unísono apenas apareció—. Luego nos besamos.

Nos abrimos paso a través de la multitud y de los paparazzi, y entramos al auto. La gente nos siguió hasta el centro de Nueva York. Al final llegamos al Regent Wall Street, donde había otra sorpresa. Después de que descansamos durante media hora y estábamos listos para ir a la recepción, un numeroso conjunto de mariachis, con sus flamantes atuendos, empezó a tocar la música mexicana tradicional para la entrada de los novios. Quería asegurarme de que Thalia supiera que aunque estaba dejando su hogar, su familia y su cultura, yo deseaba de todas formas ser parte de lo que ella era y hacerla sentir a gusto en su nuevo hogar.

Cuando los mariachis terminaron de tocar, nos sentamos en nuestra mesa y la celebración comenzó. La comida no pudo haber sido mejor y la banda comenzó a tocar. Habría pasado una hora cuando el director de la banda se detuvo y dijo: "Thalia, esta noche tu esposo quiso darte un regalo muy especial". No dijo más. La banda marcó el ritmo y comenzó a tocar. Donna Summer salió al escenario.

El salón entero enloqueció cuando Donna comenzó a cantar *MacArthur Park*. Cada uno de los invitados allí presentes —literalmente cada uno— se levantó y salió a bailar. Era irreal ver en la pista de baile a tantos artistas con los que yo había trabajado y a los que todos esperamos ver en el escenario. Es decir, ¿artistas como Bruce y Michael en el centro de una pista de baile? Pero eso demuestra la profundidad a la que llegaba la música de Donna en cada persona.

De pronto, Marc Anthony, Gloria y Thalia subieron al escenario a cantar los coros de acompañamiento para Donna. Y luego Emilio, que creó la Miami Sound Machine, y toca además la batería, me llevó con él para subir al escenario. Gozamos como nunca. La noche se convirtió en una gigantesca fiesta.

Por último, en el momento adecuado, subí al escenario para hacer algo que había acordado secretamente con la banda. Tomé el micrófono, miré a mi esposa a los ojos y canté una de mis canciones favoritas de Frank Sinatra: *I've Got You Under My Skin*. Hice mi mejor imitación de Frank y Count Basie en el Sands. Y durante ese momento fui el cantante que siempre quise ser.

VOCES DE LA
EXPLOSIÓN LATINA

JENNIFER LOPEZ

Cuando entré a la oficina de Tommy por primera vez, estaba nerviosa. Él me invitó a sentarme y me dijo: "¿Qué quieres?".

Me quedé muda.

"¿Qué quieres hacer con tu carrera?", me dijo.

No supe qué decir, entonces respondí: "Quiero un trato para la lista A".

Tommy respondió: "Está bien, lo tienes. Pero quiero firmar contigo ahora mismo".

Yo respondí: "Espere un minuto. Mi representante no está aquí".

Él respondió: "Llamémoslo. Habla con él. Vamos a hacer ahora mismo el negocio".

Tommy siempre sabía lo que debía hacer. Esa clase de alto ejecutivo ya no existe.

RODNEY JERKINS

Productor

Tommy dijo: "Oye, tengo una artista con la que quiero que trabajes. Es una actriz de cine. Se llama Jennifer Lopez".

Fue el primer negocio que hicimos Tommy y yo.

En ese entonces, Jennifer Lopez no tenía credibilidad musical fuera de haber hecho la película *Selena*.

Otros me decían al oído: "No trabajes con Jennifer Lopez porque ella no es cantante".

Tommy dijo: "Si me entregas la canción, puedo decirte que será un éxito arrollador".

Tenía una gran idea para una canción y traje la pista a su oficina, seguro de que tenía algo especial. Tommy la oyó y dijo: "¿Qué pasaría si la melodía fuera *Da-da-da-da-da-da-da-da-da-da-da*?".

Eso me dejó perplejo porque, para mí, es realmente un A&R creativo, figura de la que carecemos en esta generación de música. Nos faltan las personas que realmente tengan ese oído. Tommy entendía la melodía y entendía hacia dónde debía ir la canción. Él compuso la melodía.

Yo saqué mi dictáfono y dije: "¡Hazlo de nuevo, Tommy!", y cantó esa melodía. Yo volví derecho al estudio y luego fue *If You Had My Love*. Esa canción duró cinco semanas en el primer puesto. Vendió millones de álbumes.

JENNIFER LOPEZ

Todos esos sorprendentes artistas con maravillosos catálogos... Todo es por Tommy.

Si a uno de mis discos no le estaba yendo bien en una determinada área, Tommy iba a esa ciudad y se aseguraba de que el público lo oyera. Mi segundo álbum con Tommy fue un gran éxito. Le dije: "¿Y después de esto qué?".

Jamás olvidaré su respuesta. Me dijo: "No hay límites, sólo los que tú te pones".

Años después, cuando se fue de Sony, me sentí huérfana.

MARC ANTHONY

Recuerdo una noche que estaba en el estudio de Sony grabando. Debían ser más o menos las dos de la mañana y estaba a punto de irme. Me encontré con Tommy, que llegaba. Se estaba arremangando la camisa. Le dije: "Tommy ¿qué haces?".

Me respondió: "Voy a hacer la mezcla de tu disco".

Le dije: "Pero son las dos de la mañana".

Cuando uno ve que el general se pone en primera línea, hay que imitarlo.

SHAKIRA

Es muy raro encontrar personas que realmente entienden de música, que pueden ver más allá de los prejuicios y entender los sueños que hierven en el interior de una persona de la manera como él pudo ver los sueños en mi interior.

Te podrás imaginar lo difícil que es para alguien como yo, que viene de Barranquilla: fueron muchas las batallas. Así que, cuando llegué a la oficina de Tommy Mottola, mi carrera en el mundo hispano ya había alcanzado un cierto nivel. Estaba lista para dar el siguiente paso. Tenía grandes esperanzas pero mi inglés era muy malo.

Sentía que podía aprender a escribir canciones en inglés. Encontrar a Tommy fue una inyección de optimismo.

Comencé a pensar: "Oye, puedo hacer esto porque él tiene fe en mí". A veces eso es todo lo que necesitas: alguien que tenga la fe que te hace falta para que te lances tras tus sueños.

THALIA

Cuando nos conocimos, nuestros corazones tenían venditas adhesivas.

En mi caso, siempre fue algo difícil. Había estado actuando durante muchos años. Quienes querían invitarme a salir me veían como el personaje que veían en televisión, creían que yo era así. Nunca supe si querían estar conmigo o simplemente tener una foto conmigo. Además, se esforzaban al máximo por impresionarme. Todo el restaurante estaría cerrado, con una mesa sólo para mí. En una ocasión, un hombre trató de enviarme un Rolls-Royce. No me estaban viendo a mí, a la mujer que en realidad soy.

Y, a la distancia, muchos no ven al verdadero Tommy. Cuando lo conocen, esperan conocer a su personaje —una especie de toro musculoso o algo así—. Pero cuando uno lo conoce, ve que es una persona muy amigable, muy alegre, con anécdotas muy graciosas. Tiene unos puntos de vista muy firmes, pero sabe escuchar a los demás. Uno llega a entenderlo: detrás de esa persona fuerte hay una persona muy sensible. Cuando se compromete con algo, con un amigo, con un amor, lo hace de corazón.

Así que, cuando nos conocimos, fuimos dos almas heridas que simplemente necesitaban autenticidad en este mundo loco del espectáculo. Toda mi vida me había sentido presionada, apurada: si no era una telenovela era una gira o una promoción en Barcelona, y si no era Barcelona era Buenos Aires. Estaba lista para bajarme del Ferrari de esa vida loca, frenética, y montarme en una bicicleta para pasear por el campo.

Eso fue lo que sentí cuando nos conocimos. Una de las bendiciones para los dos fue la barrera del idioma. La barrera del idioma hizo que todo se desarrollara a ritmo más lento para ambos. Luego llegamos a conocernos por teléfono.

Creo que la magia de llegar a conocerse por teléfono es que no se trata de cómo nos veamos ni de cómo vayamos vestidos. No se trata de adoptar la mejor pose o de lo que nos pongamos en los labios. Se trata simplemente de la persona. Y le doy gracias a Dios por eso.

Llegamos a descubrir que teníamos muchas similitudes. Yo nací once años después que mis hermanas. Para Tommy fue casi lo mismo. El barrio donde crecí en la Ciudad de México tenía puestos de comida y mercados. En cierta forma, era parecido al Bronx.

También, Tommy y yo nos conocimos en un gran momento de nuestras vidas. Tommy ya tenía éxito. Yo ya tenía éxito. Luego nos unimos como iguales.

Pero es algo gracioso porque, a pesar de ser el alma gemela perfecta que es, siempre hay algunos momentos que parecen irreales. Recuerdo que en nuestra boda, en el momento de partir el pastel, cuando todos comenzaron a cantar: *"The bride eats the cake, the bride eats the cake..."*, caí en la cuenta: "¡Cielos! ¿Me casé con un gringo?".

EMILIO ESTEFAN

Lo podías ver esa noche en los ojos de Tommy. Cada vez que lo miraba, estaba viviendo el momento más feliz de su vida.

Take a Bow • *Rihanna*

I Kissed a Girl • *Katy Perry*

Pocketful of Sunshine • *Natasha Bedingfield*

So What • *Pink*

I'm Yours • *Jason Mraz*

Paper Planes • *M.I.A.*

Hot n Cold • *Katy Perry*

American Boy • *Estelle con Kanye West*

Got Money • *Lil Wayne T-Pain*

Better in Time • *Leona Lewis*

In the Ayer • *Flo Rida con will.i.am*

Say • *John Mayer*

Hate That I Love You • *Rihanna con Ne-Yo*

Superstar • *Lupe Fiasco con Matthew Santos*

Love Story • *Taylor Swift*

Just Fine • *Mary J. Blige*

All Summer Long • *Kid Rock*

Oxford Comma • *Vampire Weekend Jai*

Ho • *A.R. Rahman*

Chicken Fried • *The Zac Brown Band*

Low • *Flo Rida*

19 • *Adele*

Warwick Avenue • *Duffy*

Just Breathe • *Pearl Jam*

Use Somebody • *Kings of Leon*

Single Ladies (Put a Ring on It) • *Beyoncé*

I Look to You • *Whitney Houston*

Give It Up to Me • *Shakira con Lil Wayne*

That's Not My Name • *The Ting Tings*

Tik Tok • *Ke$ha*

I Gotta Feeling • *The Black Eyed Peas*

Boom Boom Pow • *The Black Eyed Peas*

Hotel Room Service • *Pitbull*

We Made You • *Eminem*

Right Round • *Flo Rida con Ke$ha*

How You Like Me Now? • *The Heavy*

Blood • *The Middle East*

Hey, Soul Sister • *Train*

Just Dance • *Lady Gaga con Colby O'Donis*

You Belong with Me • *Taylor Swift*

Dead and Gone • *T.I. con Justin Timberlake*

Best I Ever Had • *Drake*

Love Game • *Lady Gaga*

If I Were a Boy • *Beyoncé*

Fireflies • *Owl City*

Sweet Dreams • *Beyoncé*

Diva • *Beyoncé*

I Run to You • *Lady Antebellum*

Green Light • *John Legend con Andre 3000*

Already Gone • *Kelly Clarkson*

Pretty Wings • *Maxwell*

Out Last Night • *Kenny Chesney*

The Blueprint 3 • *Jay-Z*

Wolfgang Amadeus Phoenix • *Phoenix*

Lady Antebellum • *Lady Antebellum*

Quiet Nights • *Diana Krall*

The Fame • *Lady Gaga*

Crazy Love • *Michael Bublé*

Love the Way You Lie • *Eminem con Rihanna*

Dynamite • *Taio Cruz*

Teenage Dream • *Katy Perry*

Not Afraid • *Eminem*

Alejandro • *Lady Gaga*

Good Intentions Paving Co. • *Joanna Newsom*

Dog Days Are Over • *Florence and the Machine*

Only Girl (In the World) • *Rihanna*

American Honey • *Lady Antebellum*

Need You Now • *Lady Antebellum*

We Are Young • *Fun. con Janelle Monáe*

I Believe • *Nikki Yanofsky*

California Gurls • *Katy Perry con Snoop Dogg*

Bad Romance • *Lady Gaga*

Break Your Heart • *Taio Cruz con Ludacris*

Nothin' On You • *B.o.B. con Bruno Mars*

I Like It • *Enrique Iglesias con Pitbull*

Just the Way You Are • *Bruno Mars*

Empire State of Mind • *Jay-Z con Alicia Keys*

DJ Got Us Fallin' in Love • *Usher con Pitbull*

Billionaire • *Travie McCoy con Bruno Mars*

Sexy Chick • *David Guetta con Akon*

Breakeven • *The Script*

Like a G6 • *Far East Movement con the Cataracs y Dev*

Carry Out • *Timbaland con Justin Timberlake*

Haven't Met You Yet • *Michael Bublé*

Club Can't Handle Me • *Flo Rida con David Guetta*

Live Like We're Dying • *Kris Allen*

Hard • *Rihanna con Jeezy*

Magic • *B.o.B. con Rivers Cuomo*

Paparazzi • *Lady Gaga*

Forever • *Drake con Kanye West, Lil Wayne, and Eminem*

Stuck Like Glue • *Sugarland*

The Cave • *Mumford & Sons*

Doo-Wops & Hooligans • *Bruno Mars*

The Suburbs • *Arcade Fire*

Contra • *Vampire Weekend*

How I Got Over • *The Roots*

The Promise • *Bruce Springsteen*

Brothers • *The Black Keys*

Take a Bow • *Rihanna*

I Kissed a Girl • *Katy Perry*

Pocketful of Sunshine • *Natasha Bedingfield*

So What • *Pink*

I'm Yours • *Jason Mraz*

Paper Planes • *M.I.A.*

Hot n Cold • *Katy Perry*

American Boy • *Estelle con Kanye West*

Got Money • *Lil Wayne T-Pain*

Better in Time • *Leona Lewis*

In the Ayer • *Flo Rida con will.i.am*

Say • *John Mayer*

Hate That I Love You • *Rihanna con Ne-Yo*

Superstar • *Lupe Fiasco con Matthew Santos*

Love Story • *Taylor Swift*

Just Fine • *Mary J. Blige*

All Summer Long • *Kid Rock*

Oxford Comma • *Vampire Weekend*

Jai Ho • *A.R. Rahman*

Chicken Fried • *The Zac Brown Band*

Low • *Flo Rida*

19 • *Adele*

Warwick Avenue • *Duffy*

13

Caballo de Troya

Justo cuando empezaban a encajar todas las piezas del complejo rompecabezas de mi vida, ahora que empezaba a sentirme seguro y en el lugar correcto por primera vez, y cuando la explosión latina llegaba a su máxima expresión, comenzamos a sentir movimientos sísmicos que sacudían el suelo bajo nuestros pies a lo ancho y largo de toda la industria de la música. Era como oír una avalancha a millas y millas de distancia, pero a la vez pensando que a ninguno nos iba a afectar.

Sony Music estaba operando al máximo de su rendimiento y cada uno de los miembros del equipo daba lo mejor de sí, mejor de lo que nunca antes lo había hecho. Era algo generalizado en todas nuestras sesenta compañías en distintos sitios del mundo. Fue también entonces cuando animamos a Shakira a que trabajara en su primer álbum bilingüe, *Laundry Service*. Una de las canciones en especial me impactó profundamente: se llamaba *Whenever, Wherever* y era una de las piezas musicales más pegajosas que había escuchado. Tenía ritmos latinos, instrumentación y sonidos andinos, integrados con melodías pop magistralmente logradas. Una letra fabulosa y una interpretación vocal fascinante. Para mí fue más que evidente que éste tenía que ser el primer sencillo del álbum, el que lo impulsaría para convertirlo en un éxito global.

Pero Shakira no estaba de acuerdo. No creía que debía ser el primer sencillo y, para esa época, ya había adquirido un buen dominio del inglés y había dejado de ser la niñita tímida. Comenzó a llegar a las reuniones con una libreta amarilla, tamaño oficio, en la que había anotado cincuenta preguntas y detalles que quería tratar; con eso realmente se ganó mi respeto y admiración. Insistió en que escucháramos otra canción que, para ella, era la adecuada como primer sencillo. Después de haber visto esta película cientos de veces, intenté explicarle que, si nos equivocábamos y sacábamos la canción equivocada como primer sencillo, era posible que este álbum y su lanzamiento empezaran muy mal.

Siguió insistiendo, por lo que llamé a nuestros amigos de Z100, la mejor estación de radio del país, y les pedí que me hicieran un favor. Les pasamos la canción *Whenever, Wherever* e hicimos que la trasmitieran una o dos veces. Al día siguiente salió por la radio y los teléfonos comenzaron a sonar sin descanso. Shakira sonrió a regañadientes cuando se enteró de la respuesta y aceptó sacarla como primer sencillo. De inmediato llegó al primer lugar en todas las listas del mundo entero, arrastró consigo el álbum y vendió quince millones de copias.

El éxito de Shakira fue la cereza sobre el centro de la torta. Nuestra explosión latina estaba en pleno auge. Comenzando con una piedra angular como Julio Iglesias y pasando luego a Gloria Estefan con la Miami Sound Machine, luego a Ricky Martin, Jennifer Lopez y Marc Anthony, y ahora a Shakira, ayudamos a crear un movimiento nunca antes visto. Desarrollar artistas y hacerlos cantar en su idioma nativo, luego cambiar al inglés y luego de nuevo al español, fue un éxito sin precedentes para la compañía.

En ese momento era difícil imaginar que tendríamos que

competir no sólo con las demás compañías en la industria sino también con nuestros consumidores, que ahora podían descargar gratis la música que nosotros vendíamos.

Las transferencias de archivos de música estaban empantanando las redes de Internet en las universidades. Napster tenía veinticinco millones de usuarios y no se trataba de personas que intercambiaran un par de canciones. Estaban compartiendo y descargando librerías enteras de música.

Alguien escribió una columna de opinión en uno de los principales periódicos, preguntándose por qué las compañías disqueras no hacían lo mismo que estaba haciendo Napster.

Bien, en primer lugar, era ilegal. Napster no estaba obteniendo autorización para reproducir las canciones ni estaba pagando regalías a los artistas ni a las compañías disqueras. Estaba robando nuestra música y permitiendo que pudiera compartirse sin costo alguno. En segundo lugar, no había una tecnología que permitiera otorgar licencias, cobrar, llevar la contabilidad y pagar regalías a las compañías disqueras por su música. En tercer lugar, el Departamento de Justicia se preocupaba de las violaciones a la ley antimonopolio y podría intervenir si llegara a darse el caso de que las compañías disqueras se unieran para intentar crear su propia infraestructura. El hecho es que cualquiera que crea que nosotros, en las empresas disqueras, nos quedamos sentados, sin hacer nada contra la descarga gratuita de música, está muy mal informado. Estábamos totalmente esposados.

Hay que recordar que nosotros no vendíamos al por menor sino que distribuíamos nuestra música a grandes cuentas como Walmart y Tower Records. Y estas cuentas no mostraron preocupación por el embate de las ventas por Internet, pensando que sería un asunto pasajero. Lo diré por enésima vez: si en este negocio nos dormimos en los laureles, así sea por un minuto, nos quemamos. Apenas unos años más tarde, la icónica tienda de discos Tower Records, con la que nos asociamos sin interrupción y desarrollamos un gran número de estrellas, quebró y se fue al piso.

Habría sido mucho más fácil que cuentas como Tower Records hubieran agregado un componente digital. Pero su inactividad creó un vacío. No había una sola disquera que pudiera llegar a ofrecer jamás la enorme cantidad de contenido que ofrecía Tower Records. Sony, la compañía líder en la industria, tenía una participación de mercado de apenas el dieciocho por ciento, lo que significaba que todas las empresas disqueras tendrían que haber estado en igualdad de condiciones para poder vender por medios digitales que permitieran rastrear cada cuenta para cobrar regalías. Lo que logramos fue —y discúlpame por decirlo así, aunque es la forma más discreta de decirlo— un absoluto despelote. Cada compañía tenía sus propias ideas y sus propios planes para obtener la máxima participación de mercado. Tuvimos muchísimas reuniones pero había muy poca cooperación porque muchas de las compañias competidoras eran parte de casas matrices competidoras y también porque nadie contaba con la tecnología adecuada, de fácil uso para los usuarios.

Por ejemplo, Sony Tokio quería que toda su tecnología dominara el mercado, así como lo había hecho con el CD casi veinte años antes. No lo olvides: la corporación Sony se veía a sí misma como una productora de hardware. A excepción de Morita y Ohga, ninguno de los altos ejecutivos japoneses jamás se sintió cómodo en el negocio del entretenimiento, y quiero decir *jamás*. Time Warner quería traer a escena a AOL en todo su furor. Microsoft intentaba encontrar la forma de introducir la música en su software, mientras que Steve Jobs tenía una visión de la música que consistía en un portal hacia distintos dispositivos que aún no habían salido pero que funcionarían como teléfonos, rocolas en miniatura y bibliotecas.

Microsoft se acercó a Sony con una propuesta para hacer una sociedad que sonaba así: "Ustedes nos muestran su tecnología y nosotros les mostramos la nuestra". Cuando el director de Sony Tokio oyó esto, le dijo al gurú de Nuevas Tecnologías, Al Smith: "¡Qué locura! Eso no lo podemos hacer. ¡Y no lo haremos!". Se podría decir que eso era comprensible. Al mismo tiempo, las dos compañías estaban involucradas en una guerra de ventas entre Xbox y PlayStation. Apple, por otra parte, necesitaba nuestro contenido. Por lo tanto, Sony Tokio se reunió con Apple. Pero, de nuevo, la visión de dominio total que tenía Sony Tokio puso fin a esas conversaciones porque, a menos de que pudiera controlar su propia tecnología, no tenía el menor interés de hacer una sociedad con Apple. Éstas son cosas que no se pueden inventar. Sony Electronics en Japón tuvo tanto éxito con el walkman y el CD, que intentaba tener ese mismo éxito con la música en Internet. Quería tener la tecnología que había detrás de cualquier cosa que hiciéramos. Sólo imagina lo que podría haber pasado si se hubiera logrado establecer una sociedad entre Sony y Apple.

Idei y su equipo tecnológico tenían las cabezas enterradas en la arena. La triste realidad era que si Norio Ohga hubiera estado bien, trabajando y a la cabeza de su juego, como lo estaba cuando entré a trabajar con la compañía, estoy seguro de que se habría motivado a unir fuerzas para crear el sucesor del radio transistor, de la casetera, del walkman y del CD para Internet. Ohga lo entendía y siempre veía las cosas dentro de un contexto amplio; habría comprendido que Internet se trataba precisamente de eso, de compartir. Pero ahora estaba semijubilado y había entregado casi todo su poder.

En último término, Sony creó una tienda en línea, en conjunto con Universal, llamada Pressplay. Fue criticada por no tener suficiente contenido —claro está, nadie tenía la tienda completa que Napster tenía ilegalmente— y, lo que fue aún más loco, es que aunque sólo fueran dos compañías involucradas en este negocio, tuvimos que enfrentarnos a una investigación formal del Departamento de Justicia para determinar si esta combinación estaba creando algunos problemas relacionados con la ley antimonopolio. Aún estábamos obteniendo grandes utilidades pero poco a poco comenzaron a disminuir. Yo lo sabía, todos lo sabíamos: la industria de la música tenía que repensarse y reconfigurarse por completo. Así que comencé a formular un nuevo modelo basado en lo que había visto mientras trabajé con Jennifer Lopez y Celine Dion.

Cuando supe por primera vez, por boca de Al Smith, que se estaba descargando música en Internet, le hablé de las grandes cifras que habían alcanzado en ventas los álbumes de Celine después de la película *Titanic*.

—Tal vez puedas vender sesenta millones este año —dijo Al—. Pero la próxima vez serán cuarenta millones. Luego serán veinte. Después cinco…

Al tenía razón. Todos supusimos que los fans querrían grabaciones de alta calidad. No importaba que circularan por ahí algunas grabaciones de menor calidad porque un verdadero fan querría la grabación de más alta calidad.

Inclusive cuando apareció Napster y comenzó la piratería en Internet, quienes pertenecemos a otra generación pensábamos: "Bien, eso no importa. No va a tener impacto en las ventas porque los niños van a querer el folleto que viene con el CD. Van a querer la mejor versión de la grabación". Creímos que iban a querer lo que nosotros queríamos cuando niños. Bueno, pues ¿sabes qué? La verdad es que no les importaba.

Estos muchachos se conformaban con oír una versión muy deficiente en un MP3, gratis, en lugar de comprar el disco. Una vez que empezó el auge de las descargas, se convirtió en parte de la cultura. Fue el comienzo de generaciones que crecieron convencidas de que la música debía ser gratis, descreyendo del valor de la propiedad intelectual. Verdaderamente fue toda una revolución cultural porque no se trataba sólo de la facilidad con la que se podía obtener música y compartirla con los amigos, sino también del convencimiento de que no había por qué pagar por ella.

Aunque las cifras de ventas estaban disminuyendo por las descargas gratuitas, eso no quería decir que los fans de la música de Celine estuvieran menos enamorados de ella ni que la demanda hubiera disminuido. Esto fue muy evidente cuando nos asociamos con su esposo y representante, René Angélil, para crear una presentación sin antecedentes para Celine en Las Vegas. Celine se presentaría por cinco años consecutivos en el Caesars Palace, en un teatro que el hotel estaba renovando sólo para ella. Ayudamos a hacer los arreglos para las nuevas alianzas con Chrysler y logré que la compañía se comprometiera a ser socia patrocinadora con 10 millones de dólares de patrocinio. También trabajé con René para obtener financiación de un empresario multimillonario, Phil Anschutz. René trabajó sin descanso para cerrar este negocio y fue un tremendo éxito.

Aunque los genios detrás del Cirque du Soleil ayudaron a crear el espectáculo, hubo personas en la industria que se preguntaron cómo resultaría todo. Haré un rápido avance de los hechos: Celine vendió la totalidad de las entradas, todas las noches, durante cinco años consecutivos.

La tienda disquera, minorista, que se abrió justo al lado del teatro para vender recuerdos y productos relacionados con Celine, obtuvo ventas sin precedentes. Fue un muy buen negocio para el Caesars, un imán y un destino que atraía invitados al casino y resultó ser una conjunción de hechos de la que todos salimos ganando, en especial Celine y René, que compartieron los ingresos de toda la entidad.

Al ver lo que estaba ocurriendo a nuestro alrededor, comencé a tener muchas conversaciones con mis altos ejecutivos acerca de convertir a Sony Music en una compañía de entretenimiento total. La idea era firmar con artistas, desarrollar su talento y su propiedad intelectual, para luego constituir un equipo de representantes dentro de la compañía. Así, Sony podría formar alianzas con distintas entidades en todo el mundo (exactamente como la alianza que estaba presentando a Celine en Las Vegas), manejar y programar las fechas de las presentaciones de los distintos talentos, vender las boletas, fabricar y vender mercancía. Podríamos también establecer amplios acuerdos con esos artistas para que fueran dueños y compartieran todos los ingresos de las ventas relacionadas con la actividad principal puesto que, en último término, seríamos nosotros quienes contribuiríamos con los fondos y la financiación de su desarrollo y su éxito.

Permíteme darte un ejemplo de lo que estoy diciendo. Firmamos con Jennifer Lopez y gastamos millones de dólares en su mercadeo y desarrollo. Vendió millones de álbumes y evolucionó. Después de que alcanzó la cima de su éxito en ventas de discos y comenzó a descender, J.Lo se convirtió en una marca de mil millones de dólares. Perfumes. Ropa. Cosméticos. Productos para el cuidado del cabello. Lo que se te ocurra. Este nuevo concepto significaría que todos tendríamos participación en el negocio y nuestras alianzas recién formadas con todas las demás marcas alrededor del mundo nos convertirían en lo que hoy es Live Nation, sólo que lo nuestro sería aún mejor porque todos los artistas desarrollados por la compañía serían una inversión y una anualidad en el futuro de la compañía.

Trabajar de esta forma con la música y los músicos habría sido un concepto radical, pero uno que yo conocía a fondo. No olvides que mis raíces, mientras avanzaba en este campo, estaban ligadas exactamente a aquello de lo que estoy hablando aquí.

No habría comprometido en lo más mínimo el núcleo de nuestro negocio en el día a día. Lo habríamos considerado como una línea adicional, un negocio paralelo para mejorar lo que ya estábamos haciendo, y teníamos abundante experiencia en la forma cómo debíamos recorrer este camino. Por ejemplo, una de las primeras adquisiciones que hicimos cuando llegué a Sony fue un arreglo con Pace Entertainment para comprar anfiteatros. Ése fue nuestro ingreso al campo de comprar sedes para presentar espectáculos, y resultó muy exitoso. Después adquirimos Signatures y lo ampliamos para convertirlo en una compañía comercializadora que vendía productos en los conciertos y en los puntos de venta minoristas. Esto también prosperaba. La idea del patrocinio corporativo me había resultado tan familiar desde mis comienzos, que era algo natural para mí. Y sabíamos que podíamos atraer fácilmente inversionistas externos, de modo que todo esto podría hacerse con base en un balance, sin ninguna inversión de capital para alcanzar nuestro resultado final.

Si sólo hubiera podido mirar a los ojos a Norio Ohga y explicarle el concepto, seguro que me habría dado su aprobación con un movimiento de cabeza. Pero ahora les estaba proponiendo esta idea a Sir Howard y a su jefe en Tokio, el peor gerente del año según *Business Week*. No hace falta decir más.

Mientras tanto, de vuelta en el rancho, Michael Jackson estaba preparando su primer gran álbum en seis años desde *Dangerous*. Por lo general, Michael componía y analizaba unas 120 canciones antes de editarlas y seleccionar las que quedarían finalmente en el álbum. Pero los costos de grabación de *Invincible* comenzaron a aumentar hasta que se salieron de control.

Un fin de semana, mientras Thalia y yo estábamos en Miami, Michael me pidió que fuera a verlo. Estaba haciendo algunas grabaciones en la Hit Factory de Miami. Este estudio tenía cinco o seis salas de grabación y Michael las había alquilado todas durante veinticuatro horas.

Thalia y yo llegamos al estudio y entramos buscando a Michael. Pero el estudio estaba vacío, no había nadie. Ni productores. Ni ingenieros. Nada. Parecía una escena de *The Shining*. Normalmente hay personas trabajando en cada una de estas salas, que costaban aproximadamente cinco mil dólares por día. Uno de los directores del estudio se acercó por el corredor. "¿Dónde está Michael?", le pregunté. Él señaló el estacionamiento y afuera vi un camión de grabación remota, que es un verdadero estudio de grabación dentro de un camión. Thalia y yo salimos al estacionamiento y llamamos a la puerta. Michael estaba sentado, muy callado, absolutamente solo dentro del camión.

No podía creer que estuviera sentado en un camión de grabación remota afuera de un estudio de grabación vacío —por el que estábamos pagando— mientras que debía haber otros seis estudios más allá adentro que él había alquilado y por los que también estábamos pagando simultáneamente. Cuando Thalia y yo avanzábamos en la oscuridad, había una luz azul, apenas suficiente para ver a Michael.

—Hola Michael —le dije—. ¿Por qué no estás en el estudio?

—Me gusta aquí —dijo Michael—. Es silencioso, tranquilo, privado… Y puedo pensar.

Lo único que me vino a la mente en ese instante es que ya nos habíamos excedido en costos: este álbum estaba costando más de 30 millones de dólares sin que yo hubiera oído ni una sola grabación hasta el momento.

Michael me miró.

—Este será un gran álbum —dijo—. Venderemos más de cien millones. Será el álbum más vendido de todos los tiempos.

Sé que así era como lo justificaba todo en su mente. A él no le importaba cuánto gastaba —o cuánto tomaba prestado— para crear su arte. Pensaba que lo recuperaría tan pronto como se lanzara el álbum y se convirtiera en un mega éxito. Y todos sus representantes —y quiero decir todos, sin excepción— lo permitían. Nadie decía que no. Jamás. A Michael Jackson sólo se le podía decir que sí porque, de lo contrario, uno era historia.

Michael fue un muy buen anfitrión ese día, y nos trató a Thalia y a mí como invitados especiales. Thalia le contó una historia de cuando era una joven adolescente y era una estrella que comenzaba a surgir. Le habló de cómo había subido al escenario en uno de sus conciertos y había bailado con él. Michael lo recordaba. Por alguna razón, la imagen de Thalia como una niña joven abrió el camino para que Michael le contara una historia de su niñez y de lo difícil que fue para él; habló de todo lo que tuvo que soportar a manos de su padre durante los ensayos diarios. No entraré en detalles de todo lo que nos dijo, pero harían temblar a cualquier padre o a cualquier hijo. Lo que quiero decir es que uno nunca mencionaría detalles como esos a nadie que uno pudiera considerar como enemigo o como el diablo. Fue tan triste oír a quien supuestamente era la mayor estrella del mundo del entretenimiento, sentado en la parte de atrás de un camión de grabación, escasamente iluminado, contar estas historias, que faltó poco para que a Thalia y a mí se nos salieran las lágrimas. Daban ganas de abrazarlo y protegerlo. Nunca tuve la menor duda en ese entonces, ni tampoco ahora, de que todas las intenciones de Michael eran amar y hacer el bien, y que era un alma buena. Fue por eso que todos quedamos atónitos cuando ocho meses después de haber lanzado *Invincible*, las bajas ventas hicieron que Michael cambiara y se convirtiera en otra persona.

Le estábamos dando adelantos de decenas de millones de dólares para alquilar todo este espacio de estudio y para pagar al ejército de productores, compositores y directores que crearían sus cortometrajes. Y luego, además de todo eso, iba a los bancos a pedir cuantiosos préstamos —préstamos que consignábamos en Sony utilizando como garantía la mitad de su participación en el catálogo de Sony/ATV—. Esto lo dejaba en una posición muy comprometedora y vulnerable. *Invincible* tenía que ser un gran éxito para que pudiera absorber esas deudas y sacarlas del libro mayor de contabilidad. Todos en la compañía estaban escandalizados de que nadie lo hubiera convencido de no tomar esas decisiones de negocios. Hoy en día seguimos escandalizados.

Al fin, el álbum quedó listo. Y Michael, el mayor de los perfeccionistas, al fin nos lo entregó. Todos en la compañía pensaron que era bueno. Pero no era, de ninguna forma, el mejor trabajo de Michael. Después de años de grabar y de terminar con un saldo en rojo de cuarenta millones de dólares, no estábamos dispuestos a pedirle que volviera a cortar algunas nuevas pistas. Hasta donde sabíamos, eso podría tomar otros dos o tres años.

Todos esperábamos que el trabajo fuera lo suficientemente bueno como para hacer que las legiones de fans de Michael Jackson se apresuraran a comprarlo. Simultáneamente, ayudamos a hacer un arreglo con CBS para un programa de televisión de la fiesta de celebración de la carrera de Michael en Madison Square Garden. Esperábamos que esto fuera un gran vehículo promocional para *Invincible*. El concepto era filmar dos conciertos especiales. Todos los veíamos como una señal muy alentadora. Todos habíamos esperado que propulsara una gira de conciertos que ayudaría a incrementar aún más la venta de álbumes después del lanzamiento de *Invincible*.

El programa se llamó el Especial del Treinta Aniversario porque varios artistas vinieron a celebrar las tres décadas de Michael en el mundo del espectáculo. Usher, Gloria Estefan, Ray Charles y Whitney Houston estaban entre los artistas que habían interpretado música de Michael a lo largo de los años. Ahí estaba la familia de Michael para cantar con él y representar de nuevo el éxito de los Jackson 5. Marlon Brando y Elizabeth Taylor llegaron para hablar de Michael. El precio de los boletos estaba entre los más altos jamás cobrados para un concierto. Los mejores puestos costaban 2.500 dólares e incluían una cena con Michael. A las cinco horas de haber salido a la venta, todo el Madison Square Garden se había vendido para las dos fechas. No puedo decirlo a ciencia cierta, pero se ha dicho que Michael ganó más de siete millones de dólares por esas dos presentaciones. Parece ser la cifra correcta. Habría sido un éxito rotundo y una perfecta piedra de apoyo para el lanzamiento de su nuevo álbum, de no haber sido por una sola cosa: la fecha del segundo de estos conciertos fue septiembre diez de 2001.

Obviamente, al día siguiente nadie hablaba de Michael Jackson.

Apenas terminó el concierto de Michael en Madison Square Garden la primera noche, Thalia y yo nos fuimos para Los Ángeles. Thalia iba a cantar en los Grammy Latinos. Estábamos en el Beverly Hills Hotel cuando sonó el teléfono, justo antes de las seis de la mañana, hora local, el once de septiembre. Tuve la corazonada de que algo andaba mal cuando sonó el teléfono a esa hora. Me dijeron que encendiera el televisor porque un avión se había estrellado contra las torres del World Trade Center.

Mientras intentaba prender el televisor con el control remoto, llamé a mi oficina en Manhattan, ubicada en el piso treinta y dos y con una vista perfecta de las torres. Mis dos asistentes me hablaban, intentando describirme por teléfono lo que estaba ocurriendo, cuando las oí gritar: "¡Ay, Dios mío! ¡Ay, Dios mío! ¡Ay, Dios mío!". Entonces miré el televisor y vi cuando el segundo avión se estrelló contra la otra torre. Fue ahí cuando todos supimos que algo absoluta y terriblemente malo estaba pasando.

Lo primero que pensé fue en mis hijos, Michael y Sarah. Sabía que Sarah iba a ir al centro esa mañana, al DMV. Comencé a llamarlos enloquecido pero no me pude comunicar. Seguí intentando mientras llegaban las noticias del avión que se había estrellado contra el Pentágono y de otro que había caído en un campo en Pensilvania. Comenzaba a captar todo el impacto de lo que ocurría. Estábamos siendo atacados. Todos estábamos en absoluto shock y muertos de miedo, sin saber qué vendría después. Y además, no había servicio telefónico en Nueva York.

Todos los aeropuertos estaban cerrados. Marc Anthony, que estaba en el mismo hotel que nosotros, tenía un autobús de gira. Todos empacamos y estábamos a minutos de subirnos a ese autobús para volver a casa, en caso de que no hubiera otra forma de hacerlo. Al final pudimos comunicarnos; supe que mis dos hijos estaban seguros y no en el centro. Sin saber qué iba a suceder, intenté sacarlos de Manhattan lo antes posible.

Tan pronto como se abrieron de nuevo los aeropuertos, pudimos conseguir un vuelo que permitió que todos los de Sony que habíamos venido a Los Ángeles volviéramos sin demora a Nueva York. Sólo quería llegar a casa y abrazar a mis hijos.

Durante el vuelo, recordaba las cosas que me había contado mi amigo John O'Neill, quien me había ayudado tan generosamente a hacer contacto con el obispo de la Catedral de San Patricio. John había sido agente especial del FBI en Nueva York, estaba a cargo de la lucha contra el terrorismo. Estábamos en un restaurante, nos habíamos tomado un par de tragos y había comenzado a hablar de un tal Osama Bin Laden (ninguno de nosotros había oído hablar de él). Todos lo miramos y le dijimos: "Cálmate, John, estamos en los Estados Unidos de América. Nada nos va a pasar".

Pero él insistió y siguió hablando de lo peligroso que era este hombre. Y lo más triste y aterrador fue que al salir del FBI entró a trabajar como jefe de seguridad del World Trade Center. Estaba feliz y orgulloso de haber sido nombrado para ese cargo.

No pude comunicarme con John el once de septiembre. Al año siguiente, mientras veía un documental en PBS, lo vi corriendo alrededor del lobby en llamas, mientras caían cuerpos alrededor suyo. La más triste ironía es que "El hombre que lo sabía" murió a manos del hombre del que había tratado de advertirnos a todos.

Ahora me enfermo de pensarlo. Ninguno de los que estábamos en ese vuelo sabíamos qué esperar al llegar, pero mientras volábamos en círculos por encima de Manhattan, pudimos ver lo que había sucedido. Nadie habló dentro del avión. Nadie dijo nada hasta mucho tiempo después.

Todos sabíamos que nada en la vida iba a ser igual de ahí en adelante. Al llegar a mi oficina al día siguiente, mis sentimientos me abrumaban. El primer instinto de mi asistente después de haber presenciado esta tragedia fue levantarse de su puesto y abrazarme. Todos nos abrazamos, y todos dimos gracias a Dios de estar bien.

Nadie que viviera en Nueva York se sentía bien. Hasta el día de hoy, hay una intranquilidad generalizada. Y fuimos un blanco durante el período de las amenazas con ántrax a las compañías de entretenimiento. Pero a pesar de todas y cada una de las tragedias, la vida parece seguir su curso. Y eso fue lo que hicimos: organizamos un concierto en Madison Square Garden para brindar ayuda a las familias de las víctimas.

Todos los negocios en todas las áreas se vieron afectados por la tragedia. Ciertamente nosotros no estábamos inmunes cuando al día siguiente volvimos a nuestro trabajo. De hecho, pasaron meses antes de que comenzáramos a sentir que estábamos trabajando como antes. Fueron momentos muy difíciles: tener que volver a diseñar estrategias, teniendo en la cuenta la carga emocional y sentimental de muchos de los que habían sido afectados.

Un mes después, sacamos el álbum de Michael Jackson, *Invincible*, y lo bueno fue que, de inmediato, llegó al número uno en las listas.

Pero el álbum dio origen a una mezcla de críticas que no se centraron en la música sino en la enorme cantidad de prensa y especulación acerca de la vida personal de Michael. Al cabo de un mes ya no estaba entre los diez primeros.

Invincible vendió solamente ocho millones de copias en el mundo. Todos quedamos decepcionados. La percepción de Michael fue que no era aceptable y que le habíamos fallado. No estaba ni mucho menos cerca de las ventas que necesitábamos para recuperar los más de cuarenta millones de dólares en gastos. Michael comenzó a llamar a Dave Glew a medianoche y a pedirnos que contratáramos promotores independientes para intentar manipular los números de las listas y hacer lo que fuera para que el álbum volviera de nuevo al primer lugar.

Glew y yo sostuvimos conversaciones constantes con Michael y con todo su equipo de representantes y abogados para explicarle cómo toda la controversia que rodeaba su carrera realmente no había ayudado. Aunque la música de *Invincible* era en verdad buena, algo faltaba.

Cuando uno se acostumbra a oír "Sí, Michael. Sí, Michael. Sí, Michael", de parte de todo el mundo, debe ser insoportable oír: "No, Michael, no podemos y no invertiremos millones de dólares más en la producción de este álbum". Las ventas estaban totalmente estancadas a pesar de que ya habíamos gastado un presupuesto de mercadeo global de más de veinticinco millones de dólares.

Los artistas siempre reaccionan cuando el éxito que esperan no se logra. Lo primero que hizo Michael fue decirles a sus abogados que no firmaría un nuevo contrato con nosotros y que, luego de cumplir las obligaciones pendientes en el actual contrato, se convertiría en un representante libre. Entonces algo sucedió en su mente y decidió atacarme en público.

Yo estaba ese verano tomando una semana de vacaciones con Thalia cuando la oí gritarme y decirme: "Ven pronto". Estaba del otro lado del salón viendo las noticias.

Fui corriendo y vi a Michael Jackson en un podio, cerca de Al Sharpton, en una manifestación organizada para hablar de la desigualdad en el negocio de la música. Michael estaba lanzando un ataque abierto contra Sony y contra mí personalmente, llamándome perverso, racista e incluso demoníaco. ¿Puedes creer semejante desesperación?

Yo no sabía si reírme a carcajadas —porque realmente era más bien cómico— o sentirme violentado, ofendido y furioso. Pero cuando terminó, me quedé ahí sentado, asombrado, incapaz de creer lo que acababa de ver.

Llamé entonces a Al Sharpton y le pregunté de qué se trataba toda esa tontería. Había trabajado durante años con el Reverendo Al —había venido a vernos cada tres meses— y con personas como Russell Simmons, apoyando sus iniciativas y proyectos en la comunidad, y todos teníamos muy buenas relaciones de trabajo. Yo no entendía por qué Al estaba parado al lado de Michael mientras Michael decía todas esas cosas.

El reverendo Al me ofreció toda clase de disculpas.

—Tommy —dijo—, no tenía la menor idea de que fuera a hacer lo que hizo. Supuestamente esta conferencia era para tratar el tema de los artistas negros y la desigualdad. No tenía ni idea de que Michael la iba a usar como una plataforma personal improvisada. Nunca habría ido allí si hubiera sabido lo que iba a pasar".

Lo entendí todo claramente y aún más cuando Michael se subió a un autobús descubierto e hizo que se dirigiera a las oficinas principales de Sony con carteles que me representaban con cuernos de diablo en la cabeza. Michael estaba tratando de convertir todo esto en una compuerta de escape. Me estaba atacando especialmente a mí para poder zafarse del contrato con Sony pero, en realidad, le salió el tiro por la culata. ¿Creería de verdad que podía avergonzar lo suficiente a Sony como para salirse de una deuda de aproximadamente cincuenta millones de dólares o de nuestro negocio conjunto con el catálogo de los Beatles? Michael intentó involucrar a Mariah en todo esto, sabiendo que ella acababa de irse de Sony. Pero un vocero de Mariah se apresuró a defenderme, señalando que Mariah estaba muy triste porque Michael la había involucrado en todo esto. Mientras tanto, según lo informara un periódico, el Reverendo Al y Russell Simmons estaban hablando a mi favor y defendiendo a Sony.

—De dos cosas estoy seguro —dijo Simmons al *New York Post*—. Tommy Mottola no es racista. Y en cuanto a la música de artistas negros, no se necesitan treinta millones de dólares para que un álbum tenga éxito. El álbum de Michael Jackson no vendió porque le faltó calidad. Si es un éxito, será un éxito por sí sólo.

En ese entonces, no me pronuncié y me mantuve alejado, lo que, como presidente de Sony, era lo que debía hacer, porque no tenía sentido responder a acusaciones tan ridículas e inauditas. Pero el resultado de todo esto fue el siguiente: estábamos en el negocio de vender música. Sony había gastado más de treinta millones de dólares en costos de grabación y veinticinco millones más en costos de mercadeo, y había puesto a todos los miembros de la compañía a moverse para promover el álbum. A pesar de eso, el público simplemente no quiso comprarlo.

VOCES

THALIA

Recuerdo ese momento muy bien porque estaba desayunando y me atraganté con el jugo de naranja que me estaba tomando.

Tommy y yo estábamos en Sag Harbor, en un bote. Era nuestro primer día de vacaciones. Estaba al frente del televisor, desayunando, y Tommy estaba leyendo los periódicos al otro lado del salón, tomando su café y hablando por teléfono.

De pronto vi a Michael Jackson en televisión, sosteniendo una pancarta con la imagen de Tommy con unos cuernos que le salían de la cabeza. Estaba tratando de pasarme el jugo a la vez que intentaba llamar a Tommy para que viniera de prisa. Fue una gran sorpresa. Para mí no tenía absolutamente ninguna lógica.

Michael había venido a una fiesta de Navidad que dio Tommy en nuestra casa —fue la primera Navidad que Tommy y yo pasamos juntos—. Yo acababa de llegar de México con mi madre, mi hermana y sus hijos, y no conocía a muchas de las personas que estaban en la fiesta. Sólo pude reconocer a los más famosos. En ese entonces, no tenía idea de quién era Howard Stringer. Yo estaba al otro lado del salón con mi familia, mirando el árbol de Navidad de ocho metros de alto que llenaba toda la sala. Robert De Niro estaba en la otra esquina del salón y Michael Jackson entraba en ese momento.

Fue un poco extraño cuando llegó Michael porque entró con todo su séquito, todos sonrientes y callados, y se fueron directo al estudio de mi marido, de donde no volvieron a salir. Pero todos mis sobrinos y mis sobrinas habían visto entrar a Michael y estaban dando gritos: "¡Ay, Dios mio, es Michael Jackson! Por favor, tía, ¿podemos tomarnos una foto con él?".

En vista de todo eso, fui adonde estaba Michael y le dije: "Disculpe, pero ¿quisiera por favor tomarse una foto con mi familia?".

Él respondió: "Claro, claro". No pudo haber sido más amable.

Después, Tommy y yo lo encontramos en Miami y se mostró muy amigable y abierto con nosotros. Habló de su niñez y compartió historias de los niños que, siendo tan pequeños, se convierten en estrellas. Las historias que nos contó son de ésas que sólo se le cuentan a personas con las que uno tiene mucha confianza.

¿Y ahora estoy aquí, en un barco, viendo a Michael sostener un dibujo del hombre con el que me casé, con un par de cuernos de diablo en su cabeza? No es fácil describir lo que sentí en ese momento. Veo a este hombre, que es uno de los seres más amorosos y amables del mundo, y estoy pensando: "Primero fue Mariah diciendo que él la había encerrado en una jaula de oro. ¡Y ahora esto! ¿Qué está pasando?".

Tommy tomó de inmediato el teléfono para hablar con sus amigos y tratar de entender y digerir la razón por la que Michael estaba haciendo algo semejante. ¿De qué rincón de la mente de Michael podría haber salido esa imagen, y por qué razón? Sabía que Tommy hablaría un buen rato por teléfono. Le dije entonces: "Voy a la ciudad a ver a un amigo. Llámame al celular si me necesitas".

Cuando regresé estaba tranquilo y ya lo había entendido todo.

REVERENDO AL SHARPTON

Jamás olvidaré cuando Michael llegó a la National Action Network y, sin previo aviso, atacó a Tommy. Tommy me llamó justo después del programa y dijo: "¿Qué fue todo eso?".

Y yo podía entender por qué lo preguntaba, porque Tommy había hecho mucho más que la mayoría de los ejecutivos y presidentes de las compañías disqueras de su época para abrir camino a los artistas de raza negra, incluyendo a Michael. Tommy se había mostrado muy progresista al respecto. Además, con Tommy uno siempre sabía dónde estaba parado: era un hombre para quien el "sí" era "sí" y el "no" era "no". Nunca prometió nada que no cumpliera.

Le dije: "Michael piensa que Sony no está siendo justa con él y cree que todo el mundo intenta quitarle el catálogo".

Tommy dijo: "Responderé cualquier cosa que me pregunte. Pero no puedo inventar cifras y ventas que no existen. Las mismas personas que trabajan para él no le están dando la información correcta".

Tommy puso todas las cartas sobre la mesa y me hizo ver muchas de las cosas que Michael no sabía: las personas que estaban con él estaban jugando a dos bandos, diciendo cosas erradas. Se lo dije a Michael y se lo dije a Johnnie Cochran, el representante de Michael.

A Tommy realmente le hirió que Michael no entendiera que él estaba haciendo todo lo posible por ese álbum, con base en el negocio y en las circunstancias. De verdad quería que Michael entendiera cuál era su posición al respecto. Era algo más que un ejecutivo que recibía ataques de la prensa. Quería que Michael supiera que realmente se preocupaba por él.

CORY ROONEY

Recuerdo una vez que Tommy organizó una maravillosa fiesta de Navidad en su casa. Era la casa nueva que acababa de construir y déjame decirte que fue la fiesta más maravillosa en la que haya estado en mi vida.

Una de las razones por las que lo digo es porque todas las grandes estrellas estaban allí: Robert De Niro, Julio Iglesias, Cameron Diaz, el Comisionado del Departamento de Policía de la ciudad de Nueva York. Podría seguir nombrando gente por siempre. Era un poco raro porque no eran los Oscar. No eran los Grammy. Era la fiesta de Navidad de Tommy en su casa.

Tengo dos recuerdos locos de esa noche que jamás olvidaré. Entró Michael Jackson y todo el salón quedó en silencio. Fue como una toma en cámara lenta. Esto porque Michael no era de los que aparecen en las fiestas. Pero ya sabes: en ese momento, Michael se había acercado a Tommy.

La segunda fue que Howard Stringer estaba en la fiesta. Lo miré y él estaba, por así decirlo, en su propio mundo. He aquí un hombre que es el jefe de Tommy, sentado en un rincón, como si no fuera nadie. Mi esposa también se dio cuenta de esa actitud de Howard. Y yo le dije: "Por alguna razón hay algo aquí que no está bien. No creo que Howard Stringer esté disfrutando la noche".

Lo pude sentir desde ese momento: esto no saldrá bien. De alguna forma, sea la que sea, Howard Stringer intentará vengarse.

Rolling in the Deep • *Adele*

Lotus Flower • *Radiohead*

Barton Hollow • *The Civil Wars*

Do I Wait • *Ryan Adams*

Party Rock Anthem • *LMFAO con Lauren Bennett y GoonRock*

Firework • *Katy Perry*

E.T. • *Katy Perry con Kanye West*

Give Me Everything • *Pitbull con Ne-Yo, Afrojack, y Nayer*

Grenade • *Bruno Mars*

Fuck You (aka Forget You) • *CeeLo Green*

Moves Like Jagger • *Maroon 5 con Christina Aguilera*

Just Can't Get Enough • *The Black Eyed Peas*

On the Floor • *Jennifer Lopez con Pitbull*

Last Friday Night (T.G.I.F.) • *Katy Perry*

Born This Way • *Lady Gaga*

What's My Name? • *Rihanna con Drake*

Someone Like You • *Adele*

Good Life • *OneRepublic*

The Lazy Song • *Bruno Mars*

Till the World Ends • *Britney Spears*

The Show Goes On • *Lupe Fiasco*

The Edge of Glory • *Lady Gaga*

We R Who We R • *Ke$ha*

Lighters • *Bad Meets Evil con Bruno Mars*

Stereo Hearts • *Gym Class Heroes con Adam Levine*

The Time (Dirty Bit) • *The Black Eyed Pears*

6 Foot 7 Foot • *Lil Wayne con Cory Gunz*

Just a Kiss • *Lady Antebellum*

No Hands • *W aka Flocka Flame con Roscoe Dash y Wale*

Sexy And I Know It • *LMFAO*

Written in the Stars • *Tinie Tempah con Eric Turner*

We Found Love • *Rihanna con Calvin Harris*

You and I • *Lady Gaga*

Best Thing I Never Had • *Beyoncé*

Where Them Girls At • *David Guetta con Flo Rida y Nicki Minaj*

Price Tag • *Jessie J con B.o.B.*

You and Tequila • *Kenny Chesney con Grace Potter*

Body and Soul • *Tony Bennett and Amy Winehouse*

Knee Deep • *The Zac Brown Band con Jimmy Buffett*

21 • *Adele*

Set Fire to the Rain • *Adele*

Part of Me • *Katy Perry*

What Makes You Beautiful • *One Direction*

Young, Wild and Free • *Snoop Dogg y Wiz Khalifa con Bruno Mars*

We Take Care of Our Own • *Bruce Springsteen*

Thinkin Bout You • *Frank Ocean*

I Will Wait • *Mumford & Sons*

Area 52 • *Rodrigo y Gabriela*

Tempest • *Bob Dylan*

Rolling in the Deep • *Adele*

Lotus Flower • *Radiohead*

Barton Hollow • *The Civil Wars*

Do I Wait • *Ryan Adams*

Party Rock Anthem • *LMFAO con Lauren Bennett y GoonRock*

Firework • *Katy Perry*

E.T. • *Katy Perry con Kanye West*

Give Me Everything • *Pitbull con Ne-Yo, Afrojack, y Nayer*

Grenade • *Bruno Mars*

Fuck You (aka Forget You) • *CeeLo Green*

Moves Like Jagger • *Maroon 5 con Christina Aguilera*

Just Can't Get Enough • *The Black Eyed Peas*

On the Floor • *Jennifer Lopez con Pitbull*

Last Friday Night (T.G.I.F.) • *Katy Perry*

Born This Way • *Lady Gaga*

What's My Name? • *Rihanna con Drake*

Someone Like You • *Adele*

Good Life • *OneRepublic*

The Lazy Song • *Bruno Mars*

Till the World Ends • *Britney Spears*

The Show Goes On • *Lupe Fiasco*

The Edge of Glory • *Lady Gaga*

We R Who We R • *Ke$ha*

Lighters • *Bad Meets Evil con Bruno Mars*

Stereo Hearts • *Gym Class Heroes con Adam Levine*

The Time (Dirty Bit) • *The Black Eyed Pears*

6 Foot 7 Foot • *Lil Wayne con Cory Gunz*

Just a Kiss • *Lady Antebellum*

No Hands • *W aka Flocka Flame con Roscoe Dash y Wale*

Sexy And I Know It • *LMFAO*

Written in the Stars • *Tinie Tempah con Eric Turner*

We Found Love • *Rihanna con Calvin Harris*

You and I • *Lady Gaga*

Best Thing I Never Had • *Beyoncé*

Where Them Girls At • *David Guetta con Flo Rida y Nicki Minaj*

Price Tag • *Jessie J con B.o.B.*

You and Tequila • *Kenny Chesney con Grace Potter*

Body and Soul • *Tony Bennett and Amy Winehouse*

Knee Deep • *The Zac Brown Band con Jimmy Buffett*

21 • *Adele*

Set Fire to the Rain • *Adele*

Part of Me • *Katy Perry*

What Makes You Beautiful • *One Direction*

Young, Wild and Free • *Snoop Dogg y Wiz Khalifa con Bruno Mars*

We Take Care of Our Own • *Bruce Springsteen*

Thinkin Bout You • *Frank Ocean*

I Will Wait • *Mumford & Sons*

Area 52 • *Rodrigo y Gabriela*

Tempest • *Bob Dylan*

Rolling in the Deep • *Adele*

Lotus Flower • *Radiohead*

Barton Hollow • *The Civil Wars*

Do I Wait • *Ryan Adams*

Party Rock Anthem • *LMFAO con Lauren Bennett y GoonRock*

Firework • *Katy Perry*

E.T. • *Katy Perry con Kanye West*

Give Me Everything • *Pitbull con Ne-Yo, Afrojack, y Nayer*

Grenade • *Bruno Mars*

14

Tercer *round*

Mientras intentábamos respaldar el lanzamiento de *Invincible,* una fuerza de la naturaleza mucho más poderosa estaba desatándose ante el público. Había recibido una entrega de la oficina de Steve Jobs. Abrí la caja y ahí, ante mis ojos, había un elegante dispositivo que podía reproducir música en formato digital y tenía capacidad para almacenar miles de canciones. En ese momento sentí deseos de tomar el iPod y abrazarlo, de la misma manera que todos habíamos abrazado el walkman. Pero sabía que esto era algo distinto: cuando lo saqué de la caja sentí como si tuviera en mi mano un trozo de kriptonita —aunque yo, evidentemente, no fuera Superman—. Necesitaría una metáfora mejor. Fue como ver el caballo de Troya.

Era innegable que se trataba de un dispositivo magnífico, con una tecnología revolucionaria. Pero comprendí, sin sombra de duda, que se trataba de un ataque contundente contra toda la industria de la música, tal y como la conocíamos hasta ese momento.

Miré cada vez más de cerca el dispositivo y todo lo que pude pensar fue: "¿Por qué no tuvo la nueva Sony Tokio la visión de hacer la sociedad con Apple así como lo hizo Ohga cuando tenía pleno dominio de la compañía e introdujo el disco compacto en asociación con Philips-Siemens? El nuevo Sony Tokio simplemente se retiró de las conversaciones con Apple insistiendo que el dispositivo debía pertenecerle a Sony.

En un determinado momento, cuando ya el iPod se había convertido en todo un éxito, Steve Jobs inclusive consideró la idea de comprar Sony o Universal Music. Pero dio un paso atrás, muy inteligentemente, considerando así el panorama global. No necesitaba complicarse con la adquisición de un proveedor de contenido cuando podía conseguir ese contenido prácticamente por nada —y todo el mundo tendría que dárselo—. Al comienzo, toda la industria de la música trató de resistirse. Pero al final todos se replegaron y capitularon. Todos pensaron: "Mejor obtener *algo* por el contenido que no obtener nada".

Hubo un cambio de paradigma. Ahora los muchachos podían elegir los sencillos que quisieran en lugar de tener que comprar álbumes enteros. En la jerga de la publicidad, la industria de la música pasó de un entorno de propulsión a un entorno de tracción. Los muchachos tenían el poder y su actitud era: "No me puedes decir lo que quiero escuchar. Esto es lo que voy a escoger".

Después del lanzamiento del iPod, para todos fue evidente que Sony Music necesitaba dar un giro sobre una moneda de cinco centavos y hacer grandes cambios con la mayor rapidez posible. Si hubo un momento en el que debimos haber transformado nuestra compañía en una empresa dedicada más al entretenimiento total y no sólo a la venta de CDs, fue precisamente ese. El plan de negocios ya se había diseñado y estaba listo.

Idei había programado un viaje a Nueva York. Perfecto. Pedí reunirme en privado con él e hizo los arreglos para reunirse conmigo. De modo que conversamos cara a cara. Fue una de las conversaciones más importantes que tendría con él, por lo que me levanté de mi silla, que estaba al frente suyo, y me senté a su lado en el sofá. Quería mirarlo directamente a los ojos. Comencé a explicarle cómo podíamos hacer que nuestra compañía evolucionara para convertirse en esa unidad de entretenimiento total y participar de todas las fuentes de ingresos a partir de los artistas. Ya estábamos gastando todo el dinero haciendo contratos con ellos, desarrollándolos, comercializándolos y convirtiéndolos en súper estrellas. Estábamos creándoles sus marcas. Era el momento de asociarnos con ellos en los negocios suplementarios que les habíamos ayudado a desarrollar. Mientras se lo explicaba con lujo de detalles, él me escuchaba, asentía con la cabeza, como si me estuviera diciendo que sí, pero sin afirmar nada. Lo que decía era: "Sí, lo oigo". Al mirarlo a los ojos supe que su asentimiento era totalmente vano.

Esa misma semana, Norio Ohga también vino a Nueva York. Tenía aún el título de presidente, aunque le había delegado casi todo su poder a Idei. Concerté entonces una reunión con él y fui a su oficina para intentar obtener algunas respuestas. Quería saber qué estaba pasando con la nueva administración que él había nombrado.

—Norio —le dije—, la forma como nos permitiste desarrollar esta compañía, la manera como nos respaldaste para llevarla a ser lo que es, ya no va a dar resultado. Yo lo sé y tú lo sabes. Estamos en medio de una revolución tecnológica. Naturalmente, tenemos que proteger y mantener fuerte un negocio básico, pero también tenemos que hacer que Sony Music evolucione hacia una nueva dirección porque la disminución de las ventas es inevitable.

Ohga levantó la cabeza y me miró con una expresión triste. Sus ojos eran como una luz que se extingue.

—Para ser totalmente franco —le dije—, estamos todos confundidos con la dirección que nos están dando desde el nivel ejecutivo. Realmente no existe tal dirección.

Su expresión me lo decía todo. Entonces comenzó a hablar.

—No fue la mejor elección —dijo—, pero no tenía más alternativa.

En Japón, es parte muy importante de la cultura desarrollar o elegir sucesores de entre los ejecutivos internos. Pero esto no significa que siempre se logre hacer la mejor elección ni tener la mejor administración. ¿Puedes imaginar el increíble talento que estaba disponible a nivel mundial para ocupar la primera posición en la corporación Sony (talento al que se abren la mayoría de las corporaciones)? Pero ésas no eran las cartas que estaban sobre la mesa. La cultura exigía que la compañía eligiera de entre sus mismos ejecutivos.

Para el 2002, la descarga de canciones ya era parte de la cultura pop. Mientras todo esto ocurría, Stringer se había ubicado tan cerca de Idei, que obtuvo un nuevo contrato por cinco años. Las conversaciones para hacer que nuestra compañía evolucionara habían encontrado oídos sordos. Y mis antenas estaban detectando grandes oportunidades.

La descarga ilegal ya estaba haciendo efecto y las utilidades iban en descenso. El volumen de ventas digitales no era ni mucho menos suficiente para contrarrestar la reducción de las ventas físicas, y se aproximaba el maremoto. En ese momento estábamos haciendo inmensos planes internos para redefinir la compañía y recortar los gastos a nivel mundial. Llegaban más y más exigencias administrativas de Tokio, y ahora de Stringer. Idei y Stringer se encontraban ya alineados. Stringer tenía su nuevo contrato e Idei ya no lo presentaba como su catador de vino. Stringer había crecido y, con todos estos cambios sísmicos que estábamos soportando, encontró la oportunidad perfecta para surgir.

Grubman me recordó de nuevo que yo no estaba manejando

las cosas con Stringer de forma adecuada. Y, para mí, siendo como soy, una persona que presta tanta atención a detalles como esos, pudo parecer un error crítico. Todos sabíamos que teníamos que respetar a Stringer porque era el presidente de la compañía, pero nos esforzábamos al máximo por mantener la compañía de música lejos de la peligrosa estela de la administración de Sony Corporation. Era difícil confiar en estas personas y respetarlas porque no tenían la más mínima experiencia en la administración de un gigante del entretenimiento y la electrónica. Definitivamente, ellos no eran Norio Ohga ni Akio Morita.

Grubman estaba manejando las negociaciones de mi nuevo contrato con Stringer; las conversaciones duraron unos seis meses. Pero una mañana temprano, en enero de 2003, recibí una llamada de Allen. Pensé que llamaba para nuestra conversación habitual de las 7:30 a.m., pero me dijo que estaba con Mel Ilberman. Era raro que estuvieran juntos a esa hora. Allen me dijo que querían venir a hablar conmigo.

—¿Qué pasa? —pregunté.

—Vamos para allá —dijo Grubman. Cuando lo dijo, supe que sería algo o muy bueno o muy malo.

—Está bien —les dije mirándolos a los ojos cuando llegaron—. Denme primero las malas noticias.

Aunque mi contrato actual estaba aún vigente por un año y medio más, Mel dijo que Stringer había decidido no renovarlo. El cambio se haría efectivo de inmediato.

Allen se apresuró a intervenir.

—Las buenas noticias son que Stringer ha aceptado financiar una nueva compañía de música para ti, una *joint venture*. La financiación comenzaría con una inversión de sesenta millones de dólares.

Era mucho para asimilar. Hablamos, entonces, por un rato,

mientras intentaba digerirlo todo. Pero siempre he creído que las noticias deben oírse directamente de la fuente, por lo que esa tarde fui a hablar con Stringer a su oficina.

—Esto será muy bueno para ti —dijo Stringer—. Tendrás tu propia compañía, en una *joint venture* con nosotros, y podrás operarla independientemente de Sony. La financiaremos por completo y toda la distribución y el mercadeo serán manejados por las personas que has contratado y con las que has trabajado todos estos años.

Mientras él hablaba, mi mente avanzaba rápidamente hacia el futuro, pensando en las grandes posibilidades que podrían surgir de todo esto.

La ensoñación se rompió cuando Stringer hizo un chiste y me dijo que, con base en el tiempo que restaba de mi contrato —con los bonos, los fondos comunes, etcétera—, obtendría más dinero del que él lograría ganar aunque se quedara con la compañía durante los próximos diez años. Muy buena frase para el jefe de catadores de vino. Pero, sin duda, no fue la elección de términos más afortunada para hablarle a alguien que había dado hasta las últimas gotas de su sangre y sudor para desarrollar una compañía durante los últimos quince años hasta convertirla en la super corporación global que había llegado a ser, ampliando así las carreras de las mayores super estrellas de la industria, reconocidas incluso por sus nombres de pila.

Sentí un alivio amargo cuando salí de esa reunión, pero poco después me enteré de que el plan de Stringer era contratar a su leal compañero de larga data, Andy Lack, que había sido despedido de NBC por Bob Wright. Andy Lack era otro hombre del segmento de los noticieros, sin absolutamente la más mínima experiencia en el manejo de una compañía de música.

Tan pronto como se anunció la contratación de Lack, Grubman y mis más próximos asociados dentro de la compañía comenzaron a advertirme que tuviera cuidado.

—Sé que estamos haciendo este nuevo negocio con la compañía para ti, pero puede terminar siendo una locura en último término —dijo Grubman—. Andy Lack nunca podrá sentirse cómodo dirigiendo Sony sabiendo lo estrechas que son tus relaciones con todos los ejecutivos y con los artistas. Se sentiría debilitado por tus relaciones y podría ser imposible para ti llegar a tener éxito.

Cuánta razón tenían él y todos los demás. Fue una decisión sabia no seguir adelante —de todas formas, Lack había empezado a frenar el negocio—. Al mismo tiempo, encontré una constante fuente de apoyo y ánimo en mi competidor y buen amigo de mucho tiempo Doug Morris, el presidente de Universal Music. Doug había pasado por la misma experiencia que yo acababa de tener cuando él trabajaba para Atlantic Records y estaba a punto de convertirse en presidente de todo el grupo de las compañías de música de Warner: de repente fue llamado a reunirse con el presidente y director ejecutivo, Michael Fuchs, en la oficina de la corporación. Doug incluso me llamó esa mañana. Estaba entusiasmado y yo me alegré por él. Entró a la oficina de Fuchs sintiendo que éste sería su mejor día. Sin embargo, Michael Fuchs lo despidió de inmediato, sin ninguna razón. Uno de los mejores ejecutivos del negocio disquero, que hizo crecer la compañía hasta convertirla en la siguiente potencia musical del mundo, entra de pronto a la oficina de este hombre y simplemente recibe una patada. Es sorprendente lo que el ego y el temor pueden provocar. Todos en la industria quedamos en shock. Pero, a veces, las cosas son así.

—Oye —me decía todos los días—, si este nuevo negocio no se concreta, tú y yo tendremos por fin la oportunidad de trabajar juntos. Tommy, haré el mismo negocio contigo en Universal.

Nadie fue tan buen amigo conmigo como Doug en ese momento, y jamás olvidaré eso. Después de un mes de negociaciones con Sony, aproximadamente, firmé un nuevo negocio con Doug en Universal Music. No dejaba de venir a mi memoria la expresión favorita de mi madre: "Cuando una puerta se cierra, otra se abre".

Es como si, en ese momento, se hubiera empezado a definir una línea de demarcación. iTunes se convirtió en el proveedor digital más popular y apareció en escena *American Idol* como una nueva plataforma que tendría más impacto que las emisoras de radio. Ahora, diez años después, con muy buenos programas de concursos musicales trasmitidos en las principales cadenas de televisión casi todas las noches de la semana, no es exagerado decir que, para algunos, la percepción que tiene el público en general de la industria de la música es *American Idol*.

Recuerdo haber visto este programa por primera vez y haber quedado fascinado con los comentarios irreverentes, a veces rudos y siempre directos de Simon Cowell, y con la forma tan adecuada como su actitud contrastaba con los consejos deshilvanados y cómicos de Paula Abdul. Simon es el mejor cazatalentos y, por lo general, da justo en el clavo. También me alegró ver a Randy Jackson en el panel; había trabajado durante ocho años con nosotros en Sony y me sentí orgulloso de ver su brillante desempeño. A medida que fue pasando el tiempo, parecía que todos los de ese panel hubieran sido, de una u otra forma, parte de mi vida. Steven Tyler de Aerosmith firmó con el sello Columbia y, naturalmente, durante varios años desarrollé a Jennifer Lopez y trabajé con ella.

La ironía de estos programas de concursos musicales es que le han dado la vuelta a los roles. Ahora los jueces son las estrellas y el talento se ha convertido en un entretenimiento fungible, casi desechable. Naturalmente, hubo también unas cuantas excepciones y revelaciones, como Carrie Underwood y Kelly Clarkson, pero realmente no se diferenció mucho del *Factor X* o *La Voz*. Apostaría a que no puedes recordar el nombre de uno solo de los cantantes que estuvieron en alguno de esos programas el año antepasado. Ahora los cantantes son simples distracciones momentáneas para la audiencia en lugar de ser artistas atractivos, con gran producción de trabajo, que combinan el arte y las letras de las canciones de tal forma que pueden llegar a cambiarte la vida con su música —una música que nos inspira y nos motiva a hacer grandes cosas—. Pero sin duda uno siempre quería ver los programas para saber cómo estaba vestida J.Lo esa noche o qué cosas graciosas se le ocurrirían a Tyler. O para ver cómo Simon le ganaría a Britney. Esos programas se elaboran alrededor de los jueces y de las estrellas, y tienen éxito. Se trata simplemente de muy buena televisión.

Este cambio explica en parte por qué ahora oímos decir:

—Ay, me gusta cómo suena esa canción. Voy a descargarla.

—Excelente ¿Quién la canta?

—No sé. Pero me gusta la canción.

Nuestra cultura, siempre cambiante, ahora consigue lo que quiere oír simplemente tocando una pantalla y dejando que el sonido le llegue directo a los oídos. La industria estaba pasando por un torbellino de estos cambios en la época de mi *joint venture* con Universal, que se llamó Casablanca Records. Tuvimos éxitos pero el panorama digital estaba convirtiendo la industria de la música en un lugar totalmente distinto. Aún no había claridad y los únicos que hacían grandes utilidades en ese entonces eran quienes hacían música: Steve Jobs y Apple. Y si a mí me parecía que la industria de la música navegaba a través de una tormenta de arena, no podría ni imaginar lo que sería para Stringer y Lack, quienes no tenían la más remota idea de dónde estaban parados.

Apple había puesto de cabeza la economía de la industria. Cuando los sencillos comenzaron a descargarse por noventa y nueve centavos, la industria entró en picada. Las compañías disqueras, habituadas a tener utilidades de entre tres y cuatro dólares por CD, ahora recibían monedas de cinco centavos y de un centavo por un sencillo. Sin las utilidades habituales, las disqueras ya no tenían reservas de efectivo para dedicar tiempo y recursos humanos al impulso de nuevos talentos y al proceso de desarrollo de los artistas con grabaciones y regrabaciones meticulosas. No podían, entonces, prestar atención detallada en las imágenes, hacer un esfuerzo adicional para que la calidad de los videos fuera la mejor y para suministrar un riguroso respaldo a la gira. Todo lo que deseaba era exactamente todo lo que un artista debe tener para poder surgir como una de las futuras super estrellas. Y —ya fuera en su primer, segundo o tercer álbum— poder presentar una colección de canciones tan atractivas que lograra vender millones de copias. Nosotros pudimos darnos el lujo y teníamos el tiempo de hacerlo como debía ser. No necesariamente había que alcanzar el éxito con el primer álbum. Pero la reducción de los ingresos en este nuevo entorno creaba la mentalidad de que, "con una sola bateada fallida, uno salía del juego", y muchas compañías empezaron a pensarlo dos veces antes de correr riesgos. La economía ya simplemente no lo podía soportar más. Había comenzado un ciclo de destrucción creativa. Los artistas que obviamente no se adaptaban a una fórmula o formato, no eran aceptados ni desarrollados porque las compañías evitaban el riesgo, cosa que sólo aceleró los cambios hacia las redes sociales y otras plataformas digitales en las que los artistas pudieran ser descubiertos.

La tecnología digital y las plataformas emergentes de los medios sociales ofrecían oportunidades y una libertad sorprendente para los artistas y los fans. Se derribaron todas las barreras. Ya los artistas no tenían que enviar un demo ni ir a golpear a la puerta de las compañías disqueras para solicitar una audición. Cualquiera, de cualquier lugar del mundo, podía subir su propia música, convertirse en un éxito en YouTube y tener quince minutos de fama. Pero ¿qué pasa cuando se cumplen los quince minutos? En este panorama cambiante se ignora todo lo que se está perdiendo: las invaluables experiencias que adquiere un artista cuando tiene la oportunidad de presentarse en clubes, hacer álbumes, perfeccionar su trabajo y galvanizar su imagen mientras intenta convertirse en el próximo Bruce, Billy, Bono, o en la próxima Mariah.

Naturalmente, Stringer y Lack no tenían experiencia en la creación de super estrellas icónicas. Después de un corto período de tiempo, Lack fracasó de manera lastimosa en su intento por manejar Sony Music, enfrentándose a los artistas en lugar de desarrollarlos, enfrentándose también a personas ajenas a la compañía, desde Grubman hasta Jon Landau y Steve Jobs. Sólo tienes que ir a alrededor de la página 400 de la biografía de Jobs, escrita por Walter Isaacson, para entender lo que ocurrió cuando Lack y Jobs se reunieron para negociar la venta de música en el iPod.

—Con Andy, todo se trataba de su ego —dijo Jobs—. Nunca entendió realmente el negocio de la música y nunca pudo salir con nada. A veces pensaba que era estúpido.

Entonces, Lack y Stringer inventaron y negociaron una horrible fusión con BMG, a través de la cual permitieron que los ejecutivos de la compañía con sede en Alemania ejercieran la autoridad hasta que Sony quedó confinada lamentablemente a un rincón y se vio obligada a comprar la otra mitad de BMG para recuperar el control. Poco después, Stringer tuvo que sacar al hombre que había elegido personalmente. Para que quedara bien y para evitarle una vergüenza social, Stringer mandó a Lack al último piso.

Desafortunadamente, esto fue sólo el comienzo de lo que le estaba pasando a la gran Sony Corporation, que se convirtió en el gigante mundial de la electrónica con la aparición del radio transistor en los años cincuenta y que siguió lanzando al mercado productos de última tecnología durante décadas. Sony debería haber ocupado y podría haber llegado a ocupar la posición que tiene Apple hoy en día, o al menos podría haber hecho una alianza con Apple en relación con lo último en tecnología y dispositivos musicales.

Era evidente que Stringer e Idei no tenían ni la delicadeza ni la experiencia de su predecesor Norio Ohga para desarrollar una sociedad de trabajo como la que él hizo cuando Sony introdujo al mercado el disco compacto, en colaboración con Philips-Siemens. En la biografía de Jobs, Idei sostiene que tratar de trabajar con Steve Jobs era "una pesadilla". Y Stringer agregó: "Tratar de unir las dos compañías francamente sería una pérdida de tiempo".

Stringer, que pareció no entender jamás esta revolución, fue el sucesor de Idei, y los relatos de los medios presentan una triste imagen de lo que ocurrió cuando se incrementaron esas mismas decisiones parroquianas.

Tuvo que ser una gran vergüenza para la corporación japonesa que el Xbox de Microsoft triunfara sobre el PlayStation de Sony, porque PlayStation lo tenía todo, inclusive un dispositivo de entretenimiento para el hogar y no sólo un reproductor de videojuegos. Después de haber tenido ventas increíbles durante la época de Navidad, un año, la compañía se quedó simplemente sin demanda por el producto y esa oportunidad de afirmarse en el mercado se le escurrió entre las manos. La compañía que inventó el famoso Trinitron, la marca líder mundial en la industria de televisores durante muchísimos años, le entregó todo el negocio de pantalla plana a Panasonic y a Samsung, y quedó en el piso. Sony Corporation perdió seis mil cuatrocientos millones de dólares durante la presidencia de Stringer. Estos hechos, que se publicaron en todos los principales periódicos del mundo, sugieren que sólo unos pocos hombres sin visión convirtieron a una de las mayores compañías del mundo en una simple sombra de lo que una vez fue. Y ahora también Stringer ha quedado a un lado, cosa que a nadie le sorprende. Lo único positivo es que, antes de la muerte de Howard —y sólo porque el momento le favoreció—, contrató a mi querido amigo Doug Morris para que manejara Sony Music.

Es posible que el miedo y el pánico se hayan apoderado de muchos en la industria de la música en el momento más álgido de lo que inicialmente se pensó sería una tormenta de arena. Pero el cielo se ha despejado y todos podemos ver las sorprendentes ventajas que la tecnología le ha dado al mundo de la música. En diez años hemos pasado del iPod a iTunes, a Facebook, a iPhone, a YouTube, a iPad, a novecientos canales de televisión, a los juegos sociales en dispositivos móviles, a servicios continuos por suscripción a radio digital, a Twitter, Instragram y Spotify. En el tiempo que me tomó ir a la fiesta en la que me entregaron un demo con la voz de Mariah Carey, puedo oír ahora a cientos de artistas que viven en todas partes del mundo. Y cualquier director de una compañía disquera puede decirte exactamente cuántos seguidores tienen sus artistas en Facebook y Twitter, y comunicarse directamente con ellos en un instante. También la monetización de la música parece estar funcionando. Nuevos modelos como YouTube y radio por Internet son fuentes de ingresos para las compañías disqueras. Por el momento son pequeños arroyos de ingresos pero, como lo indica Doug Morris, se fusionarán en un río y se convertirán en el futuro del negocio de la música. La mayoría no se da cuenta de esto porque sólo ve el descenso en las ventas de los álbumes. Pero ahora mismo están sucediendo un millón de cosas que siempre nos volverán a llevar al mismo punto de partida.

Esto es: la grandeza y la buena música *siempre* llegarán a la cima. Basta ver lo que pasa cuando un nuevo paradigma funciona. Después de que un amigo de Adele pusiera el demo de esta artista en Myspace, en 2006, la cantante inglesa atrajo la atención de XL Recordings. ¿Sabes qué pasa cuando unes una voz increíble como la de Adele con grandes canciones, letras que resuenan, arreglos fantásticos, secciones de cornos, buenos ritmos y gran mercadeo? ¿Sabes qué pasa? Se venden veinte millones de CDs. Verdaderos talentos como Adele y Lady Gaga llenarán grandes teatros, inclusive estadios, y la demanda de un nuevo ídolo adolescente nunca desaparecerá. Ésta es la razón por la cual un artista realmente talentoso como Justin Bieber, descubierto en YouTube, fue capaz de salir a batear y sacar la pelota del estadio. Cualquiera puede subir su propia música a Internet. Pero el talento de Justin Bieber sólo pudo aprovecharse cuando firmó con Usher y tuvo una compañía disquera que lo impulsó.

Por consiguiente, pensándolo bien, debo decir que todo esto me divierte. No es como si el antiguo juego hubiera terminado con la aparición del iPod y luego hubiera comenzado un juego totalmente nuevo. De hecho, no hubo una línea limítrofe. El proceso de A&R sigue siendo el mismo para las compañías disqueras. Se encuentra una chispa, ya sea en YouTube, en iTunes, en Instagram o en Facebook, y se atiza hasta convertirla en un incendio global. El contenido y los grandes intérpretes siguen siendo la pareja real, como siempre lo han sido y siempre lo serán. Pero ahora que todo el mundo tiene la oportunidad, hay mucha más satisfacción. En este panorama, el mundo requiere más que nunca filtros como las compañías disqueras, que también saben cómo avivar esa preciosa chispa una vez la descubren.

Las modas seguirán evolucionando: ya hemos visto cómo las plumas y los enormes anteojos de Elton John, y los espectáculos de *vogue* de Cher y Madonna, han dado lugar a las asombrosas abstracciones concebidas por Lady Gaga. La música seguirá tomando nuevas direcciones: también podemos ver ahora que el hip-hop se ha convertido en música pop y que de los DJs y la música electrónica han salido super estrellas cuyos nombres compiten con los de los grandes. No hace mucho tiempo, los ritmos de la música disco dieron paso a nuevas formas de música, y los ritmos que provienen de los actuales DJs también evolucionarán en algo extraordinario.

Así como los consumidores pueden elegir con un dedo las canciones que les gustan, tengo ahora la dicha de poder elegir los proyectos en los que estoy trabajando.

Todos los errores, todas las lecciones aprendidas, todas las relaciones y las alianzas establecidas, todos los comportamientos de los consumidores que he disecado y estudiado a lo largo de los años, se han vuelto ahora factores positivos de mi vida de negocios, ya sea porque aplico esos conocimientos en las empresas privadas, en donde hay miles de millones de dólares en juego y muchos de los negocios tienen consecuencias y recompensas financieras aún mayores que las que alcancé en la industria de la música; o en los espectáculos de Broadway que ahora estamos desarrollando y produciendo; o en el lanzamiento de programas de televisión y otros nuevos negocios; o mientras asisto a diferentes juntas directivas.

Mi vida de negocios y mi vida personal han convergido exactamente en donde quiero que estén. Como siempre lo he dicho: si no avanzamos, retrocedemos. Y también mi familia ha avanzado. Thalia y yo sostuvimos las tijeras que cortaron los cordones umbilicales de nuestra hija Sabrina y de nuestro hijo Matthew. Y pasar más tiempo con Michael y Sarah, después del huracán de los años ochenta y noventa, me ha llevado a darme cuenta del enorme valor de los momentos que estamos viviendo ahora. Ha sido para mí una gran bendición haber encontrado a Thalia, quien me entiende tan bien y quien me hace darme cuenta día tras día de lo agradecido que estoy y de cuánto aprecio haber tenido que enfrentar tantos retos para llegar al lugar donde me encuentro ahora.

Y sí: sigo buscando el próximo ritmo exitoso, la siguiente gran canción, el siguiente gran intérprete que pueda producirme escalofríos.

Tercer *round*...

Agradecimientos

Nunca imaginé que escribiría un libro. Siempre he creído que el trabajo que he hecho tendría que hablar por sí mismo. Para mí, después de todo, lo único que realmente importa es haber cumplido una meta y haber logrado un resultado.

Pero un buen amigo, Dan Klores, que vio el desarrollo de muchísimo trabajo durante mis años en Sony, no dejaba de animarme a que contara la historia. "Tienes que escribir un libro", me decía. "¡Son tantas las cosas que han pasado! ¡Tienes que documentarlas!".

Eso era de esperarse. Dan es un productor de películas y documentales. Organizó algunas reuniones con agentes y escritores. Estuve con ellos, pero no seguí adelante. Pasaron unos años y entonces leí en un periódico un artículo sobre una persona que entró a uno de los pocos almacenes de música que seguían abiertos en ese momento: le preguntó al vendedor que estaba detrás del mostrador en qué sección encontraría CDs de Frank Sinatra.

El vendedor era un joven universitario. "Frank Sinatra… Frank Sinatra…", repitió el muchacho, como si estuviera buscando en los callejones sin salida de su mente. "Bueno, sabe, creo que he oído hablar de él. Creo que mi padre solía escucharlo".

Ése fue uno de los factores que me motivó a contar mi historia. "De lo contrario", pensé, "pasarán los años y todo el trabajo eventualmente se evaporará".

Este libro me ha permitido contar la historia de algunas de las cosas que hice o traté de hacer bien, y también de mis errores y de lo que sucedía a puerta cerrada, cuando tomé algunas decisiones.

Ahora que he terminado, debo decir que me siento muy bien de haberlo hecho. Pero lo que me hace sentir mejor es que de aquí a muchos años, mis hijos, Sarah y Michael, y Sabrina y Mathew, podrán pasar este libro a sus hijos y decirles: "Éste era mi padre. Esto fue lo que hizo".

Por esto, estoy muy agradecido. Porque fueron muchas las personas que me ayudaron en este largo proceso. Así, quiero agradecer sinceramente a todos los que hicieron posible este libro, aparezcan o no sus nombres en esta página de agradecimientos, pero sobre todo a:

Elvis, tú encendiste la mecha.

Daryl Hall y John Oates. Ustedes dos iniciaron el fuego. Hicimos juntos un recorrido inolvidable y siempre atesoraré cada minuto.

Allen Grubman. Tu amistad y tu cuota diaria de realidad me mantuvieron en la dirección correcta durante todos estos años.

Norio Ohga y Akio Morita. Mis padrinos en Sony. Ustedes me apoyaron plenamente durante todo este trayecto y fueron los incansables visionarios, inventores y líderes mundiales en tecnología.

Jeb Brien. Has estado presente durante casi cada minuto del huracán, acompañándome, y siempre has tenido las mejores ideas (al tiempo que me cuidabas la espalda en todo momento).

Al Smith, Randy Hoffman, Brian Doyle y el resto de mi familia en Champion Entertainment. Ustedes son la definición de la palabra "confianza".

Joanne Oriti. Has tratado a catorce mil personas en Sony cada día, por no mencionar mi locura, y sigues arreglándotelas para manejar magistral y amablemente todos los detalles con la mayor perfección. Y siempre, siempre, me haces quedar bien con todos.

Dave Glew. Mi amigo. Siempre estuviste ahí con tu inagotable energía positiva para mejorarlo todo, junto con esa libreta amarilla tamaño oficio, repleta de detalles, y fueron los detalles los que nos llevaron al frente de la manada. Estoy orgulloso de decir que eres mi amigo.

Ann Glew. La energizante. Tú deberías estar dirigiendo Sony. Además, eres la mejor planificadora del mundo y ahora eres la tía Ann de mis hijos. Te queremos.

Michele Anthony. Has sido mi mano derecha y, a veces, también mi mano izquierda. Me soportas noche y día, y me has ayudado a superar cada dilema —incluyendo el intento de documentar todo esto, de darle sentido y forma al libro para luego incluir en él la riqueza de este sorprendente periodo de la música—. No habría habido forma de mantenernos a la cabeza de la manada sino hubiera sido por ti.

Mel Ilberman. Hyman Roth. Yoda. Día tras día, ustedes me dieron mi educación universitaria y mi PhD en el "negocio" de la música, y fui aprendiendo más cada vez que me mostraban lo que estaba haciendo mal.

Ronny Parlato. Has estado conmigo en todas las situaciones, desde cuando montábamos en bicicleta, cuando yo tenía dos años, en el Bronx. Tú eres parte de la columna vertebral de este libro, tal como tu espíritu ha estado en los muchos hogares que construimos juntos.

Doug Morris. Un gran amigo. Un feroz competidor. Nunca

olvidaré que me llamabas cada día, después de Sony, y eso nos llevó a trabajar juntos después de treinta años. Tu amistad significa todo para mí.

David Vivgliano. El representante. Tú uniste los puntos y ahora estamos aquí. ¿Cuánto te pagué?

Ben Greenberg. El editor. Fuiste el primero en lanzarte al agua, nunca titubeaste en tu compromiso y saliste airoso con algunas ideas creativas, animándome constantemente.

Cal Fussman. El escritor. Tu dedicación y tu paciencia me guiaron a través de un proyecto que a veces parecía abrumador. De forma magistral, me ayudaste a organizar mis palabras y mis historias. Ahora, tú también estarás siempre en el hogar en Arthur Avenue.

Frankie Thomas. El transcriptor. Tu velocidad fue esencial y tus lecturas fueron absolutamente precisas. Estarás en mi nueva película.

Michael Chu. Tú hiciste una crítica sorprendente. Tu meticulosa atención a los detalles mejoró el libro de muchas formas inesperadas.

Chazz Palminteri. Tú, el mejor narrador, me ayudaste a contar mi historia.

Dan Klores. Tú me diste el ánimo justo, necesario, y consejos increíblemente ingeniosos para este libro y en muchas otras situaciones.

A todos los que tan amable y generosamente contribuyeron con sus voces a ayudar a contar esta historia: Walter Afanasieff, René Angélil, Babyface, Marc Anthony, Charlie Calello, Sean Combs, August Darnell, Robert De Niro, Celine Dion, Emilio Estefan, Gloria Estefan, David Foster, Jimmy Iovine, Rodney Jerkins, Randy Jackson, Billy Joel, Jon Landau, Jennifer Lopez, Dave Marsh, Sharon Osbourne, Joe Pesci, Cory Rooney, Shakira, Al Sharpton, Steve Stoute, Harvey Weinstein y Frank Welzer.

A mis maestros, Ahmet Ertegun, Mo Ostin, Clive Davis,

David Geffen, Jerry Wexler, Arif Mardin, Phil Spector, Steve Ross, Jerry Moss y Quincy Jones. Ustedes son los grandes que vi y escuché, y de los que aprendí.

A todos los compositores y productores de canciones que alguna vez llenaron mi mente de sueños y aspiraciones.

Y el ritmo sigue. Y sigue. Y sigue…

ÍNDICE ANALÍTICO

Nota: Los nombres de álbumes y los títulos de canciones aparecen seguidos del nombre del artista en paréntesis.

TOMMY MOTTOLA es uno de los ejecutivos de más alto perfil en la historia de la industria de la música. Se le acredita el descubrimiento y el manejo de las carreras de muchos de los artistas musicales más reconocidos del mundo. Comenzó como músico y a los dieciocho años era ya un artista que grababa para Epic Records; regresó veinte años después para dirigir esa misma compañía como CEO de Sony Music Entertainment a nivel global. Durante el tiempo que ocupó ese cargo, triplicó los ingresos de la compañía, llegando a ventas calculadas en ocho mil millones de CD's, generando más de sesenta y cinco mil millones de dólares en ventas. En la actualidad, Tommy dirige Mottola Media Group, una compañía mundial de entetenimiento y medios, en Nueva York, donde vive con su esposa Thalia y sus dos pequeños hijos, Sabrina y Matthew, y muy cerca de él se encuentran sus dos hijos mayores, Sarah y Michael.